影響中國歷史的重大事件

以史爲鑑，可以知興亡

孫　鐵 編著
鄭明月 審訂

前言

漫長的歷史長河，並不是源遠流長而波瀾不驚的水面。儘管有數十年、甚至數百年平庸的時代，但是在平靜之後總會有巨波狂瀾的出現，捲起斑斕的浪花，甚至打亂原來的走向。正是有了這些波瀾的存在，才使人類歷史富有生氣，不是一汪死水。這些波瀾，就構成了我們在本書中討論的影響中國歷史進程的重大事件。

偉大的羅馬城不是一天就建成的，但是羅馬城卻是幾乎一天就被毀滅了。羅馬城的毀滅，結束了一個偉大輝煌的文明，同時也開啟了漫長的歐洲中世紀時代。對於歷史長河而言，羅馬城的淪陷，就像是一朵絢麗的浪花，雖然帶有苦澀，但終歸是改變了歷史的走向，使得後來者歎息不已。像這樣的事件，在人類進程中很多，它們使我們懂得：歷史是有靈性的，不是死板地遵循某些規則運行的，而是活生生的人的歷史；同時它們也使我們懂得，我們不能對每一段歷史都傾注同等的力量去探討。就像人生一樣，人生最關鍵的就那幾步，這幾步走得好壞，將決定著今後相當長時間裏一個人的命運。歷史在關鍵時刻的走向，也決定著幾百年、甚至上千年很多人甚至整個人類的命運。正是出於這個原因，我們也就不得不對中國的歷史做一個回顧——而這個回顧將會是有益的——來研討一下什麼時候是中國歷史的關鍵時刻。於是就有了我們這本書的由來。

中國是一個源遠流長的文明古國，在這漫長的時間裏，王侯將相、才子佳人以及數不盡的沒沒無聞的普通百姓書寫了這部歷史。但是歷史的發展從來都不是均衡的，有的時代就是平庸的時代，而有的時代就是風雲際會、群星燦爛的時代；有的時代經濟繁榮但是思想平庸，有的時代國破家亡反而文化繁榮。《影響中國歷史重大事件》給我們在數不清的歷史事件中挑選了最為影響中國歷史走向的重大事件，給我們勾勒了一幅波瀾壯闊的歷史圖卷。

歷史有的時候喜歡跟人開玩笑，在當時認為是重要的事情，在後來是那麼的無聊和沒有意義。比如歷代都把修正史中的五行志和禮儀志作為一項重要的政治和文化舉動。在當時認為是無聊和盲目的事情，卻被後人發現具有重要的意義。比如那位著名的旅行家徐霞客先生，當時很多人都認為他是一個不務正業的浪蕩子，但是數百年後丁文江卻將其樹為中國最偉大的旅行家。正如義大利著名的歷史學家克羅齊所說：「一切歷史都是現代史。」歷史從來都是變化的，隨著時代的發展、人們的理解或者後來者的善意和惡意的解釋而變化。

我們儘量不去討論事件的成敗與功過，只是探討它們在歷史上的地位。

本書力求保持公允的態度對待古人，並在這個基礎上描述影響中國歷史的大事。

影響人類歷史的事件，雖然與政治、戰爭、革命等密切相關，但是應該指出的是，影響人類命運的事件，並不都是帝王將相的縱橫捭闔。有的時候，一件工具的發明、一項技術的革新，就足以改變人類的命運。比如造紙術的發明，對於人類文明的延續和發

前言

展具有重要的意義；火藥的發明，也極大地推進了歷史的進程。另外，一些文化現象，也對歷史發展產生了影響，比如在中國延續千年的科舉制度、存在於中國歷史中的文字獄現象等，都極大地對社會政治、思想、學術等各個方面產生了深遠的影響。

人類的歷史，到現在為止，只有短短的一瞬，相對於宇宙的生命而言，是微不足道的。但是人類是偉大的，在這個小小的星球上創造了偉大的文明和歷史。我們追古思今，當然是為了懷念古人，不但懷念那些在偉大的時代產生的偉大人物，而且也懷念那些沒沒無聞，為人類進步做出貢獻的人們。除了懷念古人以外，我們也是為了激勵自己，讓自己為人類文明的進步貢獻一些力量；同時，我們也希望從這些事件中悟出一些有益的有關人類命運的結論。這就是本書的目的。

孫鐵

二〇〇三年二月於北大

目錄

▶目錄

▶目 錄

1 黃帝戰蚩尤

我國陝西省中部，有個黃陵縣，黃陵縣城北有座橋山，橋山頂上有一座高大的陵墓。這就是傳說中的中華民族祖先黃帝的墓。人們稱它為黃陵，因此把這個原稱為「中部」的縣，改名為黃陵縣。黃帝陵壯麗威武，古書記載說，它坐山環水：「其山勢如橋，沮水環繞之。」黃陵的周圍是峰巒起伏的陝北高原，山上古柏成林，鬱鬱蔥蔥，參天聳立，象徵著中華民族的古老、挺拔、蒼勁。這座黃帝陵漢朝時就已存在了。司馬遷的《史記》記載說：「黃帝葬於橋山。」

凡是中華兒女，都把黃帝當成自己的祖先，比如魯迅先生就把黃帝作為偉大的民族象徵。他在一首詩中說「我以我血薦軒轅」，就是說要用自己的鮮血來保衛中華民族。近年來，每逢清明節，我國人民紛紛來到黃帝陵，以崇敬的心情，拜謁這位民族之祖。海外僑胞來到大陸，差不多也都要到這裏來尋根，表示後代對祖先的敬意。人們都把黃帝作為中華民族的象徵。悠悠五千年過去了，黃帝的形象一直激勵著中華民族奮發圖強，為人類作出更多的貢獻。

陝西省黃陵縣北橋山的黃帝陵

黃帝其人

用科學的觀點來解釋，大概黃帝是屬於我國原始社會末期父系氏族公社時代的一位部落聯盟的首領。當時還是部落、氏族聚居的狀況，階級和國家還沒有產生。黃帝的部落聚居的地方，歷史記載各有不同。有的說，黃帝曾居住在河北涿鹿縣的山彎裏，史書上叫做「涿漉之野」。也有的說，他的部落居住在今河南新鄭一帶，名曰「軒轅之丘」。這說明當時大約還沒有完全定居，部落經常遷徙，黃帝部落大體活動在今天陝西、河南、河北沿黃河一線。

黃帝像

在傳說中，黃帝是個非常聰明能幹的人物。他既會推算天文，制定出中國最早的曆法，又會製造車、船和指南車。他還精通醫術，和神醫岐伯一起研究出一套診治疾病的方法。他和岐伯關於醫學的對話，被後人編成我國最早的一部醫書《黃帝內經》。黃帝的妻子嫘祖也很能幹，她教人民養蠶，總結出一套餵蠶、繅絲、織帛的經驗。從此，人們既會製衣，又會作冕，還能製鞋，從上到下都裝束起來，徹底改變了上古時代穿樹葉獸皮的原始習慣。古代的人受飲水限制，居者靠河流，牧者逐水草，很不方便。黃帝發明了井，人們才有可能到遠離河流的地方去開發。當時的人還不會蓋房子，穴居野處，構木為巢；又是黃帝教給人們「伐木構材，築作宮室，上棟下宇，以避風雨」。黃帝手下集中了一大批有才能的人，他們都能發揮自己的特長。比如，文字學家倉頡，造出了象形文字，音樂家伶倫分出十二音階，配成樂曲；精通數學的隸首，制定了各種度量衡等等。當然，這些發明，摻雜著許多神話傳說的成份，實際上任何一項發明，都絕不會是一兩個人的功勞。歷史上的這些記載，只不過反映了黃帝那個時代我們祖先的聰明才智。黃帝，因為是古代學者一致承認的華夏始祖，所以人們就把一切文明制度都推源於他。

黃帝戰蚩尤

大約在四千多年以前，我國黃河、長江流域一帶住著許多氏族和部落。除了黃帝以外，跟黃帝同時的另一個部落首領叫做炎帝，最早住在我國西北方姜水附近。據說跟黃帝族是近親。炎帝族漸漸衰落，而黃帝族一步步興盛起來。

這時候，有一個九黎族的首領名叫蚩尤，十分強悍。傳說蚩尤有八十一個兄弟，他們全是猛獸的身體，銅頭鐵額，吃的是沙石，兇猛無比。他們還製造刀戟弓弩等，各種各樣的兵器，常常帶領他的部落，侵掠別的部落。這其實反映了蚩尤部落已經比較早地掌握了金屬冶煉技術，所以在其他部落中間異軍突起。

有一次，蚩尤侵佔了炎帝的地方，炎帝起兵抵抗，但他不是蚩尤的對手，被蚩尤殺得一敗塗地。炎帝沒法子，逃到涿鹿請求黃帝幫助。黃帝早就想除去這個各部落的禍害，就聯合各部落，準備人馬，在涿鹿（今北京延慶）的田野上和蚩尤展開一場大決戰。

關於這次大戰，有許多神話式的傳說。據說黃帝平時馴養了熊、羆、貔、貅、貙、虎六種野獸，在打仗的時候，就把這些猛獸放出來助戰（有人認為，傳說中的六種野獸實際上是以野獸命名的六個氏族）。蚩尤的兵士雖然兇猛，但是遇到黃帝的軍隊，加上這一群猛虎凶獸，也抵擋不住，紛紛敗逃。黃帝帶領兵士乘勝追殺，忽然天昏地黑，濃霧迷漫，狂風大作，雷電交加，使黃帝的兵士無法追趕。原來蚩尤請來了「風伯雨師」助戰。黃帝也不甘示弱，請天女幫助，驅散了風雨。一剎那之間，風止雨停，晴空萬里，終於把蚩尤打敗了。也有一種傳說，說是蚩尤用妖術製造了一場大霧，使黃帝的兵士迷失了方向。黃帝用「指南車」來指引，帶領兵士，乘勝追到山東，捉住蚩尤殺掉，把蚩尤的頭帶回涿鹿，埋在那裏。所以至今在河北省張家口市東南的涿鹿縣，還有一座蚩尤墳。

影響

黃帝戰勝蚩尤後，威信更高了。但是，炎帝族和黃帝族發生了衝突，雙方在阪泉（今河北涿鹿縣東南）地方打了一仗，炎帝失敗。從此，黃帝成了中原地區的部落聯盟首領。被中原各部落尊為共同的領袖。後來黃帝部落和炎帝部落合併，統稱為華夏族。華夏族就是中華民族的前身。中華民族世世代代把自己叫做「炎黃子孫」。古書記載說，黃帝以後我國歷史上出現的堯、舜、禹，和後來的夏、商、周三代，都是炎黃的後代。不僅中原的漢民族這樣說，北方的匈奴、西邊的羌族、南方的一些少數民族，也都自稱是炎黃的子孫。

一直到現在，我們仍然把自己叫做「炎黃子孫」，共同的祖先，共同的根，把世界上各個角落的中華兒女們聯繫在一起，使中華民族成為世界上最有凝聚力的民族之一。

2 倉頡造字

漢字是中華文明中不可缺少的一部分，它不但承載了我們幾千年的歷史，而且也是從古到今人們進行溝通的重要手段。由漢字衍生出來的書法藝術，更是中華文明的瑰寶。但是，漢字，是怎麼造出來的？

研究漢字的起源問題，在國內已有兩千五百多年的歷史了。

漢字起源的探討

先秦傳說造字者為倉頡，《荀子．解蔽》記載：「好書者眾矣，而倉頡獨傳者壹也。」《呂氏春秋》記載：「奚仲作車，倉頡作書」。相傳倉頡是黃帝的史官，是古代整理文字的一個代表人物。《說文解字》記載：倉頡是黃帝時期造字的史官，被尊為「造字聖人」。史學家徐旭認為，文字的出現，應與倉頡有關。那時制定曆法需要文字記載，制定神諭也需要行文，因此，倉頡應是顓頊部族人。他所處的年代約為西元前二十六世紀。據此推測，四、五千年前，我國的文字就比較成熟了。

到了現代，有人在承認倉頡的同時又擴大了造字者的隊伍。比如魯迅先生，他認為「……在社會裏，倉頡也不是一個，有的在刀柄上刻一點圖，有的在門戶上畫一些畫，心心相印，口口相傳，文字就多起來了，史官一採集，就可以敷衍記事了。中國文字的來由，恐怕逃不出這例子。」（《魯迅‧門外文談》）。也就是說，漢字當然不可能是倉頡一個人創造出來的，而是由許許多多的像倉頡這樣的人慢慢豐富起來的，倉頡只不過在這些人當中比較重要、起的作用比較大而已。我們所重視的不是到底是不是倉頡造的漢字，而是造字這件事本身的意義。漢字的出現，標誌著中國歷史走進了由文字記載的時代，是歷史長河中的一件大事，對後世也有著重要的影響。

倉頡造字

倉頡，姓侯剛，號史皇氏，黃帝時史官，漢字創始人，被尊為「造字聖人」。今南樂縣城西北三十五華里吳村有倉頡陵、倉頡廟和造書台，史學家認為倉頡生於斯，葬於斯。

相傳倉頡「始作書契，以代結繩」。在此以前，人們結繩記事，即大事打一大結，小事打一小結，相連的事打一連環結。後又發展到用刀子在木竹上刻以符號用作記事。隨著歷史的發展，文明漸進，事情繁雜，名物繁多，用結繩和刻木的方法，遠不能適應需要，這就有了創造文字的迫切要求。黃帝時是上古發明創造較多的時期，那時不僅發明了養蠶，還發明了舟、車、弓駑、鏡子和煮飯的鍋與甑等，在這些發明創造影響下，倉頡也決心創造出一種文字來。

傳說倉頡四目重瞳，非常聰明，有一年，倉頡到南方巡狩，登上一座陽虛之山（現在陝西省雒南縣），臨於玄扈洛汭之水，忽然看見一隻大龜，龜背上面有許多青色花紋。倉頡看了覺得稀奇，就取來細細研究。他看來看去，發現龜背上的花紋竟是有意義可通的。他想花紋既能表示意義，如果定下一個規則，豈不是人人都可用來傳達心意，記載事情嗎？

倉頡日思夜想，到處觀察，看盡了天上星宿的分佈情況、地上山川脈絡的樣子、鳥獸蟲魚的痕跡、草木器具的形狀，描摹繪寫，造出種種不同的符號，並且定下了每個符號所代表的意義。他按自己的心意用符號拼湊成幾段，拿給人看，經他解說，倒也看得明白。倉頡把這種符號叫作「字」。

倉頡造字成功，發生了怪事，那一天白日竟然下粟如雨，晚上聽到鬼哭魂嚎。為什麼下粟如雨呢？因為倉頡造成了文字，可用來傳達心意、記載事情，自然值得慶賀。但鬼為什麼要哭呢？有人說，因為有了文字，民智日開，民德日離，欺偽狡詐、爭奪殺戮由此而生，天下從此永無太平日子，連鬼也不得安寧，所以鬼要哭了。

還有一種說法是：有一次，倉頡就是從這些繩結記錄的史書給黃帝提供的史實出了差錯，致使黃帝在和炎帝的邊境談判中失利。事後，倉頡愧而辭官雲遊天下，遍訪錄史記事的好辦法。三年後他回到故鄉白水楊武村，獨居深溝「觀奎星圜曲之式，察鳥獸蹄爪之跡」，整理得到的各種素材，創造出了代表世間萬物的各種符號。他給這些符號起了個名字，就叫做「字」。

倉頡的字都是依照萬物的形狀造出來的。譬如：日字是照著太陽紅圓紅圓的模樣勾的；月字是仿著月牙兒的形狀描的；人字是端詳著人的側影畫的……倉頡首創文字的事後來被黃帝知道了，他大為感動，乃賜倉姓。其意是君上一人，人上一君。再後來，上天知道了這件事，下了一場穀子雨獎勵倉頡，這便是人間穀雨節的由來。

從白水縣城出發，沿渭（南）清（澗）公路下洛河，然後再改走白（水）洛（川）公路。吉普車在高原的溝岔間跑了一個小時左右，才來到了倉頡廟所在的史官村。這座已有一千八百餘年歷史的倉頡廟已被正式列為國家級的重點文物。

倉頡陵在吳村西側，與倉頡廟西東相望，是一個高五米的大土丘。陵墓以下有仰韶至龍山時期的古文化遺存。陵前翁仲，石獅俱存，並建有石坊，上書「倉頡」二字。倉頡廟，始建年代不詳。據廟內現存碑刻記載，「歷漢唐以來，未嘗稍替」。如今看到的倉頡廟是明清時的建築，占地約兩千七百平方米，座北朝南，有石望柱一對，雕刻精美雅致；山門、二門皆為硬山式建築，拜殿、正殿和寢閣大方美觀。還有明代名人篆額題聯和倉頡夫婦的石雕。廟內碑刻林立，松柏蒼翠，楊柳依依，樓臺亭閣鱗次櫛比，整個建築雄偉壯觀。

告別「結繩記事」的年代

中國古書上有「結繩記事」、「契木為文」等記載，這是早期記事常用的方法，可惜這些物品無法長久保存下來，所以當時的記事情況已無法知曉了。但安陽小屯發現了十五萬片甲骨卜辭，在龜甲與牛胛骨上刻的文字相當完好地保存了下來，總字數達到三千五百個上下。從甲骨文字結構來說，除了象形以外，形聲、會意、假借等比較進步的

造字方法已普遍被應用。可見在三千餘年前的商代文字已達到了相當完備程度，那麼在它以前一定有個更長的發展過程。

考古發現證明，中國先民早在七八千年前就在龜甲上刻劃符號了。從五六千年前的仰韶文化、大汶口文化中發現了在陶器上刻劃的符號有數十種之多，其中有些與甲骨上所見的字類似，因而有人認為它們就是早期文字。至於在龍山文化早期的陶罐上發現的朱書可以肯定是文字，充分表明中國的漢字至少已有四千餘年的歷史。文字的出現既是人們在長期的社會生活中不斷積累、不斷總結的結果，所以倉頡很可能是總結整理文字，為漢字的形成作出了貢獻的一個代表人物。

鄭州大河村出土的彩繪雙連壺

影響

文字承載著人類文明，許多發達一時的古文明因為沒有文字彙載或者失載，而最後湮沒無聞。這些文明或許有過發達的經濟、文化和制度，或許有過許多英雄才子佳人，但是最終掩沒在黃沙之下，叢林之中。所以文字之於文明，具有極端的重要性，倉頡造字，開啟了漢字的發展史，中華文明因為漢字的記載而源遠流長，中華民族也因為漢字而具有凝聚力。倉頡造字，實為中國歷史上一件具有重大影響的事件。

3 啓家天下

中國古代歷史上有一個氣魄宏偉的動人故事，叫大禹治水。故事發生在遙遠的西元前二十一世紀，那時，我國的黃河流域經常洪水滔天。洪水吞沒田園，沖毀房舍，使人們流離失所。於是，各個部落的人們團結起來，與大自然展開了一場艱苦卓絕的鬥爭。

起初，這場鬥爭由大禹的父親鯀來指揮。鯀一心想把事情辦好，但採用的方法不對，他一味強調「水來土掩」，哪裏有洪水就派人到哪裏去堵，結果越堵水患越嚴重。

鯀治水失敗後，大禹挺身而出，擔負起領導治水的重任。他認為要治服水患，就必須因勢利導，根據河流的走勢疏通水流。為了規劃出一套正確的治水方案，大禹不辭辛勞地爬山涉水，實地勘察山川形勢。他三過家門而不入，領導人們開山闢嶺，疏浚河道，廣修溝渠，奮戰十三年，終於「開九州，通九道」，治服了水患，譜寫了一曲人定勝天的凱歌。

但是，大禹治水，也開啟了廢除禪讓制度，實行世襲制；捨棄公有制，進入私有制社會的序幕。

大禹治水像

從禪讓制度到「父傳子、家天下」

根據傳說，黃帝以後黃帝族著名的首領還有顓頊、帝嚳、唐堯、虞舜，這便是傳說中的「五帝」。堯舜時期，還保留著氏族民主制的遺風。天下大事堯都要徵求四方首領的意見，連舜的即位都是由大家推舉的，這就是所謂「堯舜禪讓」。在堯當政的時候，中原大地不斷暴發大洪水，桑田變滄海，山丘為島嶼。堯選派夏部落的鯀去治水，鯀用了九年多的時間，沒有成功，舜繼位以後放逐了鯀，又用鯀的兒子禹治水。禹改用疏導的方法，經過十多年的努力終於治服了洪水。

禹因治水有功，深孚眾望，遂繼舜而當了中原諸部落之共主，初都陽城（今河南禹縣），後都於安邑（今山西夏縣西北）。長期以來南方的三苗與北方抗衡，禹率領部眾取得了對三苗戰爭的勝利。禹的威望與日俱增，他在塗山大會諸侯，參加者要執玉帛，以示謙恭臣服，遲到者即被認為不敬而被殺。

夏禹王像

禹晚年推選皋陶為繼承人。皋陶不久便死了，又推舉了伯益。據說伯益發明了鑿井。但是禹死後，禹的兒子啟倚仗禹家族的勢力奪取了最高權位，建立了中國歷史上第一個國家——夏。天下為公的氏族制度到此便結束，以家族私有制度為特點的「小康之世」開始了。

王位世襲制

夏朝建立以後，啟終日沉湎在歌舞聲色之中，田獵無度，生活淫佚。啟的所作所為，使周圍部落震驚不已，居住在今陝西境內的有扈氏舉兵反啟，終因力量懸殊為啟所滅。啟死後五子爭權，剛剛建立的夏陷入了危機，黃河下游的后羿集團乘機奪取安邑，啟子太康、仲康流亡伊洛，相繼死去。仲康之子相逃到今河南濮陽，投靠同姓的斟灌氏和斟氏。

后羿自恃善射，荒於田獵，政事不修，很快就被他的親信寒浞殺害。寒浞進而攻殺仲康之子相。已經懷孕的相妻后緡從牆洞中逃歸母家有仍氏，生下少康。寒浞派人索捕少康，少康逃奔到有虞氏那裏，才有了立足之地。少康後來與夏的一些貴族以及一些同姓聯合起來，幾經辛苦，推翻了寒浞政權，重建了夏王朝，這就是歷史上所說的少康中興。從禹傳子到少康中興，前後經歷了一百年左右，世襲制終於取代了禪讓制，中國歷史上長達數千年之久的專制集權的王權統治，從此定下了雛形。

夏朝的社會經濟以農業為主。夏人在黃土高原鬆軟的土地上，採用木耒和石鏟開墾。他們懂得開溝池引水排水，同時也使用水井澆地。農業有了發展，糧食有了剩餘。夏人還制定出適於農業的曆法夏正。有了餘糧可造酒，夏的釀酒業便發達起來，出現了許多專用酒器。夏人飲酒蔚然成風，統治者更是酗酒無度。

夏代已經出現了青銅鑄造業，青銅器的出現，大大促進了生產的發展。河南二里頭發現的夏代宮殿建築群基址規模很大，可見文獻記載夏朝末代國王桀大興土木，高築「瑤台」、廣建「傾宮」之事並非子虛烏有。夏桀集天下珍寶美女於其中，過著荒淫的生活。二里頭墓葬貧富分化的現象十分嚴重，僅從奴隸埋葬的形式看，奴隸制在夏代已經出現了。至今尚未找到夏代文字，但從甲骨文在商代已臻於完善和古代文獻中引用《夏書》文句的情況判斷，夏代應有文字。二里頭遺址出土的陶器上二十多種刻劃符號已多少可以作為印證。夏朝的國王一代比一代腐敗、淫佚，黑暗的統治使得夏所轄的諸侯紛紛叛離。結果，在東方新興商族勢力的打擊下滅亡。

影響

自啟繼禹位，父子、兄弟相傳的王位繼承制終於固定下來。夏朝建立標誌了中國「家天下」的首創，也是中國歷代興治盛衰亂亡的一系列鏈條之第一環。它具有立國創制的作用，即首建王朝、首行世襲，同時也開了歷代篡奪政權的先例。古書把夏啟繼承父位，當作由「天下為公」的「大同」之世，進入「天下為家」的「小康」之世的開始。

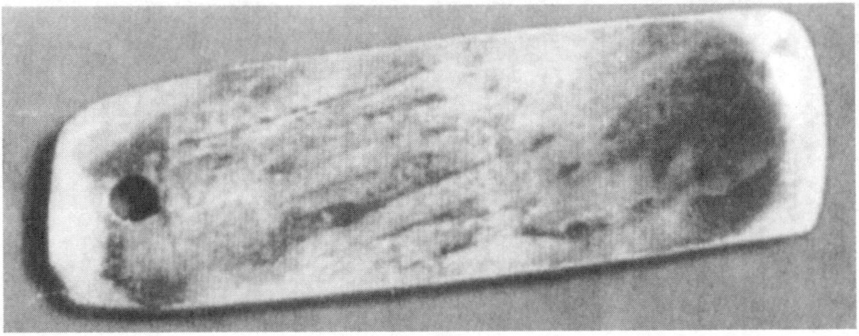

夏代文物

4 西周封邦建國

在中國歷史上始終存在著一個敏感的話題：中央與地方的關係。關於中央和地方關係的形式，可以籠統地概括為兩種：封邦建國和郡縣制度。中國歷史上採取封邦建國朝代很多，比如周代、西漢、西晉、明代等朝代，都採用過這種方式。把親族分封到各地去做諸侯，在某種程度上有利於維護本家族的統治；但是這種制度所帶來的危害也是顯而易見的，西漢的七國之亂、西晉的八王之亂、明朝的靖難之役，都是分封制度所帶來的惡果。

這種分封制度，最早，就是由周朝大規模開始實行的。

分封諸侯

滅商以後，周從一個西部小邦變成了一個大國。為了鞏固和擴大周王朝的統治，有效地管理廣大被征服的地區，鎮撫各地原有的邦國，周初實行了分封制。分封制就是把周王的子弟、親戚、功臣以及古代先王聖賢的後代，分配到一定的地區，分別授給他們一定範圍的土地和人

周公像

民，建立封國。這些封國就是諸侯，諸侯受封時，要舉行冊封儀式，周天子向受封者頒布冊命，宣布封疆範圍、土地的數量。並把該地區的人民一起賜給受封者，同時還給受封者官屬、奴隸、禮器和儀仗等。諸侯在自己的統治範圍內建立政權機構，設置軍隊和監獄，但規模大小和地位都有一定的限制。諸侯對周王承擔一定的義務，如定期朝見，繳納貢賦，徵調軍隊隨周王出征，王室重大祭祀活動，諸侯要前往助祭等等。

周朝初期，經過了周武王和周公兩次大的分封。武王滅商後，就開始分封，武王所封有下列國家：封神農的後代於焦，黃帝的後代於祝，堯的後代於薊，舜的後代於陳，大禹的後代於杞，師尚父於齊，周公於魯，召公於燕，叔鮮於管，叔度於蔡，同時封商紂的兒子武庚於殷。這些人都是先賢聖人的後代或是周的功臣、子弟以及殷商的後代。在東征平叛勝利之際，周公為加強對殷朝舊地的控制，乃另建一都城洛邑（今河南洛陽），作為統治東部的政治、軍事中心，並遷部分殷民於此，派八師兵力（一師為兩千五百人）監守之。從此西周就有了兩個都城：首都鎬京又稱西都或宗周；陪都洛邑即東都或成周。同時，周公又進一步大行封建，以使諸侯國屏衛周室。鑒於武庚叛亂之教訓，東征後雖然仍封殷宗室微子啟於宋，但另封武王弟康叔於殷都附近，是為衛國。另封武王弟召公之子於燕，封成王弟於唐（後稱晉國），封周公之子於魯，封姜尚於齊。後來長江流域、西方之地也都建了封國，如吳、楚、秦等等。

經過周初的兩次分封，形成了以王畿為中心，眾多諸侯拱衛周王室的局面。王畿是周王室統治的中心地區，武王時已經計劃將周的王都建於洛水與伊水之間的地區，但沒有來得及興建就去世了。周公東征以後，就按武王的計劃修建了洛邑（河南洛陽市東），把那些殷頑民遷移到這裏，加以監視。又在附近建王城（洛陽市內），以軍隊八師駐守，作為朝會東方諸侯的東都。這樣，西起岐陽，東到圃田，所謂渭、涇、河、洛地帶，都成為周的王畿。西邊的關中平原，以鎬京為中心，是周人興起的地方，稱宗周。東面的河洛地帶，以東都王城為中心，是保衛宗周和鎮撫東方的重鎮，稱成周。東西連成一片，長達千餘里，王畿的政治經濟和軍事力量都有顯著的增強，成為控制全國的基地。周朝在王畿（甸服）之外有侯服、賓服、要服、荒服，侯服就是指諸侯國所分佈的地區，侯服之外，就是一些關係比較疏遠的舊國或其他少數民族部落。

在眾多的諸侯中，尤以東方的齊、魯，北方的晉、燕，中原的衛國最重要。

西周記載冊命賞賜內容的大盂鼎

魯，是周公旦的封國。其疆域，北到泰山之下，東過龜蒙，南邊包括鳧、嶧諸山。附近的若干小國都是它的附庸。這裏原是少昊部的故地，居住著奄、商部落。武王滅商後，就把這一地區分封給周公，周公由於輔佐成王，一直未能到封地去。武王死後，這裏的淮夷、徐戎同時叛亂，周公東征平定了這裏的叛亂，穩定了局勢，便立即讓他的兒子伯禽到封地去，讓他鎮守這一地區，並要他「大啟爾宇，為周室輔」，也就要鞏固和擴大自己的勢力，成為周王朝強有力的屏輔。同時分給他殷民六族，即條氏、徐氏、蕭氏、長勺氏、尾勺氏六個殷商部族以及大量禮器和儀仗。魯國成為周王朝在東方的重要諸侯，領導當地的淮夷部落臣服於周王室。

齊，是師尚父的封地。師尚父即姜尚，他是周武王的大功臣，為周王朝的興起立下了不小的功勞。周武王將它封在營丘（山東臨淄北），國號齊。這裏是蒲姑之民的故地，也是一股巨大的抗周勢力。武王讓他在這裏鎮撫蒲姑之民，其封疆東至海濱，西至黃河，南至穆陵（山東沂水縣北）、北至無棣（山東無棣）。它也是周王室控制東夷的重要力量，同時周王還授予他征伐違抗王室的侯伯的權力。

衛，是康叔的封地。康叔是武王的同母弟，成王的叔父。這裏是殷都舊地，在周公平定了武庚、管叔、蔡叔的叛亂之後，就把康叔封到這裏。它的疆域以朝歌（河南汲縣北）為中心，武父（河南河北交界處）以南，圃田（河南中牟西）以北的地區。康叔被封時還得到了殷民七族，即陶氏、施氏、繁氏、錡氏、樊氏、饑氏、終葵氏七個殷商部族，以及許多寶器儀仗。由於衛國是殷人的故地，所以周公十分重視，特別作《康誥》、《梓誥》、《酒誥》叮嚀康叔，讓他兼用商周的制度。康叔遵照周公的教導，很快就消除了殷遺民的對立情緒，收到了民心大悅的效果。在眾多的封國中，衛國地處中原，又接近王畿，其疆域也最大，是屏衛周王室的重要封國。成王親政以後，任用康叔擔任周王室的司寇，執掌刑罰大權，衛侯又掌握著指揮成周八師的大權。

晉，是成王弟叔虞的封地。轄區在今天的山西境內，自古以來就居住著群狄部落，他們經常內侵，商朝時就經常在這裏用兵。武王死後，這裏的唐國乘機叛亂。為了加強對群狄的防禦，成王將他的弟弟叔虞封於唐（山西翼城），國號唐，到叔虞的兒子時，改國號為晉。這裏曾是夏朝故地，叔虞還得到了夏遺民懷姓九族，所以晉國實行夏政並兼顧戎狄的習慣。

燕，是召公奭的封地。它是周王朝在東北方的屏藩，這裏的地理位置很重要，它具有控制燕山南北和遼西一帶的戎狄部落的作用，影響達到白山、黑水之間的地區。此外，在南方，在淮水上游還有蔣、息（河南息縣）等同姓國，在唐、白河流域有申、呂等姜姓國，在淮水、漢水之間有漢陽諸姬，其中隨（湖北隨縣）國為最大。在長江下游地區，在文王以前，就有古公亶父的長子太伯和次子仲雍在太湖沿岸建立了吳國。

影響

周王朝實行的分封制，是當時歷史條件下對廣大的區域實行有效統治的最好的辦法。大量分封諸侯，對鞏固和穩定周王室確實起了非常重要的作用。周滅商以後，在周王朝影響的範圍內，還有眾多的舊國存在，在邊遠地區，也有大量少數民族部落，周王朝的封國與這些舊國和少數民族雜處，有效地擴大了周王朝的政治影響，對傳播先進的周文化，加速這些地區的發展都起了積極的作用，對歷史上民族統一體的形成有著重要的意義。在歷史發展的進程中，各封國的發展程度不同，一些諸侯發展壯大起來，向四周擴展，成為雄踞一方的大邦，到春秋時期，形成了諸侯割據列國爭霸的局面。

武王在克商之後，大肆分封諸侯，即實行「封建」以屏衛王室。不過武王之分封宗室以屏衛周朝的目的，並未完全達到。歷史表明，權勢、錢財之欲望往往勝過兄弟的手足之情，故王位繼承乃由兄及弟進而轉變並確定為父死子繼。不僅王位繼承制如此，封建宗法制度也從一開始就向人們顯示，一旦帝王把大權分封給兄弟、子侄，很快就會導致宗室之間為奪權而產生的殘酷鬥爭。縱觀後來歷史上實行過封建的一些朝代，如漢（七國之亂）、晉（八王之亂）、明（靖難之變、高煦之亂、宸濠之亂）等莫不如此。大規模推行封建制度的周朝，從始（西周初年三監叛亂）到終（春秋戰國諸侯混戰）尤其如此。蓋賢良、忠臣等人才可以挑揀，而子女、兄弟等親屬則無從選擇。儘管人們往往信用自己的親屬，然自古迄今，從家族之天下到家族式之公司，弊端到處可見，不是骨肉相殘就是子孫敗家，不是任人唯親就是經營不善。

5 百家爭鳴

春秋戰國時期（周秦之際），學者輩出，各自著書立說，想要通過改制救世。學者不止一人，流派不止一家，著書不止一種，故稱之為「諸子」，又謂之「諸子百家」，也稱為「百家爭鳴」。官失其守，學術分裂，由天子而諸侯、而私學，這就是百家爭鳴的時代背景。《莊子．天下篇》說「天下之人各為其所欲焉以自為方」；「悲夫，百家往而不反，必不合矣。」這便是歷史與學術發展的必然趨勢。後來又以「諸子」作為學術思想的一大部類，進而把它列為古書部類的一種，至此四部分類得以定型。子、夫子，本是用來稱呼卿大夫的。故章炳麟有所謂「子猶今言老爺」之說。自孔子開始，漸變為弟子稱師之詞。加姓氏以別之，曰某子。諸子之書，多非自著，乃弟子後學記述成書，即出自著，亦本為單篇，由後人編纂成書。古昔著書，意在筆先，又非有意為之，故著書之初本無名，弟子後人取首簡文字以命篇；積篇成帙，亦不另題書名，而以某子稱之。

呂思勉曰：「先秦諸子之學，非至晚周之世，乃突焉興起者也。其在前此，旁薄鬱積，蓄之者既已久矣。至此又遭遇時勢，乃如水焉，眾派爭流；如卉焉，奇花怒放耳。積之

墨子像

久，泄之烈者，其力必偉，而影響於人必深。」（《先秦學術概論》）

根據呂氏的總結，先秦百家的興起有兩個原因：一謂出於王官之一守，官、師分離，故「諸子皆出於王官」。二曰出自救時之弊。實際上，諸子百家的興起是經濟、社會、政治變化的直接結果，是對政治社會進行變革的內在要求的結果。一言以蔽之，是應付挑戰的結果。如《漢書．藝文志》所說：「諸子十家，其可觀者九家而已。皆起於王道既微，諸侯力政，時君世主，好惡殊方。是以九家之術，蜂出並作，各引一端，崇其所善，以此馳說，取合諸侯。」

諸子蜂起

七國爭雄，天下紛擾，各國皆千方百計謀求富國強兵之策。社會的變革促使文化走向民間，遊說之士面對劇烈動蕩的社會，莫不以匡君救世為己任，紛紛提出自己的政治主張。他們或遊說列國，干謁君主；或課徒講學，著書立說；或放浪形骸，以批判的形式表達對世俗的關注；或輔政秉國，以求治世。造成了百家爭鳴的局面。

除孔學儒家外，還有墨、道、法、陰陽、名諸家。春秋戰國的諸子百家，大多具有獨立思考的學風，絕不苟同別人的見解，做到了思想上的大解放。所謂「百家」，只是對當時學派眾多現象的一種概括。在眾多學派中，比較重要的也只有儒、墨、道、法、陰陽等數家。

先秦諸子百家之說，當時前後有數篇文獻已有所論述。一曰《莊子．天下篇》，一曰《荀子．非十二子》；至於文中間或論及此者，相對較多。總結性的論述最早出現於《史記．太史公自序》，乃司馬遷之父司馬談所撰。司馬談將在他之前共幾個世紀的「百家」分為陰陽、儒、墨、名、法、道德六家（或六大學派）。馮友蘭以為，司馬談是後來對「百家」嘗試進行分類的第一人。

此後《漢書．藝文志》承劉向劉歆之說，益以縱橫、雜、農、小說，為諸子十家，除去小說家，又稱作九流，合稱「九流十家」，並各溯其所出。實際上，呂思勉認為，《漢書．藝文志》之「數術」、「方技」、「兵書」三略，亦可稱為先秦諸子之一，故實可概算為十二家，即再加上兵、醫二家也。

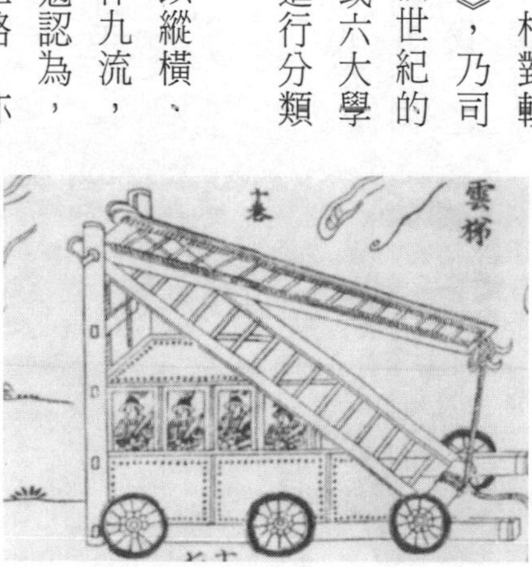

墨子學派發明的戰國雲梯

諸子百家

《莊子．天下篇》之六派：一墨翟、禽滑厘；二宋鈃、尹文；三彭蒙、田駢、慎到；四關尹、老聃；五莊周；六惠施、桓團、公孫龍。

《荀子．非十二子》之六派：一它囂、魏牟；二陳仲、史鰌；三墨翟、宋鈃；四慎到、田駢；五惠施、鄧析；六子思、孟軻。

老子：生卒年不能詳考。若有老聃其人，大約生於前五八〇年。但此老子與《老子》

一書，尚無明確理由聯繫在一起。

關尹：與老子同時。

孔子：生於西元前五五一年，卒於西元前四七九年。

孫子（孫武）：與孔子大體同時。

墨子：名墨翟，生卒年不詳，大約是戰國初人，後於孔子。

子思：孔子學生，與墨子同時。

楊子：名楊朱。諸家記載不一，極難確定。應在墨子同時或稍後，而在孟子之前。馮友蘭《中國哲學簡史》認為楊朱所代表的一些隱者是道家的第一階段，而老子無考，《老子》一書應在其後，故《老子》學說僅能稱之為道家的第二階段。

陳仲：墨翟之徒，齊人。

孟子：約西元前三七二至二八九，上距孔子約百年。

孫子（孫臏）：與孟子同時。

禽滑厘：魯人，與孟子同時。

莊子：與孟子同時略後。

惠施：約生於西元前三七〇年，卒於西元前三一八年，宋人，曾做過魏國的宰相，是合縱的實際組織者。與莊子同時，先莊子死。經常與莊子進行辯論。莊子「子非我」之論，即與惠施言之。莊子謂「惠施多方，其書五車，其道舛

韓非像

雜，其言也不中。」惠施的十個命題，散見於先秦諸子書中（主要是《莊子・天下篇》）：一、至大無外，謂之大一；至小無內，謂之小一。二、無厚不可積也，其大千里。三、天與地卑，山與澤平。四、日方中方睨（音逆，斜視、斜），物方生方死。五、大同而與小同異，此之謂小同異；萬物畢同畢異，此之謂大同異。六、南方無窮而有窮。七、今日適越而昔來。八、連環可解也。九、我知天下之中央，燕之北，越之南是也。十、泛愛萬物，天地一體也。

魏牟：魏公子，後於莊子，與公孫龍同時（錢穆《系年》）。

公孫龍：約生於西元前三五二年，卒於前三一五年，較惠施略遲，約與鄒衍同時。字子秉，據說是趙國人，曾做過平原君的門客。《漢志》著錄其書十四篇，六篇保存至今，其中五篇基本可信。「公孫龍析辯抗辭，別同異，離堅白。」（《淮南子・齊俗訓》）

稷下學者淳于髡、慎到、環淵、接子、田駢、鄒衍：《史記・孟子荀卿傳》：自鄒衍與齊之稷下先生，如淳於髡、慎到、環淵、接子、田駢、騶奭之徒，各著書言治亂之事，以干世主，豈可勝道哉！淳于髡，齊人也。博聞強記，學無所主。其諫說，慕晏嬰之為人也，然而承意觀色為務。客有見髡於梁惠王，惠王屏左右，獨坐而再見之，終無言也。惠王怪之，以讓客曰：「子之稱淳于先生，管、晏不及，及見寡人，寡人未有得也。豈寡人不足為言邪？何故哉？」客以謂髡。髡曰：「固也。吾前見王，王志在驅逐；後復見王，王志在音聲：吾是以默然。」客具以報王，王大駭，曰：「嗟乎，淳于先生誠聖人也！前淳于先生之來，人有獻善馬者，寡人未及視，會先生至。後先生之來，人有獻謳者，未及試，亦會先生來。寡人雖屏人，然私心在彼，有之。」後淳于髡見，壹語連三日三夜無倦。惠王欲以卿相位待之，髡因謝去。於是送以安車駕駟，束帛加璧，黃金百鎰。髡終身不仕。慎到，趙人。田駢、接子，齊人。環淵，楚人。皆學黃老道德之術，因發明序其指意。故慎到著十二論，環淵著上下篇，而田駢、接子皆有所論焉。

《史記．田敬仲完世家》：宣王喜文學遊說之士，自如鄒衍、淳于髡、田駢、接子、慎到、環淵之徒七十六人，皆賜列第，為上大夫，不治而議論。是以齊稷下學士複盛，且數百千人。《史記》稱稷下學者以鄒衍為首（齊有三鄒子，其先鄒忌，先孟子；其後鄒衍，後孟子）。田駢、慎到、彭蒙常對舉，「齊田駢好談論，故齊人謂之天口駢」（王應麟《漢志考證》引《七略》），大約為道家之言。慎到，大約本黃老，歸刑名。稷下學派，大部繼承道家學說和儒墨兩家思想，但又不同於各家，有自己的特點。

影響

百家爭鳴的時代正是中國歷史上一個戰亂頻仍、兵荒馬亂的時代，但這個時代，卻是中國歷史上最為自由、最為開放和最不可思議的一個時代。特別是對於學術發展和思想傳播而言，確實是一個黃金的時代。

在這個時期裏，誕生了中國歷史上影響最為深遠的思想和學術派別。以後的朝代裏，幾乎不可能不受到這一時期百家爭鳴思想的影響。儒家、墨家、道家、法家、縱橫家、陰陽家、兵家、農家等等學派的思想，無一不對後代產生著影響。這一時期思想之豐富，以至於我們無法能夠超越他們。試想，在他們之後，還有比他們更偉大的教育家、思想家、哲學家和軍事理論家嗎？

可以肯定地說，如果沒有當時的百家爭鳴，中國後來的思想文化絕不會五彩繽紛。

6 孔孟立宗

在整個中國的歷史中，沒有哪一家的思想，能夠像儒家這樣在這麼長的時間裏影響著這個國家的意識形態、社會思想、道德觀念和個人生活。儒教一度被稱為中國的國教，在國家生活中發揮著重要的作用。而這一學派的開山鼻祖，就是中國歷史上的聖人孔子。

政治生涯

西元前五〇〇年，魯國國君姬宋跟齊國國君姜杵臼在夾谷（山東新泰）會面，孔丘以禮儀專家身分，被任命為姬宋的賓相。會見之後舉行的娛樂節目中，齊國演出萊部落（山東平度）的土風舞，孔丘根據儒書，指責齊國不該使野蠻人表演，而應使用傳統的宮廷舞。齊國立刻演出傳統的宮廷舞，不過卻是宮廷中平時演出的輕鬆喜劇。孔丘再根據儒書，認為犯了「平民輕視國君」的大罪，立即指揮魯國的衛士把那些男女演員驅到臺階之下，砍斷手足。據孔丘的門徒事不改色的宣稱，

孔子行教圖

孔丘這次淩厲行動，不但沒有引起國際衝突，反而使齊國國君意識到自己做錯了事，大為恐懼，就把從前侵佔魯國汶水以北一帶土地（汶水以北、龜山以南之田）還給魯國。

紀元前四九八年，孔丘建議三桓拆除他們的都城，以求魯國國君重振久已失去的權威，這就是著名的「墮三都運動」。結果大敗而回，這是孔丘企圖恢復傳統秩序所受的最大挫折。

墮三都的第二年（前四九七年），孔丘被賞識他的國君姬宋任命為代理宰相（攝相事），三桓已經大為光火，孔丘卻不到三個月，就把一位很有名望的文化人少正卯逮捕，立即處死。然後宣布少正卯有五大罪狀，這五大罪狀是：「居心陰險，處處迎合人的意思。行為邪惡，不肯接受勸告。說的全是謊話，卻中稱所說全是實話。記憶力很強，學問也很淵博，但知道的全是醜陋的事情。自己犯錯，卻把錯誤潤飾為好事。」這種煙霧濛濛的抽象罪名，說明凡是有權的人，他們可以隨時把這頂奇異的帽子扣到任何一個人頭上，而仍能振振有詞。恰巧遇到君主主持對天老爺的大祭典，在分祭肉的時候，三桓故意不分給孔丘。這是周禮社會中最嚴重的一種處分，表示此人已被深惡痛絕。孔丘只好流亡而出奔衛國。

孔丘的政治生涯到此結束，但對他而言不能說不是一種幸運，他可以把全副精力用在教授門徒上。他曾經訪問過齊國、陳國、蔡國，尋求一個能

孔宅故井

實行他古老的政治理想——周禮的國度，但他無法找到。最後，紀元前四八四年，他再回到魯國定居，在外共流亡了十三年。

教書育人

孔丘回國時已六十三歲，繼續教授門徒，傳播他對紀元前十二世紀周王朝初創時代的懷念和崇拜。又對當時已經存在的古老書籍，用他的觀點，加以編纂刪訂《易經》《春秋》《詩經》《書經》《禮經》。這五部書，合稱為「五經」。黃金時代結束後，儒家學派在政府中當權，這五部書支配中華學術思想近兩千年之久。

孔丘的政治生涯是失敗的，但他的教育精神則絕對的可貴而且成功。孔子一生中有一大半的時間，是從事傳道、授業、解惑的教育工作。他創造了卓有成效的教育、教學方法；總結、倡導了一整套正確的學習原則；形成了比較完整的教學內容體系；提出了一系列有深遠影響的教育思想；樹立了良好的師德典範。

孔子的教育活動大致可以分為三個階段：第一階段從開始辦學，到去齊國求仕之前，約七、八年時間。這一階段他的門徒還不太多，但是辦學頗有成效，在社會上已經有了較大的名聲。在這一時期，孔子的學生中有比他只小六歲的顏路（顏回之父），有比他只小九歲的子路。子路幾乎是終生陪伴著孔子。第二階段：自三十七歲（魯昭公二十七年、西元前五一五年）從齊國返回魯國至五十五歲（魯定公十三年，西元前四九七年）周遊列國之前。這一階段共計十八年的時間。這十八年中，孔子雖然有4年多的時間在做官從政，但並沒有停止授徒。這一階段是孔子教育事業大發展的階段。他的教育經驗越來越豐富，教育水平越來越高，名氣越來越大，所收的弟子越來越多。除了魯國的學生之外，他的學生中還有來自齊、楚、衛、晉、秦、陳、吳、宋等國的求學者。孔子的威望已經樹立起來。他的一些有名的弟子，如顏回、子貢、冉求、仲弓等，大都是這一時期進入孔門的。這些弟子中的一部分人後來跟隨他周遊列國，一部分從了政。第三階段：自六十八歲（魯哀公十一年。西元前四八四年）周遊列國結束回到魯國，至他去世，共五年時間。這時，他雖然被季康子派人迎回魯國，但魯哀公、季氏最終並沒有任用他。儘管有大夫的身分，有時也發表一些政見，但沒有人聽從他的意見。他把精力集中到辦教育與整理古代文獻典籍上了。這一時期他的學生也很多，並培養出了子夏、子游、子張、曾參等才華出眾的弟子。這幾個人後來大都從事了教育事業，對儒家學派的形成與發展，對孔子思想的傳播起到了重要作用。

孔子在周遊列國的十四年中，也沒有停止過教育活動。他在衛國、陳國先後住了數年的時間並沒有從政，弟子就在身邊，師生之間不可能不進行學術研討。他帶著弟子到列國去周遊，本身就開闊了這些學生的眼界，他們的意志也經受了磨練。這可以說是一種特殊的教育活動。孔子一生從事教

孔子問老聃

育事業，相傳有弟子三千，賢弟子七十二人，在德行方面表現突出的有顏淵、閔子騫、冉伯牛、仲弓；在語言方面表現突出的有宰我、子貢，辦理政事能力較強的有冉有、子路；熟悉古代文獻的有子游、子夏。在孔子的弟子中，有不少人都幹出了一番成就，對於當時政治，尤其是對孔子思想的傳播，對儒家的形成和發展，起到了重要作用。

亞聖

孟子是發揚孔子學說並使之光大於天下後世的「第一人」，在儒家被列為僅次於孔子的「亞聖」。

創立儒家的孔子死了以後，儒學分為八個學派：子張之儒，子思之儒，顏氏之儒，孟氏之儒，漆雕氏之儒；仲良氏之儒，孫氏之儒，樂正氏之儒；但自偉大的文學家兼史學家司馬遷把孔子和孟子相提並論，後世便都以孔孟並稱。自宋代以後，封建統治者為了適應自己的需要，特別抬出《孟子》一書，把它與孔子的《論語》一同列為封建士大夫必讀的「經典」。這樣就使孟子的思想在長達數世紀的時間裏，在中國被普遍接受。

孟子，名軻，戰國時鄒人（今山東鄒縣）。他主要活動於春秋戰國時的梁惠王、齊宣王時代，是我國古代偉大的思想家、政治家和教育家。孟子生平很是自負，曾言「如欲平治天下，當今之世，舍我其誰也！」但歷遊諸國所受的周折，使他終於走上了跟隨孔子著書立說，教授門徒，把自己的理想寄託於將來的道路。他停止政治活動以後，便和他的弟子們一起把他的學說——即政治主張、哲學理論、教育綱領等——整理成書，傳於後世。這就是流傳至今的《孟子》七篇。

孟子在秦漢以後的中國封建社會上留下的影響是巨大的。他繼承並發展了「仁」的思想，把本來側重於倫理原則的「仁」推及於社會政治，提出了以「仁義」為主導思想的學說，希望統治者能夠「正心、誠意、修身、齊家」，從而「治國平天下」。全部學說的內容包括「性善」，「道堯舜」，「民貴君輕」，頌揚「湯武」，反對「桀紂」，強調「仁政」，反對戰爭，排斥「楊朱」，批評「陳仲、許行、公孫衍、張儀……」等等，這些都是為了教育統治階級內部各階層人們，或向高級統治者建議，如何做到「得其民斯得天下」；從而表現了他的人道主義思想。

孟子像

孟子的「民貴君輕」主張，也是作為全部學說的中心思想來體現的。他提出「民為貴，君為輕」的政治原理，並且說：「得乎丘民」，只有順應民心才能得取天下；他認為殘害人民的「君」不應該被看待為「君」。這些道理，主要在於教育當時統治者要懂得「民貴君輕」的好處，通過實施「仁政」，使民心歸向，不要使自己像紂一樣成為「獨夫」。孟子教育「士」要關心人民疾苦，因此「士」就需要「仕」；但「仕」是為了「行道」，而不是為了自己能向上爬。

儒家思想的核心部分

孔孟立宗之後，儒家的核心思想就逐漸成形了。在以後的時代裏，儒家的這些核心思想逐漸地成為中國古代國家的意識形態，對後世產生著重要的影響：

仁：愛人。孔子思想體系的理論核心。它是孔子社會政治、倫理道德的最高理想和標準，也反映他的哲學觀點，對後世影響亦甚深遠。仁體現在教育思想和實踐上是「有教無類」，春秋時代學在官府，孔子首開私學，弟子不問出身貴賤敏鈍，均可來受教。仁體現在政治上是強調「德治」，德治的基本精神實質是泛愛眾和博施濟眾，孔子把仁引入禮中，變傳統「禮治」為「德治」，他並沒有否定「禮治」，他的「德治」無疑是對「禮治」的繼承和改造。愛人既為仁的實質和基本內容，而此種愛人又是推己及人，由親親而擴大到泛眾。

義：原指「宜」，即行為適合於「禮」。孔子以「義」作為評判人們的思想、行為的道德原則。

禮：孔子及儒家的政治與倫理範疇。在長期的歷史發展中，「禮」作為中國封建社會的道德規範和生活準則，對中華民族精神素質的培養起了重要作用，但隨著社會的變革和發展，特別是封建社會後期，它越來越成為束縛人們思想、行為的繩索，影響了社會的進步和發展。

智：同「知」，孔子的認識論和倫理學的基本範疇。指知道、了解、見解、知識、聰明、智慧等。內涵主要涉及知的性質、知的來源、知的內容、知的效果等幾方面。關於知的性質，孔子認為，知是一個道德範疇，是一種人的行為規範知識。

信：指待人處事的誠實不欺，言行一致的態度。為儒家的「五常」之一。孔子將「信」作為「仁」的重要體現，是賢者必備的品德，凡在言論和行為上做到真實無妄，便能取得他人的信任，當權者講信用，百姓也會以真情相待而不欺上。

恕：己所不欲，勿施於人，包含有寬恕、容人之意。

忠：己欲立而立人，己欲達而達人。孔子認為忠乃表現於與人交往中的忠誠老實。

孝：孔子認為孝悌是仁的基礎，孝不僅限於對父母的贍養，而應著重對父母和長輩的尊重，認為如缺乏孝敬之心，贍養父母也就視同於飼養犬，乃大逆不孝。孔子還認為父母可能有過失，兒女應該婉言規勸，力求其改正，並非對父母絕對服從。這些思想正是中國古代道德文明的體現。然而孔子論孝，還講「父母在，不遠遊」，「三年無改於父之道，可謂孝矣」，表現了其時代的局限性。孝被後世之儒定為繁瑣儀式，《禮記》中規定父母死後「水漿不入口，三日不舉火」，「哭泣無數」以至「身病體羸」，變成精神和肉體的自我摧殘。宋明時代把孝道作為道德論中最重要的範疇之一，理學家朱熹提倡父權絕對化。孝觀念，在不同歷史時期的演變中，剔除宣揚封建主義糟粕外，也有一些合理因素，提倡子女對父母的「尊」、「敬」、「養老」，將孝親與忠於民族大義相結合，主張死後薄葬節用等。

悌：指對兄長的敬愛之情。孔子非常重視悌的品德，其弟子有若根據他的思想，把悌與孝並稱，視之「為仁之本」

影響

儒家學說自孔子、孟子之後，逐漸成為一種國家意識形態。特別是西漢時漢武帝聽取董仲舒的建議「獨尊儒術」以後，儒家學說成為佔據統治地位的意識形態，雖然有時受到外來的佛教和本土的道教的一些衝擊，但是基本不能改變儒家學說的統治地位。儒家學說在漫長的中國歷史中，對國家，對個人，都發揮著重要的指導意義，是中古中國的立國之本和個人行事的行為準則。直到現在，它還發揮著重要的作用。

7 老莊合體

中國唯一土生土長的宗教，就是道教；西漢初期，黃老無為的思想曾經在國家生活中處於重要的位置，對休養生息、恢復國力產生了重要的影響。其他的歷史時代，道家的影響也是經常可以看到的。

老子和莊子

老子姓李，名耳，字聃，生於春秋末年，他堪稱中國古代思想先哲第一人。

年輕的時候，老聃就入周求學，拜見博士，入太學，天文、地理、人倫，無所不學，《詩》、《書》、《易》、《曆》、《禮》、《樂》無所不覽，文物、典章、史書無所不習，三年而大有長進。博士又薦其入守藏室為吏。守藏室是周朝典籍收藏之所，集天下之文，收天下之書，汗牛充棟，無所不有。老聃處其中，如蛟龍游入大海，海闊憑龍躍；如雄鷹展翅藍天，天高任鳥飛。老聃如饑似渴，博覽泛觀，漸臻佳境，通禮樂之源，明道德之旨，三年後又遷任守藏室史，名聞遐邇，聲播海內。

老聃居周日久，學問日深，聲名日響。春秋時稱學識淵博者為「子」，以示尊敬，因此，人們皆稱老聃為「老子」。西元前五三八年的一天，孔子對弟子南宮敬叔說：

「周之守藏室史老聃，博古通今，知禮樂之源，明道德之要。今吾欲去周求教，汝願同去否？」南宮敬叔欣然同意，隨即報請魯君。魯君准行。遣一車二馬一童一御，由南宮敬叔陪孔子前往。老子見孔丘千里迢迢而來，非常高興，教授之後，又引孔丘訪大夫萇弘。萇弘善樂，授孔丘樂律、樂理；引孔丘觀祭神之典，考宣教之地，察廟會禮儀，使孔丘感歎不已，獲益非淺。

莊子，名周，是戰國中期宋國蒙地（今河南商丘市東北）人，大約生於西元前三六九年。莊子一生隱沒無聞，卻著述甚豐，作為道家思想的集大成者，他在中國哲學史、文學史以及各藝術領域都有極大的影響。老、莊與孔、孟共同構成了國民精神的源頭。但是，莊子作為一個沉思默想、不求功名的隱士型思想家，他基本上沒參預過任何重大的歷史事件，所以，我們無法非常自信地為他寫出一部線條清晰、先後承接的傳記。

但是莊子笑傲王侯，抨擊現實的個性，卻鮮明地留在歷史的記憶之中。寧靜的學術生涯給莊子帶來了無限的樂趣，他為自己能如此深刻地理解人生、社會和自然而無限欣喜，而對權力、金錢抱著孤芳自傲甚至不屑一顧的態度。惠施在魏國做宰相時，有一次，莊子來到了魏國，有人以為他是來與惠施競爭宰相職位的；惠施深知莊子之志，完全不以為然；但他又怕莊子直接去見魏惠王，放蕩不羈而爭辯起來，

老莊像

招致殺身之禍；於是就讓人到處尋找莊子。莊子也聽到謠言說惠施為了不讓莊子與自己爭奪相位正在搜捕他。二人見面後，莊子繞著圈說：「南方有一隻鳳鳥，非椒楝食不吃，非醴泉不飲。這隻鳥飛向北方時，看到地上有一隻老鷹正在抓一隻死老鼠吃。老鷹看到鳳鳥飛來，嚇得『唉喲』一聲，趕快把死老鼠藏在身子下面，生怕被搶走了。你是不是也想拿你那個相位來嚇唬我呀！」

老子和其後繼者莊子的思想，成為以後道家學派的主題思想。

黃老思想與休養生息

漢初大臣中，有不少是推崇道家的，也比較系統地接觸過道家學說。如曹參曾學黃老於蓋公，陳平少好黃老，田叔學黃老於樂巨公，直到漢武帝初期，仍有汲黯、直不疑、司馬談等人學習黃老學說。漢初皇帝、宗室、外戚中，漢文帝本修黃老，文帝皇后竇氏尤其喜談黃老之學，連帶漢景帝及太子、諸竇都不得不讀黃老。侯王大臣的賓客之中，淮南王劉安「招致賓客方術之士數千人」編纂成《淮南子》(《漢書‧淮南衡山濟北王傳》)，其中以黃老道家內容居多。

曹參相齊時，召集當地儒生百餘人，詢問安集百姓的辦法，儒生各持己意，曹參不知所從。後請來膠西人蓋公，為曹參講論道家「清靜無為而民自定」的政治理論。曹參依照實行，相齊九年，百姓安集，齊國大治。蕭何死後，曹參又繼任為漢朝的相國，對蕭何在位時所制定的規章慣例都不變動，專門挑選郡國官吏中詘於文辭的厚重長者擔任丞相史，將言理深刻的屬吏予以罷免，效果很好，百姓作歌稱讚他是「載其清靜，民以寧一」（《史記．曹相國世家》）。

漢初五六十年間，社會政治比較安定，統治集團內部雖有「諸呂之亂」、「七王之亂」的事件發生，但對社會經濟的破壞不大；政治作風比較健康，統治者從皇帝宗室到群臣百官大多出身社會下層，生活散漫放任，缺乏人文意識；社會下層地主、商人對農民的兼併還不嚴重；中原內地漢族與邊疆各少數民族的關係也較平和，從而為道家政治政策的實施提供了條件。

先秦時期的道家有老子、楊朱、莊子、稷下黃老等流派。老子雖主張守一、無為、清靜（注：《莊子．天下》：「關尹、老聃聞其風而悅之，建之以常無有，主之乙太一。」《史記．老子韓非列傳》：「李耳無為自化，清靜自正。」），卻具有鮮明的政治實踐傾向，漢初所實行的道家政治思想主要是由老子淵源而來的黃老思想，其中已相容有名家、墨家、法家、儒家等各種觀念，其總的思想是要通過清靜少事的途徑達到天下大治，通過無為而達到有為。漢初以黃老政治思想為主導，在當時的特定環境下，產生了顯著的積極效果，使當時的社會經濟狀況從最初的「自天子不能具均駟，將相或乘牛車」，逐漸恢復發展到了「京師之錢累百巨萬，貫朽而不可校。太倉之粟陳陳相因，充溢露積於外，腐敗

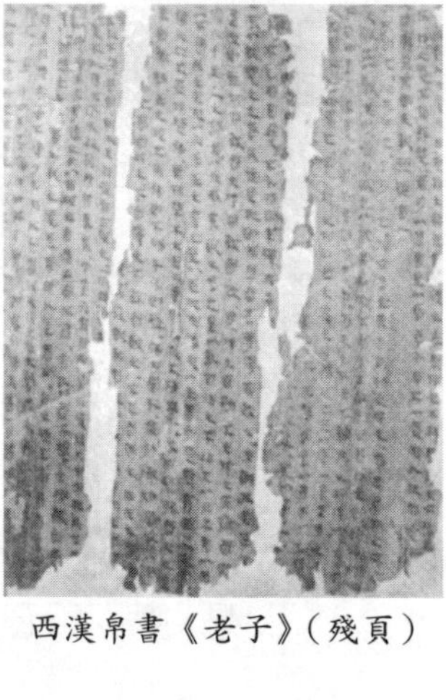

西漢帛書《老子》（殘頁）

不可食。眾庶街巷有馬，阡陌之間成群」（《漢書．食貨志》）。

道家思想也有其消極的一面。西漢中期以後，社會經濟日益發展，各種社會矛盾、民族矛盾逐漸激化，政治生活日趨複雜，道家政治思想不再能與社會狀況相適應，終於被儒家思想所取代。長於撫治戰亂後的創傷而不長於創造性的進取，致使漢初的數十年間各項制度多有缺漏，這是黃老政治思想的不足。

老莊思想與道教形成

道教是淵源於原始巫教，綜合鬼神崇拜、神仙學說、各種方術養煉，囊括陰陽五行、易學理論、讖緯神學，以道家學說為理論支柱，以各種功術為實踐，以「道」為最高信仰，以太上老君為教主，由漢末張道陵創立的帶有中國民眾文化特色的宗教。

道家是以老子、莊子為代表的研究有關「道」的哲學的學術流派。

道教與道家二者皆以老子的道為根基，道家學說是道教的哲學支柱，而道教是道家的宗教形式。《老子》一書的出現標誌著道家學派的形成，而莊子之道雖不同於老子，但其根本仍然可以歸於老子之言，繼承了老子思想的本質特徵，老莊思想成為道家學派的主脈。

莊子像

西漢初，有鑒於當時天下具體形勢，陸賈提出無為的原則，依當時的政治情況，使百姓有一個寬鬆的生存環境。而強烈主張無為而治的就是老子，所以，直至文景之時，漢朝廷都用黃老治國，這是當時歷史的選擇。漢朝廷把道家學說作為政治的指導思想，使得這一時期成為老莊之學最為輝煌的時代。然而，老莊之學畢竟不是純粹的政治學說，不是為治國而創造的，所以就算在此時，也不得不「採儒墨之道」，「撮名法之要」。而此時雖有文景之治，但漢承秦制，在當時就為人所批評。其後的七國之亂，更使越來越多的人轉向講求中央集權的儒家，最終導致獨尊儒術，孔子代替老子成為天道的代言人，儒術代替老莊成為治國的指導思想。儒術通過建立上下的秩序保證社會的和諧與安定，從而鞏固君主的地位。在此之後，無論什麼朝代、哪個皇帝都不能不以儒術治國。道家學說從此被擠下了政治舞臺的中心。

老子騎牛圖

道家在此之後也成了政治上的反對派，它的代表人物也從廟堂散落到民間。然而道家的信奉者們並沒有放棄重返政治舞臺的想法，他們把政治主張寫下來並獻給皇帝，這就是《太平經》，道家所熱烈追求的是幻想中的太平世界，實現太平的手段就是以老學治國。但因為他們鼓吹的是老莊之道，推崇的是老子，所以無法得到那些掌握著國家權力的儒生們的支援。作為政治上的反對派，無法通過現有的政權實現政治理想，於是他們就自己動手了，這就是太平道及五斗米道的多次起義。但是，太平道的軍事行動失敗了，五斗米道的割據也沒能維持下去。重返政治舞臺的努力失敗後，所剩下的只有以老子為教主的道教了。

從老莊思想的生命觀來看，老子主張「貴生」，重視人的生前；莊子提倡「全生」，將生死看作自然現象；以後的道教以此重視「養生」，以「延長生命，順天發展」為道教主長生求不死的信念。老子的生死觀為「貴生」，指出生死轉化使生命處於柔和境地，保存活力，為後來的道教的生死觀奠定了基礎。而「全生」語出《莊子．養生主》，將道解釋為精氣，「凡人之生也，天出其精，地出其形，合此以為人。和乃生，不和不生。」將老子的貴生說引向形神相交之路。在漢代與方術相結合，由養生進而追求長生，從而形成了道教的生死觀。而《莊子．在宥》：「汝神將守行，形乃長生。」以及「上與造物者遊，下與外死生、無始終者為友」，「與天地精神往來」，「澹然獨與神明居」等等闡述思想境界的觀點，被道教用來解釋為成仙後的狀態。道教的神仙學說雖然是藉老莊之說誘人入道，但也有它的積極作用。死亡和災病是人類不可抗拒的自然力，而封建社會的國家機器對人們來說是更直接的社會壓迫力。道教的神仙以克服死亡和災病、逍遙自在為特徵，不僅是對超自然力量的神化，也是對超社會力量的神化。

老子之後的道家在戰國和漢初有兩次大的綜合發展，一是戰國時莊子學派的形成，莊子及其後學者在自己學派的立場上，評論百家，綜合道家各支派。《莊子》一書本身就是道家各派的總思想集。而《管子》一書中《白心》、《內業》、《心術》等篇都是站在道家的立場上吸收各派思想。二是秦漢時黃老學的發展，其代表作即為《黃帝四經》和《淮南子》，《淮南子》一書綜合陰陽五行的術數成果和神仙養生之道，是道家學說與神仙方術融合的成果。但組織編纂此書的劉安被漢武帝賜死，使得道家學說中的「君人南面之術」一蹶不振，而轉向與方仙道結合成為黃老道信仰，成為早期道教的先驅。

影響

道家學說是中國歷史上重要的哲學派別，也是重要的政治意識形態。很多時候，道家學說都被統治階級所採用，給人民一次休養生息的機會，被統治階級有時也打著道教的旗號，發動起義，反抗壓迫，道家學說的發展，影響並形成了中國的本土宗教道教。

道教以道家學說為主，雜取儒、墨、醫、佛諸家思想資料，使得道教象一個大葫蘆似的把正統的儒教文化不收的許多文化要素都收拾進去，在道教總的教義下結合在一起，成為中國古代傳統文化重要的保存者。火藥，就是具有道家思想的方士們在煉製丹藥時發現的。

8 商鞅變法

曾經有一位學者說過這樣的話：「我要把商鞅推為民族英雄，並記中華民族首功，肯定有人反對。但我還是要說，中華民族的統一，商鞅功不可沒。」

「治世不一道，便國不法古」

秦孝公元年（西元前三六一年）孝公渠梁下令求賢，廣泛徵召能獻奇計使秦國強大的人才。求賢令一傳開，驚動了一個衛國人。他就是戰國中期大改革家商鞅。

商鞅為適應社會政治經濟變革的要求，從其「治世不一道，便國不法古」的論點出發，強調教育改革，認為治理國家的根本是重農戰，要富國強兵就必須進行法制宣傳，培養法治人才。商鞅抨擊了提倡以詩、書、禮、樂為教育內容的儒家，主張「燔詩書而明法令」，要用鼓勵耕戰為內容的法治教育代替「先王之教」；認為法治是德治的基礎，法令必須「明白易

秦都雍城城牆遺跡

知」；應以法官為師，給民眾解釋法令，使「萬民皆知所避就」，把教育作為宣傳法制和培養法治人才的工具。

從骨子裏講，中國古代是一個相當保守的社會，故而變法維新之士，鮮有善終者。這頭一個，就要屬商鞅了。

商鞅是衛國的公族，自幼拜李悝為師，好刑名之術。學成後先到魏國，為魏相公叔痤門客。公叔痤臨死前，向魏惠王推薦商鞅，說此人儘管年輕，但有奇才，可用之為相，若不用，必殺之，勿令出境。魏王以為公叔痤病重，在說胡話。結果既沒有用，也沒有殺，而是放他去了秦國。他帶著老師李悝的《法經》，離開魏國，西入秦國，到秦都雍，進見孝公。商鞅初見孝公，先獻三代的「帝王之道」，繼獻齊桓、晉文的「霸道」，都不合孝公之意。孝公認為要實現「帝王之道」或「霸道」需時太長，不能迅速改變秦國落後的局面。商鞅了解了孝公的意圖後，再獻「強國之術」，孝公大悅，於是錄用了商鞅。到了第三年（西元前三五九年），商鞅摸清了秦國國情，向孝公提出變法革新，儘管遇到了很大阻力，但商鞅據理力爭，堅持「治世不一道，使國不法古」的主張，經過激烈的論戰，商鞅取勝，變法獲得通過。

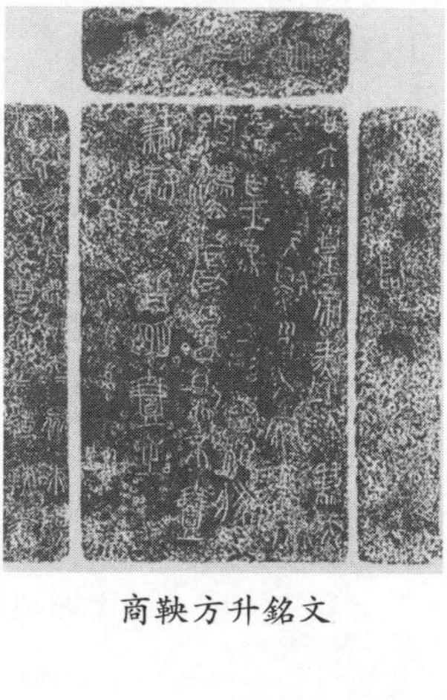
商鞅方升銘文

據《史記．秦本紀》記載，商鞅在秦孝公元年入秦，三年變法，五年為左庶長，十年為大良造。二十二年，商鞅迫使魏國獻河西之地與秦苟和，魏惠王這才恍然大悟，歎

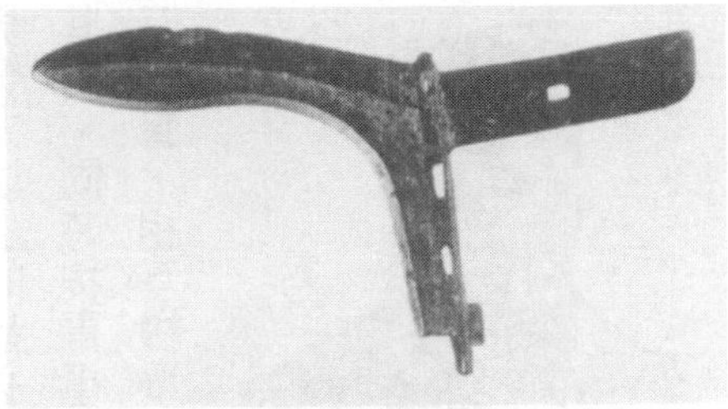

商鞅戟

曰：「寡人恨不用公孫痤之言也！」當然了，商鞅的最大貢獻並不是用兵，而是變法。在秦國的二十幾年裏，他曾經兩次變法，終於使秦國崛起西戎，虎視關內，為其統一中國奠定了基礎。推行如此重要的變法，自非易事。為了確保新法的制定，商鞅首先必須取信於君。為了說服孝公，商鞅曾與甘龍、杜摯等要臣進行過一場激烈的辯論。針對甘、杜等人的陳辭濫調，商鞅既總結了「三代不同禮而王，五霸不同法而霸」的歷史經驗，又申明了「法者所以愛民也，禮者所以便事也。是以聖人苟可以強國，不法其故；苟可以利民，不循其禮」的現實意義，從而最終贏得了孝公的信任。為了確保新法的實施，商鞅不僅要取信於君，還要取信於民。在新法頒布之前，商鞅在國都的南門豎起一根三丈高的木頭，告諭市民：誰要能將它搬到北門，便可得到十金的獎賞。看熱鬧的人大都不信，以為哪有這等好事！於是商鞅乾脆將賞錢提高到五十金。結果有一人抱著試試看的態度將木頭扛到了北門，果真得到五十金的獎賞。此事傳遍了整個秦國，人們始知以賞善罰惡為主要內容的商鞅變法，這回是要動真格的了。

商鞅發現秦國的土地和勞動力都沒有得到充分利用。因秦地廣人少，很多荒地尚待開墾；但在國內卻是遊蕩混飯吃的多，舍農經商的多，尤其是高官厚祿的貴族之家，養了一群不參加農業生產吃閒飯的人，還占了很多土地。他把這些人統統看作是傷農弱國的「淫遊食之民」。他認為國家富強就靠農民和戰士，必須禁絕淫遊食之民，使舉國上下專力農耕和為國而戰，這是治國的根本要領。針對束縛和妨害生產力發展的貴族制度和遊食習俗，商鞅確立獎勵農戰的方針，以打擊淫民為重點，一步一步實施改革。

首先「修刑」，即改革刑法，取得變法的法律保證。他改「刑不上大夫」的舊法為「法不阿貴」、「刑無等級」，從而剝奪了貴族的政治特權，地位降同普通平民。他又制定輕罪重罰法，即使僅在街道上亂棄灰土，也要處於「黥」（在臉上刺字）的重刑，以此加強了變法的權威，保證了變法的貫徹實施。

然後，禁止大家族聚居，建立什伍連坐制。法令禁止父子兄弟同室而居，凡民有二男勞力以上的都必須分居，獨立編戶，那些養著一大群吃閒飯的人的貴族之家顯然首當其衝。同時按軍事組織把全國吏民編制起來，五家為伍，十家為什，不准擅自遷居，相互監督，相互檢舉，若不揭發，十家連坐。這種嚴苛的法律把農民牢牢束縛在土地上，不過因此就沒人到處神遊了，國家直接控制了全國的勞動力，保證了賦稅收入。

商鞅像

商鞅還取消了官祿世襲的原則，重新制定了以軍功為晉級原則的二十等爵制，以獎勵耕戰。按照新軍功爵制，不論是誰，都須建立軍功才能獲得爵位，獲爵得依次定額占田，才可做官。有爵是良民，無爵是賤民。奴隸作戰勇敢，賜爵升為良民，斬首一級，賜爵一級，田一頃，宅九畝，農奴一人。努力農業生產，向國家繳納糧食布帛多的，也是軍功。棄農經商的，務農偷懶造成貧窮交不出租稅的，取消良民身分，罰作官奴婢。至於宗室貴族，沒有軍功，同樣不得賜爵占田，世卿世爵制度被廢除。這樣，商鞅可以根據軍功原則和封建爵制，合法地剝奪淫民之田，獎勵給有功的人。

西元前三五〇年，秦徙都咸陽，普遍推行縣制。商鞅把許多鄉、邑聚合並成縣，全國共建縣三十一個，首長由中央派任，直屬國君，建立了中國歷史上第一個專制主義的中央集權制。它既加強了對農民的統治，也增強了對貴族、「淫民」的打擊力量。

最後，商鞅在全國普遍地奪淫民之田，來獎勵耕戰有功的新興地主和農民，他把貴族的封疆（大田界）、阡陌（小田界）全部打開，收歸國有，然後按軍功爵祿重新分配，重劃田界，強迫貴族和普通農民一樣平均負擔國家的賦稅，剝奪了他們「不課不納」的經濟特權。為了保證賦稅平均，商鞅同時頒布標準的度量衡器，統一了度量衡。

商鞅的這些改革措施，推動了社會生產力的發展，使秦國得以富強起來，為秦始皇兼併六國奠定了基礎。西元前三三八年，孝公死，商鞅遭到了反對者車裂，其重要政見經後人整理，成《商君書》二十九篇，《漢書・藝文志》有著錄，今存二十四篇。

「秦人不憐」

歷史上任何一次變法維新，都不僅是一種治國方略的重新選擇，而且是一種利益關係的重新調整，這也便是改革會遭到阻力的真正原因。由於商鞅廢除井田、獎勵耕戰等

改革措施觸犯了貴族階層對土地和官職所一向具有的壟斷特權，因而便遭到了以太子為首的既得利益集團的強烈反對。但是商鞅並沒有被這些有權有勢的人所嚇倒，他認為法律的制定，並不只是用來制裁老百姓的，自古「法之不行，自上犯之」，因而主張首先懲辦那兩位唆使太子違抗新法的老師。結果，公孫賈的臉上被刻上了墨字，公子虔則因屢教不改而被割掉了鼻子。商鞅此舉，確實起到了「殺雞給猴看」的作用。人們看到，就連太子的老師都逃脫不了法律的制裁，於是再也不敢抱有任何僥倖的心理了。經過商鞅的這番努力，新法「行之十年，秦民大悅。道不拾遺，山無盜賊，家給人足。民勇於公戰，怯於私鬥，鄉邑大治」。

但是，任何社會實踐都是要付出代價的，變法維新更是如此。秦孝公的死，使商鞅失去了權力基礎，繼位的太子在保守派的支援下捲土重來，對商鞅施行了瘋狂的報復。他們不僅以誣告陷害的方式迫使商鞅謀反，而且以最殘酷的暴行，將他五馬分屍了。商鞅雖然慘遭不幸，但他所開創的變法大業卻因順應了歷史潮流而成不可逆轉之勢，並最終對秦朝的統一產生了深遠的影響。當然了，從今天的角度來看，商鞅「內行刀鋸，外用甲兵」，迷信暴力而輕視教化等思想，也有其明顯的歷史局限。他用簡單粗暴的政治手段來處理意識形態方面的問題，焚燒《詩》、《書》，實行愚民政策和文化專制主義，甚至推行連坐法而刑及無辜等等，都曾產生過一定程度的負面影響。也正是由於這一影響，致使他死於貴族的報復而「秦人不憐」，甚至不被司馬遷以降的許多歷史學家真正理解，不亦令人歎惜！

影響

秦國本來僻處西邊，無論政治、經濟或文化都比中原各國落後，其由弱轉強與商鞅變法有重要的關係。秦在商鞅變法的基礎上，日益成為「國治而兵強，地廣而主尊」的強國，為後來秦始皇統一中國奠定了基礎。

秦始皇實行的許多重大政策正是從「商君法」發展而來。商鞅變法是戰國時期最典型、最深刻、最徹底的一次政治改革，推動了社會生產力的發展，反映了歷史發展的客觀要求。

後世學者認為，商鞅最大的貢獻在於確立了君主集權制、郡縣制、官僚爵位制、「什伍」編戶、刑律、土地私有和一夫一妻式小農經濟形式。由於這些成果在秦滅亡以後仍被中國歷代的封建王朝所繼承發展，故而可以說商鞅變法不僅「為秦開帝業」，而且更為中國兩千年封建社會的政治制度和經濟制度奠定了基礎。

9 秦始皇統一中國

在秦始皇統一中國以前，雖然也存在過夏商周等名義上統一的國家，但是不論從民族形態、政治結構還是社會經濟形式來看，都不是真正意義上的統一的專制主義中央集權的大帝國。中華帝國的形成，是從千古一帝的秦始皇開始的。而且從秦始皇開始，中國長達兩千年的封建帝制也確立下來，一直被沿用到清代。

「德邁三皇，功過五帝」

秦始皇，中國統一的秦王朝的開國皇帝，姓嬴，名政，秦莊襄王之子。十三歲即王位，三十九歲稱帝。戰國末年，秦國實力最強，已具備統一東方六國的條件。秦王政初即位時，國政為相國呂不韋所把持。西元前二三八年，他親理國事，免除呂不韋的相職，並任用尉繚、李斯等人。自西元前二三〇年至前二二一年，先後滅韓、魏、楚、燕、趙、齊六國，終於建立了中國歷史上第一個統一的、多民族的、專制主義中央集權制國家——秦朝。

秦始皇建立中央集權，是他統一六國後採取的一項空前的措施。秦始皇統一中國以後，原封建割據的國家組織機構，已不能適應新形勢的需要，於是，他採取了一系列調

秦始皇像

整、完善和加強中央集權統治的措施。

首先，改「王」為「皇帝」。春秋戰國時期的最高統治者一般都稱為「王」，但秦統一中國以後，秦始皇覺得自己是「德邁三皇，功過五帝」，「王」已不足以顯示其尊貴，便令臣下議帝號，諸大臣博士商議的結果認為「古有天皇、有地皇、有泰皇，泰皇最貴。」因此上尊號為「泰皇」。然而秦始皇仍不滿意，單取一個「皇」字，同時又採上古「帝」位號，號曰「皇帝」。自此「皇帝」就代替「王」而成為最高統治者的稱謂。而秦始皇就成了中國歷史上第一位皇帝。始皇又下令取消謚法，不准下一代皇帝給上一代皇帝起謚號，自稱為「始皇帝」，並安排好自己死後兒孫繼位，「後世以計數」，稱為「二世」、「三世」，「至於萬世，傳之無窮」。

為顯示皇帝的威尊和與眾不同，從秦代開始規定了一套制度，如皇帝的命為「制」，令為「詔」，文字中不准提起皇帝名字。皇帝自稱「朕」，印章稱「璽」，而一般民眾再不許使用「朕」、「璽」二字。此外，還制定了一套服飾制度。

其次，加強中央政權組織。秦王朝的中央政權是秦國原來的中央政權的延續和擴大，但官職的名稱和權力有許多變化：最高統治者是皇帝，皇帝以外，中央最重要的官職是三公，即丞相、太尉、御史大夫。

丞相：戰國時秦國原有相、相國，統一全國後，稱作丞相，李斯為第一位丞相，乃百官之首。「金印紫綬，掌丞天子，助理萬機。」太尉：原稱尉、國尉，統一全國後稱太尉，「金印紫綬，掌武事」，「主五兵」，乃武官之長。御史大夫：秦國原有御史，後置御史大夫「以貳於相」。御史大夫掌監察，「銀印青綬，掌副丞相」，其位略次於丞相。

在「三公」之下，有所謂「九卿」，而實際之數並不止九個，大部分為秦原有，少數是統一後新設的。奉常：掌宗廟禮儀，有丞。郎中令：負責皇帝的保衛和傳達，下屬有大夫、郎中、謁者。衛尉：掌皇宮的警衛部隊，有丞。太僕：掌皇室東馬。廷尉：掌刑罰，全國最高司法官，有正、左、右監。典客：主管秦王朝統治下的少數民族。宗正：掌宗室親屬事務，有兩丞。治粟內史：掌穀貨，有兩丞。少府：負責供應皇室用度之山海池澤之稅，有六丞。中尉：負責京師保衛，有兩丞。主爵中尉：掌列侯。

秦始皇統治時期，中央集權的重要特點是軍政大權獨攬於皇帝一人手中。為使大權不致旁落，使丞相、太尉、御史大夫分掌政、軍和監察大權，互不統屬。如丞相總領朝廷集議和上奏，協助皇帝處理日常事務，並收閱各地的「上計」。

但統兵之權卻屬於太尉，而且御史大夫也有權復查大臣的上奏和地方的「上計」。太尉雖名為最高軍事長官，但實際只有帶兵權，而無調兵權。由於三公互不統屬，所以最後決斷只能歸皇帝一人。

第三，調整地方政權組織。統一後的地方政權組織，主要是推行郡、縣、鄉、亭四級行政組織。剛統一時，秦分天下為三十六郡，以後，隨著邊境的開發和郡治的調整，總郡數最多曾達四十六郡。郡置守、尉、監，守治民，尉典兵，監御史則負責監督百姓及官吏，職務類似於中央的御史大夫。郡守、郡尉和監御史明確分職，是與中央政權的「三公」明確分職的原則相一致的。郡下為縣，縣的長官為縣令(長)，屬官有丞。

縣以下以鄉、亭為單位，「大率十里一亭，亭有長。十亭一鄉，鄉有三老、有秩、嗇夫、遊徼。」鄉三老、嗇夫、游徼的職責大致與郡的守、尉、監相仿，「三老掌教化；嗇夫職聽訟，收賦稅；遊徼徼循禁賊盜。」鄉以下為亭，亭為秦時重要的地方基層組織。亭有亭長、亭父、求盜各一人，任務是平時練習五兵，接待往來官吏，兼管為政府輸送、採購、傳遞文書等。

秦王朝所推行的封建官僚制度，是中國政治制度史上的一大進步，它不僅改變了世襲制，而且取消了「食邑」、「食封」制，規定了每一個官吏俸祿，自丞相至下層官吏皆有定秩，由「二千石」至「斗食」不等。這種制度自秦統一後在全國實行，歷封建社會二千年之久而基本未變。

第四，以「五德終始說」為加強統治的思想武器。秦統治者為了欺騙人民，為自己的一統天下尋找正當的理論根據，採用「五德終始說」，宣揚秦代周是水德代替火德，根據「五德」說，「更命河曰德水，以冬十月為年首，色上黑，度以六為名，音上大呂，事統上法。」

「衣服旄旌節旗皆上黑」，「數以六為紀，符、法冠皆六寸，而輿六尺。六尺為步，乘六馬。」

「車同軌，書同文」

除了在政治上建立皇帝制度、建立專制主義中央集權以外，秦始皇在經濟、文化等等方面也作了一些統一的工作。

頒布保護封建土地所有制的律令。秦始皇三十一年（前二一六年），發布「使黔首自實田」的律令，令佔有土地的地主和自耕農，按當時實際佔有的田數，向國家呈報，這就意味著秦王朝承認他們的私有權，並給予保護。又實行重農抑商政策，「上農除末」，打擊非生產性活動，鼓勵從事農業、手工業生產的政策。這一措施對保護封建土地所有制、發展封建經濟起了重要作用。

統一貨幣、度量衡和文字。秦統一前，貨幣很複雜，不但形狀、大小、輕重不同，而且計算單位也不一致。大致有布錢、刀幣、圓錢和郢爰四大系統。除郢爰流行於楚國外，布錢流通於韓、趙、魏；刀幣流通於齊、燕、趙等國，圓錢流通於秦、東周、西周和魏、趙等國，秦統一後，秦始皇下令統一全國貨幣，以黃金為上幣，鎰為單位；以方孔有廓圓錢為下幣，以半兩為單位，稱為「半兩」錢。這種，圓錢一直沿用了二千多年。

秦在統一全國前，度量衡方面的情況與貨幣也差不多，非常混亂。秦已於商鞅變法時就對度量衡的標準作過統一規定。全國統一後，秦政府即以秦國的制度為基礎，下令統一度量衡，並把詔書銘刻在官府製作的度量衡器上，發至全國，作為標準器。

戰國時代處於長期的分裂割據時代，言語異聲，文字異形，東方六國文字難寫、難認，偏旁組合、上下左右也無一定規律，嚴重阻礙文化交流。西元前二二一年，秦始皇以秦國通行的文字為基礎制定小篆，頒行全國。並利用戰國陰陽家的五德終始說，以秦得水德，水色黑，終數六，因而規定衣服旄旌節旗皆尚黑，符傳、法冠、輿乘等制度都以六為數。水主陰，陰代表刑殺，於是以此為依據加重嚴刑酷法的實施。始皇三十四年，下令銷毀民間所藏《詩》、《書》、百家語，禁止私學。隨後因求仙藥的侯生、盧生逃亡，牽連儒生、方士四百餘人，而將其全部坑殺於咸陽。

修馳道墮壁壘。戰國時期各諸侯國在各地修築了不少關塞堡壘，同時各國間的道路寬窄也不一致，影響交通往來。秦始皇下令拆除阻礙交通的關塞、堡壘。西元前二二〇年修建以首都咸陽為中心的馳道。前二一二年，秦始皇又下令修一條由咸陽直向北伸的「直道」，僅用二年多的時間即告完成。這些「馳道」、「直道」，再加上西南邊疆的「五尺道」以及在今湖南、江西、廣東、廣西之間修築的「新道」，構成了以咸陽為中心的四通八達的道路網。後又統一道路和車軌寬度，便利了交通往來。秦統一後採取的以上措施，對於消除封建割據、加強中央集權、鞏固多民族國家的統一、發展封建經濟和文化，具有重大而深遠的影響。

影響

秦始皇是中國歷史上第一個皇帝，對中國歷史的走向，無庸諱言，它的影響是不可

估量的。秦始皇結束了數百年的諸侯爭霸，戰國七雄的分裂混戰局面，建立了中國歷史上第一個中央集權的統一的封建國家。在統一以後，他在政治上創立了皇帝制度以及其他集權制的政治制度，對後代影響深遠，在經濟、文化上，為中國的統一和融合也做了很多事情，被譽為「千古一帝」。

10 修建長城

長江、長城、黃山、黃河，都是中華民族的某種象徵，但是，只有長城是我們先祖們用手壘起來的，其他都是自然界的造化。二千多年來，總共有二十多個王朝和諸侯國家修築長城，而且許多朝代修築的長城無論從長度、工程品質和工程規模上都可與秦朝長城匹比甚至超過秦長城。

明朝統治者對長城的修築最為重視。這與當時北方蒙古各部經常縱兵騷擾中原地區有關係。明朝大規模修長城有三次。到一千五百年前後，明長城全部修完。西起甘肅省的嘉峪關，東到河北省東北部的山海關，經過寧夏、陝西、內蒙古、山西等省。它隨著山脈的曲折盤旋，綿延六千三百公里，形成中國北方崇山峻嶺上一道氣勢雄偉的城牆。這一馳名中外的萬里長城，表現了中華民族的高度智慧，也是中國悠久歷史的見證。

秦始皇修築長城

萬里長城是中國古代勞動人民智慧和力量的結晶，是人類建築史上罕見的古代軍事防禦工程。許多人以為修築長城是秦始皇開頭的，其實，早在戰國時期，這項浩大的工程即已開始。春秋戰國時期，列國紛爭，各諸侯國都於險要據點興建單個的防禦城堡及用於傳遞軍情的烽火臺等設施，隨後逐漸在邊境上修築城牆，把這些城堡等設施連接起來，形成一套有機整體，以抵禦外敵的侵擾。

楚國於西元前七世紀前後，最早開始這項工作，為防韓、魏而築起「方城」，以後各國紛紛效仿。如齊國為防楚、越而在泰沂山區築起齊長城；魏國為防秦國，沿洛水河築起魏長城；趙國為防齊、魏之敵，在漳水一帶築成趙長城。這些都被稱為戰國長城。除此之外，有的諸侯國，燕、趙、魏國，為抵禦北面遊牧民族（如東胡、匈奴）南下侵擾，在北方修築長城。隨著六國的相繼覆滅，這些長城也失去了它們原有的作用，只是仍能發揮著防止匈奴侵擾的重要作用。

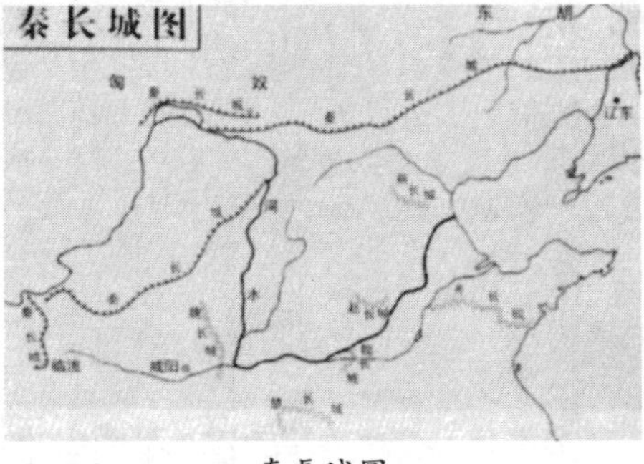

秦長城圖

秦國最早的一條長城，修建於秦簡公七年（西元前四〇八年）的「塹洛」，沿洛河修築，以防魏國之敵。秦惠文王更元元年（西元前三二四年）秦國又築洛河中游的長城，「築上郡塞」，這是防禦趙國的。秦昭襄王時，又在隴西、北地、上郡築長城，以防匈奴的侵擾。這段長城由東向北，起自臨洮，至今陝西安塞縣境時分為兩支：一支止於秦國上郡治所膚施附近；一支則到達於內蒙古托克托縣十二連城附近的黃河岸旁。

秦始皇統一六國後，開始從事國內的各項改革，但北方匈奴貴族集團覬覦中原財

10　修建長城

富，經常南下侵擾，匈奴貴族趁著北方燕國、趙國的衰落，一步步向中原侵犯，把黃河河套地區大片的土地奪了過去，給人民帶來了莫大的痛苦，同時對秦國的首都咸陽也形成了嚴重的威脅。當時在群眾中就流傳著「亡秦者胡也」的說法，可見問題的嚴重性。秦始皇帝三十二年（西元前二一五年），派大將蒙恬率兵三十萬討伐匈奴，奪回河套以南地區。接著又奪回河套以北的陰山一帶的大片國土，重新設置九原郡。前來進犯的匈奴貴族雖然被趕走，但它的實力並未受到徹底的打擊，對秦國內地仍有很大的威脅，這就需要時刻防備匈奴人的再次進攻。於是秦始皇決定修築起一條新的長城。

秦王朝從民間徵發大批的民工，同時命令大將蒙括率士卒來修築長城。這條長城以六國時的秦、趙、燕國北部的原為防禦匈奴而修築的舊長城為基礎，修葺、增補，同時又建造不少新的城牆，將它們連接起來，使之屹立於秦王朝的北方。

秦長城西起今甘肅東部，經今甘肅、寧夏、陝西、山西、內蒙古、河北和遼寧等省、自治區，直抵鴨綠江，長達五千多公里。漢長城更長於秦長城，達一萬餘公里。至今，散布在新疆至河北數省、自治區之間的漢長城烽燧遺跡仍處處可見。此後，北魏隋朝都有修築長城的記載。西元五～七世紀，北魏、北齊、北周相繼修築的長城各有六五〇、一千和一千五百公里。西元十二世紀，金代也在今內蒙古自治區東部至外貝加爾地區修築長城四千多公里。明代為防止元代北逸殘餘勢力南下侵擾，也不斷地修築北方長城。明朝修築長城的工程延續二百多年，初期修建的長城東起鴨綠江，西達祁連山麓，全長七千三百多公里；中葉以後經過修繕的自山海關至嘉峪關一線的長城保存比較

完好，便被人誤為是歷史上長城的起點、終點。

實際上，春秋、戰國時期許多諸侯國及以後各朝代修建的長城長度相加超過五萬公里。所以長城堪稱是「上下兩千年，縱橫十萬里」的偉大工程奇蹟。修築長城的工程之巨大，確實驚人，僅以明代修築的長城估算，需用磚石五千萬立方公尺，土方一．五億立方公尺。如用來鋪築寬十公尺、厚三十五公分的道路，可以繞地球兩周有餘。歷代為修築長城動用的勞動力數量也十分可觀。據歷史文獻記載：秦代修長城除動用三十～五十萬軍隊外，還徵用民伕四十～五十萬人，多時達到一百五十萬人。北齊為修長城一次徵發民伕一百八十萬人。隋史中也有多次徵發民伕數萬、數十萬乃至百萬人修長城的記載。

秦始皇大規模修築長城，保護了中原農耕地區免遭遊牧民族的侵略。但是巨大的工程量，加重了人民的負擔，使老百姓苦不堪言，加上其他繁重的賦稅徭役，終於激起了秦末農民大起義，中國歷史上第一個統一的中央集權的大帝國在經歷了短短的兩代幾十年時間以後就這樣滅亡了。

舉世無雙的工程

在秦始皇以後，漢武帝時也曾數次修築長城，用來保護河套、隴西等地以及東西往來的交通。

長城作為防禦工程，它翻山越嶺，穿沙漠，過草原，越絕壁，跨河流，其所經之處

10 修建長城

地形之複雜，所用結構之奇特，在古代建築工程史上可謂一大奇觀。在沙漠地區，千里流沙，缺少磚石，漢長城採用當地出產的礫石和紅柳，充分發揮礫石抗壓性能和柳枝的牽拉性能，這兩種材料結合砌築的城體非常堅固，經歷兩千多年風沙雨雪的衝擊，不少地段的遺存仍高達數米。

在西北黃土高原地區，長城大多用夯土夯築或土坯壘砌，其堅固程度不亞於磚石。如甘肅的嘉峪關長城牆體，修築時專門從關西十多公里的黑山挖運黃土，夯築時使夯口相互咬實，這種牆體土質結合密實，牆體不易變形裂縫。明代修築長城以用磚、石砌築和用磚石混合砌築為主。牆身表面用條石或磚塊砌築，用白灰漿填縫，平整嚴實，草根、樹根很難在縫中生長，牆頂有排水溝，排除雨水保護牆身。

長城在重要的道口、險峻山口、山海交接處設置關城，既可交通，又可防守。在跨越河流的地方，長城下設水關，使河水通過。出於防守的需要，在城身上每隔不遠處建有突出的牆台，便於左右射擊靠近牆體之敵；相隔一定距離又有敵樓，用來存放武器、糧草和供守卒居住，戰時又可用作掩體。在長城沿線還建有獨立的烽火臺，用於在有敵來犯時，舉火燃煙，傳遞消息。

長城有深厚的文化內涵。自從長城開始修建以來，在長城內外，就演出了許多壯麗的歷史活劇。許多驚心動魄的偉大戰役就在這裏發生，許多改朝換代之事都與固守長城的得失有關。隨著長城內外著名戰例的發生，也湧現出了不少著名人物，包括許多軍事家和政治家，大大豐富了長城這座古建築的文化內涵。戰國時代李牧在趙國主持修建長城並利用長城抗擊匈奴侵犯，立下豐功偉績，開創古代壁壘防禦戰的光輝戰例，為紀念他的功績，後人在雁門關修築斧牧洞以為紀念，至今祠堂遺址猶存。

萬里長城是古代勞動人民智慧的結晶。是歷代歷朝統治者徵調千百萬人，經過多年艱苦勞動，犧牲無數生命，才修建成功的。正如古人留詩：「嬴政馭四海，北築萬里城。民命半為土，白骨亂縱橫。」長城的建築，絕大多數地段是以山脈為基礎，隨著山勢的高低起伏。有的地段是建在距地面一千三百公尺左右的高山上。長城本身的高度從五公尺到十公尺不等。在山勢陡峭的地方，牆身就低一些，較平坦的地方牆身就高一些。牆的外部用磚和石砌成，內部用黃土夯實。長城頂部靠外的一面還修造一條女牆（城牆上的小牆），女牆上留有許多小孔，可以瞭望城外。每隔一百三十公尺，修造一座碉堡，作為監視哨樓。

燕國長城遺跡

在險要地方設置烽火臺，一旦發現敵情，便立刻發出警報：白天點燃摻有狼糞的柴草，使濃煙直上雲霄；夜裏則燃燒加有硫磺和硝石的乾柴，使火光通明，以傳遞緊急軍情。

長城沿線地勢險峻，施工極其困難。但是，勞動人民克服千難萬險，巧妙地利用了自然地形。在山岡地方，就利用山脊作基礎，既控制了險要，又便於施工；在河岸和深谷，則利用原來的陡坎和山崖，從外面看來，非常險峻。把大量的土、石、磚運上山嶺，是非常困難的。因此，每次修建都動員大量的勞動力。例如，五五五年，北齊王朝修築從居庸關到大同一段約四百五十公里的長城，就徵調了一百八十萬民伕。

內蒙固陽秦長城

關於長城的修建，自古有無數的評價。有的人批評長城是中國保守性的寫照，長城的修建就是一種防禦的姿態，只有弱者才會主動防禦。在國力強大的唐代、清代，是根本不需要修建長城的，反而會衝出長城，將勢力滲透到長城以外去。但是有的學者就反對這種意見，他們認為，長城並不是一種消極的姿態，而是一種積極的姿態，比如漢代修建長城，就是為了保護絲綢之路的暢通無阻，而絲綢之路是中國古代通往西方世界的重要途徑，是一種積極的心態的體現。但是不管怎麼樣，長城都是中國乃至世界上偉大的工程之一。

影響

萬里長城對阻擋遊牧民族的騷擾，保障內地的生產和社會安定起過一定的作用，從而有利於以漢族為主體的統一的多民族國家的鞏固和發展。萬里長城的修築雖然給當時的勞動群眾帶來了沉重的負擔，但並未因此而失去它重要的歷史意義。它是勞動人民用血汗和生命換來的，充分體現了中國人民的聰明才智和卓越的創造力量。它是世界上最長最古老和最雄偉的長城。

據曾踏上過月球的美國太空人說，從月球上看中國的萬里長城是地球上能用肉眼看得見的兩項特大工程之一，不愧為人類建築史上的奇蹟，更是中華民族的驕傲。

11 焚書坑儒

戰國時代諸侯紛爭，雖然經濟上造成很大損失，但思想文化卻是空前活躍，各種思想流派、學術團體都流行遊動於世。僅從學派來講，就有儒家、法家、道家、墨家、名家、陰陽家、縱橫家、兵家、農家、雜家等所謂「九流十家。」從思想方面來講，各家學派各抒己見，相互詰難，形成了中國歷史上僅有的一次百家爭鳴的局面，從而極大地推動了學術思想的繁榮昌盛，迎來了我國古代學術發展的黃金時代。但是，隨著封建國家的統一，專制主義中央集權製成了當時社會的政治統治形式，趾高氣揚的千古一帝秦始皇在強化他政治、經濟上的專制權力的同時，也要開始推行文化思想上的專制統治了。

焚書

不過，秦始皇並沒有準備一開始就對文化思想領域採取殘酷的手段，從始皇二十六年（前二二一年）建立統一政權開始，到實施焚書的始皇三十四年（前二一三年）的八年間，曾從六國的宮廷和民間搜集了大量的古典文獻。同時又徵聘七十多位老學者，授以博士之官。還召集了二千餘人的學生置於博士官之下，命之曰諸生。其目的在於利用

他們對古典文化進行清理甄別，以政府的力量禁止不利於封建專制政權的書，獎勵那些對秦政權有利的書籍。誠如秦始皇自己所說：「吾前收天下書，不中用者盡去之，悉召文學方術士甚眾，欲以興太平。」因此，秦政權不僅對七十位博士禮遇備加，而且對於諸生也「尊賜之甚厚」。

李斯像

焚書事件發生在秦始皇三十四年，即西元前二一三年。從現有資料看，其起因和結局似乎並沒有必然的關聯。是年，秦始皇大宴群臣，僕射周青臣等七十餘人前為壽，對秦始皇歌功頌德，說了一些過頭的頌揚話，諸如「他時秦地不過千里，賴陛下神靈明聖，平定海內，放逐蠻夷，日月所照，莫不賓服。以諸侯為郡縣，人人自安樂，無戰爭之患，傳之萬世，自上古不及陛下威德」等等。

這些話作為「頌辭」似乎也沒有什麼不妥，但過於「較真」的博士淳于越則深不以為然。他反駁說，「臣聞殷周之王千餘歲，封子弟功臣自為枝輔。今陛下有海內，而子弟為匹夫，卒有田常、六卿之患。臣無拂弼，何以相救哉？」儼然以為秦王朝的鞏固與發展不是對舊制度的徹底破壞，而是在舊有基礎上的存舊圖新，進行漸進的變革，充分利用舊有的傳統和手段。

淳于越的話確實帶有一種復古主義的傾向，但稍經揣摩，其主觀目的似乎並不是要否定秦王朝的統一事業，恰恰相反，而是出於對秦王朝能否持續發展的深沉憂慮而向統治者提出的忠告。作為最高統治者面對這種忠告應該抱有冷靜的思考態度，擇善而從。

11 焚書坑儒

秦始皇是個蔑視儒家、推崇法家思想的人，他十分崇拜法家集大成者韓非的主張：「明主之國，無書簡之文，以法為教；無先王之語，以吏為師。」認為這才是富國強兵，超越三皇五帝的唯一妙法，所以對博士諸生的表現心有不滿。

丞相李斯對淳于越提出強烈的反對意見，並將問題推向極端。他說：「五帝不相復，三代不相襲，各以治，非其相反，時變異也。今陛下創大業，建萬世之功，固非愚儒所知。且越言乃三代之事，何足法也？異時諸侯並爭，厚招遊學。今天下已定，法令出一，百姓當家則力農工，士則學習法律辟禁。今諸生不師今而學古，以非當世，惑亂黔首。丞相斯昧死言：古者天下散亂，莫之能一，是以諸侯並作，語皆道古以害今，飾虛言以亂實，人善其所私學，以非上之所建立。今皇帝並有天下，別黑白而定一尊。私學而相與非法教，人聞令下，則各以其學議之，入則心非，出則巷議，奪主以為名，異取以為高，率群下以造謗。如此弗禁，則主勢降乎上，黨與成乎下。禁之便。」

山西秦焚書灰坑遺址及「坑儒谷」遺址

李斯這番利害析說，使始皇大為稱是，准許了李斯提出的焚書的建議，即除去秦國的歷史書籍以外，其他史書及《詩》、《書》、百家語之類全部燒毀的建議。除博士官掌管的圖書和農書醫書及求神問卜之書外，各地所有一切藏書全部交到當地官府燒毀。命令下達後三十天之內不燒者，判刑服勞役。下令今後如還有人敢於議論詩書，判死刑。

以古非今者全族處死。官吏知道而不揭發者治以同罪。李斯的一個建議，就使秦帝國統治所及之處，到處點燃了焚書之火，不到三十天，秦以前的古典文獻，盡皆化為灰燼，中國古代思想文化遭到了前所未有的摧殘。這就是歷史上有名的「焚書」事件。

坑儒

在秦始皇採取愚蠢的焚書措施後僅一年，又發生了「坑儒」慘劇。秦始皇知道，書雖然焚了，但人的思想無法焚掉，在自己的政權機構中，還有部分懷有復古思想的舊貴族掌管著文化事業，對這些人必須加以清除。但以什麼為藉口呢？

秦始皇是一個具有數重性格的人，即有他披掛上陣，統率千軍萬馬吞滅六國的雄勇氣概，又有其迷信神仙，貪生怕死的怯弱心理。當他統一中國成為歷史上第一位皇帝開始，他就迷上了神仙方術，重用方士，煉丹求藥，不惜耗費鉅額錢財，派人去遠海深山尋求長生不死之藥。秦始皇三十五年（前二一二年），有兩個替他尋求長生不老仙藥的方士侯生和盧生，明知仙藥根本就是沒有的，他們無非是為詐取富貴而已。

時間已久，怕騙局終歸敗露，乃相與謀曰：「始皇為人，天性剛戾自用，起諸侯，併天下，意得欲從，以為自古莫及

陝西臨潼於公元前201年建成的「秦始皇陵」

己。專任獄吏，獄吏得親幸。博士雖七十人，特備員弗用。丞相諸大臣皆受成事，倚辦於上。上樂以刑殺為威，天下畏罪持祿，莫敢盡忠，……天下之事無大小皆決於上，……貪於權勢至如此，未可為求仙藥。」於是乃亡去。始皇聽了這一消息，龍顏大怒，指責方士「韓眾等去不報，徐市等費以巨萬計，終不得藥，徒奸利以相告日聞。盧生等吾尊賜之甚厚，今乃誹謗我，以重吾不德也。諸生在咸陽者，吾使人廉問，或為妖言以亂黔首。」「於是使御史悉案問諸生，諸生轉相告引，乃自除犯禁者四百六十餘人，皆坑之咸陽。」並告知天下，以作懲戒。這就是歷史上所謂的「坑儒」事件。坑儒事件並不只這一次，在此後又接連發生了第二次、第三次。《文獻通考．學校考》云：始皇「又令冬種瓜驪山，實生，命博士諸生就視，為伏機，殺七百餘人。秦二世時，又以陳勝起，召博士計生議，坐以非所宜言者，各數十人。然此秦之於博士弟子，非惟不能考察試用之，惟恐其不澌盡泯沒矣。」

知識份子的離心離德

應該承認，李斯等法家人物追求統一的願望並沒有錯，問題在於他們在強調統一的時候，過分看重意志的統一和文化的統一。這樣一來，他們原本正確的理論勢必導出錯誤的結果，勢必造成萬馬齊喑的窒息局面，而無助於統治者在進行決策時對各種方案進行比較揀擇。事實上，在中國這樣一個龐大的國度裏，意志的統一和文化統一永遠都只能是一種理想。因為不論中央政權的政治、軍事、經濟實力有多麼強大，只要人們生存的物質條件沒有發生根本性的變革，任何文化統一、意志統一的願望總要落空，文化發展的內在規律必然導致文化發展的實際結果與文化統一論者的主觀願望相反。因此在中國傳統社會條件下，帝國文化政策的正確選擇，似乎應該是充分尊重各地各個流派的思想傳統和文化傳統，在不可能根本動搖、推翻帝國的前提下，允許各地不同的文化傳統和不同思想背景的學術流派獨立發展和合法存在，在思想意識形態領域，允許知識份子在一定範圍內的言論自由，從而使知識份子所慣有的怨氣、不滿有正常的發洩渠道。這樣或許較李斯所主張的「天下無異意」的文化專制主義更能有效地維護帝國的統一和穩定。

思想專制的結果從表面上看或許有助於消除人人言殊的混亂現象，有助於政權的鞏固與發展，但其實際後果則勢必加重思想異端的潛流與再生，使政權的權威嚴重下降，信用極度減低，合作者越來越少，離心者越來越多。因此，當政府一旦遇到風浪與挫折，這些原本可以與政府同舟共濟的人則勢必站在政府的對立面，促使政府的危機和崩潰。我們看到，在秦末混亂的政治局面中，之所以有那麼多知識份子如郭沫若在《秦楚之間的儒者》中所分析的那樣義無反顧地投奔「革命」，其根本原因也只在秦王朝試圖統一意志的文化高壓政策。儒者既然連正常的職業都被剝奪，那麼還怎能指望他們與政府合作同舟共濟呢？

作為社會中堅的知識份子發現了問題而懼死不敢言，固然是知識份子的失職。但從秦王朝的文化政策來檢討，則是文化高壓的必然結果。更有甚者，這些原因與結果互為交織，惡性循環：文化高壓引起知識份子的離心與不合作；知識份子的離心與不合作，激化與政府之間的矛盾，政府必然採取更嚴厲的高壓政策；政府更嚴厲的高壓政策則又必將導致知識份子更加離心乃至反抗。……如此循環不已，最終只能是政府自食其惡果。焚書引發侯生、盧生事件，侯生、盧生事件引發坑儒災難，以及由此二者所引發的緒紳先生往歸陳王，都生動地說明了文化政策不僅僅關涉文化本身，而且在相當程度上決定著一個王朝，乃至整個民族的命運。正是從這個意義上說，不論焚書坑儒在事實上究竟給儒學帶來多大的災難，但其本質確乎為一場文化浩劫，是中華民族文明史上最卑鄙、最黑暗、最沉重的一頁。

影響

秦始皇採取極其野蠻粗暴的方式「焚書」、「坑儒」，希望以此殘酷的手段達到思想上的高度統一，充分體現了封建地主階級專政的殘酷和皇帝掌握著至高無上的權力。焚書摧殘了自春秋戰國以來百家爭鳴所形成的文化繁榮局面，使中國文化寶庫蒙受了災難。坑儒則沉重地打擊了儒家學派及廣大知識份子，使法家學說完全官學化。而秦王朝就是因為獨行法家嚴酷理論才導致速亡的。

12 休養生息，文景之治

漢朝於西元前二〇二年統一全國，分封異姓功臣為王者七國，同姓子弟為王者九國。又有侯國一百餘。封侯只食邑，不理民政。王國則儼然獨立，「宮室百官同制京師」。這只算是中央權力還沒有穩定之前，「不為假王填之，其勢不定」的臨時辦法。所以帝業一確定，劉邦和呂后，就用種種方法，去消滅異姓功臣。內中只有長沙王吳芮被封四月之後病故，可算善終，又四傳之後無嗣才除國。其他或遭擒殺，或被逼而亡命於匈奴，統統沒有好結果。

而呂后以女主專政，以呂產為相國，呂祿為上將軍。呂氏封有三王，引起朝內大臣和朝外諸王嫉妒，釀成「諸呂之亂」。直到呂家勢力被撲滅，文帝劉恆被擁戴登極，漢朝帝業，才算穩定。文帝在位二十三年，傳位於兒子劉啟，是為景帝，在位十六年。這三十九年，從西元前一七九年到一四一年，漢朝的政局，開始正規化。根據傳統謚法，「道德博聞曰文」，「由義而濟曰景」。文與景都是上好稱呼。而劉恆與劉啟間輕刑法，減賦稅，親儒臣，求賢良，年歲收成不好就下詔責己，又不大更

蕭何像

張，一意與民休息。其恭儉無為，在中國歷史上造成「文景之治」，是中國統一以來第一次經歷史家稱羨的時期。

文、景二帝先後統治了近四十年。據史書記載，由於經濟的復甦，百姓人給家足，國家倉庫中堆滿錢糧，串錢的繩子日久而腐爛，糧食年年相積而陳舊變質。因此，國家財富盈溢，社會人口激增，出現一派升平景象。這種景象被後世史學家稱譽為「文景之治」，它為後來漢武帝時的富強盛世，奠下了堅實的基礎。

「清靜無為」

西漢之初，黃老學派的「清靜無為」思想成了治政之主導思想。黃老學派亦即道家學派，該派把黃帝、老子尊奉為創始人，主張「無為而治」的統治術，認為治政者只要政治措施簡單，不多生事端，老百姓就能安靜下來而不會起來造反。高祖時就已推行「無為而治」，惠帝繼之。到了文帝及其子景帝執政期間，進一步大力執行「與民休息」、「無為而治」之政策。

「黃帝之學」與「老莊」學說總體上都是強調「虛」、「因」、「靜」，即要求統治者在政治上「清靜無為」，「無為而治」。當然二者也有不同之處，「黃帝之學」在強調無為的同時，也十分強調「刑」、「德」並用，是將原始道家學說中的「無為而無不為」思想加以延伸的結果。所以「黃老」政治的實行並不是消極的「無為」，而是一種統治策略的選擇。在漢初的思想界和統治集團內部，一批鼓吹道家思想的人最終獲得了皇權

漢文帝像

的認同，並使這個思想付諸實際政治過程，這無疑是有益於社會發展的。

對政治統治方式的干預在漢初並不僅僅是道家一個學派，提出不能「馬上」治天下的陸賈，其思想基本上屬於儒家範疇，他同樣也主張「無為」而治，說明儒家也在「與時遷徙，與世偃仰」，積極改變原始儒學中迂腐的部分，並與現實政治相結合。從這個意義上說，「清靜無為」政治路線的選擇，不能完全歸結為道家思想的影響，而是漢初統治者根據當時社會現實所做出的歷史抉擇，代表了社會大眾的普遍要求。秦的暴政及戰國以來的社會動蕩不安是這種要求產生的直接社會基礎，但普遍的社會要求並不能自動演化為現實統治者的正確思想。秦統一後的社會也是希望一個和平安寧的環境，但統治者沒有順應民意。暴政導致中國第一個統一的專制主義中央集權封建王朝迅速滅亡。秦暴政的歷史慣性在漢初依然存在，整個官僚隊伍的素質與秦代沒有大的差異，漢高祖對各級官吏「背公立私」提出過嚴厲批評。漢文帝策問晁錯的題目即是：「吏之不平，政之不宣，民之不寧。」著名政治家賈誼指出：「曩之為秦者，今轉而為漢矣。然其遺風餘俗，猶尚未改。」所以漢初統治者選擇順應社會的治國方針，是整個統治集團政策的重大調整，絕不是消極的無為。

文景之治

僅僅依靠「清靜無為」的安寧政策並不能帶來社會的真正進步。加快物質資料的生產並切實減輕人民的負擔，才能給人民以實惠。劉邦即位後，秦代竭澤而漁的剝削方式在漢初得到重大改善。景帝時最終將田賦的比例定在「三十稅一」，並成為定制。此外，口賦、算賦、更賦等賦稅在文景時期也都獲得不同程度的減輕。徭役曾是秦代暴政的象徵，漢初統治者都十分節制使用民力。為了使百姓免受轉送賦稅之苦，文帝下令列侯不准居住京城，各自歸國。文帝首開「籍田制」，表示對農業生產的重視。文景二帝還多次下詔救助災荒，令郡國官吏務必重農桑，發展生產，並設「孝悌力田」獎勵努力生產的農民。這些政策或法令對於社會秩序與生產的迅速恢復具有重要作用，使得封建國家的重要經濟支柱——小農經濟在漢初幾十年中有了長足的進步。漢初還逐步調整盲目抑商的政策，使商人和商業流通發揮出服務社會的作用。文帝時又接受晁錯「入粟拜爵」的方法，使商人提高社會地位的願望得到滿足，農民多餘的糧食也有了出路。

漢景帝像

秦律的煩苛與殘暴致使「赭衣塞路，囹圄成市，天下愁怨，潰而叛之」。政治統治離不開法律，但嚴刑峻法只能導致社會人人自危，眾叛親離。文景時代的刑罰儘管不像史書所記載的那樣「寬容」，但較之秦代肯定是大為減輕並且有

章可循。特別是文帝本人對法律十分尊重，他所任用的廷尉張釋之不以君權的意志行事，敢於維護法律的尊嚴，提出「天子所與天下公共」的法律觀，留下了許多動人的佳話。例如，一次文帝要對驚其御馬的人處以極刑，而釋之認為只能處以罰金，最後說動了文帝。還有一次文帝要對盜高祖廟前玉環的人判族刑，廷尉認為只能判罪犯本人死刑，文帝也不得不尊重廷尉的意見。漢初幾十年輕刑慎罰，維護法律尊嚴的風氣，給人民帶來一個安寧的社會環境。

應該說，漢初的統治者對所擁有的權力能夠清醒地自我反省，因而做到自我約束。這個風氣起於漢初，文景尤盛。漢初劉邦責蕭何修建未央宮過於「壯麗」，說明他已有節省民力、限制過分奢侈欲望的思想。惠帝、呂后時也都注意節儉，沒有大肆鋪張之舉。文景二帝更是在各方面自我克制，為創建廉潔、勤儉的社會風尚不懈努力。文帝想造一座「露臺」，算下來需要「百金」，覺得花費太高，結果作罷。他所寵幸的慎夫人「衣不曳地，帷帳無文繡」。與秦始皇大修墳墓不同，文帝對生死有著樸素的理解，他說：「蓋天下萬物之萌生，靡不有死。死者天地之理，物之自然。」因此他治霸陵「皆瓦器，不得以金銀銅錫為器。因其山，不起墳」。這在歷代封建帝王中也是少見的。景帝也一再下詔，反對雕文刻鏤，要求各級官吏重農桑而輕黃金珠玉，並以法律的形式固定下來。統治者個人的品質雖然不是社會進步與倒退的決定性因素，但從自身做起，提倡勤儉的生活作風，對於整個社會風氣的改善，節省民力和控制社會的奢侈浪費還是極為有益的。

文景都強調統一，反對分裂。漢初分封了大批異姓諸侯王，這些諸侯王很快就成為割據勢力的代表。劉邦用其統一後的餘生與之作鬥爭，終於剪滅異姓諸侯王。但他錯誤地總結了歷史教訓，又分封大批同姓諸侯王，他們佔據了全國大部分富庶的土地與人口，也很快成為與中央抗爭的地方分裂勢力，嚴重威脅著剛剛建立不久的統一政權。景帝時以吳王劉濞為代表的分裂勢力終於聯合七國反叛，景帝採取果斷措施，僅用三個月就平息了這場叛亂，使分裂勢力受到重創。七國之亂之所以沒有形成氣候，與漢初以來社會穩定、人民安居樂業、厭惡戰亂的心理密切相關，是休養生息政策產生了積極的政治效果。景帝抓住有利時機，進一步加強中央集權。第一，繼續實行「眾建諸侯而少其力」的方針，在原諸侯國的土地上分封更多的諸侯王，削弱其力量。第二，改革制度。王國官吏由諸侯自行任命改為由中央直接任命，並從名稱上將中央官職與王國官職區別開，從而降低王國官吏的地位。第三，「令諸侯王不得復治國」，剝奪王國的統治權。通過這些措施，王國問題得到徹底解決，統一的中央集權局面才真正形成。

打擊社會異動勢力。所謂社會異動勢力在漢初主要是豪強勢力。

影響

應當說，在漢代歷史上，文景之治還不是強盛時期。但沒有這個時期的歷史積澱，就不可能有武帝時代的全面繁盛。文景之治局面的形成給予後世許多啟發。第一：社會的進步與發展需要幾代人持續不斷的努力；需要統一的政治指導思想。第二，社會穩定

是社會發展的最基本要求。第三，統治者要善於總結歷史教訓，不斷根據社會現實調整方針政策，順應客觀歷史發展的要求。正因為此，「文景之治」被歷代有為的封建統治者奉為楷模，並從中汲取寶貴的歷史經驗。

13 張騫「鑿空」

似乎人們有一種觀念，好像中國人是封閉的、保守的。從來都沒有出現像哥倫布、麥哲倫那樣的偉大探險家。對這一點，梁啟超在自己的《飲冰室合集》中就進行了批判，他提出來的一個重要的反證，就是張騫鑿空。

「第一奇男子」

梁啟超把張騫譽為中國古代的「第一奇男子」，這是一點也不過分的。班固在《漢書》中記載：張騫，漢中人也，建元中為郎。當時，匈奴降者聲稱匈奴攻破月氏王，欲以其頭為飲器；月氏遁逃了匈奴並對其懷怨在心，無與共擊之。漢方欲事滅胡，聽聞此言，欲通使，沿途必經匈奴，乃募能使者。騫以郎應募，出使月氏，與堂邑氏奴甘父俱出隴西。徑匈奴，匈奴得之，傳詣單于。單于曰：「月氏在吾北，漢何以得往使？吾欲使越，漢肯聽我乎？」留騫十餘年，予妻，有子，然騫持漢節不失。

留居匈奴後，騫趁機與其家屬逃亡月氏，西走數十日，到大宛。大宛聽聞漢豐饒多物財，欲通不得，見騫，喜，問其欲往何處。騫曰：「為漢使月氏而為匈奴所閉道，今亡，唯王使人道送我。誠得至，反漢，漢之賂遺王財物不可勝言。」大宛以為然，遣騫，為發道驛，抵康居。康居傳致大月氏。大月氏王已為胡所殺，立其夫人為王。既臣大夏而君之，地肥饒，少寇，志安樂。又自以遠遠漢，殊無報胡之心。騫從月氏至大夏，竟不能得月氏要領。留歲餘，還，經南山，欲從羌中歸，再次為匈奴所得。留歲餘，單于死，國內亂，騫與胡妻及堂邑父俱亡歸漢。拜騫太中大夫，堂邑父為奉使君。騫為人強力，寬大信人，蠻夷愛之。堂邑父胡人，善射，窮急射禽獸給食。起初，出行時百餘人，去十三年，唯二人得還。騫身所至的地主，大宛、大月氏、大夏、康居，而傳聞其旁大國五六，俱為天子言其地形所有，這些皆在《西域傳》中有記載。

西域，漢朝時是指甘肅玉門關以西、蔥嶺以東的地區，大大小小分布幾十國，大致相當於今日新疆一帶。本來西域各國大多臣服於匈奴。武帝為了徹底孤立匈奴，決定與他們聯合。聽說大月氏國（原在玉門關附近，後徙至今阿富汗境內）與匈奴有仇，所以武帝在西元前一三八年，派張騫帶一批人前往西域，想聯合大月氏等國共抗匈奴。但張騫中途被匈奴捉住，一關押就十幾年。後來他想法逃脫，輾轉經過烏孫、大宛、康居等國而抵大月氏。那時大月氏已無心結盟，使張騫此行不得要領。在回國的途中，張騫再次被匈奴扣留，拘禁一年多，最後於西元前一二六年返歸長安覆命。

漢銅兵馬陣

到了西元前一一九年，張騫又跟從衛青出擊匈奴，他帶領隨從三百多人及大批物資前往西域。抵達烏孫後，又遣副使分赴大宛、康居、大月氏、大夏、安息諸國，宣揚漢朝的國威。西元前一一五年，偕張騫同烏孫等國使者數十人，返歸長安。漢與西域交通之孔道，自此打開。

司馬遷的《史記》，把張騫之交通西域譽稱為「鑿空」，「空」即「孔」，意思就是開闢孔道。由於張騫的交通西域，使中國人得以由長安出發，經過西域各國而前往西亞、北非乃至歐洲。它大大促進了中西之間的經濟、文化交流，其中尤以中國絲綢西運最具特色，所以今天稱張騫通西域為「絲綢之路」之始辟。因此，張騫兩次出使西域，不僅弘揚了漢朝的文明，而且帶回異域的文化，大大豐富了中華文化的內涵。今天，絲綢之路仍然吸引著絡驛不絕的中外遊客，繼續為中西文化交流作出貢獻。

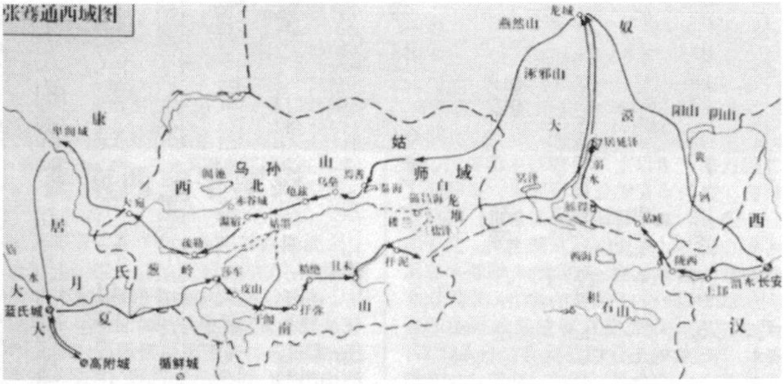

張騫通西域圖

絲綢之路

絲綢之路指漢代從中國到西方的交通大道，因大量中國絲和絲織品多經此路西運，故稱絲綢之路。在古代世界上，只有中國是種桑、養蠶、生產絲織品的國家。近年各地考古資料已充分證明，自商、周至戰國時期，絲綢錦繡的生產技術已發展到相當高的水準。那時中國絲綢已經西北各民族之手少量地輾轉販到中亞、印度。

漢初，河西走廊曾先後為烏孫、月氏、匈奴所占，西域綠洲諸小國亦為匈奴所控制，漢與西方的道路難以直達。元光二年（前一三三年）以後，漢武帝連年派大軍進攻匈奴，鞏固西北諸郡邊塞，又陸續設立了酒泉、武威、張掖、敦煌四郡，隔絕了匈奴與羌人的聯繫，得以溝通西域。又從敦煌到鹽澤（今羅布泊）築造了很多烽燧亭障，以防匈奴南侵。西元前七十七年漢兵攻克當道的樓蘭國，更其國名曰鄯善，將其國都遷至以南扜泥城。西元前六十年漢置西域都護，屯田於烏壘城（今新疆輪台東），以保西域通道。早自張騫西使烏孫結盟後，漢使者、商人便接踵西行，至此絲綢之路益加暢通，大量絲帛錦繡沿此路不斷西運，同時西域各國的「珍奇異物」也輸入了中國。此後，王莽當政時和後漢期間，西域雖然幾度因政局波動暫與漢廷短時中斷關係，但商業往來並未受很大影響。

影響

通過張騫「鑿空」到絲綢之路的開闢，漢與歐、亞、非各國經濟文化的交流達三百年，影響十分深遠。這條道路雖然主要是商路，但中國和亞歐各國的政治往來、文化交流也都依賴這條通道。通過它，中亞和南亞的音樂、舞蹈、繪畫、雕塑、建築等藝術，天文、曆算、醫藥等科技知識，佛教、祆教、摩尼教、景教等宗教先後傳來中國，並在中國產生了很大的影響。中國的紡織、造紙以及一些工藝技術（如製作金銀器、繪畫等）也傳到西方。唐代以後，海運逐漸發達，西北地區民族政權興衰變化急劇，這條陸上通道的重要性與安全保障逐漸降低而趨於衰落。在元代，由於驛路暢通，又曾繁榮一時。

絲綢之路在古代中國，是聯繫中國與西域乃至西方世界的重要通道。通過絲綢之路，中國的絲綢等產品以及造紙術、火藥等技術傳播到了世界其他地區，促進了世界其他地方的社會經濟發展；而西方的產品和社會思想、技術等，也通過這條絲綢之路來到中國，其中最重要的就是佛教的東傳，對中國社會產生了重要的影響。

14 北擊匈奴

歷史是一面鏡子，從中我們可以得到借鑒。歷史螺旋式的前進，往往導致驚人相似的一幕重演。中國在過去幾千年中，有過失敗，也有過成功，有繁榮幸福，也有衰敗悲傷，但大的趨勢總是文明征服野蠻、人性戰勝獸性的進化。中國一直處於蠻敵環視之中，甚至兩度亡國。但中國人在逆境中絕不放棄，歷經百年坎坷仍能毅然崛起，恢復祖宗的光榮。華夏為唯一現存的文明古國，足見中國文化之深厚和中國民族精神之堅韌。中國的不滅精髓，即在於奉天理而行王道。漢征匈奴即是這種民族精神的一次有力表現。這種精神也在後來掃除倭患中得到再一次證明。

在秦統一中國的時候，塞北的胡人也開始聯合起來，形成了相當的勢力，不斷騷擾邊境，這就是匈奴的開端。當時甚至有「亡秦者胡」的流言。秦使蒙恬修長城，將文明中國與塞外胡人隔開。但諸侯反秦之後，匈奴又乘虛渡河南下。冒頓單于時代，匈奴大敗東胡與月氏，征服北邊各民族，佔領燕代之地，雄踞北方，與中原為敵。楚漢中原逐鹿甫畢，大漢剛立之際，匈奴攻取馬邑，又南取太原。西元前二百年，漢高祖劉邦領步兵三十二萬北征，兵未全到而被冒頓以騎兵四十萬圍困於平城白登山達七日之久，後用陳平的計策，方得逃出。

14 北擊匈奴

此時漢朝甫立，諸侯未定，中央不穩，更無力與匈奴一戰。秦雖統一中國，但僅存十五年，以致到漢初，商周以來的諸侯意識仍然很嚴重。異姓王（如韓信）和劉氏諸侯都擁有很大的獨立性，反叛中央之事時有發生。且以戰鬥力而論，漢朝不敵匈奴。在古代的戰場，戰馬簡直相當於近代的坦克，而漢初馬匹奇缺，甚至於天子的御馬中也找不出四匹同色的，而將相們只能乘牛車。主要原因是中原不適宜於養馬，養出來也大多不能作戰馬。而匈奴是遊牧民族，馬匹眾多，牛羊成群，其民從小學習騎射，戰時全民皆兵，傾巢而出有數十萬之多。漢軍光靠步兵是無法與匈奴交戰，雪平城之恥的。

漢武帝像

漢朝嫁公主給單于，每年又贈送大批絲綢、糧食、酒等物，約為兄弟，試圖柔服匈奴，但匈奴更為驕悍。大凡開化較晚的民族，必奉強權為尊，唯利益是圖，誰拳頭厲害服誰，服打不服理，強的佔便宜，弱小的自認倒楣。匈奴的習俗，重少壯而輕老弱，壯者食肥美，老者食其餘，雖不如日本人把老父老母背到山中餓死一般殘忍，但在漢人看來也是野蠻之至。匈奴人無文字，靠口頭約束。戰時虜掠的俘虜作為奴婢，搶得財物盡歸己有，作戰時士兵頗為勇猛。匈奴經濟落後於中土，又把漢的和親政策看成軟弱的表現，所以仍時常在邊境搶掠。

漢目光遠大，戰略深遠，積匈奴七十年之辱，而不貿然輕動，正可謂九世報仇，亦未為晚。相比之下，後世之南宋，根基未固便興兵北伐，結果招致重挫而一蹶不振。漢立七十年後，中央穩固，中國終於在實際上成為一個中央集權的統一國家，而七十年的發展，積蓄了巨大的經濟與軍事實力，對匈奴反戈一擊的時機已經成熟。此時劉徹即位，一場對匈奴暴風驟雨、雷霆萬鈞的打擊即將揭開序幕。

異域遠征

元朔二年（前一二七年），匈奴侵入上谷、漁陽（密雲），「殺略吏民千餘人」。車騎將軍衛青等領漢軍數萬騎從雲中出擊，斬俘匈奴數千，獲牛羊百萬頭，收復河套地帶，修復秦時蒙恬邊塞。漢乃設朔方、五原等郡，解除了匈奴對長安的威脅。稍後匈奴單于以數萬騎攻入代郡（河北省），殺太守並虜掠數千人，其右賢王也攻入朔方郡，殺略吏民。

元朔五年（前一二四年），大將軍衛青以漢軍十萬出塞七百里，俘右賢王部一萬五千人。而秋天，匈奴又殺代郡都尉，虜千餘人。元朔六年春，漢軍十餘萬騎，再擊匈奴主力，得虜首級一萬九千餘。匈奴屢遭重創，乃將主力退至漠北。但在東線方面，匈奴實力尚強，元狩元年（前一二二年），又入上谷殺數百人。

元狩二年（前一二一年），驃騎將軍霍去病率萬騎出隴西，過焉支山千餘里，與匈奴軍相遇，經短兵肉

霍去病石雕——馬踏匈奴

搏，斬虜首級一萬八千。同年夏天，霍去病以漢軍數萬騎，越居延澤，攻祁連山，俘三萬多人。而後匈奴渾邪王帶四萬人來降。漢朝取得河西，不但隔斷匈奴與羌人之間的通道，而且使之失去祁連一帶的牧場。匈奴歌曰：「失我祁連山，使我六畜不繁息，失我焉支山，使我婦女無顏色」。漢設置武威、酒泉、張掖、敦煌四郡，使「金城、河西並南山（祁連山）至鹽澤（羅布泊），空無匈奴」，並打通了通往西域的道路。

元狩三年（前一二〇年），匈奴又南下右北平與定襄，虜掠千餘人。次年，漢決定以十萬騎兵，分東西兩路，絕漠遠征。衛青一路越過沙漠北進千餘里，與匈奴單于相遇，戰至黃昏，忽然狂風大作，飛沙撲面，漢軍乘機包圍匈奴。血戰之餘，匈奴軍除單于以下數百騎遁走外，被殲一萬九千餘人。東路軍霍去病深入匈奴境內二千里，與左賢王接戰，斬俘匈奴七萬餘人。直抵大興安嶺，乃封狼居胥山、禪姑衍（大興安嶺之一峰），臨翰海沙漠，豪氣干雲，全勝而返。而匈奴北遁，漠南無王庭。數年之後，公孫賀與趙破奴曾各領萬騎出塞千里，不見匈奴。元封元年，劉徹親領十八萬騎巡視北方，出長城，登單于台，旌旗千里。遣使叫單于能戰則戰，不能則來臣服，不必在漠北寒苦之地受罪。單于大怒，卻也只能扣留漢使，遷於北海（貝加爾湖），不敢近漢之邊塞。

匈奴經數次大戰，人口牲畜損失慘重。短時內再無力侵漢，一般來說，一個國家遭受外來打擊而衰弱時，內亂也就接踵而至，因為對於怎樣扭轉不利局勢，會有很多不同的意見。匈奴勢力削弱，原來受其控制的其他民族也乘機獨立，匈奴則發兵去鎮壓。丁零，烏孫，烏桓等國與漢聯合，從各個方向圍攻匈奴，匈奴死傷甚為慘重。漢昭帝時，發生五單于爭立事件，經過一番爭鬥，匈奴分裂為南北兩部。宣帝五鳳四年，北單于郅支進攻單于庭，南匈奴不敵，乃南遷至漢朝邊塞附近，要求與漢合作。甘露元年（前五十三年）南匈奴呼韓邪單于向漢稱臣，入長安朝見天子。

影響

漢武帝對匈奴的打擊，一雪漢高祖「白登山之圍」的恥辱，並且徹底解除了匈奴對中原農耕地區人民的侵擾。更重要的是，大漢軍隊那種雄壯堅韌的氣魄，深深地影響著後代人民，漢朝，被中國人看作是一個值得驕傲的時代。

由於匈奴的西遷，從而帶來了亞歐大陸上民族遷徙的浪潮，這場浪潮，一直影響到歐洲，羅馬帝國便是在這些遊牧民族攻擊下滅亡的。

15 罷黜百家，獨尊儒術

儒家思想的形成和發展，對中國社會的影響難以估量。

儒學興起的背景

秦漢之際，遭秦始皇焚書坑儒政策摧殘的儒家逐漸抬頭，陳勝、吳廣起義後，有些儒生參加了反秦鬥爭，如孔子後裔孔甲一度為陳勝的博士。西漢初年，著名儒生叔孫通被任為太常，協助漢高祖制訂禮儀。惠帝四年（前一九一年）廢除《挾書律》，進一步促使諸子學說復甦，陰陽、儒、墨、名、法、道六家比較活躍，其中儒、道兩家影響較大。漢初，由於社會經濟遭到嚴重破壞，統治階級所面臨的主要任務是恢復生產，穩定封建統治秩序。因此，在政治上主張無為而治，經濟上實行輕徭薄賦。

在思想上，主張清靜無為和刑名之學的黃老學說受到重視。當時，五經博士僅為具官待問，在政治上並未得到重用。然而儒、道兩家在政治、思想上的鬥爭相當激烈。武帝即位時，社會經濟已得到很大的恢復和發展。武帝依靠文、景兩代積累的財富，大事興作。與此同時，隨著地主階級及

董仲舒像

董仲舒著《春秋繁露》書影

其國家力量的強大，對農民的壓迫和剝削也逐漸加重，農民和地主階級之間的矛盾逐漸加劇。因此，從政治上和經濟上進一步強化專制主義中央集權制度已成為封建統治者的迫切需要。在這種情況下，主張清靜無為的黃老思想已不能滿足上述政治需要，更與漢武帝的好大喜功相抵觸；而儒家的春秋大一統思想，仁義思想和君臣倫理觀念顯然與武帝時所面臨的形勢和任務相適應。於是，在思想領域，儒家終於取代了道家的統治地位。

獨尊儒術

董仲舒，西漢儒家公羊學派大師，廣川（今河北棗強縣）人。少治《春秋》，漢景帝時為博士。漢武帝即位，舉賢良文學之士，董仲舒應召，提出「天人三策」，被選為首列。此後多次上書、講學，著書立說，闡述維護封建統治的理論。董仲舒以儒家思想為基礎，相容法家和道家思想，建立了新的儒學思想體系。董仲舒依據儒家經典《春秋》，進行鋪陳演繹。認為君主與臣民的關係是「幹和枝，本和末」的關係。強調「強幹弱枝，大本小末」。宣揚「道之大原出於天，天不變，道亦不變。」主張「罷黜百家，獨尊儒術」，提倡「諸不在六藝之科，孔子之術者，皆絕其道，勿使並進。」提出「災異論」，勸說皇帝順天行事，如日月蝕、地震、山崩等，即上天對皇帝逆天行為發出的警告，藉以限制封建統治者過分腐敗。董仲舒還主張「德刑並舉」，以教化為本。立太學，設庠序，加強封建思想統治。並提出「限民名田」，抑制貴族官僚豪強地主兼併的經濟主張。董仲舒的學說為漢武帝所採納，成為漢及以後封建統治者奴役人民的理論基礎。董仲舒曾任江都相、膠西相。年老辭官，終老於家。其著作今存《春秋繁露》、《董子文集》。

建元元年（前一四〇年）武帝繼位後，丞相衛綰奏言：「所舉賢良，或治申、商、韓非、蘇秦、張儀之言，亂國政，請皆罷。」得到武帝的同意。太尉竇嬰、丞相田蚡還薦舉儒生王臧為郎中令，趙綰為御史大夫，褒揚儒術，貶斥道家，鼓動武帝實行政治改革，甚至建議不向竇太后奏事。竇太后對此不滿，於建元二年罷逐王臧、趙綰，太尉、丞相也因此被免職。建元六年，竇太后死，儒家勢力再度崛起。

元光元年（前一三四年）武帝召集各地賢良方正文學之士到長安，親自策問。董仲舒在對策中指出，春秋大一統是「天地之常經，古今之通誼」，現在師異道，人異論，百家之言宗旨各不相同，使統治思想不一致，法制數變，百家無所適從。他建議：「諸不在六藝之科孔子之術者，皆絕其道，勿使並地。」董仲舒提出的適應政治上大一統的思想統治政策，很受武帝賞識。

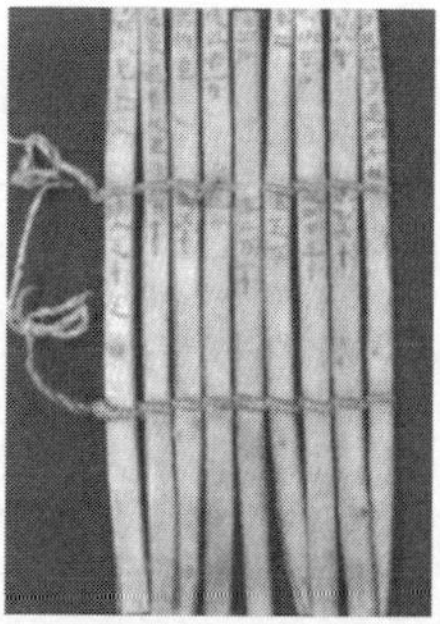
西漢竹簡

與此同時，元朔五年（前一二四年），布衣出身的儒生公孫弘擢居相位。同年，武帝又批准為博士官置弟子員五十人，根據成績高下補郎中文學掌故，吏有通一藝者則選拔擔任重

要職務。此後，公卿、大夫、士吏都為文學之士，通曉儒家經典成為做官食祿的主要條件。治獄官吏張湯、杜周，迎合漢武帝的需要，也主張以《春秋》決獄，用儒術附會粉飾法律。儒術完全成為封建王朝的統治思想，而道家等諸子學說則在政治上遭到貶黜。

很多人將董仲舒當成罪人，把儒學迷信化、宗教化、封建化、專制化的導火線都往他的身上推。當然，也有不少學者試圖為他解脫，從學術發展的趨向（諸子並立邁向學術融合）、儒學體系的完成（為儒學建立形上學的依據）甚至是政治現況（為漢政權尋求學理上的合法性）來看待董仲舒的學說。雖然如此，但無可避免的，當研究者遇上董仲舒的陰陽五行、天人感應學說時，大多就此搖了搖白旗。消極的，就採迴避策略，提過就算，把帳全算在鄒衍身上；積極的，就立一「宇宙論」名目來安置，認為董氏完成了儒學的全盤架構。

董仲舒為什麼會提出陰陽五行、天人感應？這個問題是每個研究漢代思想的人的共同疑惑。一般認為，陰陽五行的提出，與鄒衍的五德終始說、《呂氏春秋》的十二月紀、《淮南子》的「時令訓」、《禮記》的「月令」脫不了干係，是一種思維在流行發展下的產物。姑且不論董氏這部分的學說源頭是否真是如此，但此舉對儒學的發展造成一個時代性的轉化卻是不爭的事實。

影響

漢武帝「獨尊儒術，罷黜百家」有其時代特點。他推崇的儒術，已吸收了法家、道家、陰陽家等各種不同學派的一些思想，與孔孟為代表的先秦儒家思想有所不同。漢武帝把儒術與刑名法術相糅合，形成了「霸王道雜之」的統治手段，對後世影響頗為深遠。從此，儒家思想成為我國封建時代的正統思想。

16 司馬遷著《史記》

《史記》是中國史學史上最重要的一部史書，也開啟了許多史學題材的先河。《史記》最初沒有固定書名，或稱「太史公書」，或稱「太史公記」，也省稱「太史公」。「史記」本來是古代史書的通稱，從三國開始，「史記」由通稱逐漸成為「太史公書」的專名。作者司馬遷，字子長，左馮翊夏陽人。生於漢景帝中元五年，大約卒於漢武帝征和三年。

司馬遷其人

司馬遷的祖上好幾輩都擔任史官，父親司馬談也是漢朝的太史令。司馬遷十歲的時候，就跟隨父親到了長安，從小就讀了不少書籍。為了搜集史料，開闊眼界，司馬遷從二十歲開始，就遊歷祖國各地。他到過浙江會稽，看了傳說中大禹召集部落首領開會的地方；到過長沙，在汨羅江邊憑弔愛國詩人屈原；他到過曲阜，考察孔子講學的遺址；他到過漢高祖的故鄉，聽取沛縣父老講述劉邦起兵的情況……這種遊覽和考察，使司馬遷獲得了大量的知識，又從民間語言中汲取了豐富的養料，給司馬遷的寫作打下了重要的基礎。以後，司馬遷當了漢武帝的侍從官，又跟隨皇帝巡行各地，還奉命到巴、蜀、昆明一帶視察。

蘇武出使匈奴的第二年，漢武帝派貳師將軍李廣利帶兵三萬，攻打匈奴，打了個大敗仗，幾乎全軍覆沒，李廣利逃了回來。李廣利的孫子李陵當時擔任騎都尉，帶著五千名步兵跟匈奴作戰。單于親自率領三萬騎兵把李陵的步兵團團圍困住。儘管李陵的箭法十分好，兵士也十分勇敢，五千步兵殺了五六千名匈奴騎兵，但是匈奴兵越來越多，漢軍寡不敵眾，後面又沒救兵，最後只剩了四百多漢兵突圍出來。李陵被匈奴逮住，投降了。李陵投降匈奴的消息震動了朝廷。漢武帝把李陵的母親和妻兒都下了監獄，並且召集大臣，要他們議一議李陵的罪行。

大臣們都譴責李陵不該貪生怕死，向匈奴投降。漢武帝問太史令司馬遷，聽聽他的意見。

司馬遷說：「李陵帶去的步兵不滿五千，他深入到敵人的腹地，打擊了幾萬敵人。他雖然打了敗仗，可是殺了這麼多的敵人，也可以向天下人交代了。李陵不肯馬上去死，必定有他的主意。他一定還想將功贖罪來報答皇上。」

漢武帝聽了，認為司馬遷這樣為李陵辯護，是有意貶低李廣利（李廣利是漢武帝寵妃的哥哥），勃然大怒，說：「你這樣替投降敵人的人強辯，不是存心反對朝廷嗎？」

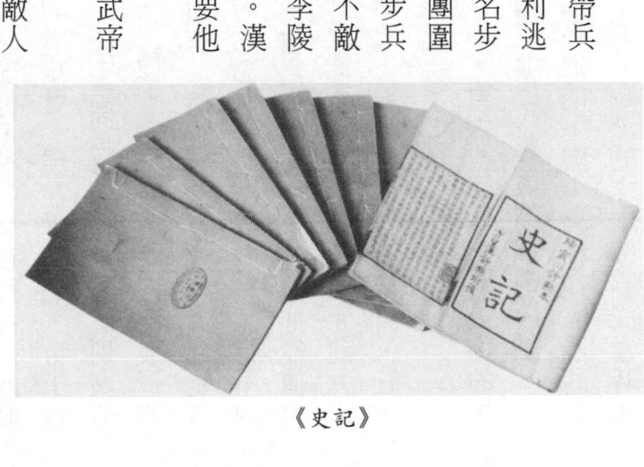

《史記》

他吆喝一聲，就把司馬遷下了監獄，交給廷尉審問。

審問下來，把司馬遷定了罪，應該受腐刑（一種肉刑即宮刑）。司馬遷拿不出錢贖罪，只好受了刑罰，關在監獄裏。

司馬遷認為受腐刑是一件很丟臉的事，幾乎想自殺。但他想到自己有一件極重要的工作沒有完成，不應該死。因為當時他正在用全部精力寫一部書，這就是我國古代最偉大的歷史著作——《史記》。他痛苦地想：這是我自己的過錯呀。現在受了刑，身子毀了，沒有用了。但是他又想：從前周文王被關押，寫了一部《周易》，孔子周遊列國的路上被困在陳蔡，後來編了一部《春秋》，屈原遭到放逐，寫了《離騷》，左丘明眼睛瞎了，寫了《國語》，孫臏被剜掉膝蓋骨，寫了《兵法》。還有《詩經》三百篇，大都是古人在心情憂憤的情況下寫的。這些有名的著作，都是作者心裏有鬱悶，或者理想行不通的時候，才寫出來的。我為什麼不利用這個時候把這部史書寫好呢？於是，他把從傳說中的黃帝時代開始，一直到漢武帝太初元年（西元前九十五年）為止的這段時期的歷史，編寫成一百三十篇、五十二萬字的巨大著作《史記》。

司馬遷像

司馬遷在他的《史記》中，對古代一些著名人物的事跡都作了詳細的敘述。他對於農民起義的領袖陳勝、吳廣，給予高度的評價，對被壓迫的下層人物往往表示同情的態度。他還把古代文獻中過於艱深的文字改寫成當時比較淺近的文字。人物描寫和情節描述，形象鮮明，語言生動活潑。因此，《史記》既是一部偉大的歷史著作，又是一部傑出的文學著作。

司馬遷出了監獄以後，擔任中書令。後來，終於鬱鬱不樂地死去。但他和他的著作《史記》在我國的史學史、文學史上都享有很高的地位，故有「史家之絕唱，無韻之離騷」的評價。

《史記》其書

《史記》是一部貫穿古今的通史，從傳說中的黃帝開始，一直寫到漢武帝太初元年，敘述了我國三千年左右的歷史。據司馬遷說，全書有本紀十二篇，表十篇，書八篇，世家三十篇，列傳七十篇，共一百三十篇。班固在《漢書．司馬遷傳》中提到《史記》缺少十篇。三國魏張晏指出這十篇是《景帝本紀》、《武帝本紀》、《禮書》、《樂書》、《律書》、《漢興以來將相年表》、《日者列傳》、《三王世家》、《龜策列傳》、《傅靳列傳》。後人大多數不同意張晏的說法，但《史記》殘缺是確鑿無疑的。今本《史記》也是一百三十篇，有少數篇章顯然不是司馬遷的手筆，漢元帝、成帝時的博士褚少孫補寫過《史記》，今本《史記》中「褚先生曰」就是他的補作。

司馬遷祠

《史記》取材相當廣泛。當時社會上流傳的《世本》、《國語》、《國策》、《秦記》、《楚漢春秋》、諸子百家等著作和國家的文書檔案，以及實地調查獲取的材料，都是司馬遷寫作《史記》的重要材料來源。特別可貴的是，司馬遷對搜集的材料做了認真的分析和選擇，淘汰了一些無稽之談。對一些不能弄清楚的問題，或者採取闕疑的態度，或者記載各種不同的說法。由於取材廣泛，修史態度嚴肅認真，所以，《史記》記事詳實，內容豐富。

影響

司馬遷的《史記》開啟了中國通史編纂的序幕，而且奠定了中國史學的精神，也就是據實記載，不畏強權，堅持真理，支持正義。《史記》成為政治家、史學家、思想家們必須閱讀的作品，對後世產生了重要的影響。

17 王莽改制

因改革而斷送自己命運的，在歷史上可能只有一個，那就是王莽改制。王莽改制是新朝皇帝王莽為緩和西漢末年日益加劇的社會矛盾而採取的一系列新的措施。西漢自宣帝以後，元、成、哀、平四個皇帝都極端荒淫腐朽。朝廷大權落到外戚手裏。漢元帝皇后王政君的幾個兄弟，王鳳、王商，王音、王根四人以及侄王莽，先後擔任大司馬的職務。大司馬在當時是掌握政務軍事重權的高官。其他一些重要官職和刺史郡守，也都出於王氏門下。王氏集團從上到下形成了一股勢力。漢哀帝死後，漢平帝繼位。他是一個九歲的小孩，完全受大司馬王莽的擺布。王莽用小恩小惠收買人心，拉攏地主階級和知識份子，結交官僚貴族。當他認為準備妥當之後，就毒死平帝，立孺子嬰為皇帝，由他輔政，稱「攝皇帝」。這樣，他還不滿足，西元八年，乾脆踢開孺子嬰，自己登上皇帝的寶座，把國號改為「新」，篡奪了漢朝的政權。次年改元為「始建國」。

偽君子

在歷史上，王莽一直是位反面人物。近代以來，史學家雖也注意到了他的一些積極方面，或者肯定他的改革意圖，但他的「陰謀」、「虛偽」似乎已成定論。王莽覆滅後，除了東漢初班固所修、得到官方認可的《漢書》有一篇《王莽傳》外，其他有關史料已蕩然無存。所幸《漢書．王莽傳》還相當詳細。

初元四年（西元前四十五年）王莽出生在一個顯赫的家庭，他的姑母王政君被元帝立為皇后。成帝（王政君之子）繼位後，王家先後有九人封侯，五人擔任大司馬，是西漢一代中最顯貴的家族。但王莽父親早死，沒有輪到封侯；哥哥也年紀輕輕就死了，留下了孤兒寡母。這卻使王莽從小養成了與富貴的堂兄弟們不同的習慣，他謙恭好學，生活儉樸，與普通儒生無異。平時侍奉母親和寡嫂，撫養侄兒，都規規矩矩。對待社會上的名流學者、家中各位叔伯，格外彬彬有禮。永始元年，王莽被封為新都侯，升任騎都尉光祿大夫侍中。王莽在宮中值勤時總是小心謹慎，官越升，越是謙虛。他廣泛結交高中級官員，贍養救濟名士，家裏不留餘財，連自己的軍馬衣服都拿來分發給賓客。在位的官員不斷舉薦他，在野人士紛紛傳播他的佳話，王莽的名聲逐漸超過了他的叔伯們。

王莽像

王莽很快收羅、組織起一個得心應手的班底：王舜、王邑為心腹謀士，甄豐、甄邯負責決策，平晏掌管機密，劉歆撰寫文告製造輿論，孫建當「爪牙」（上通下達兼打雜），甄豐之子甄尋、涿郡崔發、南陽陳崇等也因有各種本領而受到王莽的信用。大肆收買人心，以至於全國上下無不感謝王莽，但他認為做得還不夠，又向太后進言：「由於丁、傅兩家外戚的奢侈揮霍，很多百姓還吃不飽飯，太后應該穿粗衣，降低飲食標準，作天下的榜樣。」他自己上書，願捐錢一百萬、田三十頃，交給大司農救濟貧民。此舉一出，百官積極回應，紛紛仿效。連太后也省下自己的「湯沐邑」（供 太后私人開支的封邑）十個縣交給大司農管理。一到發生自然災害，王莽就吃素。元始二年全國大旱，並發蝗災，受災最嚴重的青州百姓流亡。在王莽帶頭下，二百三十名官民獻出土地住宅救濟災民。災區普遍減收租稅，災民得到充分撫恤。皇家在安定郡的呼池苑被撤銷，改為安民縣，用以安置災民。連長安城中也為災民建了一千套住房。

為了復興儒家傳統制度，王莽奏請建立明堂、辟雍、靈台等禮儀建築和市（市場）、常滿倉（國家倉庫），為學者建造一萬套住宅，網羅天下學者和有特殊本領的幾千人至長安。學生與百姓積極性很高，紛紛投入義務勞動，十萬人突擊，二十天就全部建成。元始五年正月，公卿大夫、博士、列侯共九百零二人聯名上書，請求給王莽「加九錫」。當年秋，派往各地了解民情的八位風俗使者回到長安，帶回各地歌頌王莽的民歌三萬字。王莽奏請進一步制定條例，以便做到「市無二賈（市場上不討價還價）、官無獄訟（衙門裏沒有打官司的）、邑無盜賊（城裏沒有盜賊）、野無饑民（農村中沒有饑民）、道不拾遺、男女異路（男人女人分別走在路的兩邊），「犯者

青銅斧車

像刑」（犯法的人以畫像示眾，不必真的用刑），彷彿回到了上古太平盛世。很快，王莽就獲得了皇帝的寶座。

書呆子和改革者

王莽當政後，面臨著嚴重的社會危機。他為了緩和階級矛盾，維持「新」朝的統治，打出《周禮》的旗號，宣布實行改制。西元九年，王莽宣布全國土地改稱「王田」，不許買賣。仿照古代井田制，規定一家男口不滿八口而田過一井（九百畝），多餘的土地分給九族、鄰里、鄉黨。無田的人，一夫一婦可以受田百畝。同時，他還把私家奴婢改稱「私屬」，也不許買賣。王莽要推行的所謂「井田聖法」，不僅沒有解決社會土地問題，相反又把農民禁錮在「王田」裏當牛做馬；不僅沒有解放奴婢，而且把佔有奴婢作為制度固定下來。實質上是復古倒退的改革。

明仇英繪「漢宮春曉圖」

王莽實行了多次幣制改革，使用了金、銀、龜、貝、錢、布五物六類，二十八種貨幣，稱為「寶貨」。不僅名目繁多，而且將早已失去貨幣性能的原始貨幣，如龜殼、貝殼等拿來使用，造成了嚴重的金融混亂，貨幣貶值，而每改革一次，就是王莽集團對人民的一次大搜刮。大量的黃金、白銀流到他們的腰包。

王莽還實行了「五均六管」，即在全國幾大城市裏設「五均司市」負責管理市場，平衡物價，收稅和貸款；實行鹽、酒、鐵器官賣；錢由政府統一鑄造；收山林、池沼和農商、手工業稅，表面好似有益於民，實際是王莽集團的又一次變相搜刮。王莽所用「五均六管」官，都是些大富商。如薛子仲、張長叔等人，都有家資數千數萬。這些人有了特權，便乘機收賤賣貴，投機倒把，大發橫財，幣制改革已給商業帶來嚴重的創傷，百姓更是一貧如洗。貧苦農民無處謀生，就連上山打獵、放牧，以及捕鳥、捕魚、養家畜、養蠶、紡織，甚至縫補、算卦都要上稅。

除此之外，王莽還多次改動官名和縣名。如改大司農為羲和，後改為納言，改少府為共工，改郡太守為大尹，縣令長為宰。先據《堯典》正十二州名分界，後又據《禹貢》改為九州。有的郡甚至五易其名，最後又恢復舊稱，他頒行五等爵，濫加封賞，卻把受封的人留在長安食祿，有的人因為俸祿無著不得不傭作為生，更多的官吏則競為奸利，受賄賂以自給。這些改革不僅不能解決社會矛盾，反而使社會矛盾加劇。貧苦農民一旦觸犯了「新法」，就要被罰為官奴婢。因犯禁被捕，押解長安去服勞役的人一次竟達十萬之多。在王莽當政期間，還挑起了對東北和西南少數民族的戰爭，大量徵發徭役和物資，使人民更陷入悲慘境地。王莽卻用搜刮來的民財肆意揮霍，大興土木，修建廟宇。

他還托言古時皇帝納一百二十女致神仙，將民間女子大批選入宮中，供其淫樂。

王莽的改制未能挽救西漢末年的社會危機，反而使各種矛盾進一步激化，終於導致了赤眉綠林為主的農民大起義，新朝遂告滅亡。

後人的討論

王莽何以會失敗，曾引起中外學者的爭論。五十年前，還有人張揚他為「初期社會主義者」。其實這個比擬不合實際，而且王莽的敗亡，有他親身實歷的前後史跡足以解釋，用不著我們提供沒有發生的情事作假說。

「大泉五十」銅范

王莽新政涉及雖多，其要點不難縷列。其一是稱天下之田為王田，亦即土地國有，各家室佔領的面積及使用奴隸人數都有限制，也不得自行買賣。其二則為作「五均」「六管」，也就是政府經商，也用金銀布匹大錢五銖錢下至龜貝造成一個彼此能互相更換的貨幣制度。一為農業政策，一為商業政策，也符合傳統所謂「食貨」的範疇。其理想則是農民都有田種，貨物既流通，價格也公平，高利貸則絕跡。

這種理想，牽涉國家社會的根本，目標遠大。可是根據這改革者自己所發詔書的揭示，漢初以來假設全民平等的賦稅制度，因為「豪民侵淩，分田劫假」已經名不副實。新莽由於財政困難，公卿以下月祿才得帛一匹，「課計不可理，吏終不得祿」，這時候還以為所要的改革可以一紙文書頒布，則天下怡然景從，也未免太樂觀了。

西漢與東漢之交，兩件事情值得注意：一是政府管制力量降低，民間士族大姓興起。二是官僚機構膨脹，據估計中央地方官吏逾十三萬人。光武帝劉秀崛起於民間，他利用前者的力量，而不為後者所羈絆；王莽則反是。他不能與巨家大姓抗衡，偏要下詔書和他們作對。他雖改長安為新安，仍是與積習難返的官僚機構結不解緣。均田本應在農村著手，政府經商也該組織普通商人作第二線及第三線的支援。他對這些事全未著意，最終失敗。

影　響

王莽改革是一次試圖解決現實中的土地兼併問題的改革，但是王莽借助上古的聖人制度來推行改革，改革措施又很不恰當，招致失敗。最終將社會矛盾進一步激化，終於導致了赤眉綠林大起義，迅速滅亡。東漢王朝在王莽滅亡的教訓下，採取了與世家大族妥協的政策，繼續自己的統治。

18 佛教在中國的傳播

在河南洛陽市東郊一片鬱鬱蔥蔥的長林古木之中，有一座被稱為「中國第一古剎」的白馬寺。這座二千多年前建造在邙山、洛水之間的寺院，以它那巍峨的殿閣和高峭的寶塔，吸引著一批又一批的遊人。白馬寺是佛教傳入中國後由官方營造的第一座寺院。它的營建與我國佛教史上著名的「永平求法」緊密相連。相傳漢明帝劉莊夜寢南宮，夢金神頭放白光，飛繞殿庭。次日得知夢為佛，遂遣使臣蔡音、秦景等前往西域拜求佛法。蔡、秦等人在月氏（今阿富汗一帶）遇上了在該地遊化宣教的天竺（古印度）高僧迦什摩騰、竺法蘭。蔡、秦等於是邀請佛僧到中國宣講佛法，並用白馬馱載佛經、佛像，跋山涉水，於永平十年（四元六十九年）來到京城洛陽。漢明帝敕令仿天竺式樣修建寺院。為銘記白馬馱經之功，遂將寺院取名「白馬寺」。

佛自西方來

中國的佛教來源於印度。佛教的創始人是喬達摩．悉達多，後被尊為「釋迦牟尼」，意為「釋迦」族的「聖人」。大約西元一世紀前後，佛教開始傳入中國。東漢明帝曾派入去印度求佛法，抄回佛經四十二章。在洛陽城外修建白馬寺安置西域僧人，成了中國內地第一座佛教寺院，在東漢桓、靈二帝時，西域僧人安世高等來洛陽翻譯佛經，從此佛教各派經典開始被陸續翻譯介紹到中國。佛教剛傳入中國時，人們只是把它看作神仙方術的一種，只有一些社會上層和少數貴族信奉它，社會影響不大，也沒有漢人出家為僧的。外來僧人也常常依靠巫術、咒語等手段來傳播佛教。三國時，有僧人康僧會來江南傳播佛教，得吳地統治者孫權等人信奉，佛教由此開始在南方流傳。

漢末、魏晉南北朝時期，中國社會陷入了連年不斷的戰禍之中。長期的兵甲相交，使民不聊生，百姓朝不保夕；連那些門閥士族也常常感到世事多變，日月無常。在這種情況下，渲染人生苦難、諸法無常的佛教教義，特別容易被人們接受。因此佛教在這一時期有了迅速的發展。魏晉時期玄學盛行，老莊思想在士大夫中十分流行。此時大乘佛教中的般若學，用玄學的語言，以老莊玄學思想來解釋大乘佛教空宗學說，受到門閥士族和士大夫階層的歡迎，於是玄學和佛學合流，佛教在社會上得到更加迅速的傳播。

東晉時，有僧人釋道安，以當時流行的玄學的義理來解釋佛教教義，並用他所理解的玄學化的佛教教義來指導佛學研究和佛經翻譯，成為當時有名的佛教學者之一。他組織和領導了佛經翻譯工作，提出了一些譯經時應當遵循的原則；他對當時流行的漢譯佛經作了初步整理，編纂了佛經目錄，還為僧侶團體制訂了共同生活的法規儀式，為後世

佛陀出行圖

的佛教徒所遵循。釋道安的弟子慧遠長期住在廬山，聚集僧眾，講授佛學，著書立說。他極力調和佛學和傳統名教之間的矛盾，努力協調佛教和封建統治者之間的關係。並提倡死後轉生西方極樂世界的淨土信仰，被後世尊為淨土宗初祖。他所領導的廬山僧團成為當時中國南方的佛教中心。

西元四〇一年，有西域僧人鳩摩羅什來長安譯經。鳩摩羅什在長安草堂寺先後譯出佛經三十五部三百餘卷。他所翻譯的《般若經》、《法華經》、《大智度論》、《中論》等，對中國佛教的發展影響極大當時的長安成了中國北方佛教的中心。東晉時，僧人法顯西行印度取經，歷時十幾年，著《佛國記》。

南北朝時代，佛教由於得到統治者的支持和扶助，發展很快。此時印度佛教各派經典基本上都已傳入了中國，中國僧人對佛經的研究也日益深入，他們各以所學及研究心得傳授徒眾，從而形成了以專門研究某部經論為主的學派，這些派別的形成和發展為隋唐佛教宗派的成立打下了基礎。

白馬寺——佛教傳入中國中原地區後建立的第一座寺院

南朝僧人竺道生不拘舊說，大膽提出。「一切眾生，悉有佛性」，皆能成佛之說。認為一切眾生在成佛問題上都是平等的，包括「一闡提人」（佛教指善根斷絕，十惡不赦的人）也不例外。在宗教修行方面他還主張「頓悟成佛」的說法，在當時產生了很大的影響。

在北方，北魏太武帝由於崔浩、寇謙之的勸說，在西元四四六年下令滅佛，以表明自己是華夏正統。這是佛教在中國流傳過程中遭到的第一次沉重打擊。但此次滅佛並未徹底實行，太武帝去世不久，佛教又在北方恢復，並以更快的速度發展。

北朝佛教以修功德為主，花費大量的人力物力，修造寺院，建立佛塔，開窟造像。聞名於世的中國三大石窟（敦煌、雲岡、龍門），都是在這一時期前後開始雕鑿的。

佛教的繼續發展

隋唐時期，是中國佛教發展的全盛時期。隋唐時期的政治、經濟、文化都得到了空前發展。隋唐統治者都十分重視佛教的社會作用，希望以佛教去穩定民心，維護他們的統治秩序。隋文帝統一中國後，對佛教大力護持，曾多次下詔在全國建立寺塔，立寺度僧，組織翻譯佛經。因此隋代三十多年間，佛教在全國發展很快。

唐太宗雖然規定了道先佛後，但縱觀唐代近三百年，實際上採取二教並重的政策。統一全國後，唐太宗下令在發生過戰爭的地方修建寺剎，建立道場。他還親自撰寫《聖教序》宣揚佛法。武則天為了利用佛教幫助她奪取政權，曾諭令使佛教地位在道教之上，還命令僧人開講佛經，廣建寺塔。佛教的發展，觸犯了世俗地主和封建貴族的利益，迅速膨脹的寺院經濟影響了國家的財政收入，破壞了封建國家的經濟基礎，因此唐武宗在會昌五年（西元八四五年）下令滅佛。時稱「會昌法難」。佛教經這次沉重打擊，從此一蹶不振。武宗死後，佛教重新恢復，但此時已是唐末，國勢漸衰，佛教也遠非昔日可比。

隋唐時期，中外經濟、政治和文化交流十分廣泛。在佛教方面的交流往來活動也十分頻繁。唐太宗時，玄奘法師到印度學習佛經十七年，回國後翻譯經論七十五部。唐高宗時，義淨法師赴印度取經，歷時二十五年，回國後，翻譯經、律五十六部。不少印度、西域、日本、朝鮮等國家的僧人來華傳播和學習佛教，或中國的高僧前往他國傳播佛教。唐玄宗時，高僧鑒真東渡日本傳法。

唐代以後，佛教內部各派互相合流，同時，儒、釋、道三教也進一步互相吸收和融合，出現了「三教合一」和「儒佛一致」的思想。宋明理學是中國後期封建社會的正統思想。程、朱、陸、王等理學大師雖然大多有批評佛教的言論，但他們本身卻吸收了不少佛教思想。他們提出的許多基本命題、觀點和論證方法都受到了佛教的影響。因此後人評論理學，有人認為是「儒表佛裏」。

元明以後，我國漢族地區的佛教日益衰落，在佛學義理方面幾乎沒有什麼發展。整個佛教基本上處於停滯狀態。清末民初，有些居士和佛教學者對佛學重新注意，並進行了一些整理、研究工作，使佛學在近代又略有復興的趨勢。

影響

佛教依據一種神秘的神不滅論，以及建立在其上的因果報應、生死輪迴說，把解脫現實世界痛苦的希望寄託在幻想的極樂世界。在哲學上，宣稱諸法因緣和合而成，無常無我，皆是空的、不真實的幻象。認為人生充滿著痛苦，由於因果的作用在六道中輪迴。但人人具有不滅的靈魂，通過戒定慧的修煉可以超脫生死輪迴，覺悟成佛。主張出世修行。作為古代哲學發展的重要環節，中國佛教哲學提高了傳統哲學的思辨性和超越性，對後來哲學發展特別是宋明理學產生了極為深遠的影響。

佛教藏經的大量翻譯和刊刻印刷，大大促進了中國翻譯工作與印刷術的發展。除了雕版印刷的佛經外，還有石刻的佛經。這些石經對研究中國古代社會政治、經濟、佛教、書法、雕刻藝術等，都是極為寶貴的實物資料。

中國佛教石窟，是中國古老的文化藝術寶庫，是我國古代的優秀文化遺產，反映了我國古代人民的非凡智慧和傑出的藝術成就。其中敦煌莫高窟、雲岡石窟和龍門石窟是世界著名的中國佛教三大石窟。

除三大石窟外，中國佛教又有「四大名山」之說，即五臺山、峨眉山、普陀山、九華山。相傳四大名山是文殊、普賢、觀音、地藏四個菩薩分別顯靈說法的地方，故又稱「四大道場」。中國佛教已有二千餘年歷史。佛教在中國傳播、發展過程中，與中國傳統文化互相吸收、互相融合，逐步成為中國文化的一個組成部分。佛教還對中國的文學、藝術、美術、音樂、舞蹈等的發展產生了巨大的影響。不僅如此，隨著中外文化的交流，中國佛教還傳到了朝鮮、日本、越南等國，並和當地民族文化相結台，對這些國家的思想文化發展也有著一定的影響。藏傳佛教還傳入了現在的蒙古人民共和國和前蘇聯的一些地區。約本世紀初，中國佛教還開始傳入歐美的一些國家。

19 王景治理黃河

黃河是中華民族的母親河，但是也是一條給中華民族帶來眾多災難的河流，她所帶來的洪水災害始終是中華民族的心腹之患。從一定意義上說，我國五千年文明史，也是一部中華民族治理黃河的歷史。忽視水利，工程長期荒廢，嚴重的水旱災害之後，經濟凋敝，民不聊生，災逼民反，揭竿而起，即使沒有外敵入侵，也釀成天下大亂，以致改朝換代。治水害，興水利，歷來是治國安邦的大事。王莽政權的覆滅、明末紅巾軍揭竿而起，推翻元朝統治等等事件，無不與治河聯繫在一起。

反過來，我國歷史上出現的一些「盛世」局面無不得力於對水利的重視，得力於水利建設及其成效。水利興而天下定，天下定而人心穩，人心穩就有生產積極性，社會有糧則百業興，整個社會必然繁榮昌盛，外敵不敢入侵，天下太平。早在大禹治水的時候，這種情況就十分明顯。大禹治水的成功促進了黃河流域農業的發展，從而為中國歷史從原始社會到家天下的私有制社會的進步，奠定了基礎，這就是中國歷史上第一個國家夏朝的建立。

在眾多的治理黃河的仁人志士當中，功績最大、最值得一提的，就是東漢漢明帝時期的王景。

王景治河前的黃河

王景（約生於西元二十年），字仲通，琅琊不其（今山東即墨西南）人。自幼「廣窺眾書」，學識淵博，掌握多種技藝，尤其熱心於水利工程建設。有一年，浚儀（今河南開封）附近的浚儀渠（汴渠的一段）被黃河水沖毀，影響人們的生活安定和農業生產，朝廷下詔修復。根據司空（官名）的推薦，朝廷即派王景幫助王吳共修浚儀渠。王景建議王吳採用「堰流法」，很快修好了浚儀渠，以後一直沒有再遭災，受到百姓的讚揚。「堰流法」是王景的一大創造。所謂「堰流法」，就是在堤岸一側設置側向溢流堰，專門用來分洩洪水。這次治渠成功，使王景以「能理水」而聞名。

王莽始建國三年（西元十一年），黃河在魏郡決口形成第二次大改道後，王莽認為，河水東去，從此元城（今河北大名東）的祖墳可以不再受黃河之害。因此，他棄而不治，放任自流，導致黃河「侵毀濟水」。東漢初年，河南郡境的黃河發生劇烈變化，由於河道大幅度向南擺動，造成黃河、濟水、汴渠各支派亂流的局面，航道淤塞，漕運中止，田園廬舍皆被吞沒。其中兗州（今河南北部、山東西部、河北東南部）、豫州（今河南

黃河金堤

東部、南部，安徽西北部）受害尤重。後來，黃河以南淹沒的範圍竟達數十縣之多。

明帝劉莊執政之後，情況更加惡化。「汴渠東侵，日月彌廣，而水門故處，皆在河中」，就是說，汴渠遭到破壞後，又繼續向東瀰漫，連原來的引水水門都淪入黃河中間去了。「兗、豫之人，多被水患」。但仍有人持不同意見，認為河水入汴，東南流，對幽州（今河北北部、遼寧南部和朝鮮半島）、冀州（今河北中南部、山東西端及河南北端）有利。加強左堤就會傷害右堤，左右堤都加強，下游就要發生險情，不如任水自流，百姓遷居高處，既可避免災害，又可免卻修防費用。由於治理意見不統一，致使黃河第二次改道後，水患連綿六十年得不到平息。

漢明帝劉莊像

王景治河

永平十二年（西元六九年）的一天，明帝偶然聽說王景在水利方面很有研究，隨即派人把王景召來。王景稟奏道：「河為汴害之源，汴為河害之表，河、汴分流，則運道無患，河、汴兼治，則得益無窮。」明帝很讚賞王景的治河見解，於是命他主持治水事宜。當年四月，王景和王吳等人率領數十萬兵民，開始了大規模的治水工程。據史料記載，這次治水工程的主要內容是：「築堤，理渠，絕水，立水門，河、汴分流，復其舊跡。」

首先是「築堤」，即修築「自滎陽（今河南滎陽東北）東至千乘（今山東高青東北）海口千餘里」的黃河大堤及汴渠的堤防。王景認識到，黃河泛濫加劇的原因，是下游河道由於常年泥沙淤積而形成地上懸河，河水高出堤外平地，洪水一來，便造成堤決漫溢。於是，王景「別有新道」，選擇一條比較合理的引水入海的路線，並在兩岸新築和培修了大堤。這條新的入海路線比原河道縮短了距離，河床加大了很多，因而河水流速和輸沙能力相應提高，河床淤積速度大大減緩。特別是這條新河線，改變了地上懸河的狀況，使黃河主流低於地平面，從而減少了潰決的可能性。這次修築大堤，固定了黃河第二次大改道後的新河床，是東漢以後黃河能夠得到長期安流的主要措施之一。

其次是「理渠」，即治理汴渠。汴渠，聯繫黃河與淮河兩大水系，是漢代，特別是東漢以後中原與東南地區漕運的骨幹水道。經過認真反覆「商度地勢」後，王景為汴渠規劃了一條「河、汴分流，複其舊跡」的新渠線。即從渠首開始，河、汴並行前進，然後主流行北濟河故道，至長壽津轉入黃河故道（又稱王莽河道），以下又與黃河相分並行，直至千乘附近注入大海。在濟河故道另分一部分水「復其舊跡」，即行原汴渠，專供漕運之用。為了實現這個規劃，王景等人開展了「鑿山阜，破砥績，直截溝澗，防遏沖要，疏決壅積」和「絕水，立門」等大量的工作。取水口位置是個關鍵問題。如果位置選擇不當，要麼黃河北遷取不來水，要麼黃河南徙，渠口被淹，河、汴混流，汴渠淤塞。王景根據這個客觀情況，吸取歷史上的教訓，採取了「十里立一水門，令更相回注」

的辦法，就是在汴渠引黃段的百里範圍內，約隔十里開鑿一個引水口，實行多水口引水，並在每個水口修起水門（閘門），人工控制水量，交替引河水入汴。渠水小了，多開幾個水門；渠水大了，關上幾個水門，從而解決了在多泥沙善遷徙河流上的引水問題。這是王景在水利技術上的又一大創造。當時，滎陽以下黃河還有許多支流，如濮水、濟水、汴水和蒗蕩河等。王景將這些支流互相溝通，在黃河引水口與各支流相通處，同樣設立水門。這樣洪水來了，支流就起分流、分沙作用，以削減洪峰。分洪後，黃河主流雖然減少了挾沙能力，但支流卻分走了大量泥沙，從總體上看，還是減緩了河床的淤積速度。這是促使黃河長期安流的另一重要措施。「鑿山阜，破砥績，直截溝澗，防遏沖要，疏決壅積」，清除上游段中的險灘暗礁，堵塞汴渠附近被黃河洪水沖成的縱橫溝澗，加強堤防險工段的防護和疏浚淤積不暢的渠段等，從而使渠水暢通，漕運便利。

王景這次主持的「築堤，理渠」及其相應的工程設施，工程量是浩大的。黃河千餘里，汴渠七八百里，合計約二千里的築堤、疏浚工程，投資「百億」錢。而施工期於次年四月結束，總共一年時間。數十年的黃水災害得到平息，定陶（今山東定陶北）以北大面積土地涸出耕種，農業生產開始恢復起來。在當時生產力十分低下的情況下，實在是個奇蹟。

東漢陶水田與貯水池明器

永平十三年（西元七十年）夏天，明帝劉莊決定親自乘船沿河巡視，並叫王景陪同前往。明帝看著兩岸整齊堅固的堤防，水上往來如梭的舟楫，對王景等人的功績讚不絕口，隨給王景屬下治河官吏每人加官一級，特別給王景連升三級，封為侍御史。又封王景為河堤謁者（注：謁者：官名，東漢主持河防工程的官員）。不久，明帝寫下詔書，飭令沿黃、汴各郡縣，立即設置專管堤防的機構和人員，恢復西京（指西漢都城長安）時代一些有利於維護堤防的管理制度，常年進行維修養護。從而為黃河安流提供了保證。

影響

王景治河的成效是卓見的。從東漢末年王景這次治河到唐代末年的八百年中，黃河決溢僅有四十個年份，且都不大，主流一直處於穩定狀態。後來，河患又逐漸多了起來，直至宋仁宗慶曆八年（西元一〇四八年）發生第三次大改道。因此，王景治河的辦法和經驗為歷代治河者所推崇和效法。王景通過一次封建時代最大規模的治黃活動，使桀驁不馴的黃河安流八百年。歷史上對王景治河充滿了讚揚之辭：「王景治河，千載無患」。

王景治理黃河對整個中國歷史的影響是非常重大的，從王景治理黃河之後的東漢，經過三國、兩晉、南北朝、隋、唐、五代等將近一千年的時間，黃河流域沒有發生過重大的水災。在這樣漫長的時間裏，刨去戰亂的影響，黃河流域始終是一塊最重要的農業地區。在封建時代，農業的發達，就代表著人口的繁盛，社會的繁榮。所以，在這八百年裏，亂世之中，誰佔據北方黃河流域，誰就是最強者，誰就有實力統一全國，最起碼也可以稱霸四方；在治世之中，黃河流域也是人口最多，各行各業最為發達的地區，雖然南方已經經過了長時間的開發，但是比起北方，仍然無法望其項背。

可以說，從東漢到魏晉南北朝，再到隋唐五代，王景治理黃河所帶來的好處，都一直澤被著後代，對將近千年的中國歷史發揮著重要的影響，是當之無愧的治水專家、對中國歷史產生重要影響的重要歷史人物。

20 造紙術發明

文字對於一個民族、一個文明而言，具有重要的意義，甚至是關係到這個民族、這種文明能否延續的生死大事。歷史上曾經有過許多輝煌的古代文明，因為沒有文字的記載，結果變得湮沒無聞；然而有的文明，在當時的時代裏，可能並不怎麼引人注目，甚至是某些文明的邊緣，但是僅僅是由於殘存了一些記載文明的碎片，而在後代成為很多學者們追逐的對象和老百姓們津津樂道的事情，比如敦煌藏經洞。

造紙的背景

有了文字之後，最重要的就是要有一個很好的載體。古代埃及人利用尼羅河的紙草來記述歷史；在古代的歐洲，人們還長時間地利用動物的皮比如羊皮來書寫文字；而中國，在造紙術發明以前，甲骨、竹簡和絹帛是古代用來供書寫、記載的材料。但是甲骨、竹簡都比較笨重，秦始皇一天光閱讀奏章，就要整整一車；絹帛雖然輕便，但是成本非常昂貴，也不適於書寫。到了漢代，由於西漢的經濟、文化迅速發展，甲骨和竹簡已經不能滿足發展的需求了，從而促使了書寫工具的改進——紙被發明出來了。造紙是一項重要的化學工藝，紙的發明是中國在人類文化的傳播和發展上，所做出的一項十分寶貴的貢獻，是中國史上的一項重大的成就，對中國歷史也產生了重要的影響。

蔡倫造紙

當時人們已開始應用小塊的絲綿製成的紙，因為考古學家於一九三三年在新羅布淖爾發現了一張古紙，它是「麻物、白色，作方塊薄片，四周不完整，長約四公分，寬約十公分，質甚粗糙，不勻淨，紙面尚有麻筋，蓋初做紙時所做，故不精細也」由於古漢時的紙張是由麻縷和絲棉，加上製法粗糙，所以紙張的品質不太好。而麻縷和絲棉都有其本身的作用，如要把它們用作造紙的原料，就必然會受到很大的限制，而難以得到迅速的發展，來滿足文化生活上對紙張的要求。

在新的客觀形勢要求下，蔡倫的出現便為造紙術帶來新突破，在《觀記東漢》卷二上記載：「蔡倫……有才學，盡忠重慎，每次休沐，閉門以絕賓客，曝體田野。典作尚方，造意用樹皮及敝布、魚網作紙。元興元年奏上，帝善其能，自是莫不用，天下咸稱蔡侯紙」。從以上看來，蔡倫是用樹皮、破布、魚網造紙的。

雖然在蔡倫之前也有紙的存在，但是原料本身就有很大的局限，而蔡倫對新原料的發現，解決了這個問題。因為破布、破魚網早已結束了它們本身的任務，成了廢物而又用作做原料，對造紙工業起了極大的推動作用。

新原料的使用必然提出新技術的要求，但是由於典籍流失，實際的操作如何，已缺乏記載，無從考知，但大概是先將布或網撕破或剪斷，然後放在水裏浸漬相當長的時間，並且需要加以舂搗，才能做成紙漿。用樹皮做紙張，困難更大一些，除初步切短和後部舂搗外，中間還需要烹煮和加入石灰漿之類的促腐劑。

最重要的是造紙事業經過蔡倫的發明創造，才由自發的階段轉入獨立自主的階段。蔡倫以前，造紙只是紡織業中附帶的一個小部分，並未形成一種獨立行業。但是到了蔡倫時期，使造紙業從紡織業中獨立出來。它有自己的目的和需要，於是就有了迅速的發展。

蔡倫像

在蔡倫之後，紙張大大地推進了書籍抄寫和文化傳播的事業。在兩晉南北朝的時候，由於書法和繪畫的需要，紙張的要求慢慢提高，尤其在書法上，因為書法對紙和筆的要求都是十分高的，所以紙張的品質是有必要提高的。

但是由於南北兩朝的文化和背景都各有不同，所以兩地所用的造紙原料都各有不同。

南朝的紙張以藤皮為主要原料，所做成的藤紙是一張品質優良的紙張，產地是剡溪。它是當時勞動人民根據蔡倫利用樹皮造紙的經驗，就地取材地製造出來的，藤紙的出現，適應了東晉偏安的地方形勢，又符合於當時所謂「江左風流」的士族的需要。北朝的造紙原料卻有所不同，主要以楮梭為主。

影響

造紙術是中國古代的四大發明之一，是我國古代勞動人民智慧的結晶。造紙術發明以後，大大改變了人們的生活環境——書寫工具大大方便了，於是書籍得到飛躍發展，推動了教育和文化的發展。

中國古代四大發明首推造紙法，自漢代發明之後，很快就向鄰近國家推廣，如大約四世紀傳至朝鮮，七世紀初傳於日本。唐天寶十年（七五一年）怛邏斯一役後，由於一些中國造紙工匠被阿拉伯人所俘，中亞、西亞的撒馬爾罕（七五一年後）、巴格達（約七九三年）、大馬士革（約七九五年）等處，先後開設起造紙工場。及至宋代，中國的造紙法又經由阿拉伯人向非洲、歐洲傳播。埃及的亞歷山大里亞設立造紙場大約在西元九〇〇年。一一〇〇年，北非摩洛哥的非斯（Fes）也已有造紙廠。一一五〇年，西班牙出現了歐洲的第一家造紙工廠。

21 外戚宦官專政

外戚、宦官之爭是東漢政治的一大特色，也是造成東漢迅速由盛入衰的一個重要原因。章帝死後，和帝繼位（八八年－一〇五年），從和帝至靈帝（一六七年－一八九年），即在東漢後期的大約一百年間，外戚、宦官交替專政，相互傾軋，使朝政陷入極端黑暗、混亂之中。

外戚與宦官

自和帝起，東漢有十個皇帝均係沖齡即位、短命而死。每次幼主登基，多由太后臨朝聽政。太后必然要重用自己的家族，造成外戚專權。通常是由太后的父兄擔任大將軍兼錄尚書事，同時掌握了軍權和尚書台的監察、行政權。外戚專政，削弱了皇權。君主一旦成人，要掌握實權，就必然尋求支援自己的政治力量。因在外戚當政下，朝臣多被其控制，皇帝只能依靠身邊最親近的宦官來剪除外戚。於是，宦官在支援皇帝反對外戚的鬥爭中，取得了皇帝的信任和重用，便發展為一種政治勢力，形成宦官專政的局面。不久，皇帝死了，新的幼主即位，又是太后臨朝、外戚專政、排斥宦官，然後是宦官剪除外戚、取代外戚專政，如此周而復始、循環不已。東漢後期就是在這種戚宦相互傾軋、交替專權的局勢下度過的。

如果要用兩個字來形容東漢的外戚和宦官，可用「虎」、「狼」二字。外戚是虎，宦官是狼。東漢是「前門拒虎，後門進狼」，甚至是「虎狼同往並進」，一起把東漢政權撕成碎片。外戚宦官專政，是東漢後期特殊政治事件，對當時的朝野震動頗大。大凡每個封建王朝後期，政治腐敗，經濟崩壞，皇帝昏庸無能，都為外戚、宦官操縱朝政提供了絕好的條件，東漢末年的外戚宦官專政是最典型的說明。

朱雀燈

外戚宦官的初期交鋒

東漢開國皇帝劉秀建立政權後，為防大權旁落，對外戚的防範極嚴。所以，劉漢政權機制運轉還屬正常。章帝死後，其子繼位為和帝時，年僅十一歲，難以視政，只好由其母親竇太后臨朝聽政。母后聽政，必然要倚重其娘家親屬以為輔助，其兄弟竇憲等掌握實權，由此開始了外戚專政的局面。但是漸漸年長的和帝開始對其舅父竇憲等不滿起來，於是，宦官鄭眾等趁機為和帝謀劃，將竇憲黨羽一舉收捕，奪回政權，鄭眾等宦官因此得以封侯升官，宦官開始得勢，這也是宦官與外戚的第一次交鋒。此後，東漢政權就在外戚與宦官的爭奪打鬥中搖來晃去，皇帝就似任人擺弄的布娃娃，完全成了傀儡。

和帝死，出生僅百多天的殤帝立，不到數月死。於是，鄧太后與其兄弟鄧騭迎立年僅十三歲的和帝之侄為安帝，鄧太后掌握大權，引用外戚，但她汲取竇太后的覆滅的教訓，儘量恭謹守法，禮待宦官鄭眾、蔡倫等人，尚保平安無事。鄧太后死，安帝親政，鄧氏一門立遭貶黜，鄧騭等兄弟子侄七人被迫自殺。鄧氏被滅，宦官並未得勢，安帝又引其母家耿氏，妻家閻氏等外戚掌權，但更加驕橫無度，政治也愈加腐敗。安帝死，閻氏掌大權，迎立年幼的北鄉侯為少帝，不久少帝病死。對外戚獨攬朝政，宦官早心懷不滿，意圖奪權，這時見時機一到，宦官孫程等十九人共謀，發動宮廷政變，殺掉閻顯及其同黨，擁立濟陰王為順帝，宦官聲望陡然升高，他們既被封侯，又被破例恩准可以收養子以傳襲爵位。

惡性循環

順帝時，以皇后父梁商為大將軍執政。梁商死，順帝又任命梁商子梁冀為大將軍執政，東漢的外戚政治進入最黑暗、最腐敗時期。梁冀不學無術，無才無德，向來橫行不法。順帝死，年僅二歲的沖帝立，梁太后聽政，其兄梁冀掌握大權。

一年後沖帝死，立僅八歲的質帝即位。質帝幼而聰明，即指斥梁冀為「跋扈將軍」。梁冀聽了既恨又怕，覺得這小皇帝不好胡弄，於是支使人暗中毒死質帝，又立十五歲的蠡武侯為桓帝。桓帝即位後，娶梁冀之妹為皇后，梁氏更加飛揚跋扈，權震朝野。

銅搖錢樹

梁冀身為大將軍執政，又有皇太后、皇后兩個妹妹鎮守宮中，許多宦官也是他安插的親信，皇帝已處於他監控之下，甚至生命安全也為其掌握。桓帝為了討好外戚，既增加梁冀封邑，又增加梁冀所領大將軍府的官屬，倍於三公；又封梁冀的兄弟和兒子皆為萬戶侯。梁冀的封戶前後共三萬戶。梁冀掌政，其妻孫壽也大獲封賞，被封為襄城君，兼食陽翟租稅。又加賜赤紱，和長公主相同待遇。梁冀囂張的氣焰使人望而生畏，不但不敢得罪，而且還必須順從拍隨，凡朝廷百官升遷，都要先到梁家求見謝恩，然後才敢去政府部門報到任職，太尉李固、杜喬等耿直之士不肯依附他，都被他誣陷處死。文武百官，順之者生，逆之者死。他還不惜用誣衊、下毒、強取豪奪等手段，威嚇眾人。桓帝曾大會公卿，共議如何特殊禮遇梁冀之事。有司奏請准許梁冀入朝不趨，帶劍上殿，謁贊時不稱名，其禮儀比於西漢開國功臣蕭何。以定陶、陽成餘戶，增其封地為四縣，其勢比東漢開國功臣鄧禹。賞賜金錢、奴婢、彩帛、車馬、衣服、甲第，比於西漢中興功臣霍光。群臣朝會時，為其獨辟席位，凌駕於三公之上。對於這樣優厚的待遇，梁冀心裏還不高興，覺得有司所奏禮薄。

從此，專擅威柄，凶恣日積，政事無論大小，莫不由他諮決之。梁冀在政治上無法無天，生活更是驕奢淫佚。根據歷史資料的記載，梁氏為了炫耀其灼天氣焰，大肆修建豪華宅地、園林，皇宮般富麗堂皇，他在首都附近闢獵場，逶迤千里。設兔苑養兔，綿延數十里，徵發吏民費數年工時才得以完成。曾令各地上交活兔，不得有任何損傷，違者死罪。曾有一西域商人不知禁令，誤殺一兔，結果因此處死者竟達十多人。他還將數

21 外戚宦官專政

千良民掠為奴婢，又稱之為「自賣人」，視東漢禁令為廢紙。各地貢獻給皇帝的珍品，上等者皆選送梁府，剩下者才交皇宮。據統計，梁氏一門前後有七人封侯，女子七人被封君（相當於侯），二人為大將軍，三人為皇后，六人為貴人。娶公主為妻者三人，文武大臣五十七人，掌權二十餘年，擁立三位皇帝，是東漢外戚中無有比擬的權臣。

外戚灼天氣焰引起宦官不滿，鬥爭時明時暗。桓帝為外戚所制，也想擺脫梁冀控制，多得些自由，所以當梁太后、梁皇后死後，即與宦官唐衡、單超等人策劃剷除梁冀。延熹二年（一五九年），中常侍單超、徐璜、具瑗、唐衡等人發動政變，將梁氏一門無分老少長幼，盡皆斬盡殺絕，梁冀慌恐自殺，其他公卿將校處死的數十人，免官三百多人，朝廷的高官幾乎被罷黜一空。被沒收的梁冀家財，拍賣後得錢三十多億，朝廷因此而減當年天下租稅之半。

梁氏外戚是被鏟滅了，但是，政權實際上並未回到桓帝的手中，而是為宦官們所掌握，單超、徐璜等五人因誅外戚有功，同日封侯，世稱之為五侯。又小黃門劉普、趙忠等八人也被封為鄉侯。宦官執政，情況比外戚執政並好不了多少，甚至更加腐敗混亂。他們把宗族親戚派到地方上擔任刺史、太守，貪贓枉法，榨取民財，形同盜賊。

宦官的貪污無恥和強取豪奪，使老百姓受盡其苦，無法忍受，於是紛紛「起而為盜」，組織反抗。延熹八年（一六五年）桓帝立貴人竇氏為皇后。桓帝死，無子。竇皇后與其父竇武迎立十二歲的靈帝，竇太后臨朝聽政，以竇武為大將軍執政。竇武與太傅陳蕃等謀劃誅鋤宦官，先控制政府中樞和部分近衛軍，又掌握首都及附近地方政府機構，準備將宦官逐步剪除。但宦官曹節、王甫等先發制人，劫持靈帝和竇太后，假傳聖旨收捕竇武等。竇武拒不受詔，聚兵數千準備抵抗，但最後還是被困自殺。事後，竇太后被軟禁於雲台，靈帝完全為宦官所控。本來占盡優勢的外戚居然被宦官的突然發難搞垮，可知宦官的勢力在當時是多麼的大。

曹節、王甫誅殺竇武、陳蕃等人後，自相封賞，加官進爵，父兄子弟皆為公卿列校牧令守長，布滿天下。王甫、曹節等死後，宦官趙忠、張讓等十二人都任職中常侍，封侯貴寵，世人稱之「十常侍」。靈帝甚至宣稱：「張常侍是我父，趙常侍是我母」。宦官得到了空前的恩寵，他們愈發肆無忌憚，胡作非為，東漢的政治也愈加混亂。

影響

東漢後期的政治，一言以蔽之，可謂是外戚宦官政治。這種政治使皇權旁落到外戚和宦官之手，而皇帝則被他們玩弄於股掌之間，形同擺設，他們利用手中掌握的權力，為非作歹。惑亂朝綱，為害地方。不管是外戚掌握也好，還是宦官掌權也好，都是為了滿足自己的欲望，於政治無補，於社會無益。相反，只會導致政治更加腐敗，經濟更加糟亂，人民生活更加痛苦。東漢王朝就是在外戚與宦官的打來鬥去，皇帝像走馬燈似的換來換去的過程中走向滅亡的。

外戚宦官專政對後代的政治產生了重要的影響，就宦官專政而言，在唐代、明代，都先後發生過。而外戚干預朝政，更是多不勝舉，這些都嚴重影響了中國古代的政治史。

22 黃巾起義

東漢末年爆發的黃巾起義給了腐朽的東漢王朝沉重的一擊，促使了東漢末年軍閥勢力的壯大，可以說在一定程度上導致了三國亂世的出現，開啟了亂世之門。

東漢末年漢王朝外戚、宦官爭權，賣官鬻爵，朝政日漸腐敗，東漢與西羌的戰爭歷時數十載。加上地方豪強大量的兼併土地，農民民不聊生。多次爆發過小規模的起義，但均遭到東漢王朝的無情鎮壓。在這樣的背景下張角組織了這場黃巾起義。

「內外俱起，八州並發」

黃巾農民起義戰爭，爆發於東漢光和七年（一八四年）。它是東漢末年農民與地主之間階級矛盾不斷激化的結果，是一次經長期醞釀的、有組織有準備的大規模農民戰爭。

這場轟轟烈烈的農民起義戰爭，雖然在東漢王朝及各地豪強地主武裝的聯合鎮壓下遭到了失敗，但卻給了腐朽的東漢王朝以沉重的打擊，加速了它的崩潰；同時，它也不同程度地打擊了豪強地主勢力，為改變東漢後期土地兼併等狀況，提供了可能的條件。

東漢晚期，宦官與外戚兩大集團交替專政，政治腐敗，土地兼併加劇，賦稅日趨沉重，社會動蕩不安，民眾流離失所，階級矛盾高度激化，小規模的農民戰爭此落彼起，連綿不斷。

「山雨欲來風滿樓」，一場波瀾壯闊的農民大起義就在這種背景下逐漸醞釀成熟了。

時勢造英雄，冀州鉅鹿（今河北平鄉西南）人張角，目睹廣大民眾在東漢王朝暴政 統治下的悲慘境況，義憤填膺，決心通過武裝起義的途徑，來改變這一局面。於是，他積極展開革命宣傳和組織活動。

黃巾起義軍

張角自稱「大賢良師」，創立了太平道，以畫符誦咒行醫治病，在貧苦農民中宣傳原始道教的平等思想，鼓動民眾起來反抗暴政統治。在宣傳發動群眾的同時，張角還利用宗教從事起義的組織準備工作，派遣骨幹信徒到各地聚集力量。經過十餘年的秘密宣傳和組織，張角已擁有徒眾數十萬，遍布於青、徐、幽、冀、荊、揚、兗、豫八州。在此基礎上，張角又將信徒按地域組織分為三十六方，大方萬餘人，小方六七千人，各設「渠帥」，統一節制，為起義做好了必要的組織準備。

在起義即將爆發的前夕，張角根據鬥爭的需要，及時用讖語的形式提出了「蒼天（指東漢王朝）已死，黃天（黃太一神，即指太平道）當立，歲在甲子，天下大吉」的戰鬥口號和起義計劃。一場在宗教形式掩護下的農民大起義至此已是呼之欲出了。

為了實現起義計劃，張角派遣大方首領馬元義往來於洛陽和各州之間，準備調集

22 黃巾起義

荊、揚兩州的道徒數萬人潛赴鄴城，並積極聯絡洛陽皇宮中的宦官信徒充當內應，確定三月五日在洛陽和各州同時起義。

可是正當起義即將發動的關鍵時刻，太平道內部卻出了可恥的叛徒，濟南人唐周向朝廷上書告密，使得起義計劃全部洩露。東漢王朝聞報後，即行嚴厲鎮壓，收捕起義領袖人物。這一突然變故打亂了起義部署，張角為了扭轉被動不利局面，當機立斷，決定提前舉行起義，星夜派人通告各方同時行動，並規定起義軍以黃巾纏頭為標誌。歷史上著名的「黃巾起義」正式爆發了。

黃巾起義爆發後，聲勢十分浩大，史稱「旬日之間，天下回應，京師震動」。黃巾軍主力分布在三個地區：義軍首領張角自稱天公將軍，他的弟弟張寶號稱地公將軍，張梁自稱人公將軍，他們率領義軍主力，活躍於冀州地區，在北方形成革命中心。張曼成自稱「神上使」，帶領黃巾軍戰鬥在南陽地區，形成南方地區的起義中心。波才、彭脫等人率部轉戰於潁川（郡治在今河南禹縣）、汝南（郡治在今河南汝南東北）、陳國（郡治所在今河南睢陽）一帶，成為東方地區的革命主力。各路黃巾軍所到之處，燒官府、打豪強、攻塢壁、占城邑，給東漢王朝的統治秩序以沉重的打擊。

這次黃巾起義在戰略部署方面，張角吸取了以往起義被統治者各個擊破的教訓，採取了「內外俱起」、「八州並發」同時出擊的計劃，即在京師洛陽內外同時起事，在地方各州一起暴動。在作戰行動方面，各路義軍雖缺乏周密的協同配合，但是從其活動形勢看，起義軍顯然是以洛陽為主要進攻目標的，自東、南、北三個方面包圍威脅洛陽。

黃巾軍的戰鬥及其失敗

八州並起的黃巾大起義極大地震撼著東漢朝廷，統治者在惶恐不安之餘，急忙調兵遣將鎮壓起義：任命何進為大將軍，率左右羽林五營屯兵都亭，以保衛京師；在函谷、太谷等八個險隘要衝設置八關都尉，以加強洛陽週邊的防禦；下詔解除「黨禁」，以緩和統治集團內部的矛盾；出宮中藏錢收實官兵，用西園馬匹裝備軍隊，擴充騎兵，增設西園八校，以加強軍隊實力，爾後，東漢王朝調集軍隊，開始向起義軍進行反撲。

當時，活動於潁川一帶的波才起義軍對洛陽構成直接的威脅，所以漢廷委派中郎將皇甫嵩等統率主力投入這一戰場。對於起義中心地區的河北一帶，則任北中郎將盧植率北軍五校尉和當地郡國兵前往鎮壓。對於南陽地區的張曼成部義軍，則加強防禦，暫取守勢。東漢統治者實施這種先防後剿、攻守皆備、重點進攻、逐個擊破的戰略方針，表明他們具有老練的統治經驗和軍事素質，是黃巾起義軍所面臨的一夥兇狠狡猾的敵人。

這年四月，黃巾起義軍和東漢王朝軍隊的戰略決戰首先在潁川一帶展開。潁川黃巾軍波才部圍攻皇甫嵩於長社（今河南長葛東北），形勢對義軍有利。但遺憾的是，波才軍缺乏軍事經驗，依草結營，戒備不嚴，結果反被皇甫嵩深夜縱火燒營，實施突襲，造成義軍的慘重損失。皇甫嵩會合曹操等部漢軍，乘機進擊，大敗波才軍，慘殺起義將士數萬人。破潁川義軍後，官軍乘勝進攻汝南、陳國義軍。不久，波才義軍餘部在陽翟（今河南禹州市），彭脫義軍在西華（今河南西華南），又遭鎮壓歸於失敗。

穎川、汝南黃巾軍的失敗，使東漢朝廷擺脫了京師之危，得以騰出力量來對付其他地區的起義軍，至此，雙方的戰略地位發生了變化，東漢朝廷已佔據了主動和優勢。

東漢王朝旋即將皇甫嵩調赴東線，鎮壓東郡卜巳黃巾軍；調朱儁開赴南陽，鎮壓張曼成義軍。皇甫嵩進攻很順手，倉亭一役，就將卜巳起義軍殘暴地鎮壓下去。於是，南陽一帶成為雙方第二個戰略會戰的場所了。由於義軍缺乏經驗，中計出城追擊，結果在中途遭到伏擊，損失慘重，統帥韓忠投降被殺。黃巾軍餘部在孫夏帶領下退保宛城，但因眾寡懸殊，無法固守，於十一月撤出宛城，退向西鄂精山（今河南南召南），不久失敗。

此後，戰爭的中心轉移到河北地區。河北是黃巾農民大起義的中心地區，張角在巨鹿發動全國起義後，即率軍攻克廣宗（今河北威縣東南），並命張寶北上佔領下曲陽（今河北晉縣西），控制河北腹地，與張角、張梁軍形成犄角之勢。東漢王朝先後派遣盧植、董卓進剿河北義軍，但曠日持久，無所進展。八月間，皇甫嵩接任官軍統帥，率主力撲向河北戰場。這時，其他地區的義軍已遭失敗，戰局對黃巾軍日益不利。屋漏更遭連夜雨，就在這緊要關頭，黃巾軍首領張角又突然病逝。但即便是在這種困難的形勢下，義軍在張梁、張寶率領下，仍堅持著同官軍浴血奮戰。在廣宗一帶，義軍與漢軍皇甫嵩部激烈交戰，數次挫敗敵人的進攻，迫使皇甫嵩「閉營休士，以觀其變」。可是這時義軍又犯了輕敵的錯誤，誤以為敵人已停止進攻，以致於鬆懈了戒備。皇甫嵩瞅準機會，乘黑夜發起突然襲擊，起義軍倉促應戰，慘遭敗績，張梁英勇捐軀，廣宗失陷，是役，義軍陣亡和投水自盡者達八萬餘人。而皇甫嵩在進剿廣宗張梁部義軍得手後，則迅

速調轉兵鋒，於十一月攻打下曲陽。經過激烈交戰，起義軍戰敗，張寶犧牲，十餘萬起義軍壯士慘遭屠殺，河北黃巾軍也被扼殺於血泊之中。

官軍攻陷下曲陽，標誌著張角等人所領導的黃巾起義軍主力，在東漢王朝的軍隊和各地豪強的武力鎮壓下，悲壯地失敗了。然而農民起義的火焰並沒有就此而熄滅，分散在各地的黃巾餘部，仍在堅持鬥爭，他們前仆後繼，百折不撓，給東漢王朝的統治以新的打擊。這一鬥爭前後延續了二十餘年之久，給黃巾起義添上了一個可歌可泣的尾聲。

影響

這一次大起義，雖然失敗了，但在其後數十年間影響仍長期存在，各地不斷有黃巾餘部在活動。這一起義對於其後歷史的發展有著極大的影響。東漢朝廷雖然成功的鎮壓了起義，但力量被嚴重削弱，為了鎮壓義軍，朝廷不得不給予地方守牧更多的軍事權力，為以後東漢的衰落，軍閥割據戰爭的出現創造了條件。起義主力失敗後，並且因此造成天下大亂：「自黃巾賊後，復有黑山、黃龍、白波、左校、郭大賢、于氏根、青牛角、張白騎、劉石、左髭丈八、平漢、大計、司隸、掾哉、雷公、浮雲、飛燕、白雀、楊鳳、于毒、五鹿、李大目、白繞、眭固之徒，並起山谷間，不可勝數。」成為了東漢末及三國亂世的開端。

黃巾農民大起義，是我國歷史上著名的農民革命戰爭，它雖然最終失敗了，但卻為後人留下了豐富的農民革命遺產。

23 赤壁之戰

三國時期是一個英雄輩出的時代，所以也就經常為人所津津樂道。通過《三國演義》的渲染，三國的事跡更是婦孺皆知。在三國的所有故事裏面，最為人所樂道的可能就是赤壁之戰。單單就從歷史角度而言，這場戰爭也是意義重大的。通過這場戰爭，徹底破滅了北方中原王朝迅速統一中國的夢想，最終奠定了三國鼎立的局面，而這種局面，將會一直演變成為長達三百多年的戰亂，並且深刻地改寫中國歷史。

聯吳抗曹

西元二〇八年「赤壁之戰」，是曹操和孫權、劉備在今湖北江陵與漢口間的長江沿岸的一場戰略會戰，對於三國鼎立局面的確立具有決定性的意義。在這場戰爭中，處於劣勢地位的孫、劉聯軍，面對總兵力達二十三、四萬之多的曹軍，正確分析形勢，找出其弱點和不利因素，採取密切協同、以長擊短，以火佐攻，乘勝追擊的作戰方針，打得曹軍丟盔棄甲，狼狽北竄，使曹操「橫槊賦詩」、併吞寰宇的雄心就此付諸東流，

曹操像

從而成為歷史上運用火攻，以弱勝強的著名戰例。

曹操平定北方以後，西元二〇八年，率領大軍南下，進攻劉表。他的人馬還沒有到荊州，劉表已經病死。他的兒子劉琮聽到曹軍聲勢浩大，嚇破了膽，先派人求降了。這時候，劉備在樊城（今湖北襄樊市）駐守。他聽到曹操大軍南下，決定把人馬撤退到江陵（今湖北江陵）。荊州的百姓聽說劉備待人好，都寧願跟著他一塊撤退。

曹操趕到襄陽，聽說劉備向江陵撤退，又打聽到劉表在江陵積了大批軍糧，怕被劉備占去，親自率領五千輕騎兵追趕劉備。劉備的人馬帶了兵器、裝備，還有十幾萬百姓跟著他，每天只能行軍十幾里。曹操的騎兵一天一夜就趕了三百多里，很快就在當陽長阪坡（今湖北當陽縣東北）追上了劉備。劉備的人馬，被曹操的騎兵衝殺得七零八落，還虧得張飛在長阪坡抵擋了一陣。劉備、諸葛亮才帶著少數人馬擺脫追兵。但是往江陵的路已經被曹軍截斷，只好改道退到夏口（在今湖北武漢市）。

曹操佔領了江陵，繼續沿江向東進軍，很快就要到夏口了。諸葛亮對劉備說：「形勢緊急，我們只有向孫權求救一條路了。」正好孫權怕荊州被曹操佔領，派魯肅來找劉備，勸說他和孫權聯合抵抗曹軍。諸葛亮就跟魯肅一起到柴桑（今江西九江西南）去見

赤壁之戰舊址（湖北蒲圻）

孫權。諸葛亮見了孫權，說：「現在曹操攻下了荊州，馬上就要進攻東吳了。將軍如果決心抵抗，就趁早同曹操斷絕關係，跟我們一起抵抗；要不然，乾脆向他們投降，如果再猶豫不決，禍到臨頭就來不及了。」孫權反問說：「那麼，劉將軍為什麼不投降曹操呢？」諸葛亮嚴肅地說：「劉將軍是皇室後代，才能蓋世，怎麼肯低三下四去投降曹操呢？」孫權聽諸葛亮這麼一說，也激動地說：「我也不能將江東土地和十萬人馬白白地送人。不過劉將軍剛打了敗仗，怎麼還能抵抗曹軍呢？」

諸葛亮說：「您放心吧，劉將軍雖然敗了一陣，但是還有水軍二萬。曹操兵馬雖然多，遠道追來，兵士也已經筋疲力盡。再說，北方人不習慣水戰，荊州的人對他們不服。只要我們協力同心，一定能夠打敗曹軍。」孫權聽了諸葛亮的一番分析，心裏挺高興，就立刻召集部下將領，討論抵抗曹操的辦法。

正在這時候，曹操派兵士下戰書來了。那信上說：「我奉大漢皇帝的命令，領兵南征。現在我準備了水軍八十萬，願意和將軍較量一番。」孫權把這封信遞給部下看，大夥兒看了都刷地變了臉色，說不出話來。張昭是東吳官員中資格最老的。他說：「曹操用天子的名義來征討，我們要抵抗他，道理上輸了一著。再說，我們本來想靠長江天險，現在也靠不住了。曹軍佔領了荊州，又有上千艘戰船，他們水陸兩路一起下來，我們怎麼也抵擋不了，我看只好投降。」張昭這一說，馬上有不少人附和。只有魯肅在旁邊冷眼旁觀，一聲不吭。孫權聽著聽著，覺得不是滋味，就走出屋子，魯肅也跟著出來。孫權拉著魯肅的手，說：「你說說，該怎麼辦呢？」

魯肅說：「剛才張昭他們說的話全聽不得。要說投降，我魯肅可以投降，將軍就不可以。因為我投降了，大不了回老家去，照樣跟名士們交往，有機會還可以當個州郡官員。將軍如果投降，那麼江東六郡全都落在曹操手裏，您上哪兒去？」孫權歎了口氣說：「剛剛大家說的，真叫我失望。只有你說的才合我的心意。」散會以後，魯肅勸孫權趕快把正在鄱陽的大將周瑜召回來商量。

周瑜一到柴桑，孫權又召集文武官員討論。周瑜在會上慷慨激昂地說：「曹操名為漢朝丞相，其實是漢室奸賊。這次他自己來送死，哪有投降他的道理。」他給大家分析了曹操許多不利條件，認為北方兵士不會水戰，而且老遠趕到這陌生地方，水土不服，一定會生病。兵馬再多，也沒有用。

孫權聽了周瑜的話，膽也壯了。他站起來拔出寶劍，「豁」的一聲，把案几砍去一角。他嚴厲地說：「誰要再提投降曹操，就跟這案桌一樣。」

當天晚上，周瑜又單獨去找孫權，說：「我已經打聽清楚。曹操兵馬號稱八十萬，這是虛張聲勢，其實只不過二十幾萬，其中還有不少是荊州兵士，不一定真心替他打仗。您只要

赤壁之戰

給我五萬精兵，我保管把他打敗。」

大戰赤壁

第二天，孫權任命周瑜為都督，撥給他三萬水軍，叫他同劉備協力抵抗曹操。周瑜領兵進軍，在赤壁（今湖北武昌縣西赤磯山）和曹軍前哨碰上了。果然不出周瑜所料，曹軍兵士很多人不服水土，已經得了疫病。雙方一交鋒，曹軍就打了敗仗，被迫撤退到長江的北岸。周瑜率領水軍進駐南岸，和曹軍隔江遙遙相對。

而且，曹操的北方來的兵士不會水戰，他們在戰船上，遇到風浪顛簸就受不了。後來，他們把戰船用鐵索拴在一起，船果然平穩不少。周瑜的部將黃蓋看到這個情況，向周瑜獻個計策，說：「敵人兵多，我們兵少，拖下去對我們不利。現在曹軍把戰船都連接在一起，我看可以用火攻辦法來打敗他們。」周瑜覺得黃蓋的主意好，兩人還商量好，讓黃蓋派人送了一封信給曹操，表示要脫離東吳，投降曹操。曹操以為東吳將領害怕他，對黃蓋的假投降，一點也沒懷疑。

黃蓋叫兵士偷偷地準備好十艘大船，每艘船上都裝著枯枝，澆足了油，外面裹著布幕，插著旗幟，另外又準備一批輕快的小船，拴在大船船尾上，準備在大船起火時轉移。隆冬的十一月，天氣突然回暖，颳起了東南風。當天晚上，黃蓋帶領一批兵士分乘十條大船，駛在前面，後面跟隨著一批船隻。船隊到了江心，扯滿了風帆，像箭一樣駛向江北。

曹軍水寨的將士聽說東吳的大將來投降，正紛紛擠到船頭看熱鬧。沒想到東吳船隊離開北岸大約二里光景，前面十條大船突然同時起火。火借風勢，風助火威。十條火船，好比十條火龍一樣，闖進曹軍水寨。那裏的船艦，都擠在一起，又躲不開，很快地都延燒起來。一眨眼工夫，已經燒成一片火海。水寨燒了不算，岸上的營寨也著了火，曹軍一大批兵士被燒死了；還有不少人被擠在江裏，不會泅水，馬上淹死了。

周瑜一看北岸起火，馬上帶領精兵渡江進攻。他們把戰鼓擂得震天響。北岸的曹軍不知道後面有多少人馬進攻，嚇得全部崩潰。曹操拖著殘兵敗將向華容（今湖北潛江縣西南）的小路上逃跑。那條小路全是水窪泥坑，騎兵沒法通過。曹操趕忙命令老弱兵士找了一些稻草鋪路。他帶著騎兵好容易才通過，可是那些填鋪稻草的兵士，卻被人馬踩死了不少。劉備和周瑜一起，分水陸兩路緊緊追趕，一直追到南郡（治所在今湖北江陵），曹操的幾十萬大軍戰死的加上得疫病死的，損失了一大半。曹操只好派部將曹仁、徐晃、樂進分別留守江陵和襄陽，自己帶兵回到北方去了。

影響

經過這場赤壁大戰，三國分立的局面已經基本形成。自此以後，中國歷史雖然有西晉的短暫統一，但是一直到隋朝統一中國，三百餘年間，南北對峙，割據混戰，是中國歷史的主要缺點，赤壁之戰以其以少勝多的特點，成為中國戰爭史上的一次著名戰例。

24 八王之亂

晉朝的建立者司馬炎認為，自己能夠從曹魏手中奪得政權，當上皇帝，是因為曹氏不分封同姓為諸侯王，皇室孤立無援，缺乏屏藩的緣故。於是，他便在西元二五六年，恢復了古代的分封制，大封皇族二十七人為王，並允許諸王自選本王國內的大小文武官吏。西元二七七年，又制定了王國置軍的制度，將封國分為大、次、小三等。轄民戶二萬者為大國，可置上、中、下三軍五千人；轄民戶一萬者為次國，可置上、下二軍三千人；民戶五千以下者為小國，置軍一千五百人。武帝在分封同姓王的同時，又大封異姓士族為公、侯、伯、子、男等爵位，他們不僅領有封地，還可以和小王國一樣置軍。不少諸侯王還兼領中央或地方的軍政大權。他們都是些貪婪殘暴的野心家，趁機網羅黨羽，擴充軍隊，各自拉攏一批士族官僚地主，相互傾軋，妄圖奪取帝位。這樣，諸侯王國就成為晉朝內部的強大割據勢力，最後演出了「八王之亂」的醜劇。

手足相殘

晉惠帝即位以後，外戚楊駿用陰謀手段，排擠了汝南王司馬亮，取得單獨輔政的地位。一些諸侯王當然不甘心，只是一時沒有機會動手反對他。

晉惠帝不懂事，他的妻子賈后卻是一個心狠手辣的人。她不願讓楊駿操縱政權，秘密派人跟汝南王司馬亮和楚王司馬瑋聯絡，要他們帶兵進京，討伐楊駿。

楚王瑋從荊州帶兵進了洛陽。賈后有了楚王瑋的支援，就宣布楊駿謀反，派兵圍了楊駿的家，把楊駿殺了。

楊駿被殺之後，汝南王亮進洛陽輔政。他想獨攬大權，可是兵權在楚王瑋手裏。兩個人之間就鬧起矛盾來。賈后嫌留著汝南王亮也礙事，就假傳晉惠帝的密令，派楚王瑋把汝南王亮抓起來殺了。

楚王瑋本來是賈后的同黨，但是賈后怕他連殺兩王之後，權力太大。當天晚上，又宣布楚王瑋假造皇帝詔書，擅自殺害汝南王，把楚王瑋辦了死罪。楚王瑋知道上了賈后的當，大叫冤枉，已經沒有用了。

打那以後，朝廷上沒有輔政的大臣，名義上是晉惠帝做皇帝，實際上是賈后專權。

賈后掌權七八年，驕橫跋扈，胡作非為，名聲壞透了。太子司馬遹（音ㄩˋ），不是賈后生的。賈后怕他長大起來，自己的地位保不住，就千方百計想除掉太子。

有一回，賈后事先叫人起草一封用太子口氣寫的信，內容是逼晉惠帝退位。賈后把太子請來喝酒，把他灌得爛醉，趁太子昏昏沉沉的時候，騙他把那封信抄了一遍。

第二天，賈后叫晉惠帝召集大臣，把太子寫的信交給大家傳看，宣布太子謀反。大臣們懷疑這封信不是太子寫的。賈后要大家核對筆跡。大家一看果然是太子的親筆，不敢再說。賈后就把太子廢了。

朝廷大臣對賈后的兇狠本來十分不滿，現在見她廢掉太子，背地裏十分氣憤，議論紛紛。掌握禁軍的趙王司馬倫覺得這是個好機會，想起兵反對賈后，但他又怕讓太了掌了權，也不好對付，就在外面散播謠言，說大臣正在秘密打算扶植太子重定。賈后聽到這個謠傳，真的害怕起來，派人毒死了太子。這樣一來，趙王倫抓住了把柄，派禁軍校尉、齊王司馬冏帶兵進宮逮捕賈后。

專門玩弄陰謀的賈后，這一下也中了別人的計。她一見齊王冏帶兵進宮，大吃一驚，說：「你們想幹什麼？」

齊王冏說：「奉皇上的詔書，特來逮捕你。」

賈后說：「皇上的詔書都是我發的，哪裏還有什麼別的詔書！」

賈后大叫大鬧，指望惠帝來救她。趙王倫把她抓起來殺了。

趙王倫掌握了政權，野心更大。他當了相國還不滿足。過了一年，乾脆把晉惠帝軟禁起來，自己稱起皇帝來。他一

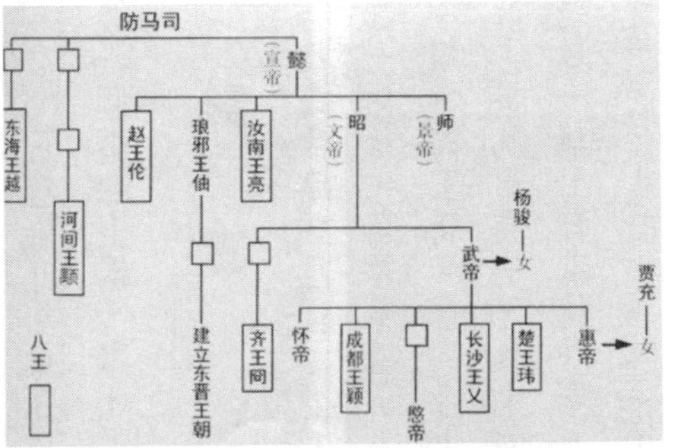

八王在西晉世系中地位

西晉八王封國略圖

即位，就把他的同黨，不論文官武將，或是侍從、兵士，都封了大大小小的官職。那時候，當官的戴的官帽上面都用貂的尾巴做裝飾。趙王倫封的官實在太多太濫了，官庫裏收藏的貂尾不夠用，只好找些狗尾巴來湊數。所以，民間就編了歌謠來諷刺他們，叫做「貂不足，狗尾續」。

各地的諸侯王聽說趙王倫做了皇帝，誰都想奪這個寶座。這樣，在他們之間就展開了一場又一場的廝殺。參加這場混戰的是趙王司馬倫、齊王司馬冏、成都王司馬穎、河間王司馬顒、長沙王司馬乂、東海王司馬越。加上已經被殺的汝南王亮、楚王瑋，一共有八個諸侯王，歷史上稱為「八王之亂」。

八王之亂前後延續了十六年，到了西元三〇六年，八王中的七個都死了，留下的最後一個東海王越，毒死了晉惠帝，另立了惠帝的弟弟司馬熾，這就是晉懷帝。

影響

武帝建立西晉之後，全國剛剛統一，本來應該有一番新興氣象才是。但事實不然，從一開始，西晉舉國上下就浸潤在奢侈腐敗的氣氛之中，不能自拔，使它注定要成為一個短命的王朝。晉武帝出身於豪門世家，靠父祖之庇蔭而奪得天下，其家族經過長期發展，早就形成一個龐大的權貴集團，而在西晉建立後更表現得十分貪婪、奢侈、腐敗、殘暴。加上自漢魏以降，北方胡人（包括匈奴、鮮卑等族）逐漸內遷，雜居邊地，造成嚴重的民族問題和潛在的政治危機。西晉初，胡、漢衝突日趨嚴重，故一些大臣提出

「徙戎」北返的主張，但武帝不僅沒有採納，反而接受了北邊大批匈奴的歸附，使隱憂愈來愈大。而武帝鑒於東漢末年州郡割據的教訓，乃削地放兵，使亂事一起，地方無力敉平，以致一發不可收拾。

「八王之亂」這場大惡鬥給人民帶來了無窮的災難。生產遭到破壞，數十萬人民喪失了生命，許多城市被洗劫和焚毀。在洛陽十三歲以上的男子全部被迫服役，城內米價貴到一石萬錢，不少人饑餓而死。人民又重新陷於苦難的深淵，掀起了大規模的流亡的浪潮。尤其是諸王利用少數民族的貴族參加這場混戰，造成了嚴重的後果。如成都王穎引匈奴劉淵為外援，讓其長驅入鄴；東瀛公司馬騰引烏桓羯人襲擊司馬穎，讓其乘機入塞；幽州刺史王浚召遼西鮮卑攻鄴，鮮卑則大掠婦女，被沉入易水者就有八千人。從此，大河南北就成為匈奴和鮮卑貴族統治的世界，加深了民族矛盾。因此，八王之亂不久就爆發了各族人民大起義，西晉王朝也就很快走向滅亡。

25 淝水之戰

西元三五七年，苻堅自立為大秦天王。他即位後，重用漢族知識份子王猛治理朝政，推行一系列改革政治、發展經濟和文化、加強軍力的積極措施。在吏治整頓、人才擢用、學校建設、農桑種植、水利興修、軍隊強化、族際關係調和方面均收到顯著的成效，在一定程度上使前秦國實現了「兵強國富」的局面。西元三八三年七月，前秦皇帝苻堅大舉伐晉。他剛統一北方不久，長安附近的居民尚是五花八門，所謂「鮮卑羌羯布滿畿甸」。晉朝雖偏安江左，但是仍能保持西部的防線，如今日之湖北西北漢水一帶以及更西的四川。即在最接近的戰場，也能在江翼壽陽附近發動攻勢。從各種跡象看來，苻堅並沒有在東線與晉人決一死戰的決心，而是統率了很多雜牌部隊，無法統禦，只能以軍事行動，維持他的組織。同時又過度自信數量上的優勢，所謂「投鞭足以斷流」。他總希望以涼州蜀漢幽冀之兵，號稱八十七萬的力量，「猶疾風之掃秋葉」，不怕晉人不投降。

「風聲鶴唳」

太元八年（三八三年）七月，苻堅下令平民每十人出兵一人，富豪人家二十歲以下

謝玄像

的從軍子弟，凡強健勇敢的，都任命為禁衛軍軍官。並揚言說：「我們勝利了，可以用俘虜來的司馬昌明（即晉孝武帝）做尚書左僕射，謝安做吏部尚書，桓沖做侍中。看情況，得勝還師指日可待，可提前替他們建好官邸。」志驕意滿之態，溢於言表。

八月，苻堅親率步兵六十萬，騎兵二十七萬、羽林郎（禁衛軍）三萬，計九十萬大軍，在東西長達幾千公里的戰線上，水陸並進，南下攻晉。東晉王朝在強敵壓境、面臨生死存亡的緊急關頭，決意奮起抵抗。他們一方面緩解內部矛盾，另一方面積極部署兵力，制定正確的戰略戰術方針，以抗擊前秦軍隊的進犯。

晉孝武帝司馬曜在謝安等人的強有力輔弼下任命桓沖為江州（今湖北東部和江西西部）刺史，控制長江中游，阻扼秦軍由襄陽南下。任命謝石為征討大都督，謝玄為前鋒都督，統率經過七年訓練，有較強戰鬥力的「北府兵」八萬沿淮河西上，遏制秦軍主力的進攻。又派遣胡彬率領水軍五千增援戰略要地壽陽（今安徽壽縣），擺開了與前秦大軍決戰的態勢。

同年十月十八日，苻融率領前秦軍前鋒攻佔壽陽，生擒晉平虜將軍徐元喜等人。與此同時，慕容垂部攻佔了鄖城（今湖北安陸縣境）。晉軍胡彬所部在增援的半道上得悉壽陽失陷的消息，便退守硤石（今安徽鳳台縣西南）。苻融又率軍尾隨而來，攻打硤

石。苻融部將梁成率兵五萬進抵洛澗（今安徽懷遠縣境內），並在洛口設置木柵，阻斷淮河交通，遏制從東西增援的晉軍。

胡彬困守硤石，糧草乏絕，難以支撐，便寫信請求謝石馳援，可是此信卻被前秦軍所截獲。苻融及時向苻堅報告了晉軍兵力單薄、糧草缺乏的情況，建議前秦軍迅速開進，以防晉軍逃遁。苻堅得報，便把大部隊留在項城，親率騎兵八千馳抵壽陽，並派遣原東晉襄陽守將朱序到晉軍中勸降。朱序到了晉軍營陣後，不但沒有勸降，反而向謝石等人密告了前秦軍的情況，並建議謝石等人不要延誤戰機，坐待前秦百萬大軍全部抵達後束手就擒，而要乘著前秦軍各路人馬尚未集中的機會，主動出擊。他指出只要打敗前秦軍的前鋒，挫傷它的士氣，前秦軍的進攻就不難瓦解了。謝石起初對前秦軍的囂張氣焰心存一定的懼意，打算以固守不戰來消磨前秦軍的銳氣。聽了朱序的情況介紹和作戰建議後，便及時改變作戰方針，決定轉守為攻，爭取主動。

十一月，晉軍前鋒都督謝玄派猛將劉牢之率領精兵五千迅速奔赴洛澗。前秦將梁成在洛澗邊上列陣迎擊。劉牢之分兵一部迂迴到前秦軍陣後，斷其歸路；自己率兵強渡洛水，猛攻梁成的軍隊。前秦軍腹背受敵，抵擋不住，主將梁成陣亡，步騎五萬人土崩瓦解，爭渡淮水逃命，一萬五千多人喪生。晉軍活捉了前秦揚州刺史王顯等人，繳獲了前秦軍的大批輜重、糧草。洛澗遭遇戰的勝利，挫抑了前秦軍的兵鋒，極大地鼓舞了晉軍的士氣。謝石乘機命諸軍水陸並進，

謝安像

直逼前秦軍。苻堅站在壽陽城上，看到晉軍部陣嚴整，又望見淝水東面八公山上的草和樹木，以為也是晉兵，心中頓生懼意，對苻融說：

「這明明是強敵，你怎麼說他們弱不堪擊呢？」

「秦軍敗了」

前秦軍洛澗之戰失利後，沿著淝水西岸布陣，企圖從容與晉軍交戰。謝玄知己方兵力較弱，利於速決而不利於持久，於是便派遣使者激將苻融說：「將軍率領軍隊深入晉地，卻沿著淝水布陣，這是想打持久戰，不是速戰速決的方法。如果您能讓前秦兵稍稍後撤，空出一塊地方，使晉軍能夠渡過淝水，兩軍一決勝負，這不是很好嗎？」前秦軍諸將都認為這是晉軍的詭計，勸苻堅不可上當。但是苻堅卻說：「只引兵略微後退，待他們一半渡河，一半未渡之際，再用精銳騎兵衝殺，便可以取得勝利。」於是苻融便答應了謝玄的要求，指揮秦軍後撤。前秦軍本來就士氣低落，內部不穩，陣勢混亂，指揮不靈，這一撤更造成陣腳大亂。朱序乘機在前秦軍陣後大喊：

「秦軍敗了！秦軍敗了！」前秦軍聽了信以為真，遂紛紛狂跑，爭相逃命。東晉軍隊在謝玄等人指揮下，乘勢搶渡淝水，展開猛烈的攻擊。苻融眼見大勢不妙，騎馬飛馳巡視陣地，想整頓穩定退卻的士兵，結果馬倒在地，被追上的晉軍手起刀落，一命嗚呼。前秦軍全線崩潰，完全喪失了戰鬥力，晉軍乘勝追擊，一直到達青岡（在今壽陽附近）。前秦軍人馬相踏而死者，滿山遍野，堵塞大河。活著的人聽到風聲鶴唳，以為是晉兵追來，更沒命地拔腳向北逃竄。是役，秦軍被殲滅的十有八九，苻堅本人也中箭負傷，倉皇逃至淮北。

淝水之戰的結果，是使得東晉王朝的統治得到了穩定，有效地遏制了北方少數民族貴族南下侵擾，為江南地區社會經濟的恢復和發展提供了必要的契機，這場戰爭對於前秦政權和苻堅本人來說，則是促使北方地區暫時統一局面的解體。慕容垂、姚萇等氐族貴族重新崛起，乘機肢解了前秦的統治，苻堅本人也很快遭到了身死國滅的悲慘下場。

影響

三八三年謝安、謝玄與苻堅、苻融的對峙，縱加上朱序的穿插，只確定了南北朝的長期分裂，這次戰役卻不是構成分裂的主因。以後的發展也證明中國的重新統一必待人口相次固定，胡漢種族的界線逐漸漠滅，巨家大室的力量也被壓制，才能成為事實。從此次戰役到隋文帝徹底統一中國，中間已經二〇六年了。人們還要在戰亂分裂中生活二百多年。

26 北魏孝文帝改革

征服者總是為被征服者的較高文明和文化所征服。北魏統一北方後，民族矛盾和階級矛盾仍然尖銳，北魏統治集團與各族人民的階級矛盾上升為主要矛盾。青、齊、洛、豫、冀、秦、雍、徐、兗等州相繼發生起義，北方邊鎮一帶反抗逃亡頻繁。北魏統治集團與漢族地方豪強的矛盾以及北魏統治集團內部，封建中央集權與舊部落顯貴的矛盾也十分尖銳。要解決這些矛盾必須進行政治、經濟、文化全面的深入的改革。孝文帝就承擔並且實施了這樣的改革。

遷都洛陽

洛陽是兩晉南北朝時期的政治和軍事重鎮。洛陽在東漢時已經成為首都及中原最人的商業中心。東漢末年，洛陽遭到了嚴重的破壞。西元二二〇年曹丕稱帝後，從河北等地遷居民數萬以充實洛陽，並在漢宮的基礎上重新建築洛陽宮城和外城。隨著北方地區的逐步統一，洛陽的經濟也得到了恢復和發展。洛陽城中的絲織業、製鹽業、冶鐵業比較發達，商業已逐漸興盛。全城有三個主要市場：金市、馬市和羊市。西晉統一後，以洛陽為國都，人口有了顯著增加，並成為全國貿易中心，全國各地的珍貴商品在洛陽市

魏孝文帝像

場上都有出售，從絹布、糧食、藥材、器皿到生產工具，應有盡有。西晉八王之亂，使洛陽腹地經濟受到很大破壞，西元三一〇年，匈奴劉曜攻破洛陽，縱兵劫掠，洛陽再次毀於戰火。永嘉之亂後，十六國一百餘年間，幾成廢墟。

魏孝文帝是一個政治上有作為的人，他認為要鞏固魏朝的統治，一定要吸收中原的文化，改革一些落後的風俗。為了這個，他決心把國都從平城（今山西大同市東北）遷到洛陽。他怕大臣們反對遷都的主張，先提出要大規模進攻南齊。有一次上朝，他把這個打算提了出來，大臣紛紛反對，最激烈的是任城王拓跋澄。孝文帝發火說：「國家是我的國家，你想阻撓我用兵嗎？」拓跋澄反駁說：「國家雖然是陛下的，但我是國家的大臣，明知用兵危險，哪能不講。」孝文帝想了一下，就宣布退朝，回到宮裏，再單獨召見拓跋澄，跟他說：「老實告訴你，剛才我向你發火，是為了嚇唬大家。我真正的意思是覺得平城是個用武的地方，不適宜改革政治。現在我要移風易俗，非得遷都不行。這回我出兵伐齊，實際上是想借這個機會，帶領文武官員遷都中原，你看怎麼樣？」

拓跋澄恍然大悟，馬上同意魏孝文帝的主張。

西元四九三年，魏孝文帝親自率領步兵騎兵三十多萬南下，從平城出發，到了洛陽。正好碰到秋雨連綿，足足下了一個月，到處道路泥濘，行軍發生困難。但是孝文帝仍舊戴盔披甲騎馬出城，下令繼續進軍。大臣們本來不想出兵伐齊，趁著這場大雨，又出來阻攔。孝文帝嚴肅地說：「這次我們興師動眾，如果半途而廢，豈不是給後代人笑話。如果不能南進，就把國都遷到這裏。諸位認為怎麼樣？」

大家聽了，面面相覷，沒有說話。孝文帝說：「不能猶豫不決了。同意遷都的往左邊站，不同意的站在右邊。」一個貴族說：「只要陛下同意停止南伐，那麼遷都洛陽，我們也願意。」許多文武官員雖然不贊成遷都，但是聽說可以停止南伐，也都只好表示擁護遷都了。孝文帝把洛陽一頭安排好了，又派任城王拓跋澄回到平城去，向那裏的王公貴族，宣傳遷都的好處。後來，他又親自到平城，召集貴族老臣，討論遷都的事。平城的貴族中反對的還不少。他們搬出一條條理由，都被孝文帝駁倒了。最後，那些人實在講不出道理來，只好說：「遷都是大事，到底是凶是吉，還是卜個卦吧。」孝文帝說：「卜卦是為了解決疑難不決的事。遷都的事，已經沒有疑問，還卜什麼。要治理天下的，應該以四海為家，今天走南，明天闖北，哪有固定不變的道理。再說我們上代也遷過幾次都，為什麼我就不能遷呢？」貴族大臣被駁得啞口無言，遷都洛陽的事，就這樣決定下來了。孝文帝把國都遷到洛陽以後，決定進一步改革舊的風俗習慣。有一次，他跟大臣們一起議論朝政。他說：「你們看是移風易俗好，還是因循守舊好？」咸陽王拓跋禧說：「當然是移風易俗好。」孝文帝說：「那麼我要宣布改革，大家可不能違背。」接著，孝文帝就宣佈幾條法令：改說漢語，三十歲以上的人改口比較困難，可以暫緩，三十歲以下、現在朝廷做官的，一律要改說漢語，違反這一條就降職或者撤職，

規定官民改穿漢人的服裝；鼓勵鮮卑人跟漢族的士族通婚，改用漢人的姓。北魏皇室本姓拓跋，從那時候開始改姓為元。魏孝文帝名元宏，就是用了漢人的姓。魏孝文帝大刀闊斧的改革，使北魏政治、經濟有了較大的發展，也進一步促進了鮮卑族和漢族的融合。

孝文帝遷都洛陽以後，即開始第二期改革，改革的重點是改變鮮卑族內遷者原有的生活習俗，促進鮮卑族積極接受漢文化。改革的主要內容有以下幾方面：一，易鮮卑服裝為漢服。太和十九年（四九五年）十二月甲子，孝文帝在光極堂會見群臣時，「班賜冠服」，這是易鮮卑官服為漢官服的具體執行措施。二，規定官員在朝廷上使用漢語，禁用鮮卑語，並稱鮮卑語為「北語」，漢語為「正音」。孝文帝曰：「今欲斷諸北語，一從正音。」三十歲以上的鮮卑官吏，在朝廷上要逐步改說漢語，三十歲以下的鮮卑官吏在朝廷上則要立即改說漢語。如有故意說鮮卑語者，降爵罷官。三，遷往洛陽的鮮卑人，要以洛陽為籍貫，死後不得歸葬平城。四，改鮮卑貴族原有的姓氏為漢姓，並定門第等級。所改之漢姓，以音近於原鮮卑姓者為準。如拓跋氏為首姓，改姓元氏，是最高的門第等級；另丘穆陵氏改姓穆氏，步六孤氏改姓陸氏，賀賴氏改姓賀氏，獨孤氏改姓劉氏，賀樓氏改姓樓氏，勿忸于氏改為于氏，紇奚氏改姓嵇氏，尉遲氏改姓尉氏。這八姓貴族的社會地位，相等同於北方最高門第崔、盧、鄭、王四姓。其他等級稍低一些的鮮卑貴族姓氏亦改為漢姓，其等第與漢族一般士族相當。此外，孝文帝還積極鼓勵鮮卑的皇族和貴族與漢族士族通婚，藉以建立政治聯姻，由是加強漢族與鮮卑族的民族融和。

改易風俗與民族融合

班俸制代替斷祿制。北魏官吏原無俸祿，中央官吏按等級得到戰爭中獲得的財物、隸戶。地方官吏只要上繳額定的租調，就可以任意搜括、貪污，舊制戶調：帛二匹、絮二斤、絲一斤、穀二十石。有的州縣只產麻布，因此，又令每戶出帛一匹二丈，存放州庫，作為官府委託商人調換布帛之用。有的商人藉此漁利。西元四八四年魏孝文帝下詔：「始班俸祿，罷諸商人，以簡民事，戶增調帛三匹，穀二斛九斗，以為官司之祿。均預調為二匹之賦，即兼商用。……祿行之後贓滿一匹者死。」西元四八五年頒佈均田令中規定：「諸宰民之官，各隨地給公田，刺史十五頃，太守十頃，治中別駕各八頃，縣令、郡丞六頃。更代相付。賣者坐如律。」使開國以來形成的貪污之風有所收斂。

北魏牛車

以三長制代替宗主督護制。西晉末由於北方長期戰亂，基層行政機構瓦解，出現以宗法關係為紐帶，集軍事、政治、經濟為一體的塢堡。塢堡主管轄著前來依附的中小地主、眾多的農民、部曲佃客。北魏初實行塢堡主任宗主督護制，所以民多隱冒，五十、三十家方為一戶。西元四八六年開始實行三長制，五家立一鄰長，五鄰立一里長，五里立一黨長。負責督察戶口，催督租賦，徵發徭役和兵役，推行均田令，從而健全了縣以下基層行政機構。使國家從中央到基層的行政體制得以完善。

實行均田制。北魏時由於豪強地主佔有大量土地，而很多農民又得不到土地，農民或轉入私門，成為豪強地主的隱戶，或亡聚山澤起義反抗。隱戶增多，使國家稅、賦減少。農民的反抗，動搖著國家的統治。為了緩和這一社會矛盾，西元四八五年孝文帝頒佈了均田令：「諸男夫十五以上，受露田四十畝，婦人二十畝，奴婢依良。丁牛一頭受田三十畝。限四牛。所授之田率倍之，三易之田再倍之，以供耕作及還受之盈縮……」均田令是北魏初期在舊都平城實行的計口授田、畿內課田制度的進一步發展和在全國範圍內推廣。均田令並沒有觸動封建地主土地所有制，其實質是在保障鮮卑貴族和漢族地主階級利益的前提下，束縛農民於土地，強迫他們墾種土地，以增加封建國家的租調收入和徭役來源。均田令以法律形式肯定了自耕農民對所耕土地的佔有，一些無地或少地的農民也多少得到了一些荒田。從而穩定了社會秩序，促進了生產的發展。

北魏在實行三長制的同時，還頒了新的租調制，規定一夫一婦每年出帛一匹，粟二石；十五歲以上未婚的男女四人，從事耕織的奴婢八人，耕牛二十頭，其租調與一夫一婦數量相同。由於以一夫一婦為徵收單位，這在一定程度上限制了宗主的營私舞弊，一般農戶的負擔略有減輕。流散的農民被強制定居，許多蔭戶戶口脫離了宗主豪強。國家納稅戶口及租調收入增加了。

影響

北魏孝文帝的改革對於中國統一的多民族國家歷史的發展作出了積極的貢獻，有著極其深遠的影響。鮮卑族作為一個民族雖然不存在了，但是已經和漢族融為一體，只不過改變了一個名稱而已。

從長遠歷史觀點看來：這段史蹟只是北魏拓跋民族在中國活動的尾聲，西元二二〇年秦漢之「第一帝國」崩潰而隋唐宋之「第二帝國」尚未興起時，這少數民族對中國的再度統一做了一段基本的工作。

漢亡之後三六九年，中國無法統一。當時人口總是由北向南，由西向東的移動，漢人的多數民族，不能與這自然所主持的力量抗衡。北方的少數民族雖擅長騎兵戰術，卻無法越渡淮水及漢水等處的水澤地區。並且遊牧民族的生活方式也不能作為統一中國的表率。秦漢型的大帝國以官僚機構統治大量小自耕農，但分裂期間漢人的巨家大室和夷狄的酋領都自起爐灶，妨礙政府向全民徵兵抽稅的職權。加上各民族語言之不同，更造成了統一的障礙。

拓跋氏打破了這種僵局。他們之所以能如此，不是文化程度高，而是由於人文條件簡單，可以從最基本的事業著手，並能以原始作風來解決問題，所以不期然的做了中國再統一的工具。

27 六鎮起義

北魏孝文帝遷都洛陽以後，曾經兩次調動大軍攻打南齊。由於南齊軍民的抵抗，沒有勝利。西元四九九年，南齊派兵攻打北魏。魏孝文帝帶病抵抗，打退了齊兵。不久，孝文帝也病死了。魏孝文帝死後，魏宣武帝元恪繼位，北魏又開始衰落。到了魏孝明帝即位，因為年紀太小，由他母親胡太后臨朝。胡太后是個專橫奢侈的人。她相信佛教，認為佛法能減輕她的罪過。北魏的統治者，還動用大量人力物力，開鑿石窟，建造佛像。在建都洛陽之前，他們花了三十多年時間，在雲岡（在今山西大同市武周山）開鑿大批石窟，有大小佛像十萬尊以上。前前後後開鑿了二十四年，花了八十多萬人工。這些石窟和佛像表現了我國古代人民高度的雕塑藝術水平，但它也大大加重了當時勞動人民的負擔。

六鎮起義

北魏在北方邊境設立了六個鎮，派了將士防守。西元五二三年，沃野鎮（今內蒙古五原北）的匈奴人破六韓拔陵（破六韓是姓）首先帶領兵士殺死鎮將，發動起義。其他五個鎮的兵士也紛紛回應。反對北魏的起義勢力越來越大。由於北魏勾結北方的柔然族

27 六鎮起義

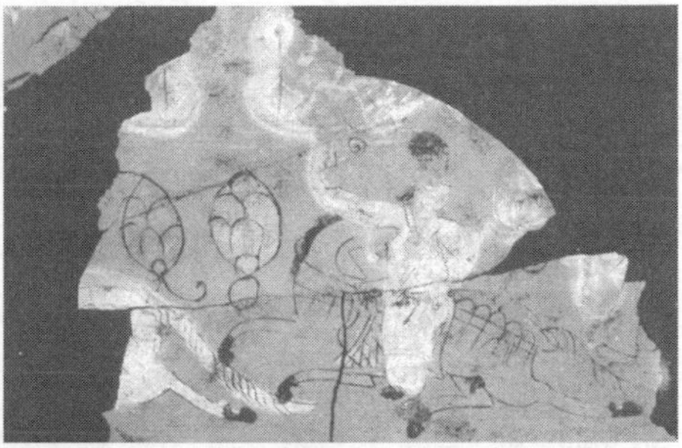

北魏漆棺彩畫狩獵圖

人共同鎮壓，六鎮兵士的起義失敗了。

北魏政府為了防止六鎮兵民的反抗，把起義失敗的六鎮兵士二十多萬人都押送到冀州、定州、瀛州（治所都在今河北）。這些兵士哪裏肯受魏朝的奴役，在冀州，又燃燒起起義的火焰。鮮卑族的葛榮率領起義軍，進攻瀛州。北魏政府派章武王元融為大司馬，廣陽王元深（與元琛是兩個人）為大都督，發動大軍鎮壓。那些只知吃喝玩樂的貴族哪裏會打仗。葛榮起義軍到了博野鎮（今河北省中部），就派出一支輕騎兵偷襲元融的大營。元融沒有防備，被起義軍殺了。元深聽到元融被殺，退到定州，也被葛榮的騎兵俘虜了。葛榮把各路起義兵士都合在一起，號稱百萬，準備向洛陽進軍，聲勢浩大。這時候，秀容（在今山西省）有個部落酋長爾朱榮，手下有八千強悍的騎兵，專門和農民軍作對。北魏孝明帝就利用爾朱榮的兵力來對付葛榮。

葛榮認為爾朱榮人馬少，容易對付。他把兵士在幾十里的陣地上散開，準備圍捕爾朱榮。想不到爾朱榮把兵埋伏在山谷裏，發動精兵突擊，把葛榮的兵士沖散，再前後夾擊。起義軍遭到失敗，葛榮本人也被殺害了。葛榮起義失敗後，北魏內部也發生大亂。

北魏分裂

高歡不僅有一個「賀六渾」的鮮卑名字，還娶了一個鮮卑貴族出身的婁昭君為妻。他實在是一個鮮卑化了的漢人。北魏正光五年（五二四年），北方爆發六鎮戍卒和各族人民的大起義。高歡認為時機已到，便帶著個人野心，先後參加了破六韓拔陵、杜洛周、葛榮等領導的起義隊伍。在義軍中暗集死黨，窺測時機，發展個人勢力。後來，他看到契胡酋長爾朱榮勢力強大，便與死黨尉景、段榮等叛離義軍，投奔爾朱榮，並很快贏得爾朱榮的信任，取得親信都督（爾朱榮衛隊長）的職位。永安三年（五三〇年），魏孝莊帝誘殺爾朱榮於洛陽，高歡乘爾朱氏混亂之機，說動當年被爾朱榮兼併的六鎮起義軍二十餘萬眾軍民歸順自己，並把他們帶往河北，這二十多萬之眾的六鎮兵民，遂成為日後高歡起家的政治資本和軍事力量。

第二年，即北魏普泰元年，高歡率眾進據冀州（今河北冀縣），籠絡當地世族地主，利用民族隔閡，煽動反爾朱氏情緒，一時人聲鼎沸，勢力陡增。普泰二年（五三二年）三月，爾朱兆率二十萬大軍進攻高歡。高歡以逸待勞，以少勝多，重創爾朱軍，乘勝進據魏都洛陽，成為實際控制北魏政權的「太上皇」。這年的七月，高歡攻克晉陽，徹底剷除爾朱勢力。在晉陽建立大丞相府，定居晉陽遙控朝政。從此，高歡及後來的北齊

北魏持弓武士俑

歷代帝王，刻意經營晉陽，使晉陽成為北魏、東魏、北齊三代實際上的政治中心，史稱「霸府」。

影響

永熙三年（五三四年），北魏孝武帝不甘作高歡傀儡，高歡兵進洛陽廢其帝位，另立元善見為帝，遷都鄴城（今河北臨漳），史稱東魏。另一軍閥宇文泰率領自己的部眾西入潼關，亦擁立元寶炬為帝，史稱西魏。北魏遂告消亡。中國北方也從統一走向分裂，但是這種分裂是暫時的，不久，宇文泰的後繼者就會統一北方，再統一中國。

28 周武帝滅佛

自西晉末年少數民族入主中原以後，我國北方的民族矛盾和階級矛盾都十分尖銳。這些少數民族統治者在鎮壓漢人等各族勞動人民的同時，他們都極力利用佛教，宣揚佛教是胡人之神。因此，佛教在中國北部廣泛地傳播開來。據《魏書・釋老志》記載，北魏末年，僅京城洛陽（今洛陽市東北十二公里）就有寺院五百多座。神龜元年（五一八年）時，「寺奪民居，三分且一」。武泰元年（五二八年）河陰之變，王公朝士多死，「其家多舍居宅以施僧尼，京邑第舍，略為寺矣」。至東魏末年，略而計之，全境有寺三萬有餘，僧尼達二百萬。道教在北魏、東魏時也很受朝廷的重視，並有很大的發展，道觀、道士之數遠不及佛寺、僧尼。

北齊時，首都鄴城（今河北臨漳縣西南二十公里漳水上），也是佛教的中心。據《歷代三寶記》記載：城內有寺院四千所，僧尼共八萬人。全境寺院、僧尼之數不減東魏末年。這是由於佛教受到最高統治者的敬仰和提供各種優越條件。

佛教威脅政權

佛教、道教勢力的擴張，不僅損害了政府的稅收與徭役、兵役，也妨礙了世俗地主

北魏陳海龍等造四面像碑

經濟勢力的擴展。佛教「捐六親，捨禮義」，以及佛、道的虛幻傳說等，都成了儒生的攻擊目標。他們從維護中國正統文化的立場出發，極力攻擊和貶低佛、道。劉晝稱「佛是疫胎之鬼」。章仇子謂佛教是「胡妖亂華」。樊遜又更進一步，《北齊書・樊遜傳》：天保五年（五五四年）文宣帝詢問對佛教道教的意見時，遜答道：道教之「玉簡金書，神經秘錄，三尺九轉之奇，絳雪玄霜之異，淮南成道，犬吠雲中，子喬得仙，劍飛天上，皆是憑虛之說，海棗之談，求之如繫風，學之如捕影。……末葉已來，大存佛教，寫經西土，畫像南宮。昆池地黑，以為劫燒之灰；春秋夜明，謂是降神之日。法王自在，變化無窮，置世界於微塵，納須彌於黍米。蓋理本虛無，示諸方便。……寧有改形易貌，有異生人，恣情放縱，還同俗物？」他稱僧、尼、道為「左道怪民，亦何疑於沙汰。」只是由於最高統治者的袒護，佛、道二教在北齊的發展才沒有受到影響。

在西魏、北周，佛教也很盛行。宇文泰就信奉佛教。他的繼承人、北周的孝閔帝宇文覺、明帝宇文毓信佛更加虔誠，故佛教在其境內長盛不衰。道教也在這時迅速發展壯大。其時「緇衣（指僧尼）之眾，參半於平俗；黃服（指道士）之徒，數過於正戶。」雖然佛教、道教都是統治階級統治人民的工具，但是，這麼多的不向政府納稅服役而佔有大量土地的僧、尼、道士，對於國小民寡的北周來說，實在是一個嚴重的損失。寺院、道觀地主不但在經濟上與官府、世俗地主發生矛盾，而且思想上也與恪守儒家學說的士大夫發生矛盾，佛、道之間也為了各自的利益和地位而發生衝突。

周武帝滅佛

周武帝宇文邕是一位雄才大略的君主，最重儒術，勵精圖治。在位期間，在政治、經濟、軍事方面都進行過一系列的改革。據《廣弘明集》卷七《敘列代王臣滯惑解》載言：天和二年（五六七年）蜀郡公衛元嵩上書說：「國治不在浮圖，唐、虞無佛圖而國安，齊、梁有寺舍而祚失。大周啟運，遠慕唐、虞之化，宜遺齊、梁之末法。」他的意見深受周武帝的讚賞。

道士張賓也上書請求廢除佛教。於是，周武帝召集群臣及名僧、道士，討論三教的優劣。意在壓低佛教的地位，定儒為先，道教為次，佛教為後。可是，當時執掌朝政大權的是篤信佛教的大塚宰宇文護，不表同意，加上道安、鄄鸞等上書詆毀道教，因此，雖經多次討論，三教未能定位。建德元年（五七二年）周武帝誅宇文護，始掌朝政大權。次年十二月，又召集群臣、道士、名僧進行辯論，始定出以儒教為先，道教為次，佛教為後的位次。由於

周武帝像

名僧僧猛、靜藹、道積等奮起抗爭，極力詆毀、排斥道教，又使這次的位次未能付諸實現。建德三年（五七四年）五月，周武帝再次召集大臣、名僧、道士進行辯論。在會上，佛、道兩家鬥爭非常激烈。據《續高僧傳．智炫傳》記載，智炫在辯論時力挫道士張賓，周武帝為道教護短，斥佛教不淨，智炫答道：「道教之不淨尤甚！」

武帝這次原來只想罷斥佛教，由於道教的迷信方術和教義的虛妄，經道安、甄鸞、智炫等人的揭發，已經徹底暴露，因此，下詔「斷佛、道二教，經像悉毀，罷沙門（即僧尼）道士，並令還民。」詔令發布之後，立即實施。「融佛焚經，驅僧破塔，……寶剎伽藍皆為俗宅，沙門釋種悉作白衣。」

建德六年（五七七年）滅北齊後，周武帝在鄴城新殿多次召請名僧，解釋尊儒佛的原因與意義，與會的五百僧人都沉默不語，只有慧遠明確表示反對，並且以阿鼻地獄相威脅。佛教徒任道林也上書反對毀佛，以因果報應進行恐嚇。周武帝表示自己不是五胡，無心信佛。他權衡得失後，最終決定在原齊國境內滅佛，寺院等「還准毀之」，於是，整個中國北部的佛教都被禁絕了。

周武帝這次滅佛比較徹底。據《房錄》卷十一記載：其時「毀破前代關山西東數百年來官私所造一切佛塔，掃地悉盡。融刮聖容，焚燒經典。八州寺廟（出）共四十千，盡賜王公，充為宅第。三方釋子減三百萬，皆復軍民，還歸編戶」。

周武帝滅佛，目的雖然和魏太武帝滅佛一樣，都是為了擴大財源，鞏固政權，但是在方式、方法上不同：第一，這次滅佛，是經過多次辯論之後作出的，各方面都有思想準備。第二，這次沒有採取坑殺僧、尼、道士和搗毀寺、觀的作法，而是將寺、觀賜給王公，讓僧尼等還為編戶。對於那些知名的高僧、道士，或以政府官員的身分送到信道觀進行研究工作，或者量才任以官職，如以曇為光祿大夫，法智為洋川太守，普曠為岐山郡從事等等。總之，方式方法比較溫和。

影響

這次滅佛，北周政府不僅獲得了大量的寺觀財富，而且獲得了近三百萬的編民，遂使生產日益發展，「租、調年增，兵師日盛。」從而，為後來隋朝的統一和對突厥的鬥爭，提供了雄厚的物質基礎和強大的軍事實力。而信道觀的建立，促成了儒、道、佛三教的交流與互相滲透，為建立以儒家為治國之本，輔以道、佛的三教結合的新的封建統治服務思想體系，奠定了基礎。

29 隋滅南朝

西晉末年以來，南北長期分裂的主要原因是尖銳的民族矛盾。北朝後期，鮮卑貴族的門閥化，尤其是各族人民共同的生產鬥爭和階級鬥爭，促進了民族大融合；漢族楊氏代周以後，象徵民族矛盾的鮮卑政權亦告消亡，南北統一的條件已經成熟。當時，隋的經濟、政治及軍事力量都比陳強。於是，結束近三百年分裂狀態的歷史任務便由隋來完成了。一個統一的多民族的封建中央集權國家又重新建立起來。

妨礙統一的情形都要在長期分裂、兵革常起的局面下逐漸淘汰澄清，有些歷史家每提到中國的重新統一時，總要強調中國傳統思想的偉大。但是傳統思想能夠發生功效則是因為社會組織已經和它接近。宇文泰在文治方面最聞名的措施乃是任命蘇綽為度支尚書，讓他規劃新政府的各種設計，此人「博覽群書，尤善算術」，而他的設計，總以《周禮》為依規，也就是預先創造一個數目字的公式，向真人實事上籠罩著過去。北魏以來的三長制和均田制，都有這種「間架性設計」的趨向。其所以能如此，則是在社會中層可能予朝廷及民間作梗的巨家大室或被淘汰或受約束，中央政府因此又可以掌握大量的農民了。

滅陳前的準備

南北朝末期，中國境內北周、突厥和陳三個政權並存。北周武帝死後，大權落入大臣楊堅之手。西元五八一年二月，楊堅逼迫年僅九歲的靜帝讓位，建立了隋朝，仍都長安。當時隋朝領域大體包括長江以北，漢代長城以南，東至沿海、西達四川的廣大地區。楊堅在北周和北齊的基礎上，進一步採取一系列加強君主集權、發展社會經濟的措施，使隋的政治、軍事和經濟力量日益壯大。

突厥是我國北方地區的一個遊牧民族，乘北齊與北周爭戰不休，爭相與其和親之機，不斷向南擴展和襲擾。隋朝建立後，停止向突厥輸送金帛，因而突厥統治者常常南下襲擾，威脅隋王朝統治。陳朝傳至後主陳叔寶時，僅保有長江以南、西陵峽以東至沿海地區，政治腐朽，賦稅繁重，刑法苛暴，人民怨聲載道，階級矛盾非常尖銳。陳王朝企圖憑藉長江天塹阻止隋軍南下，但除保有個別江北要點之外，巴蜀及長江以北地區均為隋佔有，長江天險已不足恃。從當時整個情況來看，隋處於中原腹心地區，人口最多，經濟文化較發達，軍事實力也較強，具有統一全國的條件。但楊堅奪取政權不久，內部不穩，外受突厥和陳的威脅。隋兵力雖眾，卻難以對付突厥輕騎的襲擾，水軍一時也無力突破長江天險。因此，統一全

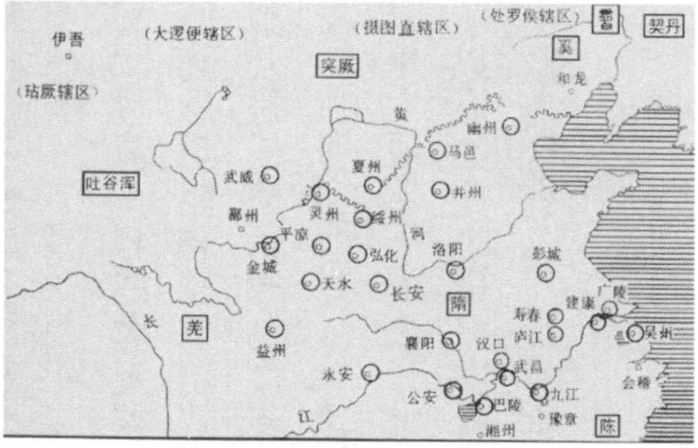

南北朝末期形勢圖

國的進程，經過十餘年的爭戰才最終實現。

楊堅奪取政權後，即有吞併江南之志。但因隋王朝新建，實力不強，又屢遭突厥南下襲擊，便決定先鞏固內部，充實國力，南下滅陳，然後北擊突厥，統一天下。後因突厥舉兵南下的規模越來越大，隋文帝被迫改變取南和北戰略，並制定先北後南的方針。為此，先後採取了以下重大措施：經濟上頒布均田和租調新令，把荒蕪的土地撥給農民耕種，減輕賦稅徭役，興修水利，促進經濟的恢復和發展，儲糧備戰。政治上強化中央統治機構和完善官制，廢除一些酷刑峻法。同時採取對策，孤立分化突厥，不斷派遣使者去陳朝，表面表示友好，實則探聽虛實，使之鬆懈麻痹。軍事上，改進北周以來的府兵制，集中兵權，加強軍隊訓練，加固長城，訓練水軍。楊堅利用突厥內部為爭奪汗位互相殘殺之機，政治上孤立分化與軍事反擊雙管齊下。

統一全國

迫使突厥先後稱臣降附，然後全力謀劃滅陳。在經過一番緊鑼密鼓的準備之後，楊堅遂於開皇八年（五八八年）十月部署進軍。設置淮南行省於壽春，以晉王楊廣為尚書令。任命晉王楊廣、秦王楊俊、清河公楊素為行軍元帥，指揮水陸軍五十一萬八千人，同時從長江上、中、下游分八路攻陳。其具體部署是：楊俊率水陸軍由襄陽進屯漢口，楊素率舟師出永安（今四川奉節）東下，荊州刺史劉仁恩出江陵與楊素合兵，楊廣出六合，廬州總管韓擒虎出廬江（今安徽合肥），吳州總管賀若弼出廣陵（今江蘇揚州），蘄州刺史王世積率舟師出蘄春攻九江，青州總管燕榮率舟師出東海（今江蘇連雲港）沿海南下入太湖，進攻吳縣（今江蘇蘇州）。

前三路由楊俊指揮，為次要作戰方向，目標指向武昌，阻止上游陳軍向下游機動，以保障下游隋軍奪取建康。後五路由楊廣指揮，為主要作戰方向，目標指向建康，其中楊廣、賀若弼、韓擒虎三路為主力，燕榮、王世積兩軍分別從東、西兩翼配合，切斷建康與外地聯繫，保障主力行動。隋軍此次渡江正面東起沿海，西至巴蜀，橫亙數千里，是我國歷史上一次規模浩大的渡江作戰。為了達成渡江作戰的突然性，隋在進軍之前，扣留陳使，斷絕往來，以保守軍事機密。同時派出大批間諜潛入陳境，進行破壞、擾亂活動。

整個作戰行動主要在長江上游和下游兩個地段上同時展開。開皇八年（五八八年）十二月，楊俊率水陸軍十餘萬進屯漢口，負責指揮上游隋軍，並以一部兵力攻佔南岸樊口（今湖北鄂城西北），以控制長江上游。陳指揮長江上游諸軍的周羅侯，起初未統一組織上遊軍隊進行抵抗，聽任各軍自由行動。當看到形勢不利時，又收縮兵力、防守江夏（今武昌），阻止楊俊軍接應上游隋軍。兩軍在此形成相持。楊素率水軍沿三峽東下，至流頭灘（今湖北宜昌西），陳將戚欣利用狼尾灘（今宜昌西北）險峻地勢，率水軍據險固守。楊

隋五牙戰船

素於是利用夜暗不易被陳軍窺察之機，率艦船數千艘順流東下，遣步騎兵沿長江南北兩岸夾江而進，劉仁恩部亦自北岸西進，襲占狼尾灘，俘虜陳全部守軍。陳南康內史呂忠肅據守歧亭，（今湖北宜昌西北西陵峽口），以三條鐵鎖橫江截遏上游隋軍戰船。楊素、劉仁恩率領一部登陸，配合水軍進攻北岸陳軍，經四十餘戰，終於在次年正月擊破陳軍，毀掉鐵鎖，使戰船得以順利通過。此時，防守公安的陳荊州刺史陳慧紀見勢不妙，燒毀物資，率兵三萬和樓船千艘東撤，援救建康，但被楊俊阻於漢口以西。周羅侯、陳慧紀也被牽制於江夏及漢口，無法東援建康。

在長江下游方面，當陸軍進攻的消息傳來，陳各地守軍多次上報，均被朝廷掌管機密的施文慶、沈客卿扣壓。隋軍進至江邊時，施文慶又以元會（春節）將至，拒絕出兵加強京口（今江蘇鎮江）、采石（今安徽當塗北）等地守備。開皇九年（五八九年）正月初一，楊廣進至六合南之桃葉山，乘建康周圍的陳軍正在歡度春節之機，指揮諸軍分路渡江：派行軍總管宇文述率兵三萬由桃葉山渡江奪占石頭山（今江蘇江寧縣西北），賀若弼由廣陵南渡佔領京口，韓擒虎由橫江（今安徽和縣東南）夜渡。陳軍因元日酒會，仍處醉鄉之中，完全不能抵抗，韓部輕而易舉襲占采石。正月初三，陳後主陳叔寶召集公卿討論戰守，次日下詔「親御六師」，委派蕭摩訶等督軍迎戰，施文慶為大監軍。陳叔寶、施文慶不諳軍事，將大軍集結於都城，中派一部舟師於白下（今江蘇南京城北），防禦六合方面的隋軍，另以一部兵力鎮守南豫州（今安徽當塗），阻擊采石韓擒虎部的進攻。隋軍突破長江之後，迅速推進。賀若弼部於初六日佔領京口後以一部進至曲阿（今江蘇丹陽），牽制和阻擊吳州的陳軍，另以主力向建康前進。韓擒虎部於初七日佔領姑孰（今安徽當塗）後，沿江直下，陳沿江守軍望風而降。正月初七日，賀若弼率精銳八千進屯鍾山（今南京紫金山）以南的白土崗，韓擒虎部和由南陵（今安徽銅陵附近）渡江的總管杜彥部二萬人在新林（今南京西南）會合，宇文述部三萬進至白下，隋大軍繼續渡江跟進。至此，隋軍先頭部隊完成了對建康的包圍態勢。建康地勢虎踞龍蟠，向稱險要。此時，陳在建康附近的部隊仍不下十萬，陳叔寶棄險不守，把全部軍隊收縮在都城內外，又拒不採納乘隋先頭部隊孤軍深入立足未穩之際進攻的建議，最終滅亡。

影響

隋朝的統一，是中國歷史上的重大事件。它的意義不僅在於結束了幾百年來南北分治的局面，而且開始將南北文化融為一體，優劣互補，從而為唐朝的文化繁榮以及宋明時期中國文化的再生創造了條件。即使僅從儒學的發展情況看，享國短暫的隋朝雖然並沒有最終實現南北儒學的統一、儒釋道三教的融匯與合一，但是，如果沒有隋朝的短暫過渡及隋朝儒家學者的努力，恐怕唐初的儒學統一不可能那樣快、那樣徹底。故而從這個意義上說，隋朝歷史雖然不長，但隋朝儒學則在儒學史上具有承前啟後的重要意義。

30 科舉制度形成

在奴隸社會，主要官職都是世襲的。封建社會逐漸採取選拔官吏的辦法。魏、晉、南北朝時，選拔官吏實行「九品中正制」由地方政府進行。九品中正制的選官標準全憑門第出身，於是名門望族子弟被選為上品作高官，庶族寒門出身的人只能被選為下品小官，以至出現了「上品無寒門，下品無世族」的現象。

隨著封建經濟和農業生產的發展，庶族地主階級的經濟力量不斷加強，人數不斷增多，形成了一股重要的社會力量。他們要求在政治上得到相應的地位，而按門第高低選官的九品中正制，堵塞了他們進入仕途的道路。加上這種作法容易造成世家大族長期操縱地方政權，稱霸一方的弊病，因而越來越不適應封建王朝的統治利益。

科舉制度創立

科舉制度始於隋朝。科舉，就是由封建國家設立科目，定期舉行統一考試，通過考試來選拔官吏，這種作法，也叫「開科取士」。

隋朝建立後，隋文帝楊堅為了加強中央集權，擴大地主階級的政權基礎，正式廢除了九品中正制，將選官權力收歸中央。規定各州每年以文章華美為標準選拔三人，薦給朝廷。後又命令京官五品以上、地方官總管、刺史等以「志行修謹」（有德）、「清平幹濟」（有才）二科薦舉人才。隋煬帝楊廣即位後，又創置了進士科，國家用考試的方法以才取人，考取的就可以到中央或地方政府中作官，這就是我國科舉制度的開始。

創置科舉制度，是我國古代選官制度的一項重大改革。它適應了庶族地主階級興起的歷史趨勢，為地主階級的各個階層加入統治集團開闢了道路。隋朝實行的科舉制度，一直為以後的封建朝代所沿用，並不斷加以發展和完善，成為封建國家選官的基本制度。和隋朝以前的選官制度相比較，它有利於選拔人才，提高行政效率，對維護中央集權的封建統治起了重要作用。

科舉考試圖

科舉制度始於隋，完備於唐、宋，終於清，在中國前後存在了一千三百多年，它的存廢曾對中國社會產生過重大影響。科舉制度有一定程度的平等競爭性，有益於社會各階層的流動，有益於文化的統制和普及，更因為其有利於封建王朝統治的穩定和鞏固而受到歷代統治者的重視。但科舉制度自身的弊端使其日益成為社會思想文化發展進步的滯礙。科舉制度的廢除，是中國教育史上帶有革命性質的變革，但對當時的中國社會也帶來了負面影響。

科舉制的作用

開科取士打破豪門壟斷官選，自隋文帝開科取士以來，科舉制度一直被當作國家的拔才大典受到歷代封建統治者的高度重視。檢閱歷朝皇帝實錄，幾乎都設有專門的機構負責組織和主持考試事宜。為了保持科舉考試的莊重性、嚴肅性及其正常順利進行，還指定專門的機構對考試實行嚴格的監督，一旦發現舞弊行為，立即糾參，由皇帝頒發諭旨，飭派大臣查辦。若所參屬實，按律治罪，絕不寬恕。在清代，考官因徇私舞弊、違犯科試條規，重則斬首，輕則流放、革職；至於考生，則革除名籍，永遠開除士列。歷代封建統治者之所以如此高度重視科舉制度，是因為這一制度有利於王朝統治的穩定和鞏固。隋唐以後，實行開科取士，打破了豪門士族壟斷選官的局面，在一定程度上使中小地主乃至出身寒微的士人能在機會均等的條件下，通過嚴格的考試入選為官吏，躋身於統治階級的行列，從而使科舉選官成為鞏固皇權的工具。皇權通過科舉制度在民間創造了新的統治力量和賴以支撐的階級基礎——士紳階層。隨著科舉制度的推行，這個階層的人數就越多，隊伍就越大。有力地鞏固了封建統治。

科舉制度有利於社會各階層的流動。科舉考試不再唯門第、財產是問，更多注重士人的知識才能，在一定的程度上具有相對平等的競爭性，從而為社會流動提供了一條有效的途徑。「朝為田舍郎，暮登天子堂」不再是不可能實現的理想。由於科舉考試程式的相對嚴密和應試對象的全民性，平民家庭出身的較之前者，其改變社會地位的願望更為強烈，因而所下工夫往往更多。「十年寒窗苦，金榜題名時」，其獲售的機會相對較多。可以說，從唐至清，科舉制度一直是促進社會下層士人向上層流動，導致社會結構變動的重要力量，不斷的定期的開科取士，使得士人階層不停地吐故（進入官僚隊伍）納新（接納新的生員），從而在一定程度上保持了官僚隊伍的新陳代謝。這樣做的結果，一方面使飽學儒家經典的士子進入官僚隊伍，可以實現其治國平天下的願望；另一方面，由於他們來自社會下層，了解民間疾苦和吏治利弊得失，在施政時能給僵化的官僚體制增添生機，某種程度上有利於減輕腐化，抑制腐敗；又因為他們受過系統的文化教育，掌握治理國家的有關理論知識，有較好的文化素養，也使官僚隊伍保持較高的水準，有利於行政效率的提高。追溯封建社會漫漫綿延的歷史原因，與科舉制度所造成的官僚政治在社會中化解了很大一部分社會矛盾乃至對抗是不無關係的。

科舉制度具有一定的文化統制與文化普及功能。但由於每次考試錄取的名額有限，所以，這一階層中除了小部分入仕從政、參加社會流動外，而絕大多數仍滯留在社會下層，成為文化的傳播者。

科舉制度在中國綿延了一千三百多年，表明它作為一種選拔人才的方法不失其合理性。科舉考試的組織、嚴格的考場紀律，試卷批閱中謄錄、復審、磨勘、落卷的搜集等嚴密的程式，對於舞弊行為的嚴肅懲治等等，這些都是無可非議和不能否定的。由於每次中額人數有限，「非學而優」者不能入選，因而造成一種良好的社會風尚，凡經過科舉考試獲取功名的士子，毫無例外地受到社會的尊重。所以，儘管科舉廢除，科舉功名的社會價值並未完全喪失，有功名的人仍然得到社會的垂青。科舉制度本身並無太多的弊病，它所要革除的只是考試的內容、八股文體和為封建君主專制政治選才的宗旨。

科舉制度的廢除還造成社會道德風氣的敗壞。在科舉制度下，與「讀書作官」「學而優則仕」相輔而行的，士紳還以「治國平天下」、天下興亡為己任。他們重義輕利、求仁求智的行為舉止在社會上具有示範作用。但科舉廢除後，隨著近代民族資本主義的發展，「四民」之末的商人地位增高，資本主義制度下追逐私利日益為社會所承認，日漸成為當時社會個體行為取向的標準。士紳功名身分的失落雖有助於社會價值取向的轉移，但傳統的「貴義賤利」的價值觀念日漸被「嗜利忘義」的風尚所取代，由此導致官場腐敗的加劇，社會關係長期對立與無序，其影響至今還是顯見的。

影響

科舉制度曾為傳統中國社會上、下層之間的社會流動提供了可能，雖然這種流動能力極為有限，但對民眾的吸引力是巨大的，它使皇權與紳權處於相對平衡狀態，中國社會也因此保持秩序的長期穩定。科舉制度的廢除，雖然摧毀了當時存在的社會等級制度，但由於士紳階層的瓦解，使社會上層與下層、城鎮與鄉村之間的界限更加固定，對社會的整合功能造成長期的消極影響。科舉制度廢除後，社會沒有適時地提供替代性的制度，以致社會上下層流動局面不復存在。科舉制度廢除後的第六年，清朝就滅亡了。

31 大運河的開鑿

京杭大運河，是中國古代偉大的水利工程，在西元六〇五—六一〇年隋煬帝時開鑿。它以洛陽為中心，北起北京，南達杭州，全長一七九四公里，是世界上最長的人工運河。流經北京、天津、河北、山東、江蘇、浙江等省、市溝通了海河、黃河、淮河、長江、錢塘江五大水系。京杭運河是利用許多天然河流、湖泊開鑿成的人工運河。是古代中國南北交通大動脈。大運河的開鑿是中國古代勞動人民創造的一項偉大的水利建築工程。不但具有防洪的作用，還具有重要的政治軍事用途，在社會生活中也起到了重要的作用。

隋煬帝修建大運河

中國古代很早就有利用自然水源、修築人工運河、灌溉農田和進行運輸的歷史。據記載，春秋時期，吳王夫差為了進攻齊國，運兵運糧，徵調大批民伕，在長江與淮河之間開鑿一條運河，叫做「邗溝」。這就是後來大運河在江蘇境內的一段。兩漢至南北朝

弒父稱帝後的楊廣

揚州段運河

時期，相繼修建了一些渠道。這些渠道雖然斷斷續續，卻使大運河的開鑿，在江南和中原地區初具規模了。隨著南北政治、經濟和文化日益發展，修鑿的局部運河，已經不能滿足社會需要。尤其江南地區在全國經濟生活中越來越占重要地位，溝通南北水道已經成為社會經濟交流的迫切需要了。

隋煬帝楊廣即位後，為了加強對全國政治上的控制，並且使江南地區的物資能夠更方便地運到北方來，加上他個人追求享樂，一開始就辦了兩件事：一是在洛陽建造一座新的城，叫東都；二是開一條貫通南北的大運河。

西元六○五年，隋煬帝派管理建築工程的大臣宇文愷負責造東都。宇文愷是個高明的工程專家，他迎合隋煬帝追求奢侈的心理，把工程規模搞得特別宏大。建造宮殿需要的高級木材石料，都是從大江以南、五嶺以北地區運來的，光一根柱子就得用上千人拉。為了造東都，每月徵發二百萬民工，日夜不停地施工。他們還在洛陽西面專門造了供隋煬帝玩賞的大花園，叫做「西苑」，周圍二百里，園裏人造的海和假山，亭臺樓閣，奇花異草，應有盡有；尤其別出心裁的是到了冬天樹葉凋落的時候，他們派人用彩綾剪成花葉，紮在樹上，使這座花園四季長春。

在建造東都的同一年，隋煬帝就下令徵發河南、淮北各地百姓一百多萬人，從洛陽西苑到淮水南岸的山陽（今江蘇淮安），開通一條運河，叫「通濟渠」；又徵發淮南百姓十多萬人，從山陽到江都（今江蘇揚州），把春秋時期吳王夫差開的一條「邗溝」疏通。這樣，從洛陽到江南的水路交通就便利得多了。以後五年裏，隋煬帝又兩次徵發民工，開通運河，一條是從洛陽的黃河北岸到涿郡（今北京市），叫「永濟渠」；一條是從江都對岸的京口（今江蘇鎮江）到餘杭（今浙江杭州），叫「江南河」。最後，把四條運河連接起來，就成了一條貫通南北，全長四千里的大運河。

隋煬帝的南巡

這條大運河是我國歷史上偉大工程之一。它對我國經濟、文化的發展和祖國的統一，起著積極的作用。不用說，這是我國成千上萬勞動人民用血汗甚至生命換來的。隋煬帝特別喜歡外出巡遊，一來是遊玩享樂，二來也是向百姓擺威風。從東都到江都的運河剛剛完工，隋煬帝就帶著二十萬人的龐大隊伍到江都去巡遊。隋煬帝早就派官員造好上萬條大船。出發那天，隋煬帝和他妻子蕭后分乘兩條四層高的大龍船，船上有宮殿和上百間宮室，裝飾得金碧輝煌；接著就是宮妃、王公貴族、文武官員坐的幾千條彩船；後面的幾千條大船，裝載著衛兵和他們隨帶的武器和帳幕。這上萬條大船在運河上排開，船頭船尾連接起來，竟有二百里長。這樣龐大的船隊，怎麼行駛呢？那些專為皇帝享樂打算的人早就安排好了。運河兩岸，修築好了柳樹成蔭的御道，八萬多名民工，被徵發來給他們拉縴，還有兩隊騎兵夾岸護送。河上行駛著光彩耀目的船隻，陸地上飄揚著五色繽紛的彩旗。一到晚上，燈火通明，鼓樂喧天，真是說不盡的豪華景象。

為了滿足船隊大批人員的享受，隋煬帝命令兩岸的百姓，給他們準備吃的喝的，叫做「獻食」。那些州縣官員，就逼著百姓辦酒席送去，有的州縣，送的酒席多到上百桌。別說隋煬帝吃不了那麼多，就連他帶的宮妃太監、王公大臣一起吃，也吃不完。留下的許多剩菜，就在岸邊掘個坑埋掉。可是那些被迫獻食的百姓，卻弄得傾家蕩產了。

江都在當時是個繁華的地方。隋煬帝到了江都，除了盡情遊玩享樂，還大擺威風。為了裝飾一個出巡時候用的儀仗，就花了十多萬人工，耗費的錢財更是上億論萬。這樣整整鬧騰了半年，又耀武揚威地回到東都來。

隋煬帝修建大運河並且到南方巡遊，以及征伐高麗等，嚴重增加了人民的負擔，終於激起了隋末農民大起義，使得隋朝在經歷了短短幾十年的時間就滅亡了。但是，就其本身而言，大運河對於後世發揮了非常重要的作用。

沿革

唐朝時，對運河作過一些修整。如於西元七四二年在三門峽以東，人們在岩石中曾開鑿一條渠道，為「天寶河」。

後來的各個朝代，從維護統治階級切身利益出發，都繼續使用和修築了大運河。元朝定都在大都（今北京），全國政治、經濟中心移到這裏。因而，需要一條直通南北的運輸線。

元世祖忽必烈在一二八九年，下令開鑿會通河。這條河北始臨清，南到東平路（今山東境內）的安山。又從北京到通縣間開了一條通惠河，與原有的舊河道溝通。這樣一來，由杭州到北京，就可以不繞道洛陽，直接到達。而隋朝開掘的部分河道由於年久淤塞，未加清理，逐漸廢棄了。現在的大運河，基本上是元朝的河道。

影響

大運河是中國古代勞動人民創造的一個偉大的水利建築工程。它北起北京，南到杭州，貫通河北、山東、江蘇、浙江四省，全長為一七九四公里，是中國古代南北交通的大動脈，也是世界上開鑿最早、規模最大的運河。大運河的開鑿，在中國的歷史長河中佔據著非常重要的地位。

32 隋唐之際征高麗

從唐朝開始，來自東北方向的侵略，比起其他的少數民族的侵擾，就要致命得多。在隋朝的時候，中華帝國東北部崛起了一個地區強國——高麗。高麗強迫自己周圍的一些小國家臣服自己，逐漸成為東北地區的霸主。不但如此，高麗還插手中國的統一事業。這一切，都成為後來隋煬帝和唐太宗、唐高宗屢次征伐高麗的原因。

隋煬帝征高麗和隋朝的滅亡

高麗又稱高句麗，在朝鮮半島北部，開皇十八年（五九八年），高麗王高元進攻遼西，被營州總管追擊。隋文帝曾以大軍出征高麗，終因孤軍深入，無功而返。至煬帝時又進行了三次親征高麗的戰爭。

第一次出征是在大業七年（六一一年）二月，煬帝下詔為伐高麗做好準備。八年春，四方兵眾共一百一十三萬三千人聚集涿郡，分左右各十二軍，由宇文述等率領，經遼東進入高麗，而煬帝就親往遼東督師。水路方面，來護兒率江淮水師，由山東渡海先行登陸，至平壤郊外，因遭高麗伏兵突襲，敗退。陸路方面，三十萬隋軍渡鴨綠江，高麗兵佯裝敗退，大軍追至平壤城下，被圍擊。隋軍大潰，僅二千七百人退還遼東。

大業九年（六一三年）春，隋軍第二次出征高麗，煬帝亦親至遼東前線督師。戰事互有勝負，楊玄感趁隋軍征高麗，乘機在黎陽（今河南浚縣東北）反叛，並攻東都，煬帝大驚，急引軍還。

大業十年（六一四年）春，煬帝又親至涿郡，督師第三次出征高麗。來護兒率水軍直趨平壤，高麗王高元乞降。由於連年戰爭，雙方均損失慘重，加上隋朝內部發生農民起事，幾遍全國，煬帝只得從遼東罷兵而歸。出征高麗耗時四年，所花之人力、物力極巨，代價極大，隋王朝的國力也從此轉向衰落。繁苛的徵調使「天下死於役而實傷於財」，特別是山東、河北地區尤為嚴重。因山東的東萊和河北的涿郡，是當時進攻高麗的軍事基地，民眾負擔奇重，加上大業七年（六一一年）這一帶又發生水災，淹沒三十餘郡，因而民變首先在這裏爆發。

高麗人使用的圓瓦

大業七年，當煬帝準備第一次對高麗作戰時，王薄在長白山（指今山東章丘東北）首先起來反隋，他自稱「知世郎」，作《無向遼東浪死歌》，勸百姓不要從軍至高麗送死。待到大業九年（六一三年）煬帝二征高麗時，各地民變更加發展。這時侯在黎陽（今河南浚縣東）督運軍糧的貴族楊玄感遂乘機起兵反隋，打出「為天下解倒懸之急，救黎民之命」的旗號，故從者每日以數千計。楊玄感雖然很快被隋朝派來的軍隊所鎮壓，但一場席捲全國之民變已勢所難免。

在大業九年以前，民變主要局限於山東、河北一帶。大業九年以後，已迅速擴展到河南、江南、嶺南、關中、淮南，遍及全國各地。除了民變外，隋朝的許多貴族、官吏也紛紛倒戈，形成群雄並起倒隋的局面。史稱當時反隋的有一百數十路煙塵。

大業十三年（六一七年），隋之太原留守李淵（五六六—六三五）用其次子李世民（五九九—六四九）之謀略，在太原起兵，並攻取了長安。旋立煬帝十三歲之孫為恭帝，遙尊煬帝為太上皇。淵自為丞相，封唐王。大業十四年（六一八年），煬帝在江都被部下宇文化及所弒，李淵即廢恭帝而自立，建國號曰唐，隋朝至是滅亡。

唐朝的征遼

七世紀的六四四年，中國正是唐朝的第二個皇帝唐太宗的天下。他忍了好多好多年，決心親征東北的高麗了。高麗那時候，不僅在朝鮮半島稱霸，北邊的勢力，還延伸到中國東北的遼水流域，這是好大喜功的唐太宗絕不能忍耐的。不能忍耐歸不能忍耐，他不能不小心，因為隋朝就為了三十年前打高麗，害得國內空虛，引起了革命，唐太宗才趁機滅了隋朝，建了唐朝。如今三十年後，他自己再重新發動這一進攻，是不能不特別小心的。

唐太宗的計劃是，用二十萬人以下的兵力，快速進攻，速戰速決。他把這個計劃告訴了一個三十年前曾參加打高麗的老戰士，但老戰士卻說：遼東太遠了，補給困難，高麗人很會守城，速戰速決恐怕很難。但是，老戰士勸阻不了唐太宗，最後勸阻他的一個大臣魏徵也死了，沒有人勸得住他，他決心打這場仗了。

六四五年三月，他要出發了，他留守後方的兒子很緊張，哭了好幾天。最後，為他送行的時候，他指著自己的衣服對兒子說：「等到下次看見你，再換這件袍子。」——衣服都不用換季，仗很快就會打勝的。

五月，唐朝的大軍打到了遼東城下，遼東是現在中國東北的遼陽城，血戰以後，攻下了遼東城。六月，已進軍到安市（遼寧蓋平縣東北）。高麗動員了十五萬人，雙方展開了惡鬥，最後高麗打不過，就決定堅壁清野，將幾百里內斷絕人煙，使唐朝軍隊無法就地找到補給。就這樣，戰爭拖下去了。

夏天快到了。唐太宗還穿著原來的袍子，不肯脫下來。七月過去了，八月過去了，儲存的糧食快光了，東北的天氣也冷了，唐太宗的袍子也破了。新袍子拿來，他拒絕換，他說，將士們的袍子也都破了，我一個人怎麼穿新的？最後，只好撤軍了。九月在撤退裏度過，十月在撤退裏度過，十一月，才回到幽州，到幽州的時候，所有的馬只剩下五分之一了。幽州，就是北京。

唐太宗很痛苦，他換掉了舊袍子，可是換不掉舊的創痕。魏徵要是活著，就好了，他想。魏徵活著，就會勸他別打這場仗。他派人到魏徵墳上，新立了一座碑。把魏徵的

唐狩獵出行壁畫

妻子兒子找來，特別慰問他們，表示他對魏徵的懷念。

影響

經過了充分的準備之後，唐高宗的時候，唐朝聯合朝鮮半島上的新羅，共同對付高麗和它的盟國百濟，這一次，徹底滅掉了高麗和百濟。唐政府把北部納入自己的統治，而讓新羅統一了朝鮮半島。這對於朝鮮的統一，是一件大事。而且，通過這場戰爭，徹底滅亡了高麗和百濟，並且打敗了日本，徹底解除了中國來自東北方向的威脅，為中國的強盛奠定了基礎。

經過這場戰役以後，中國和朝鮮半島之間的交往也逐漸多了起來，大量的韓國留學生和僧侶來到中國學習各種知識，促進了中韓之間的文化技術交流。

33 貞觀之治

唐太宗李世民十八歲慫恿父親李淵發難，他手下「智囊」又多，唐高祖的事業，大部由他策劃。並且他自己作戰時身先士卒，弱冠時已經能指揮十萬人以上的部隊，擔任獨當一面的軍事政治工作。說他毫無差錯，未免過當，但是從各種資料看來，他籌算周密，並且自己經常在最危險的地方出現，例如以數騎在陣前與敵將答話，因之樹立了他個人的威望，能夠高度發揮他的領導力量。

貞觀盛世

西元七世紀的初唐，可算得是中國歷史上令人振奮的一段時期。六三〇年李靖破突厥，唐太宗李世民被四夷君長推戴為「天可汗」。當日高祖李淵已退位為太上皇，仍在凌煙閣置酒慶賀。上皇自彈琵琶，皇帝則當眾起舞，這種場面，在中國歷史上絕無僅有。茲後唐軍又攻佔西域諸國，使中國威勢達到蔥嶺以西，與波斯及印度接觸。在唐初只有高麗能對中國作堅強的抵抗，但是高宗朝終克平壤，置安東都護府。

唐朝除武功之外，繼以文治。國都長安東西九・六六公里，南北八公里。現代西安市的城緣，還只有其面積的八分之一。而且整個城市按計劃興築，全城分為一一〇個方格，南北馳道竟有五百尺寬，無疑在當時已經打破世界諸種紀錄。

因為各國朝貢使節眾多，各種服裝離奇，中書侍郎顏師古即於貞觀三年（西元六二九年）請畫師作「王會圖」紀念盛況。茲後終唐之世，波斯來使十次。日本的「遣唐使」，更是規模宏大。起先每次還只遣派三五百人，後來每次二十人，除了正副使外，還有大批留學生和「學問僧」。其中有些人員，在中國一住就是幾十年。他們回國之後，仿照唐朝的法令制度，至今在日本歷史中仍稱「委令政治」。唐朝的均田制，在日本則為「班田」。奈良和平安（現在的京都）則是照長安設計興建，只是範圍遠遠不如，而且還沒有依計劃完成。長安有朱雀門街，奈良和平安的南北馳道，也稱「朱雀大路」。鄧之誠根據《新唐書》《舊唐書》的記述列表分析和唐朝接觸的「諸族」，共有四十八「國」。內中「朝貢」的二十九，「納士」的六，「歸附」者五，「和戰不常」及「畔附不常」的四，「聘問」的二，「來留學」者一，「和親」者一。這樣也可以表示勝朝的盛事了。

唐太宗畫像

因此唐朝在中國歷史上，最屬「外向」。並且初唐時，朝廷信心堅強，也能對各宗教一體扶植，不加阻撓。玄奘往印度取經歸，太宗親自詔見，並且以政府的人力物力，資助他的翻譯工作。茲後印度及西域的高僧在唐時來華翻譯經典的不下數十人。其他景教、祆教、摩尼教也都在長安設有寺院，其教正長老，也由政府不分軫域，授以官位品

職。L. Carrington Goodrich之《中國人民簡史》引一現代學者的觀察稱：「長安不僅是一個傳教的地方，並且是一個有國際性的都會，內中敘利亞人、阿拉伯人、波斯人、韃靼人、西藏人、朝鮮人、日本人、安南人和其他種族與信仰不同的人都能在此和衷共處，這與當日歐洲因人種及宗教而發生兇狠的爭端相較，成為一個顯然的對照。」

打開這局面的，當以太宗李世民一人的力量為多。或許因為他本身帶有少數民族血統之故，因此無論胡漢，他一視同仁。這種作風對有唐一代具有決定性的影響。李世民自己對侍臣說：「自古帝王雖平定中原，有能服戎狄。朕才不逮古人，而成功則過之。所以能及此者，自古皆貴中華，賤夷狄，朕獨愛之如一，故其種落皆依朕如父母。」因之唐代番將特多，趙翼的《陔余叢考》書內也有提及。

七世紀初期是帝王將相樹立功業的黃金時代。「第二帝國」的粗胚胎，胡漢混血，以小自耕農作基礎的範疇業已創建就緒。就算楊隋將之濫用，從技術的角度看來其高壓政策仍在長期的歷史上有組織的功效。況且經過煬帝末年及唐高祖初年的廝殺，人心望治，有如魏徵所說：「譬如饑者易為食，渴者易為飲也。」李世民在這時候勤於聽政，勇於就諫，是以徹底運用機緣，而達成歷史上的「貞觀之治」。據稱「東至於海，南極五嶺皆外戶不閉，行旅不齎糧，取給於道路」，最為歷史家豔稱。西方的漢學家對中國的皇帝向來批評的多，但對於唐太宗李世民，幾乎一致的恭維。

魏徵像

西元六二八年，李世民出宮女三千餘，令之「任求伉儷」。六三三年縱獄囚應死者三百九十人歸家，命令他們秋後自來就死，至期皆至，如是全部赦免。白居易有詩，歌頌太宗德政：

怨女三千出後宮，死囚四百來歸獄。

貞觀之政之源

唐太宗即位後，因親眼目睹隋朝的覆亡，所以常用隋煬帝作為反面教材，來警誡自己及下屬。他像荀子一樣，把人民和君主的關係比作水與舟，認識到「水則載舟，亦則覆舟」，因此留心吏治，選賢任能，從諫如流。他唯才是舉，不計出身，不問恩怨。在文臣武將之中，魏徵當過道士，原係太子建成舊臣，曾謀劃過暗害太宗；尉遲恭做過鐵匠，又是降將，但都受到重用。太宗鼓勵臣下直諫，魏徵前後諫事二百餘件，直陳其過，太宗均虛心接納，並擇善而從。魏徵死後，太宗傷心地說：「夫以銅為鏡，可以正衣冠；以古為鏡，可以知興替；以人為鏡，可以明得失。魏徵逝，朕亡一鏡矣。」

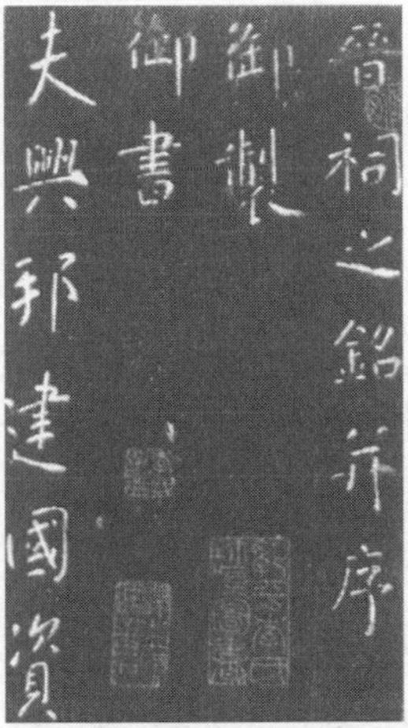

唐太宗李世民《晉祠銘》

太宗在經濟上特別關注農業生產，實行均田制與租庸調制，「去奢省費，輕傜薄賦」，使人民衣食有餘，安居樂業。在文化方面，則大力獎勵學術，組織文士大修諸經正義和史籍；在長安設國子監，允許四夷君長遣子弟到長安來留學。此外，太宗又屢次對外用兵，經略四方，降東突厥、平薛延陀、征高麗、服吐蕃、平回紇，使唐之國威遠播四方。太宗則被西北諸國尊為「天可汗」，成為當時的國際盟主。

影響

總之，在太宗執政的貞觀年間（西元六二七—六四九年），出現了一個政治清明、經濟發展、社會安定、武功鼎盛的太平盛世，史稱「貞觀之治」。看完貞觀之治，大家必然會明白為甚麼到了今天，中國人仍自稱為「唐人」，亦會了解到為何世界各地都會有「唐人街」了。

34 唐藩和親

吐蕃人是藏族的祖先，生活在青藏高原，有的以遊牧為業，有的從事農耕，手工業有一定的發展，以紡織和冶鑄業水平較高。七世紀前期，吐蕃傑出的首領松贊干布統一各部，建立了強大的奴隸制政權，都城在邏些。西元六三四年，吐蕃王朝已經是中國西部的一個統一而強大的王朝，這時中國中心部位的漢族王朝是強盛的唐朝，唐朝當時是世界上經濟和文化最發達的國家之一。同一時代的兩位天才政治家、軍事家松贊干布和唐太宗李世民，都適時地掌握了客觀需要，以蕃唐通婚的形式，建立了友好和平關係。

松贊干布是藏族歷史上著名的人物。他是吐蕃第三十二代贊普，統一了西藏各部並使吐蕃發展到極盛。松贊干布還建成了聖城拉薩，並遷都於此。在此之前，吐蕃的根基地是在距澤當三十公里處的瓊結，吐蕃諸部在此駐留達八百餘年。傳說第一任聶赤贊普是在西元前二三七年的某天從天而降的，落腳的地方恰好就是雅礱河谷源處的雅拉香波神山。俊美偉岸並且聰慧不凡的聶赤贊普在被雅礱地方的人問及從何而來時，以手指天作答，遂被當地人認為是天神之子，從而擁立他為王。藏語中「聶」意為脖子，「赤」意為寶座，因發現他的人是以脖子為座迎他而歸，故得名。

文成公主入藏

西元七世紀初，中原地區經過數年的戰爭，李淵（唐高祖）、李世民（唐太宗）父子於六一八年以長安為都城建立了中國歷史上空前的大唐帝國，國勢非常強盛，成為當時東亞地區文明的中心，對周邊民族部落產生了強烈的影響，許多民族部落紛紛與唐朝修好，或稱臣內附，或納貢請封，促進了漢族與其他少數民族的交流。

而在這個時候，一代英主松贊干布也已稱雄雪域高原，完成了對一些小國的兼併，定都邏些（今西藏自治區拉薩），建立了統一的吐蕃王朝，並積極謀求與唐朝建立密切關係。從西元六三四年始，他兩次派能言善辯，聰明機智的大相祿東贊出使長安，向唐皇求親。西元六四一年，唐太宗終於同意了松贊干布和親的請求，答應把宗室女文成公主嫁給他。於是文成公主在唐蕃專使及眾侍從的陪同下，踏上了漫漫的唐蕃古道。有關祿東贊出使長安的傳說，以及他運用聰明才智，勘破了唐皇設的一道道難題，終於為松贊干布娶回了美麗善良的文成公主的故事，在藏族民間故事中有許多記載。

西藏大昭寺文成公主金像

松贊干布多年的夙願得以實現，十分高興，親自率軍遠行至柏海（今青海瑪多縣境）迎候。在離黃河源頭不太遠的扎陵湖和鄂陵湖畔，松贊干布建起「柏海行館」，一對異族夫婦便在這美麗的地方，度過了他們的洞房花燭夜。

松贊干布和文成公主至玉樹（在今青海省）時，看到這裏景色優美，氣候宜人，而且長途跋涉，需要休息，兩人便在一條山谷裏住了一個月。文成公主閒暇時，拿出父皇送給她的穀物種子和菜籽與工匠一起向玉樹人傳授種植的方法和磨麵、釀酒等技術。玉樹人非常感激文成公主，當公主要離開繼續向拉薩出發時，他們都依依不捨。當地的藏民還保留了她的帳房遺址，把她的足跡和相貌都刻在石頭上，年年膜拜。西元七一〇年，唐中宗時，唐室的又一名公主金城公主也遠嫁藏王，路過這裏時，為文成公主修了一座廟，賜名為「文成公主廟」。

文成公主安抵拉薩時，人們載歌載舞，歡騰雀躍，歡迎她的到來。

文成公主對西藏的影響

當時，唐朝佛教盛行，而藏地無佛。文成公主是一位虔誠的佛教徒，她攜帶了佛塔、經書和佛像入蕃，決意建寺弘佛。她讓山羊背土填臥塘，建成了「大昭寺」。大昭寺建成後，文成公主與松贊干布親自到廟門外栽插柳樹，成為後世著名的「唐柳」。著名的「甥舅同盟碑」，也稱「長慶會盟碑」就立在唐柳旁。現在大昭寺大殿正中供奉著的一尊釋迦牟尼塑像，也是文成公主當年從長安請來的。大殿兩側的配殿內，有松贊干布、文成公主的塑像，十分精美生動。只是他們臉上因布施獻金的人太多，而綻開了金皮疙瘩。

後來，文成公主又修建了小昭寺。從此，佛教慢慢開始在西藏流傳。文成公主還對拉薩四周的山分別以妙蓮、寶傘、右施海螺、金剛、勝利幢、寶瓶、金魚等八寶命名，這些山名一直沿用到現在。

文成公主一方面弘傳佛教，為藏民祈福消災，同時，還拿出五穀種子及菜籽，教人們種植。玉米、土豆、蠶豆、油菜能夠適應高原氣候，生長良好。而小麥卻不斷變種，最後長成藏族人喜歡的青稞。文成公主還帶來了車輿、馬、騾、駱駝以及有關生產技術和醫學著作，促進了吐蕃的社會進步。

立於西藏大昭寺門前的唐蕃會盟碑

松贊干布非常喜歡賢淑多才的文成公主，專門為公主修築的布達拉宮，共有一千間宮室，富麗壯觀。但後來毀於雷電、戰火。經過十七世紀的兩次擴建，形成現在的規模。布達拉宮主樓十三層，高一一七公尺，占地面積三十六萬餘平方公尺，氣勢磅礴。布達拉宮中保存有大量內容豐富的壁畫，其中就有唐太宗五難吐蕃婚使噶爾祿東贊的故事，文成公主進藏一路遇到的艱難險阻，以及抵達拉薩時受到熱烈歡迎的場面等。這些壁畫構圖精巧，人物栩栩如生，色彩鮮豔。布達拉宮的吐蕃遺址後面還有松贊干布當年修身靜坐之室，四壁陳列著松贊干布、文成公主、祿東贊等的彩色塑像。

西元六四九年，唐太宗李世民去世，新君高宗李治繼位後，遣使入蕃告哀，並授松贊干布「駙馬都尉」，封他為「西海郡王」。松贊干布派專使往長安吊祭太宗，獻金十五種供於昭陵（唐太宗墓），並上書唐高宗，表示對唐朝新君的祝賀和支持。唐高宗又晉封松贊干布為「王」，並刻了他的石像列在昭陵前，以示褒獎。

影響

松贊干布迎娶文成公主後，中原與吐蕃之間關係極為友好，此後二百多年間，很少有戰事，使臣和商人頻繁往來。松贊干布十分傾慕中原文化，他脫掉氈裘，改穿絹綺，並派吐蕃貴族子弟到長安國學讀書。唐朝也不斷派出各類工匠到吐蕃，傳授各種技術。

文成公主知書達禮，不避艱險，遠嫁吐蕃，為促進唐蕃間經濟文化的交流，增進漢藏兩族人民親密、友好、合作的關係，做出了歷史性的貢獻。這一切不僅被載入史冊，也深深銘刻在漢藏人民心中。

35 唐律疏議，法律基石

人類最初的法律脫胎於原始氏族規範。原始規範是氏族習慣，是簡單的、非正式的，同原始社會的生產力低下的狀況相適應。原始規範的實施主要依靠人們內心信念、習慣、氏族首領的威信，原始規範中沒有權利義務之分，以血緣關係為基礎而建立社會秩序，其調整範圍也以血緣關係為界限。

古代法分奴隸制和封建制兩種。西元前十八世紀的《漢謨拉比法典》是奴隸制社會古巴比倫法的代表，也是世界上迄今為止基本完整保留下來的最早的成文法典。中國古代奴隸制法大約出現在西元前二十一世紀至十一世紀的夏商王朝，西方奴隸制法的主要代表是古希臘法（以實行民主政體的雅典和實行貴族政體的斯巴達為代表）和古羅馬法（西元前四四九年的《十二銅表法》是古羅馬以原習慣法為基礎制定的第一部成文法；西元六世紀的《查士丁尼民法大全》是反映簡單商品經濟關係的對後世影響重大的一部完備的奴隸制法律文獻）。

中國最早進入封建社會。戰國初期李悝的《法經》是中國歷史上第一部比較系統的封建制法典。秦漢後歷代都有統一的系統法典，唐律更以其體系嚴謹、內容詳備、風格成熟成為封建制法的典範。歐洲封建社會地方習慣法、羅馬法、教會法、城市商法以及

35　唐律疏議，法律基石

國王的敕令多種法律並存。不同時期不同國家各有側重，但一般都經歷了由分散的地方習慣法向全國統一的成文法的發展過程。

《永徽律》

唐代的《永徽律》（也叫《唐律》）是我國最完整最有代表性的一部封建法典。《永徽律》是在總結秦漢以來歷代封建統治者的司法經驗基礎上，根據唐王朝統治的需要而制定的。它是我國封建社會經濟文化發展到鼎盛時期的產物。《永徽律》結構嚴謹，文字洗煉，體例規範，內容完備，是我國封建社會最有代表性的一部法典。

新疆吐魯番出土的唐律殘片

《唐律疏議》三十卷，唐代長孫無忌等奉皇帝之命編撰。它是我國現存最早最完整的一部法典。《唐律疏議》實際上由兩部分組成，即唐律的律文部分及長孫無忌等人對律文的疏釋部分。因為文中疏釋部分以「議曰」二字開頭，所以被人們稱為《唐律疏議》，或者《唐律疏義》。

唐代法典包括律、令、格、式四部分。其中律居首位，律即刑法典，是用於定罪的。

「令」就是國家的制度和政令。

「格」就是對文武百官的職責範圍的規定，用作考核官員的依據。

「式」是尚書各部和諸寺、監、十六衛的工作章程。

唐高祖時就命裴寂等人在隋朝《開皇律》的基礎上編制了《武德律》。唐太宗貞觀年間，又命長孫無忌、房玄齡等人對《武德律》加以修改和刪定，用了十幾年的時間，編成了《貞觀律》。唐律自從貞觀年間修改後，就沒有再作過大的變動。唐高宗即位後，除了對律文做過一些個別的調整外，主要是解決律文在執行過程中存在的解釋無憑的問題。永徽三年（六五二年），唐高宗委派長孫無忌等十九人編寫《律疏》，第二年完成，當時叫作《永徽律疏》，於是頒行全國。編寫《唐律疏議》的目的是為了給唐律的條文提供一個權威的解釋，因為唐律在實施過程中，沒有一個統一的解釋，對於怎樣理解唐律的條文以及用哪條律文更合適都沒有統一的標準，這就影響了唐律的實施效果。《唐律疏議》對解決這一問題是很有好處的。

《唐律疏議》按照唐律十二篇的順序，對五百零二條律文逐條逐句進行了注解，並以問答的形式，辨異析疑。編撰者還根據戰國秦漢魏晉南北朝至隋以來的封建法律理論，對於律文的內容敘述其源流，對其含義加以發揮，並對不完備的地方加以補充，使唐律的內容更加豐富。因為《唐律疏議》是官方編寫又由皇帝命令頒行全國，所以具有極大的權威性，從此以後唐代官吏審理案件都要以它作為標準。注釋部分實際上與律文部分具有同樣的法律效力。因此，《唐律疏議》的實踐結果遠遠超過了原來的編撰目的，它不僅僅是唐律的注釋書，而且成為與律並行的唐代國家法典之一。

《唐律疏議》編定後，歷經高宗、武后、中宗、玄宗等朝，又做過一些修改，但都屬於個別內容的增改和個別文字上的修訂。從唐律的發展和《唐律疏議》的沿革過程看，《唐律疏議》是唐朝的一代之典。

《唐律疏議》作為封建法典，有著濃厚的封建思想意識，體現著封建統治階級的階級意志。它反映了禮制、君主專制、等級制度和宗法制度等內容。《唐律疏議》的法律思想有以下兩個特色：第一，「德禮為政教之本，刑罰為政教之用」，倫理道德和法律相結合，前者為主，後者為輔。第二，簡化法律條文，減輕刑罰。如《貞觀律》中的刑罰，與隋律相比，去掉了死刑九十二條，減流為徒者七十一條，其餘變重為輕者也很多。

唐律是秦漢以來封建專制時代較為寬簡的法律。

《唐律疏議》首篇的《名例律》如同現代法律的總則，表達了唐律的基本精神和基本原則。其餘十七篇相當於現代刑法的分則，具體規定了什麼行為構成犯罪以及犯罪後如何處罰的各種條款。

《唐律疏議》規定了笞、杖、徒、流、死五種刑罰，統稱為五刑。

十惡被認為是最嚴重的罪行，所以列於首篇。所謂十惡都是指直接侵犯專制皇帝的統治基礎及封建統治秩序的行為，十惡具體指：謀反、謀大逆、謀叛、惡逆、不道、大

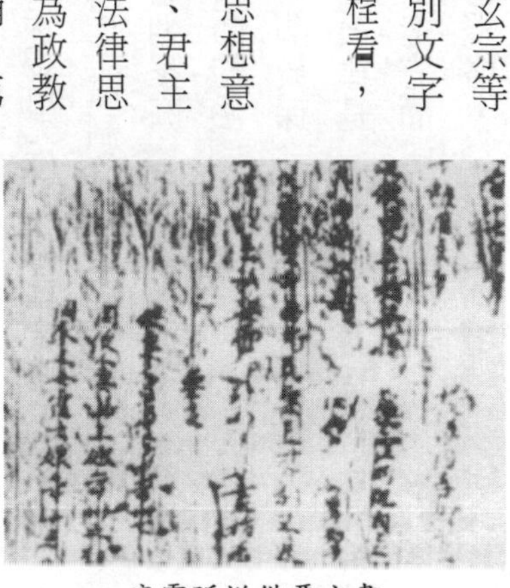

唐霍昕悅借票文書

不敬、不孝、不睦、不義、內亂。犯十惡罪者皆處以重刑，不享有贖、免等特權，所謂「十惡不赦」就是這個意思。

八議，八議制度起源很早，唐律則規定得更為詳備。

八議的對象主要指以下幾種人，親、故、賢、能、功、貴、勤、賓。總之不外乎皇帝的親戚故舊，或者封建王朝的官僚貴族。這些人只要不是犯了十惡罪，其他罪行都可以通過各種途徑減輕或免於處罰。這種特權制度，反映了等級和階級差別。

唐律《名例律》還規定了一些原則，對如何認定犯罪性質和確定刑罰方面具有指導意義。劃分公罪與私罪，關於自首減免刑罰的規定，關於共同犯罪的處理原則，關於合併論罪的原則，關於累犯加重的規定，關於區分故意與過失，關於類推的一般原則，等等。關於老幼廢疾減刑的規定，關於同居相瞞不為罪的規定，關於涉外案件的處理原則。這些基本原則的規定，充分證明唐朝的法律制度是相當完備和相當細密的。

衛禁律是關於警衛宮室和保衛關津要塞方面的法律。職制律是關於官吏職務及驛傳方面的法律。戶婚律是關於戶籍、土地、賦稅以及婚姻家庭方面的法律。廄庫律是關於國有牲畜和倉庫管理方面的法律。擅興律是關於發兵和興造方面的法律。賊盜律是關於保護封建政權及地主階級生命財產不受侵犯的法律。鬥訟律是關於鬥毆和訴訟方面的法律。詐偽律是關於欺詐和偽造方面的法律。雜律是關於買賣、借貸、度量衡、商品價格規格、

唐花釉罐

犯奸、國忌作樂、私鑄貨幣、賭博、決失堤防、破壞橋梁、放火失火、醫療事故、阻礙交通等方面的法律。捕亡律是關於追捕罪犯和逃亡士兵及役丁的法律。

中華法系的柱石

西元七世紀《唐律》產生，中國封建法律趨於完善和定型，在我國封建法制發展史上，起到了承先啟後的作用。嗣後，宋、元、明、清各代法律，基本上承襲《唐律》。清代《大清律例》以律為基本形式，以令、格、例、敕等為補充。從《法經》到最後一部封建法典《大清律例》，相互間陳陳相因，具有十分清晰的沿革關係和內在聯繫，確有獨特之處。而中華法系是以《唐律》為基礎形成和發展起來的，它對國外影響也很大。如：「明治維新」的日本、朝鮮、越南等國的法律，也以《唐律》為藍本，形成了中華法系。《唐律》被稱為世界五大法系之一的中華法系的代表。法系是指根據法律的歷史傳統，對法律所作的分類。凡具有同一歷史傳統的法律就構成同一個法系。中華法系是指中國古代的法律的體系，它是世界五大法系之一，在世界法制史上具有重要的地位。

宋朝的《宋刑統》，就律文而言，只是唐律的翻版。元朝的《至元新格》的二十篇，與唐律的九篇相同，其他八議，十惡、官當制度都沿用唐律。明代《大明律》、清代《大清律例》都受到唐律影響。

日本文武天皇大寶元年（七六一年）所制定的《大寶律令》，有律六卷，共分十二篇，其篇名與次序都與唐律相同，而且律文的內容也很多相似。朝鮮的《高麗律》不僅在篇目體系上與唐律相同，在內容方面，如刑名種類和對特權階級的優待條款等，也都與唐律極為相似。在越南，歷代刑律也多仿照唐律。

影響

《唐律疏議》不僅完整保存了唐律，還保存了大量唐代的令、格、式的內容。同時記載了大量有關唐代政治、社會經濟的資料，是研究唐代階級關係、等級關係以及官制、兵制、田制、賦役制的重要依據。所以，清代學者王鳴盛稱《唐律疏議》為「稀世之寶」。

36 女主臨朝，千載一人

唐太宗是個精明能幹的皇帝，但是他的兒子高宗卻是個庸碌無能的人。唐高宗即位以後，自己不會處理朝政大事，一切靠他的舅父、宰相長孫無忌拿主意。後來，他立了皇后武則天，情況就發生了變化。

武則天本來是唐太宗宮裏的一個才人（一種妃嬪的稱號），十四歲那年，就服侍太宗。當時太宗的御廄裏，有匹名馬，叫「獅子驄」，長得肥壯可愛，但是性格暴躁，不好駕馭。有一次，唐太宗帶著宮妃們去看那匹馬，跟大家開玩笑說：「你們當中有誰能制服它？」妃子們不敢接嘴，十四歲的武則天勇敢地站了出來，說：「陛下，我能！」太宗驚奇地看著她，問她有什麼辦法。武則天說：「只要給我三件東西：第一件是鐵鞭，第二件是鐵錘，第三件是匕首。它要是調皮，就用鞭子抽它；還不服，用鐵錘敲它的頭；如果再搗蛋，就用匕首砍斷它的脖子。」唐太宗聽了哈哈大笑。他雖然覺得武則天說的有點孩子氣，但是也很讚賞她的潑辣性格。唐太宗死後，按照當時宮廷的規矩，武則天被送進尼姑庵。這當然是她很不情願的。

武則天像

唯一的女皇

唐高宗在他當太子的時候，就看中了武則天。即位兩年後，他把武則天從尼姑庵裏接出來，封她為昭儀（妃嬪的稱號）。後來，又想廢了原來的王皇后，立武則天做皇后。這件事遭到很多老臣的反對，特別是高宗的舅父長孫無忌，說什麼也不同意。

武則天私下拉攏一批大臣，在高宗面前支持武則天當皇后，有人對高宗說：「這是陛下的家事，別人管不著。」唐高宗這才下了決心，把王皇后廢了，讓武則天當皇后。

武則天當了皇后以後，就使出她那果斷潑辣的手段，把那些反對她的老臣一個個降職、流放，連長孫無忌也被逼自殺。不多久，那個本來已經十分無能的高宗害了一場病，成天頭昏眼花，有時候連眼睛都張不開。唐高宗看武則天能幹，又懂得文墨，索性把朝政大事全交給她管了。

西元六八三年，高宗死了。武則天先後把兩個兒子立為皇帝——中宗李顯和睿宗李旦，都不中她的意。她把中宗廢了，把睿宗軟禁起來，自己以太后名義臨朝執政。西元六九〇年九月，武則天接受大家的請求，自稱聖神皇帝，改國號為周。她就成了中國歷史上唯一的女皇帝。

在武則天登基作皇帝之前，武則天進行了一系列的改革，來鞏固自己的統治。第一是修改《氏族志》為《姓氏錄》，從傳統上和輿論上打擊和削弱一貫反對自己的士族官僚集團，扶植和依靠新興的庶族地主階級。這樣使士族官僚不再有入仕做官的優越條件，也不能因出身豪貴而為所欲為。而對庶族出身的官員，也不再因門第貧賤而受恥受辱於人。修成的《姓氏錄》再也看不到士族貴族的特權，原來連《氏族志》都不能列入的武氏，在《姓氏錄》中，卻定為姓氏的第一等。再次，是變更官名，改東都洛陽為神都，為自己登位稱帝，建立新秩序，邁出重要的一步。向舉國表示自己大位一統至高無上的權力。

如果說，武則天在稱帝前三十餘年參政執政的政治生涯中，已顯示出驚人的政治謀略和手段。那麼，在稱帝之後的十餘年中，則更充分地顯示了她在用人、處事、治國等各個方面傑出的政治才能和政治家的氣魄。

則天稱帝後，更重視人才的選拔和使用。她認為「九域之廣，豈一人之強化，必佇才能，共成羽翼」。凡能「安邦國」、「定邊疆」的人才，她不計門第，不拘資格，一律量才使用。為了廣攬人才，她發展和完善了隋以來的科舉制度，放手招賢，允許自舉為官、試官，並設立員外官。此外，她還首創了殿試和武舉制度，為更多更廣地發現人才，搜羅人才創造了有利的條件。比如，中唐名將郭子儀，就是「自武舉異等出」。這樣，在她施政的年代裏，始終有一批「文似仁傑」，「武類休武」的能臣幹將為其效命，有力地維護著武周的政權。

對於農業生產，則天也非常重視。她說：「建國之本，必在務農」，「務農則田墾，田墾則粟多，粟多則人富」。她規定，能使「田疇墾闢，家有餘糧」的地方官升任；「為政苛濫，戶口流移」的「輕者貶官，甚至非時解替」。這樣，在她執政的年代裏，農業和手工業都得到較大的發展，人口不斷增加。據當時統計，永徽時全國戶數為三百八十萬戶，到則天臨終的神龍元年，漸增為六一五萬戶，幾乎增長一倍。僅此一點即可看出這一時期的農業經濟發展情況。

在抗擊外來入侵，保護邊境安寧，改善相鄰各國的關係方面，則天施政時期也做了很多努力。對吐蕃貴族的入侵和騷擾，則天給予堅決的抵禦和反擊。長壽元年（六九二年）她派大將王孝傑擊敗吐蕃，收復安西四鎮，復置安西都護府於龜茲。之後，又在庭州設置北庭都護府，鞏固西北邊防，打通了一度中斷的通向中亞地區的「絲綢之路」。在她施政的年代裏，堅持邊軍屯田的政策。天授年間，婁師德檢校豐州都督「屯田積穀數百萬，兵以饒給」。大足元年（七〇一年），郭元振任涼州都督，堅持屯田五年，「軍糧可支數十年」。武氏的這種大範圍的長期屯田，對邊區開發、減輕人民轉輸之勞，以及鞏固邊防都有著積極的作用。

當然，在武則天掌權近半個世紀的較長時期內，也有很多過失。她重用酷吏，獎勵告密，使不少汙吏橫行一時。他們刑訊逼供，濫殺無辜，誣陷於人，使不少文臣武將蒙受不白之冤。這些雖然對武周政權的鞏固起過一些作用，但是，搞得統治集團內部矛盾激化，人人自危，必然影響國家的治理和生產的發展。她放手選官，使官僚集團急劇增大，官僚機構膨脹，必然要加重人民的負擔。她晚年好大喜功，生活奢靡，耗費大量財資和勞力。這都不同程度地影響和延緩了生產力的發展。不過，這些錯誤和過失，畢竟是武則天政治生涯中的支流。她作為中國歷史上唯一的女皇帝，能夠排除萬難，在統治長達半個世紀的年代，形成強有力的中央集權，社會安定，經濟發展，上承「貞觀之治」，下啟「開元盛世」，革除時弊，發展生產，完善科舉，破除門閥觀念，不拘一格任用賢才，順應歷史潮流與大刀闊斧改革的歷史功績相比，實難同日而語。她的歷史功過，恰如她給自己立下的那塊「無字碑」一樣，只能由歷史去作出評論和判斷。

女皇出現的原因

武則天是中國歷史上唯一的女皇，前無古人，後無來者。她以一弱小女子，十四歲為唐太宗才人，繼為唐高宗昭儀、皇后，最後在男尊女卑的封建社會竟然坐上國家廟堂的第一把交椅，對文武大臣召來揮去，掌天下生殺予奪之權，使男人威風掃地，這實在是一件異乎尋常之事。究其原因，固然與武則天的個人因素有關：她有傑出的政治才能和強烈的統治欲望，既善搞陰謀詭計又會收拾人心，既有一定氣度又心狠手辣。但是任何歷史人物，無論有多大能耐，離開歷史條件，都將一無所為。為什麼唐代能夠出現一位女皇帝呢？

武后行從圖（局部）

唐代，特別是唐前期，是一個開放型的封建社會，表現在民間習俗和社會風尚上，一方面由於唐朝是在經過了北朝的民族大融合後建立起來的，李唐皇室即有濃厚的胡化色彩，少數民族不重禮法的社會習俗，滲透並衝擊了傳統的倫理道德觀念；另一方面，唐前期，講究倫理綱常、禁錮婦女的理學尚未形成，而唐初統治者對講究經學、禮教的山東舊族採取排斥、壓抑政策，這樣就使唐前期社會禮法束縛較輕，女子社會地位較高，婚姻關係較自由隨便，武則天故能由唐太宗的才人變為唐高宗的皇后，得到君臨天下的機會。加之唐代女子接觸社會較多，具有雄健強悍性格，使武則天有氣魄和膽略登上皇帝寶座。

唐代社會不僅造就了一個武則天，還造就了許多女中豪傑。像唐中宗朝中用事的韋皇后；狀貌頗類武則天、計謀亦不在其母之下的太平公主；才華絕代的上官婉兒；女扮男裝、替父從軍的花木蘭據傳也是前唐人。以武則天為首的唐代女子在歷史大舞臺上的精彩表演，也算是五彩繽紛的大唐氣象之一吧。

只維持一世的武周王朝雖別具一格，但與整個唐代歷史融為一體，更增添了盛唐社會的迷人風采。

影響

武則天是中國歷史上唯一的女皇帝，對歷史產生重要影響，在她統治期間，由於出身寒微，所以大力扶持出身一般地主的官僚，發展科舉制度，對原來的貴族社會進行了沉重打擊，為開啟中國平民社會的到來奠定了基礎，並且大大提高了婦女的地位。

37 六祖慧能，改造禪宗

禪的全稱是禪那，譯為靜慮．思惟修等。靜慮是止他想，繫念專注一境，正審思慮。也就是在修禪時，止息一切不應有的妄念，令心專注於一境，對之正審思慮，成為定慧均等的一種心理狀態。定慧若不平等，那就不得名為禪。禪，必須要經過智慧的抉擇，當心緣境時，清清楚楚，明明白白，沒有絲毫的迷糊。這種外靜內動的修持，即是真正的修禪，從此可知，佛教的修禪與外道，實有天壤之別。外道所修的禪定，形式雖與佛教相似，但所要達到的最高目的，無非是上生天堂。佛教的修禪，則是以斷除煩惱，解脫生死，乃至證得無上菩提為目的。因此，不能把所有的修禪，都說成是佛教的禪定。因為他們有著根本的不同。若只是寂然不動的靜坐，充其量，也不過是生天的因行。

禪那還有譯為棄惡、功德叢林的。棄惡是捨去欲界的五蓋等一切諸惡。因為貪、嗔、癡、慢、疑的五蓋，蓋覆了我人自性清淨心的功用。修定能將諸惡棄除，使心恢復本來清淨，所以名為棄惡。功德叢林，《大智度論》卷七說：「諸禪定功德，總是思惟修。」以禪為因，能生智慧、神通、四無量等功德。如種種樹木生坐，開發無漏智慧，而體證了諸法的實相。因此，禪是佛教思想的基本，也是佛教的生命。禪，在中國佛教長在一處，故稱為功德叢林。

《六祖壇經》

《六祖壇經》是中國佛教史上的一個奇跡，是中國佛教徒的光榮和驕傲，它是禪宗對佛教修行法門的一大貢獻。中國佛教兩千年，所發生最大的事件，應該是禪宗的產生。

南華寺慧能肉身像

慧能，一作惠能（西元六三八年—七一三年），俗姓盧，原籍范陽（郡治在今北京城西南）。其父原本在范陽為縣官，因罪貶職，流放新州（今廣東新興縣），遂在嶺南落籍。慧能家境貧寒，三歲喪父，遷居南海。稍長，賣些狩獵養母。因聽人誦讀《金剛經》有悟，決心學佛出家。二十四歲時，慧能到湖北黃梅東山寺去投五祖弘忍為師，被留作行者。他一面舂米做工，一面隨眾聽法。後來弘忍要選繼承人，命寺僧各作一偈。神秀是弘忍的上座，飽覽經史，博學多聞，當即提了一偈：「身是菩提樹，心如明鏡台，時時勤指拭，莫使惹塵埃」。慧能不識字，也請人代筆題了一偈：「菩提本無樹，明鏡亦非台，本來無一物，何處惹塵埃？」弘忍看後，認為神秀偈發所表達的思想只達到佛的門前，離登堂入室尚差口氣，而慧能偈用「無相」破「有相」，以「頓悟」破「漸悟」，宣揚直指人心，見性成佛，其「空無觀」比神秀徹底，於是就把衣缽傳給了慧能。

這個故事是否真實，無從確考，但其意在於說明學貴善悟，很值得深思。論學問，神秀肯定比慧能高深，但是五祖為什麼偏偏選中了挑水燒火的慧能？主要是因為慧能的悟性高於神秀，他對禪宗教義的領悟更為深刻。

六祖悟道以後，五祖把他叫到房間裏傳授心法。當時六祖還是個行者，還沒有出家，更沒有受戒。作為一個行者來得法，怎麼樣把袈裟交付給他，怎麼樣把禪宗法統交付給他，這在當時是一個很嚴肅的問題。所以五祖傳法給六祖的時候，是在五祖的丈室裏面。夜半三更，慧能大師到了五祖的房間裏面，五祖以袈裟圍一塊地方，六祖跪在地下，五祖給他傳授心法，同時也傳授了禪宗的法統——從釋迦牟尼佛一直到弘忍大師這樣三十幾代人的傳承。所以《六祖壇經》裏列有西天四七、東土二三這樣的傳承關係。

慧能得到祖傳衣缽後返回廣東。為躲藏「物色之者」加害，他在四會一帶的獵人中藏匿了整整十五年，直到唐高宗儀鳳元年（西元六七六年）才公開露面。這年的正月初八，慧能來到廣州法性寺（今光孝寺）。一天，風揚起寺廟的旗幡，兩個和尚在爭論到底是「風動」還是

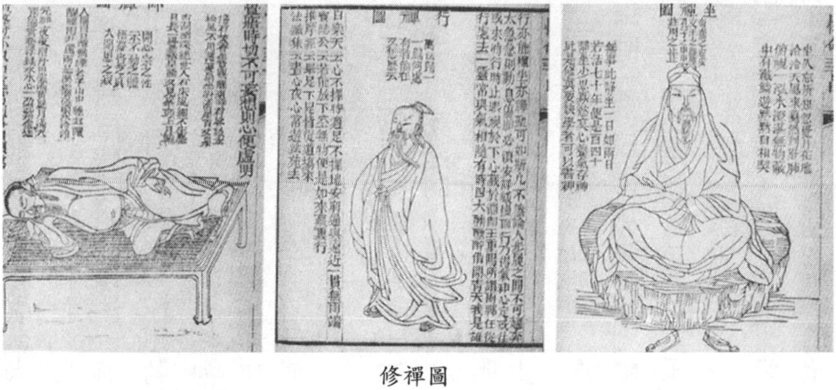

修禪圖

「幡動」？慧能說：「既非風動，亦非幡動，仁者心動耳。」慧能的說法，令眾僧大為驚歎，引起了印宗法師的關注和尊敬。不久，印宗法師為慧能剃度，後又召集高僧名師為慧能舉行了隆重的授戒儀式。次年春，慧能離開法勝寺，北上到南華寺開山傳法，前來送行的有一千多人。在南華寺，六祖慧能傳教說法長達三十七年之久。其間，韶州刺史韋璩也常請他到城裏的開元寺（後更名為大梵寺）講經。慧能的言行後被其弟子法海彙編成書，這就是被奉為禪宗宗經的《六祖 法寶壇經》。在佛教中，只有佛祖釋迦牟尼的說法行為記錄能被稱做「經」，而一個宗派祖言行錄也被稱做「經」的，慧能是絕無僅有的一個。

唐玄宗先天二年（西元七一三年），慧能圓寂於家鄉新興縣的國恩寺，享年七十六歲。次年六祖真身遷回曹溪，供奉在靈照塔中。慧能在生前就深得朝廷的恩寵，唐萬歲通天元年（西元六九六年），女皇武則天曾為「表朕之精誠」，特地遣中書舍人給慧能賜送水晶鉢盂、磨衲袈裟、白氈等禮物，其詔書對慧能表達了十分尊崇的心情：「恨不趙陪下位，側奉聆音，傾求出離之源，高步妙峰之頂。」慧能去世後，更是名位加身。唐憲宗追謚慧能為「大鑒禪師」，宋太宗又加謚為「大鑒真空禪師」，仁宗再加謚為「大鑒真空普覺禪師」，最後神宗再加謚為「大鑒真空普覺圓明禪師。」王維、柳宗元、劉禹錫等文學大家都先後為慧能撰寫過長篇碑文，以記述他的事跡。

慧能創立禪宗是佛教史上一空前大改革，標誌著佛教中國化的完成。第一，他大膽破除佛祖 的權威，不承認有所謂外在的佛，認為佛就在本心中。第二，他主張一切眾生皆有佛性，人人都可以成佛，這與儒家「人皆可為堯舜」的性善論相通。慧能之後，禪宗更進一步向儒家靠攏，竭力與儒家的以孝悌為人之本的倫理學說相調和，寫了大量論教的著作，從而促使了佛教的進一步儒學化。第三，他不但主張人人都可以成佛，而且主張不用背誦佛經，不需累世修行，只要認識本心，就能成佛，即所謂「頓悟成佛」，從而不但迎合了上層統治者和士大夫的需要，而且也為下層人民信佛提供了極大的方便。第四，他在宣傳「頓悟成佛」的同時，還提倡自由任運的生活方式，促使禪宗生活的平民化、世俗化。慧能的三傳弟子懷海禪師，更提出「一日不作，一日不食」的宗佛，並將這一宗佛寫進了《百丈清規》，從而對後世禪寺的建設及其勞動自養制度的形成產生了深遠的影響，也是禪宗得以在中國迅速傳播、廣泛發展的重要因素之一。

影響

在歷史的發展過程中，禪宗的影響已遠遠超出了宗教範疇，而滲透到哲學、文學、藝術等眾多領域以及現實生活的各個層面。如中國封建社會後期占統治地位的宋明理學受禪宗的影響就很深，陸九淵和王守仁的「吾心便是宇宙」、「心外無物」、「明心見理」正是禪宗「自心是佛」、「本心生萬法」、「明心見性」的翻版。又如繪畫，從唐宗到明的畫壇，無論是表現形式還是創作思想，都可以看到受禪薰陶的痕跡，作品中往往表現出一種深遠寧靜、超凡脫俗的意境。在日常生活中，許多原來的佛家用語，也成了人們的慣用語。本世紀以來，帶著東方恬靜達觀精神的佛禪也走向了西方世界。二次大戰以後，禪更在英、德、法、美等國得到特別的發展。西方接受禪的人，除了宗教團體外，還有哲學家和社會學家，他們希望用禪引導人們順歸人性和自然；也有心理學家和精神病理學家，把禪作為調節心理和治療精神病的方法之一。

慧能作為我國歷史上有重大影響的思想家之一，其思想包含著的哲理和智慧，至今仍給人以有益的啟迪，並越來越受到廣泛的關注。

38 開元盛世

七一〇年，韋皇后毒死中宗，以皇太后的身分臨朝聽政，並謀害相王李旦，李隆基聯合姑母太平公主發動宮廷政變，剷除韋氏及其黨羽，迫使少帝李重茂頒布詔書，讓帝位於叔父相王旦，仍稱唐睿宗。李隆基被立為皇太子。當時，宮廷的內部鬥爭十分激烈，太平公主在協助李隆基政變除掉韋后以後，依仗功大，日益驕奢，不可一世。朝中宰相七人，有五人和太平公主關係密切，姑侄關係特別緊張。延和元年（七一二年）六月，睿宗自稱太上皇，把帝位傳給了李隆基。先天二年（西元七一三年）七月，太平公主與其黨羽密謀，發動政變，推翻玄宗，自為皇帝。但是這個陰謀很快被唐玄宗發現，他先發制人，殺死太平公主，徹底剪除了太平公主及其黨羽。結束了武則天以來一連串的宮廷政變。唐玄宗統治初期，繼承了唐太宗的統治政策，他任用賢相，整頓吏治，選拔人才，賞罰嚴明，君臣之間密切配合，唐朝出現了史家稱道的「開元盛世」。

「開元之治」

我們習慣上將一個美好的時代稱為「黃金」時代，皆因黃金是貴重的寶物。這種時代亦曾在中國歷史上出現，例如漢武帝的盛世，以及唐玄宗的開元盛世。

開元是唐玄宗的年號。玄宗在位四十四年，前期年號叫開元（西元七一三年—七四一年），後期稱天寶（西元七四二年—七五六年）。開元年間，玄宗政績粲然可觀，史稱「開元之治」。這是唐朝社會經濟和國力發展臻於極盛的時期，它承繼貞觀之治和武則天的治績，使唐朝的國勢發展到巔峰。

姚崇像

玄宗執政後，注意任賢納諫，澄清吏治。他先後任用姚崇、宋璟、張九齡等賢相；規定內外官吏遷調之制，選部分京官外調為都督、刺史，而地方官吏中表現優異者則提為京官；又令各道採訪使巡視地方，整飭吏治，加強中央權力。在經濟上，玄宗即位之初自奉甚儉，又令各地不得開採珠玉、製造錦繡，使武后以來後宮奢靡之風有所改變。由於開源節流，國家財政日益豐裕，倉庫充實，物價平廉。為了撰拔人才，玄宗還親自在殿廷復試吏部新放的縣令，對儒士甚為優禮，並令臣下訪求遺書，得圖書近五萬卷，使科技文化大放異彩。在軍事方面，玄宗改革兵制，招募壯士充當京師宿衛和鎮戍邊地，又在邊鎮重地設節度使。

光芒萬丈的時代

由於玄宗的勵精圖治，開元年間經濟繁榮，國庫充裕，民生安定，國威遠播。唐代盛世至此進入了光芒萬丈的時代。

玄宗朝時，農業有較大的發展，主要是：

1、唐朝農民在生產實踐中，改進了犁的構造，製造了曲轅犁，並創造了新型灌溉工具筒車。

2、大面積興修水利。黃河、長江流域等開鑿一系列灌溉渠，並修舊渠和河堰。

3、開闢大量荒田。勞動人民創造大量財富，唐政府每年向農民徵收大量的糧食和布帛。人口大大增加，玄宗時的戶數是唐太宗時的近三倍。

唐玄宗朝的手工業也有比較大的發展，主要表現在：

1、絲織業：定州、益州、揚州都以織造特種花紋的綾錦聞名。品種多樣，有一種花鳥紋錦，以五彩大團花為中心，周圍繞以飛鳥、散花，絢麗動人，反映了唐朝高超織錦技術。

2、陶瓷業：邢州白瓷像銀像雪，越州青瓷像玉像冰。還創造了著名的「唐三彩」，在白底陶胎上，刷上無色釉，再用黃、綠、青三色加以裝飾，色彩鮮麗，造型美觀。

3、造紙業：宣州、益州的紙，都十分有名。

唐朝長安，既是全國的政治中心，又是亞洲各國經濟文化交流的中心。在那裏，有來自各國的少數民族和亞洲各國人，成為一座國際性的大城市。

唐朝是中國多民族統一國家的重要發展時期。那時，各民族進一步融合，民族間的經濟文化交流進一步親密，唐朝疆域空前廣大。唐朝時，北方先後有突厥，回紇民族，東北有秣褐民族。唐朝在北部邊境先後建立了都護府和都督府。西南有南詔和吐蕃；南詔為彝族和白族的祖先，曾接受唐朝雲南王的封號；吐蕃為藏族的祖先，與唐幾次通婚，保持「和同為一家」的親密關係。那時，邊疆各族都對中華民族的發展作出了傑出的貢獻。

唐朝時候，中國經濟和文化處於世界先進地位，對外交通比過去發達，唐和亞洲、歐洲等各國之間的往來出現前所未有的盛況。唐朝和朝鮮半島的新羅一直保持著友好關係。唐和日本關係更加密切，唐文化對日本影響甚大，從政治制度到生活習俗，日本都受到中國文化的影響。唐朝和印度半島有頻繁的通使往來，玄奘西遊成為中外關係史上的佳話。唐朝和西亞的波斯、大食也有通好關係，中國陶瓷等源源不斷運往該地，西亞的物品也輸入到中國。

唐開元鐵牛

大唐遺風

唐人的視野比任何一個朝代的中國人都更為廣闊，外來文明的火炬比中國任何一個朝代都傳播得更遠。

值得深思的是，盛唐之所以成為外國人雲集聚居的有魅力的地方，不單是它具有開放性，更重要的是它具有文明世界的優越性。我們不是簡單地在述說過去，而是在啟迪未來，激發中國人的奮鬥精神和邁向新世紀的信心。

歷史是社會發展和文明進化的記錄。在人類進入新的千年之際，回眸歷史將給新世紀提供豐富的借鑒和啟迪。在我們中華民族歷史上，最值得人驕傲的就是「盛唐氣象」，特別是「唐人」作為民族自豪的稱呼，至今頻頻使用於全世界華人的生活之中，始終承載著不朽的光榮與無比的輝煌。

千年以前，亞歐大陸內形成的拜占庭帝國、阿拉伯帝國和唐帝國，是當時人類社會成就最高級別的文明板塊。但拜占庭短暫強盛很快被阿拉伯人入侵所打斷，而阿拉伯帝國遲至八世紀後才逐漸形成封建制，印度大戒日王之後次大陸陷入分裂局面，只有中國的唐朝在與周邊鄰國競爭中呈現出相互推波助瀾的崛起趨勢。唐帝國遼闊的疆域，使它在戰略上必須重視民族關係和國際格局變化，不僅建立防守反擊的邊界體系，而且以綜合國力參與境外角逐，甚至爭奪亞洲霸主控制權。作為當時的一個「超級大國」，唐朝非常注意中外交流。除中亞的康國、石國、安國、曹國、米國等保持著獨特的國際封貢體制外，新羅使節到唐長安八十九次，阿拉伯大食使節進入長安四十一次，林邑二十四次，日本遣唐使十四次，真臘十一次，師子國（斯里蘭卡）三次。至於史書記載次數不詳的朝鮮（高麗、百濟）、婆羅門五天竺（印度）、泥婆羅（尼泊爾）、吐火羅（阿富汗）、驃國（緬甸）、波斯、拂林（東羅馬）以及北非、中東諸國等等，都非常普遍地與唐交往。唐人的視野比任何一個時期的中國人都更為開闊，外來文明的火炬比中國任何一個朝代都傳播得更遠。

作為亞歐文明演進的核心國家，唐政府也頻繁派出使臣出訪，並劃撥政府專項費用給予支援。西元六四三年後四次出使印度的王玄策，西元六六三年出使東羅馬的阿羅憾，西元六六四年出使日本的郭務虔等等，都是著名唐朝外交家。唐長安還設有外交機構鴻臚寺和四方館、禮賓院專門接待外國賓客，不僅負責會見禮儀，而且供給入唐後一切資糧費用。如果說中外彼此之間的交流愈多樣化，相互學習的機會也就愈多，那麼亞歐大陸分布的幾大古老文明之間有著一定的交流，從而使唐朝成為東亞受益最大的文明樞紐。

影響

世界文明進化不是孤立的。文明是一種有機體，它的構成要素經過相互作用生長出新的動力。唐代之所以出現了許多不同於前朝後代的新氣象，關鍵是它與同時代的鄰近民族和國家存在著有力的交融。讓我們從一系列構成新文明生長動力的要素來看盛唐文明。

唐文明的光芒至今仍在在啟迪未來，激發中國人的奮鬥精神和邁向新世紀的信心。

39 李杜詩篇

源遠流長的中國古代文學，到隋唐五代時期，發展到了一個全面繁榮的新階段，整個文壇出現了自戰國以來所未有的百花齊放、萬紫千紅的局面。其中詩歌的發展，更達到了高度成熟的黃金時代。唐代不到三百年的時間中，遺留下來的詩歌就將近五萬首，比自西周到南北朝一千六、七百年中遺留下的詩篇數目多出兩三倍以上。獨具風格的著名詩人約有五六十個，也大大超過戰國到南北朝著名詩人的總和。而李白、杜甫的成就，更達到詩歌創作的高峰。

詩仙李白

李白（七〇一—七六三年），字太白，祖籍隴西成紀（今甘肅省天水市），先世於隋末流徙中亞，他生於碎葉（今俄羅斯托克馬克）。五歲隨父遷居綿州的彰明縣（今四川省江油縣）

二十五歲時「仗劍去國，辭親遠遊，南窮蒼梧，東涉溟海。」後來寓居安陸。以後的十年間，又北上

李白像

太原，西入長安，東至魯郡，結識了不少名人，寫了不少詩文。據傳他到長安時，賀知章一見，驚歎為「詩仙人」，稱其詩可「泣鬼神」，順而載譽京師。天寶元年，順玉真公主的引見，被召入宮，供奉翰林，受玄宗李隆基的特殊禮遇。但翰林不過是個稱號而已，並無實權。在李白看來，這仍是和「倡優同畜」，他一向所抱「輔弼天下」的願望，當然無法實現。在宮裏待了兩年，便被「賜金放還」。

離開長安以後，李白便長期過著漂泊流浪的生活，足跡遍及梁宋齊魯幽冀，他本想隱居廬山，卻被永王邀請參加了幕府。至德二年，永王被肅王擊敗，李白被流放夜郎，行至巫山遇赦得還。六十一歲時，李光弼東鎮臨淮，李白聞訊前往請纓殺敵，希望垂暮之年，能為國殺敵，因病中途返回，次年病死於當塗縣令唐代最著名的篆書家李陽冰處。

李白熱愛祖國的大好河山，他以豪邁的情懷，奔放的詩句，讚美祖國的壯麗山河。奔騰咆哮的黃河，崎嶇險阻的蜀道，落於九天的瀑布，無不給人以汪洋恣肆的描繪，再現大自然的雄偉的形象。他曾憑藉想像，描繪幻想中的天姥山，展現了雄偉瑰麗的神仙世界，表現了自已對自由光明的渴望與追求。

李白在創作上卻是一個十分刻苦向前人學習的詩人。他的文集中至今還保留著模擬前人詩賦的作品。他推崇《風》、《雅》，讚美建安，在他的詩歌裏可以找到類似各代詩風的作品，特別是對樂府民歌的學習，最為明顯。所以在他的詩歌裏形成了豪逸奔放雄奇真摯明朗的特色。

39 李杜詩篇

遠古時代人民口頭創作的神話傳說，是我國文學史上浪漫主義的萌芽。到了戰國時代，屈原吸取前代文學和文化的成就，在現實鬥爭中創造了一系列光輝的詩篇，以巨集富博大的內容，奇情壯采的形式，「軒翥詩人之後，奮飛辭家之前」，為浪漫主義傳統創造了第一個高峰。他之前的莊子在哲理散文中創造了許多幻想奇麗的寓言，也對浪漫主義傳統有重要貢獻。從兩漢到唐初，浪漫主義傳統在民間和進步文人創作中不斷發展著，漢魏六朝樂府民歌中的《陌上桑》、《木蘭詞》等等作品，曹植、阮籍、左思、陶淵明、鮑照的某些詩篇，以及六朝志怪小說中的優秀傳說，都對浪漫主義傳統有所豐富。到盛唐時代更出現了以李白為代表的浪漫主義詩歌高潮。

李白對唐代詩歌的革新也有傑出的貢獻。他繼承了陳子昂詩歌革新的主張，在理論和實踐上使詩歌革新取得了最後的成功。他在《古風》第一首中，回顧了整個詩歌發展的歷史，指出「自從建安來，綺麗不足珍」。並以自豪的精神肯定了唐詩力挽頹風，恢復風雅傳統的正確道路。在《古風》第三十五首中，又批評了當時殘餘的講求摸擬雕琢、忽視思想內容的形式主義詩風：「一曲斐然子，雕蟲喪天真。」在創作實踐上，他也和陳子昂有相似之處，多寫古體，少寫律詩，但他在學習樂府民歌以及大力開拓七言詩上，成就卻遠遠超過陳子昂。他這些努力對詩歌革新任務的完成起了巨大作用。李陽冰在他死後為他編的詩集《草堂集》序中說：「盧黃門雲：『陳拾遺橫制頹波，天下質文，翕然一變。』至今朝詩體，尚有梁陳宮掖之風，至公大變，掃地以盡。」這是對他革新詩歌功績的正確評價。

李白詩歌對後代的影響也是極為深遠的。他的詩名在當時已廣泛傳揚，到貞元時期，他的沒有定卷的詩集已「家家有之」。中唐韓愈、孟郊大力讚揚他的詩歌，並從他吸收經驗，以創造自己的橫放傑出的詩風。李賀浪漫主義的詩風更顯然是受過他更多啟發的。宋代詩人蘇舜欽、王令、蘇軾、陸遊，明清詩人高啟、楊慎、黃景仁、龔自珍等也莫不從他的詩中吸收營養。此外，宋代以蘇軾、辛棄疾為代表的豪放派的詞，也受過他的影響。他那些「戲萬乘若僚友」的事跡傳說，被寫入戲曲小說，流傳民間，更表現酷愛自由的人民對他的熱愛。

強烈的浪漫主義色彩，是李白作品的藝術特點，他是繼屈原而後我國最偉大的浪漫主義詩人。他馳騁想像，運用神話的離奇境界，把自己強烈的情感注入到所描寫的景物之中，以驚俗駭世的筆墨，恣意揮灑，描寫了壯麗奇譎的世界。他的詩歌中強烈的愛憎之情和藝術魅力，是我國人民的精神財富中最可珍貴的瑰寶。

詩聖杜甫

杜甫（七一二—七七〇年）字子美，詩中嘗自稱少陵野老。祖籍襄陽（今屬湖北），自其曾祖時遷居鞏縣（今屬河南）。杜審言之孫。自幼好學，知識淵博，頗有政治抱負。跟李白一樣，是唐代最著名的大詩人之一。在文學史上，把他們合稱「李杜」。杜甫生長在一個沒落的官僚家庭，從小就下苦功讀書，也遊歷了許多名山大川，寫了不少優秀的詩歌。三十幾歲的時候，他在洛陽，遇見了李白。杜甫比李白小十一歲。兩個人性格不一樣，但是，共同的志趣和愛好使他們成為親密的好友。

後來，他到長安參加進士考試，那時候正是奸相李林甫掌權的時候，李林甫最忌恨讀書人，怕這些來自下層的讀書人當了官，議論起朝政來，對他不利，於是勾結考官，欺騙玄宗說這次應考的人考得很糟，沒有一個夠格的。唐玄宗正在奇怪，李林甫又上了一道祝賀的奏章，說這件事正說明皇帝聖明，有才能的人都已經得到任用，民間再沒有遺留的賢才了。

那時候的讀書人都把科舉作為謀出路的途徑，杜甫受到這樣的挫折，懊喪的心情就不用說了。他在長安過著貧窮愁苦的生活，親眼看到權貴的豪華奢侈和窮人受凍挨餓的淒慘情景，按捺不住心裏的憤慨，就用詩歌控訴這種不平的現象。「朱門酒肉臭，路有凍死骨」，就是他寫下的不朽詩句。

杜甫像

杜甫在長安待了十年，唐玄宗剛剛封他一個官職，安史之亂爆發了。長安一帶的百姓紛紛逃難。杜甫的一家，也擠在難民的行列裏，吃盡了千辛萬苦，好容易找到一個農村，把家安頓下來。正在這時候，他聽到唐肅宗在靈武即位的消息，就離開家投奔肅宗，哪想到在半路上碰到叛軍，被抓到長安。

長安已經陷落在叛軍手裏，叛軍到處燒殺搶掠，宮殿和民房在大火中熊熊燃燒。唐王朝的官員，有的投降了，有的被叛軍解送到洛陽去。杜甫被抓到長安以後，叛軍的頭目看他不像什麼大官，就把他放了。

第二年，杜甫從長安逃了出來，打聽到唐肅宗已經到了鳳翔（今陝西鳳翔），就趕到鳳翔去見肅宗。那個時候，杜甫已經窮得連一套像樣的衣服都沒有了，身上披的是一件露出手肘的破大褂，腳上穿的是一雙舊麻鞋。唐肅宗對杜甫長途跋涉投奔朝廷，表示讚賞，派他一個左拾遺的官職。

左拾遺是個諫官。唐肅宗雖然給杜甫這個官職，可並沒重用他的意思。杜甫卻認真地辦起事來，過了不久，宰相房琯被唐肅宗撤了，杜甫認為房琯很有才能，不該把他罷免，就上了奏章向肅宗進諫。這一來，得罪了肅宗，虧得有人在唐肅宗面前說了好話，才把他放回家去。

唐軍收復長安以後，杜甫也跟著許多官員一起回到長安。唐肅宗把他派到華州（今陝西華縣）做個管理祭祀、學校工作的小官。杜甫帶著失意的心情，來到華州。那時候，長安、洛陽雖然被官軍收復了，但是安史叛軍還沒消滅，戰爭還很激烈。唐軍到處拉壯丁補充兵力，把百姓折騰得沒法過活。有一天，杜甫經過石壕村（在今河南陝縣東南），時間已經很晚了。他到一家窮苦人家去借宿，接待他的是老農夫妻倆。

杜甫草堂

半夜裏，他正翻來覆去睡不著覺的時候，忽然響起一陣急促的敲門聲。杜甫在房裏靜靜聽著，只聽到隔壁那個老人翻過後牆逃了，老婆婆一面答應，一面去開門。進屋的是官府派來抓壯丁的差役，他們厲聲吆喝著，問老婆婆說：「你家男人到哪裏去了？」

老婆婆帶著哭聲說：「我的三個孩子都上鄴城打仗去了，前兩天剛接到一個兒子來信，說兩個兄弟都已經死在戰場上。家裏只有一個兒媳和吃奶的孫兒。你還要什麼人？」

老婆婆講了許多哀求的話，差役還是不肯罷休。老婆婆沒有法子，只好自己被差役帶走，到軍營去給兵士做苦役。天亮了，杜甫離開那家的時候，送別的只有老農一個人了。

杜甫親眼看到這種淒慘情景，心裏很不平靜，就把這件事寫成詩歌，叫《石壕吏》。他在華州的時候，前後一共寫過六首這樣的詩，合起來叫做「三吏三別」（《石壕吏》、《潼關吏》、《新安吏》、《新婚別》、《垂老別》、《無家別》）。由於杜甫的詩歌大多是寫安史之亂中人民的苦難，反映了唐王朝從興盛到衰落的過程，所以，人們把他的詩篇稱作「詩史」。

第二年，他辭去了華州的官職。接著，關中鬧了一場大旱災，杜甫在那裏窮得過不下去，帶了全家流亡到成都，依靠朋友的幫助，他在成都西郊的浣花溪邊，造了一座草堂，在那裏過了將近四年的隱居生活。後來，因為他的朋友死去，在成都沒有依靠，又帶了全家向東流亡。西元七七〇年，竟因貧困和疾病，死在湘江的一條小船上。

他死後，人們為了紀念這位偉大詩人，把他在成都住過的地方保存起來，這就是有名的「杜甫草堂」。

影響

李白和杜甫都是中國歷史上最偉大的詩人，在中國文學乃至整個中國歷史上居於重要地位。他們的才華，為中華文化發展做出了貢獻，並且不斷激發著後來的人熱愛祖國，關心民生，為祖國和人民而奮鬥。

40 安史之亂

開元後期，由於安定繁榮的日子已久，唐玄宗逐漸喪失了以前那種勵精圖治的精神。改元天寶後，他縱情享樂，寵愛楊貴妃，信任宦官高力士，把朝政全交給宰相李林甫處理。李林甫對玄宗事事逢迎，私下卻利用職權，專橫獨斷。林甫死後，楊貴妃的堂兄楊國忠繼任宰相，更是排斥異己，貪污受賄，使政治日益敗壞。加上當時土地兼併劇烈，貧富懸殊嚴重，政治、經濟、社會漸呈衰敗之象。

唐朝初年，為鞏固中央集權，保衛邊疆，實行府兵制。府兵一般徵自「高貲多丁」之家，分給其土地，定期衛戍京師或守禦邊疆。在內地或邊境重鎮設置大都督，統兵駐守。後來，由於土地私有制的發展，農民失掉土地逃亡，兵源發生了問題；加上征戰頻繁，府兵不能按時輪換，長期服役，家中不能免去征徭，因此大批逃亡。在這種情況下，唐朝統治者被迫改為「募兵制」，召募兵士宿衛，在邊將統率下從事屯墾。在邊境統兵的將官稱為「節度使」。「節度使」最初只掌兵權，後因統兵作戰的需要，兼管地方行政和財政。節度使權力無限擴大，「既有其土地，又有其人民，又有其甲兵，又有其財富」，成為大軍閥。唐玄宗時期，節度使已有十個，他們各掌握一州或幾州的軍、政、財權，使中央政府越來越無力控制。以唐玄宗為首的貴族官僚，營私舞弊，不問政事，過著「春宵苦短日高起，從此君王不早朝」的淫逸生活，把朝廷外事推給權相李林甫、楊國忠去應付，內事交付宦官高力士。李林甫專權自恣，排斥異己。楊國忠到處搜刮，廣受賄賂。統治集團的腐敗，給安史叛亂造成可乘之機。

安史之亂

安史之亂是七五五年至七六三年發生在唐朝的一次地方割據勢力對中央集權的反叛。因叛亂是由安祿山和史思明發動的，所以歷史上稱這次叛亂為「安史之亂」。

身兼范陽（今北京西南）、河東（今山西太原）、平盧（今遼寧錦州西）三鎮的節度使安祿山，是營州柳城（今遼寧錦州市附近）人，他為人狡詐，善逢迎，因請求做楊貴妃養子，很得玄宗的歡心，並取得信任，官運亨通，是勢力最大的軍閥。他看到唐玄宗荒淫昏亂，內地防衛力量薄弱，「取而代之」的野心膨脹起來。在表面上，他經常到首都長安，裝得對朝廷極其恭順，騙得唐玄宗的寵信，而在背後卻暗自在河北老巢積蓄力量。在范陽城北建築雄武城，廣招兵馬；又利用民族矛盾，大搞分裂活動。經過十年左右的準

楊貴妃上馬圖

備，於七五五年十一月，安祿山串通部將史思明，以討伐楊國忠為名率十五萬兵南下反唐，「安史之亂」爆發。

天寶十四年（七五五年）十一月，安祿山以討伐權相楊國忠為名，在范陽起兵反唐。安祿山叛兵由范陽南下，一路攻陷槁城、陳留（河南開封市）、滎陽，直逼洛陽。唐朝命榮王李琬為元帥，右金吾大將軍高仙芝為副元帥，討伐叛軍。叛軍田承嗣、安守忠進攻洛陽，守將封常清軍隊被叛軍騎兵衝殺，大敗潰逃，叛軍攻佔洛陽，封常清逃走。叛軍追擊高仙芝軍隊，唐軍大亂，人馬踐踏，死者不可勝數。後唐軍退守潼關，才阻住叛兵西進。在河北，平原（今山東德州市）太守顏真卿、常山（今河北正定縣）太守顏杲卿兄弟相約阻擊叛軍。史思明率兵攻打常山，顏杲卿晝夜拒戰，終因糧盡無援，常山失守，顏杲卿及一家三十餘人被害。常山之戰雖然失敗，但卻牽制了叛軍攻打潼關的兵力，減輕了關中的壓力。

天寶十五年（七五六年）正月，安祿山在洛陽稱大燕皇帝，準備西進奪取長安（今陝西西安市）。唐玄宗任命河西隴右節度使哥舒翰為兵馬副元帥，扼守潼關。哥舒翰採用以逸待勞戰術阻擊叛軍，等待決戰時機成熟。但玄宗屢次催促他出戰，哥舒翰不得已出關與叛軍決戰，結果唐軍大敗，哥舒翰力戰被俘，投降了安祿山。潼關既破，長

安祿山叛軍進軍路線圖

安已無險可守，玄宗倉皇逃往四川。安祿山兵進長安，縱兵劫掠，搜捕百官、宮女、宦官押赴洛陽。

當叛軍攻下長安時，玄宗之子李亨逃到靈武，即位稱帝，是為肅宗。肅宗整軍經武，準備收復兩京，中興唐朝。唐將郭子儀率兵五萬赴靈武，李光弼赴太原抗敵，肅宗政權始能立足。然而李亨任用志大才疏的房琯謀劃軍國大事，命他率兵收復兩京。房琯於是分兵三路，向長安進發。他迂腐地效用古代車戰之法，用二千輛牛車，兩翼由步兵和騎兵掩護，與叛軍安守忠在咸陽附近作戰，敵軍乘風縱火，拉車的老牛嚇得四處亂竄，唐軍死傷四萬餘人，部將楊希文、劉貴哲投降叛軍，房琯只帶數千人逃歸靈武。

太原與睢陽之戰

在抗擊安史叛軍的戰鬥中，影響最大的是太原之戰和睢陽之戰。至德二年（七五七年）正月，安祿山為其子安慶緒所殺。

這年，史思明、蔡希德率兵十萬兩路圍攻太原，準備攻下太原，長驅朔方（今寧夏靈武縣西南），消滅肅宗政權。唐將李光弼率領軍民於城外掘濠溝，在城內修堡壘，憑險固守太原。史思明率驍騎兵攻城，命令軍隊攻東城西城接應，攻南城北城接應，百般設計，又造雲梯、土山攻城，雙方相持月餘。李光弼募人挖地道通到城外，把叛軍攻城的人馬雲梯陷入地道中，又製造大炮，斃傷叛兵二萬餘人，史思明才率軍稍稍後退。李光弼派偏將詐降，親自率軍挖好地洞，嚴陣以待，史思明正在準備受降，突然一聲天崩地裂，叛軍千餘人陷入地洞，頓時大亂，唐軍乘勢出去，殺傷一萬餘人。史思明留下蔡希德攻城，自己逃回范陽。李光弼選敢死士兵出攻，殺敵七萬，蔡希德敗逃，唐軍取得了太原保衛戰的勝利。

與此同時，安慶緒命尹子奇率兵十三萬攻打睢陽（今河南商丘市南），唐守將許遠向守衛雍丘（今河南杞縣）、甯陵的張巡求援，張巡自寧陵率兵進入睢陽城，與許遠共同堅守。二人齊心協力，張巡指揮戰鬥，許遠調集軍糧，修造戰具，唐軍只有六千餘人，但卻士氣百倍，晝夜苦戰，有時一天作戰二十次，殺敵二萬餘人，尹子奇率軍回撤。三四月間，尹子奇再度圍攻睢陽。張巡殺牛餉軍，士卒感奮，全部出戰。叛軍見唐軍人少，痲痹輕敵，張巡率軍直衝敵陣，殺叛將三十餘人，士兵三千人，追殺數十里，大獲全勝。此後雙方相持於睢陽，張巡命令士兵夜間在城上列隊擊鼓，作出要交戰的樣子，叛軍一夜不敢休息，唐軍則在白天息鼓休整。如此數日，尹子奇不復防備，張巡率領勇將南霽雲、雷萬春十餘將突襲敵營，直衝到尹子奇大帳，殺敵將五十餘人，叛兵五千人，南霽雲一箭射中尹子奇左眼，險些把他活捉，尹子奇率兵撤圍。七月，尹子奇第三次圍攻睢陽，唐軍因傷亡無法補充，又無援兵，城中糧食也用完，張巡只好固守拒敵。叛軍用雲梯、木驢、土囊攻城，張巡隨機應變，千方百計破敵，迫使尹子奇做長期圍困的計劃。由於數月苦戰，唐軍只剩六百人，孤立無援。張巡命南霽雲赴臨淮（今安徽泗縣東南）向賀蘭進明求援，但賀蘭進明忌妒張巡成功，拒不發兵。叛兵見援兵不到，城中鼠雀都被網羅以盡，攻城更急，唐軍將士力竭不能出戰，城遂失陷，張巡、南齊雲、雷萬春等三十六將被害，許遠押赴洛陽。

太原和睢陽保衛戰，牽制了叛軍大量兵力，對扭轉戰局起了重要作用。與此同時，唐將郭子儀率兵攻取鳳翔，平定河東，肅宗由靈武進至鳳翔，會集隴右、安西和西域之兵，又借回紇兵，收復兩京。至德二年（七五七年）九月，唐軍進攻長安，李嗣業率前軍，郭子儀率中軍，王思禮率後軍，與叛軍李歸仁交戰。唐軍初戰不利，為叛軍所敗。李嗣業袒胸持刀，身先士卒，唐軍手執長刀，排陣推進，所向披靡。唐將王難得被敵箭射中，肉皮下翻遮住了眼，他連箭帶肉拔去，血流滿面，戰鬥不止。叛軍伏兵又被僕固懷恩和回紇兵擊敗，士氣沮喪。叛軍大敗，被斬首六萬，踐踏而死者不計其數，唐軍乘勝收復長安。廣平王與回紇王葉護、唐將郭子儀等率軍兵進洛陽，安慶緒殺所獲唐將哥舒翰、許遠等逃回河北，唐軍收復洛陽。

上元二年（七六一年）三月，史朝義殺史思明，自立為帝。

史朝義率兵攻宋州（今河南商丘市），為唐將田神功所敗。寶應元年（七六二年），唐代宗即位，命雍王李適為天下兵馬元帥，僕固懷恩為副元帥，協同李光弼討伐史朝義。唐軍在洛陽北郊大敗叛兵，殺獲甚眾，史朝義敗歸河北，唐將僕固煬又在貝州（今河北清河縣）取勝。寶應二年（七六三年），史朝義敗走范陽，窮困自殺，延續八年的安史之亂被平定。

影響

安史之亂是中唐社會矛盾的產物。由於唐朝社會長期承平，不識戰鬥，所以叛兵很快攻下洛陽和長安。然而叛軍每破一城，都大肆劫掠婦女、財貨，男子壯者荷擔，老弱則被殺死，漸失民心。「安史之亂」是唐王朝由盛到衰的轉捩點。在戰爭中，人民群眾特別是黃河中下游人民遭到了空前的浩劫，北方經濟受到很大破壞。「洛陽四面數百里州縣，皆為丘墟」，「汝、鄭等州，比屋蕩盡，人悉以紙為衣」，出現了千里蕭條，人煙斷絕的慘景。社會階級矛盾加深了。同時，唐朝中央的力量削弱了，各地出現了四十多個大小軍閥，形成了方鎮割據的局面。

安史之亂是唐朝由盛轉衰的轉捩點，經過這場戰爭，唐朝的社會經濟遭到非常大的打擊，加上後來的藩鎮割據，國勢日衰，最後滅亡。對於中國歷史而言，這場戰爭也是一個轉捩點，從此以後，中國從封建社會的鼎盛階段開始走向下坡路，那種非凡的氣度一去而不返，從五代到宋，幾百年中，沒有出現一個全國性的強大帝國，宋朝非常弱小，只能算作一個地方政權。後來蒙古人入侵，是一個插曲，再到明朝，勢力範圍也只是限制在長城以內，嘉峪關以東，只有到了清朝，中華帝國的版圖才又一次恢復到唐朝的規模，但是此時的中華帝國已經走在了世界的後面而不自知了。

41 藩鎮割據

統一與分裂從來都是中國歷史上的大問題，唐朝從盛轉衰，伴隨著一場全國的分裂。這就是藩鎮割據。藩是保衛，鎮指軍鎮。封建朝廷設置軍鎮，本為保衛自身安全，但發展的結果往往形成對抗中央的割據勢力，這是封建統治者爭權奪利的本性所造成的。

背景

唐玄宗在位（七一二—七五六年）時期，為了防止周邊各族的進犯，大力擴充防戍軍鎮，設立節度使，賦予軍事統領、財政支配及監察管內州縣的權力，一共設立了九個節度使和一個經略使。其中特別是北方諸道權力的集中更為顯著，經常以一人兼任兩三鎮節度使，安祿山就是憑藉身兼范陽、平盧、河東三鎮節度使而發動叛亂的。安史之亂爆發後，為了抵禦叛軍進攻，軍鎮制度擴展到內地，最重要的州就設立節度使，指揮幾個州的軍事；較次要的州就設立防禦使或團練使，以扼守軍事要地。於是在今陝西、山西、河南、安徽、山東、江蘇、湖北等地出現了不少的節度使、防禦使、團練使等大小軍鎮。後來又擴充到全國。這些本是軍事官職，但節度使又常兼所在道的觀察處置使

（由前期的採訪使改名）之名，觀察處置使也兼都防禦使或團練使之號，都成為地方上軍政長官，是州以上一級權力機構，大則節度，小則觀察，構成唐代後期所謂藩鎮，亦稱方鎮。方鎮並非都是割據，在今陝西、四川以及江淮以南的方鎮絕大多數服從朝廷指揮，貢賦輸納中央，官職任免出於朝命。但是在今河北地區一直存在著名義上仍是唐朝的地方官而實際割據一方，不受朝命，不輸貢賦的「河北三鎮」；在今山東、河南、湖北、山西也曾在很長一段時期類似河北三鎮的藩鎮；還有一些倚仗自己實力對中央跋扈不馴、甚至興行叛亂的短期割據者。

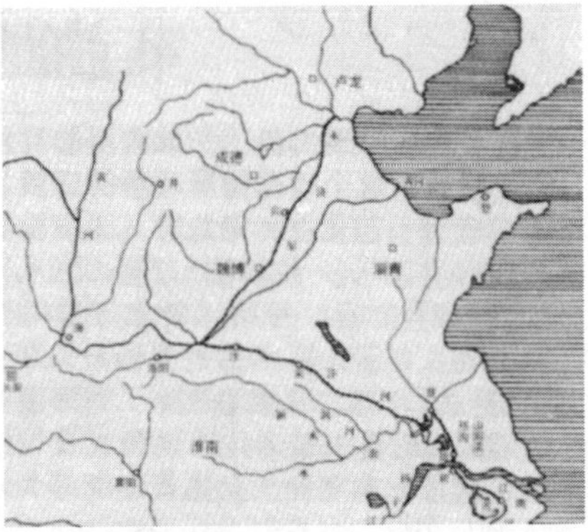

藩鎮割據形勢圖

藩鎮割據

唐代藩鎮割據的形勢可分為四個階段。第一階段從唐代宗初年到德宗末年（七六二—八〇五年），是割據形勢發展時期。七六三年，安史之亂以史朝義自縊，其黨羽紛紛投降唐朝而告結束。但朝廷無力徹底消滅這些勢力，便授以節度使稱號，由其分統原安史所占之地。計有李懷仙為盧龍（又名幽州或范陽，今北京）節度使，統治今河北東北部；李寶臣為成德（又名鎮冀或恒冀，今河北正定）節度使，統治今河北中部；田承嗣為魏博（今河北大名北）節度使，統治今河北南部、山東北部；薛嵩為相衛（今河南安陽）節度使，統治今河北西南部及山西、河南各一部，共四鎮。其後相衛為田承嗣所併，則成為三鎮，即河北三鎮。這三鎮名雖服從朝廷，實則獨立。軍中主帥，或父子相承，或由大將代立，朝廷無法過問。與此同時，淄青（又名平盧，今山東益都）鎮、山南東道（今湖北襄樊襄陽）等也實行實際上的獨立。淮西（今河南汝南）節度使李希烈據鎮反叛，自稱建興王，並聯合已稱王的淄青、魏博、成德、盧龍四鎮節度使抗拒中央。唐德宗調集淮西鄰道兵攻討李希烈，諸道兵都觀望不前。七八三年，又調涇原（今甘肅涇川北）兵東援，十月，該軍發生叛亂，擁立留居長安的前盧龍節度使朱泚為秦帝。德宗出奔奉天（今陝西乾縣）。七八四年正月，李希烈稱楚帝，改元武成。二月，入援朝廷的朔方（今寧夏靈武）節度使李懷光也叛亂，德宗又奔梁州（今陝西漢中），唐朝政權處於極危險的境地。同年六月，平定了朱泚，七八五年八月平定李懷光，七八六年四月李希烈為部將所殺，河北、山東四鎮表示重新服從中央，表面上又歸統一。但德宗經過這些恐慌之後，轉為推行姑息政策，求得暫時安定。

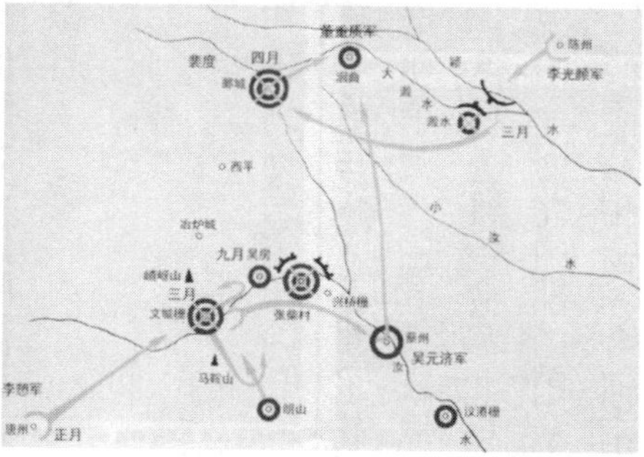
李愬襲蔡州作戰經過示意圖

唐憲宗永貞元年至元和末年（八〇五—八二〇年），是討伐叛鎮的時期。永貞元年（八〇五年）八月，唐憲宗即位，他開始執行削藩政策。八〇六年，劍南西川（今四川成都）節度使劉辟求兼領三川，因朝廷不許，就發兵攻擊東川節度使治所梓州（今四川三台）。憲宗即派高崇文統率神策軍出征，很快平定。同年，還平定夏綏節度使楊惠琳的叛亂。次年，鎮海（又名浙西，今江蘇鎮江）節度使叛變，憲宗調鄰道兵征討，取得勝利。這幾次平叛的勝利，使憲宗及主戰派大臣增強了信心。八〇九年，成德節度使王士真死，其子承宗自為留後，憲宗以宦官吐突承璀領兵討伐，沒有取得勝利。只得暫時妥協，承認承宗繼位。八一二年，魏博節度使田季安死，子從諫年幼繼位，軍中推立大將田興（後改名弘正），田興表示服從中央，遵守法令，申報戶籍，請朝廷任命管內地方官，送從諫入京。長期割據的河北三鎮中出現了一個突破口。淮西李希烈被部將陳仙奇所殺後，吳少誠又殺陳仙奇，仍割據自雄，吳少陽繼位。元和九年（八一四年）吳少陽死，子吳元濟自領軍務。在對淮西鎮的處置上，朝中大臣分為主戰、主撫兩派。憲宗主戰，徵集鄰道軍隊圍攻淮西。淄青、成德兩鎮暗中支援淮西，派人焚燒河陰轉運倉，刺殺宰相武元衡，刺傷御史中丞裴度，企圖阻止朝廷進攻，但憲宗沒有動搖，以裴度為相，堅持平叛。這是藩鎮勢力和唐朝中央的一次大決戰。由於平叛軍隊中有不少將領遷延觀望，作戰無力，戰爭拖了四年。宰相裴度親臨前線督師，八一七年十月，唐鄧節度使李愬雪夜襲克蔡州，擒吳元濟，取得最後勝利。次年憲宗又發兵攻淄青，八一九年二月，淄青將劉悟殺節度使李師道降唐。於是成德王承宗、盧龍劉總相繼自請離鎮入朝，朝廷另委節度使，長期割據的局面似乎都解決了。

藩鎮又起

從唐穆宗初年至唐懿宗末年（八二一—八七二年），是藩鎮復活並延續的時期。憲宗伐叛所創下的新局面沒有維持多久。由於長期戰爭，中央府庫的積蓄已經枯竭，憲宗晚年任用聚斂之臣，遭到百姓怨恨；新的統一局面，也使大臣們思想麻痹。憲宗死，穆宗即位後，「銷兵」（即裁減兵員）的主張盛行一時。銷兵雖可節省財政開支，但被裁的士卒無可靠生計，卻是一個亂源。河北三鎮的將士幾十年不識中央委派的官吏，如今看到的卻是一些趾高氣揚把河北士兵視為降虜的昏庸驕奢的人物。八二一年盧龍首先發生兵亂，將士囚禁朝廷派去的新節度使張弘靖，盡殺其幕僚。接著，成德軍將又殺自魏博移鎮成德的節度使田弘正（即田興），朝廷命裴度統兵討伐，又命魏博節度使田布（田弘正之子）出兵助討成德，但將士不肯出力，要求田布行河朔故事（即恢復獨立狀態），後田布自殺。於是「河北三鎮」又脫離了中央控制，被裁的士卒，紛紛投奔其下。新割據者朱克融、王廷湊、史憲誠實行原先的舊傳統。裴度的討伐軍無功而還。朝廷因軍費浩大，無法支撐長期作戰，只好承認現實。經此，唐朝中央再也沒有恢復河北的打算。在唐朝尚能控制的區域，也出現割據者，如徐州（今屬江蘇）大將王智興逐節度使崔群，自領軍務，朝廷即授以節鎮。澤潞（今山西長治）節度使劉悟擅囚監軍使劉承偕，朝廷無可奈何，宣佈流放劉承偕，劉悟才將其釋放。後來劉悟子孫三代據有澤潞。唐武宗會昌四年（八四四年），李德裕主持平定了澤潞。這次被稱為「會昌伐叛」

的勝利，對穩定中央直接控制地區起了積極作用。總之，第三階段中，藩鎮有所復活並發展，不過程度不如第一階段之甚。在這段時間內，不論是在唐朝控制的地區，還是藩鎮割據的地區，都經常發生牙將逐帥的事件。這是藩鎮割據的另一種表現形態，是權力下移的象徵。

從唐僖宗乾符二年至唐亡（八七五—九〇七年），是藩鎮相互兼併的時期。乾符二年（八七五年），王仙芝、黃巢領導的唐末農民戰爭爆發，唐朝雖然徵集各鎮士兵圍剿，並委任都統、副都統為統帥，實際上指揮並不統一。許多節鎮利用時機擴充自己的實力。

影響

廣明元年（八八〇年）十二月，黃巢攻入長安後，唐朝中央政權實際已經瓦解，這時在全國逐漸出現了許多割據勢力，有的原是唐朝的節度使（如高駢）；有的則是自己形成一個武裝集團之後，被唐朝授予節度使（如楊行密、董昌）。這樣，割據的藩鎮就空前增多。農民起義軍失敗後，這些藩鎮立即轉入相互兼併的戰爭中，數十年戰爭不斷，幾乎遍及全國。天佑四年（九〇七年），名義上的中央朝廷也被藩鎮之一朱溫奪去了，歷史終於演變為五代十國，成為唐代藩鎮割據的延續。直到北宋統一，才結束了這一局面。

42 會昌滅佛

在我國歷史上曾發生過「三武一宗」的滅佛事件，「三武」指北魏太武帝拓跋燾，北周武帝宇文邕、唐武宗李炎，一宗指周世宗柴榮。「會昌滅佛」就是指唐武宗在會昌年間的毀佛活動。「會昌滅佛」是佛教與封建國家發生經濟上的矛盾衝突、佛教與道教爭奪宗教上的地位的鬥爭的結果。

滅佛

印度佛教傳入中國，大約在西漢末年。它在中國的傳播發展，大致可分為三個時期：魏晉以前為輸入時期，魏晉南北朝為傳播時期，隋唐為興盛時期。魏晉南北朝時期，佛教寺院大量興建，僧尼空前增多。北魏時，佛寺多達三萬餘所，出家僧尼達二百餘萬人。南朝梁武帝時，僅建康一地，就有佛寺五百所，僧尼十萬人。而且這些佛教寺院都擁有獨立經濟，佔有大量的土地和勞動力，形成了特殊的僧侶地主階層。

佛院經濟的發展必定會在經濟方面與封建國家發生衝突。北周武帝當政時，北周有僧侶一百萬，寺院萬餘所，嚴重影響了政府兵源、財源。為了消滅北齊，他決定向寺院爭奪兵源和土地。建德三年（五七四年），下詔禁斷佛、道二教，把僧侶地主的寺宇、土地、銅像資產全部沒收，以充軍國之用，近百萬的僧尼和寺院所屬的僧戶、佛圖戶編入民籍。此後四年，北周滅北齊，北周毀佛的範圍達到關內及長江上游，黃河南北的寺院也被毀滅。江南自侯景之亂後，佛教勢力也受到影響，陳朝的佛教已不及梁朝之盛。佛教勢力的再次膨脹與隋文帝楊堅的提倡有極大關係。

唐法門寺地宮出土的「佛骨」

隋文帝楊堅信仰佛教，於開皇元年（五八一年），發布詔令，可以自由出家，並按人口比例出家和建造佛像。在隋朝時，佛教已再度興盛起來，唐朝時更為發達了。

唐高祖比較信佛，但唐初時，傅奕多次上書，列數佛教的惡果，請求廢除佛教。唐高祖曾下詔淘汰僧尼，並波及道士。由於唐高祖退位，太宗攝政，大赦天下，所以並沒有實行。唐太宗時曾於貞觀初年，下令凡有私度僧尼者處以極刑。

唐太宗晚年有憂生之慮，所以留心佛法，再者，因愛玄奘之才，所以曾親自寫了《大唐三藏聖教序》，宣揚佛法。並下令度僧尼一萬八千餘人。以後的高宗、中宗都很信佛。武則天之時，則更是大力提倡佛教，到處建造佛像，又建明堂，修天樞。佛教勢力更加膨脹。佛教寺院可與宮室相媲美，極盡奢華。以後諸帝也多信佛，肅宗、代宗在宮內設道場，養了數百個和尚在裏面早晚念佛，憲宗時還舉行迎佛骨的活動。

代宗時下詔，官吏不得「棰曳僧尼」，僧尼犯法也不能繩之以法。當時關中的良田多為寺院所有。

佛教在統治者提倡下，迅速發展起來，但同時也與封建國家存在著矛盾。大量的勞動人手出家為僧或者投靠寺院為寺戶、佃戶，寺院控制了許多土地和勞動力，寺院經濟發展起來，而封建政府的納稅戶卻大為減少。傅奕反對佛教的理由之一就是，僧尼是遊食之民，不向國家交納租稅，浪費了封建國家許多錢財，減少了稅收。韓愈在反佛的文章中也從國家財用的角度，指出了佛教的弊端。

代宗時，彭偃就建議：僧道不滿五十歲的，每年交納四匹絹，女尼及女道士不滿五十歲的，交納二匹，並和普通百姓一樣應役。他認為如果這樣，那麼出家為僧也就沒有什麼害處了。因為存在爭奪土地和勞動人手方面的矛盾，在這一矛盾達到一定程度時，封建國家就會向佛教勢力宣戰。

另一方面，唐武宗滅佛也是佛教與道教爭奪宗教地位的反映。道教是中國土生土長的宗教，追尊老子李聃為教祖。北朝以來的皇帝多信道教。唐朝建立後，因為皇帝姓李，道教尊奉的老子也姓李，統治者為了借助神權，提高皇家的地位，自認是老子的後代，所以推崇道教。高宗時，追尊老子為太上玄元皇帝。玄宗還親自為《道德經》作注，叫人學習。尊老子的《道德經》為《道德真經》，莊子的著作為《南華

唐代皇家寺院法門寺

真經》，庚桑子的著作為《洞靈真經》，列子的著作為《沖虛真經》，在科舉中增設老、莊、文、列四子科。並規定道士女冠由宗正寺管理，宗正寺是管理皇室宗族事務的機構，說明唐朝把道士和女冠當作本家看待。武則天崇佛，一是因為佛教曾為她當女皇製造理論根據，同時也是要用佛教來壓道教。

由於唐代尊崇道教，有很多為皇帝所寵信的道士。這些道士，繼續前代以來佛、道二教的鬥爭，對佛教大肆攻擊。唐武宗滅佛的根本原因在於打擊佛教寺院的經濟勢力，但也和道士趙歸真對佛教的攻擊有很大的關係。

滅佛

武宗前面的敬宗、文宗仍照舊例做佛事，但敬宗已酷信道教，趙歸真可以出入皇宮。文宗時已有毀佛之議，曾下令禁止度僧和營建寺廟。武宗未即位時，已好道術。即位後即召道士入禁中。趙歸真利用了這一點。對武宗說：佛教不是中國之教，應當徹底清除。唐文宗曾對宰相說，古時三人共食一農人，今加兵佛，一農人乃為五人所食，其中吾民尤困於佛。唐武宗說：使吾民窮困的是佛。於是下詔廢除佛教。先拆去山野招提和蘭若（私立的僧居）四萬所，還俗僧人近十萬人。會昌五年（八四五年），規定西京留四寺，每寺留僧十人，東京留二寺，其餘節度觀察使所治州三十四處可以留一寺，留僧照西京例。其他刺史所在州不得留寺。並派御史四人巡行天下，督促實行。共廢寺（朝廷賜名號的僧居）四千六百餘所，僧尼還俗二十六萬五百人，釋放奴婢十五萬人及被寺院奴役的良人五十餘萬。沒收良田數千萬頃。凡被釋放的奴婢，每人分給田百畝，編入國家戶籍。並將寺院銅像用來鑄錢，鐵像鑄成農具，金銀像收歸國庫。民間佛像限一月送交官府，如違犯則給以處罰。

會昌末年，全國兩稅戶比憲宗「元和中興」時增加了兩倍多，比穆宗時期增加了三成，是安史之亂以後國家最盛時期。可見，這次滅佛運動是成功的。但是，武宗死後，宣宗即位。宣宗崇信佛教，下令恢復武宗時被廢的佛寺，並殺死道士趙歸真等。在此之後，佛教勢力又興盛起來。對佛教的態度也是唐後期牛李黨爭的一個內容。李德裕反對佛教，他在浙西做官時曾拆毀寺觀一千四百餘所；在西川任節度使期間，也曾毀寺觀蘭若干處，把寺院土地分給農民。會昌年間的滅佛運動就是李德裕和唐武宗協同進行的。宣宗大中元年（八四七年），李德裕被貶為潮州司馬，後又貶崔州（海南瓊山縣東）司馬。教派鬥爭終於納入了政治鬥爭的軌道。

影響

會昌滅佛是中國佛教歷史上「三武一宗」滅佛運動中最嚴厲、毀滅性最大的一次，也是對中國佛教打擊最全面、最慘重的一次。像北魏的滅佛，不過是在北方一隅之地，而唐武宗滅佛則是全國性的，而且那個時期的中國佛教正是一個宗派林立、全面蓬勃發展的時期。那時中國僧尼是三十萬人左右，被迫還俗的有二十六萬人之多，毀掉的寺院有四萬多所，各宗的經典、寺院幾乎全部被破壞了，他們真正做到了像毀佛健將韓愈所說的「人其人」（要和尚還俗）、「廬其居」（把和尚廟變成在家人的房屋）、要「火其書」（把經書全部燒掉）。這是對佛教採取的「三光」政策。「三光」政策並不是以後的事，古已有之。佛教在這次法難中，各宗幾乎全部被摧垮了。佛教從此在中國社會、政治、思想等方面的地位和影響大大降低。

43 黃巢起義

中國的農民起義是世界上鮮有的。不論就次數、就規模而言，都是其他國家所不能比的。唐末的黃巢起義是八七五年至八八四年發生在唐朝末期的一次志在推翻唐王朝的農民起義。這次起義，提出了平均的思想，對後世的農民起義產生了重要影響，是中國古代農民起義的新階段。

起兵

唐朝末年，農民不甘封建壓迫和剝削，紛紛起來造反。七六二年，袁晁領導長江下游的農民起義；八五九年，裘甫在浙東領導起義；八六八年，龐勳領導徐泗地區的戍兵在桂林起義。這些接連不斷的農民起義，鼓舞了人民群眾的鬥志，拉開了唐末農民起義的序幕。

西元八七三年，唐懿宗死，僖宗立，政治更加黑暗，財政虧空年達三百萬貫。這一年又逢黃河中下游遭受旱災，夏季麥收一半，秋季顆粒不收。農民只好以野菜、樹皮充饑。

在這種情況下，政府的徭役，賦稅仍未減輕，逼得農民無法生活。憤怒的群眾在走

43 黃巢起義

投無路的情況下，拿起武器進行鬥爭。唐末農民起義爆發了。

八七四年，王仙芝在長垣（今河南長垣縣東北）聚集三千多人舉行起義，自稱「天補平均大將軍兼海內諸豪都統」，發布文告，號召人民起來推翻唐朝。第二年夏天，黃巢領導曹州冤句（今山東曹縣北）數千群眾回應。

黃巢是山東曹州冤句（今山東曹縣）人，以販鹽為生，讀過書，能騎善射。他曾組織過武裝鹽幫，同唐政府緝查私鹽進行過多次武裝鬥爭。他對唐朝的黑暗統治，早有無比的仇恨，立志要推翻唐王朝。黃巢起義後，貧苦農民紛紛加入義軍，很快發展到幾萬人。王仙芝率領隊伍攻克濮州（今河南范縣）、曹州時，和黃巢起義軍會合，聲勢浩大。他們轉戰山東、河南、湖北諸地。

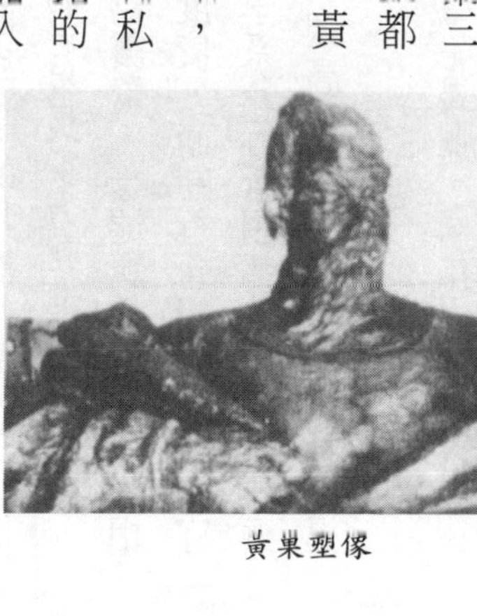

黃巢塑像

唐朝統治者受到農民起義軍的沉重打擊之後，企圖用高官厚祿來收買起義領袖，瓦解農民革命隊伍。在敵人的誘降政策面前，王仙芝產生動搖，黃巢和起義軍戰士堅決抵制，使他未敢公開投降。這時，黃巢率軍打回山東，王仙芝留在湖北。唐朝軍隊前來鎮壓，王仙芝派人去洛陽談判投降條件。由於使者中途被唐軍捕殺，談判未成，卻使起義軍陷入被動局面。八七八年二月，黃梅一戰，五萬多起義軍戰死，王仙芝也被唐軍殺死，只有尚讓率領一部分起義軍突圍，到亳州投奔黃巢。

攻克長安

此後，農民起義軍一致推舉黃巢為統帥，號稱「沖天大將軍」，建立王霸，任命官署，鬥爭鋒芒直指以「天」為象徵的地主階級政權。從八七八年二月起，黃巢率領起義軍橫掃淮河南北各地，並乘虛南下渡過長江，攻取虔州、吉州、饒州、信州和福州。農民軍所到之處，焚官府，殺貪官、濟貧農，得到人民的支援，隊伍擴大到幾十萬人。

八七九年十月，農民起義軍攻克廣州，在這裏進行了短期的休整，補充了人員和武裝。這時黃巢以「百萬都統」的名義發表了北伐的政治宣言，提出了「禁止刺史殖（聚斂）財產，縣令犯贓者族（滅族）」的具體政治主張。接著，他率軍北上，向唐王朝的老巢長安方向進軍。

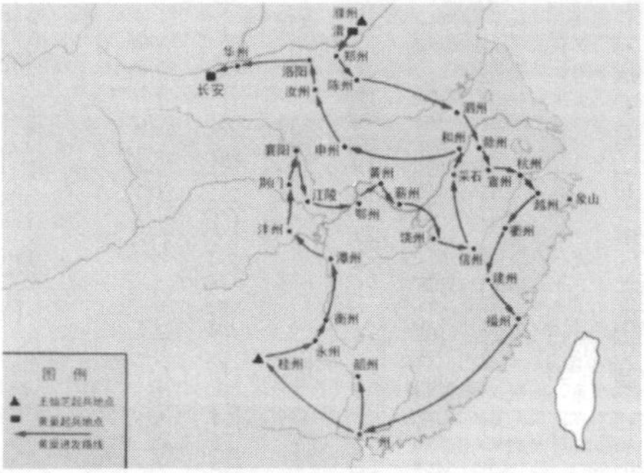

黃巢起義路線圖

消息傳到朝廷，皇帝大為震驚，急忙調兵阻截。宰相王鐸親自出馬，充當荊南節度使、南在行營招討都統駐守江陵，並保舉「將門後代」李系為行營副都統兼湖南觀察使，率軍五萬駐守潭州，又調高駢為淮南節度使駐屯揚州，防守長江天險。

農民起義軍英勇進軍，毫不畏懼。同年十一月大軍在桂州（今桂林）集中後，沿湘江向北經永州、衡州，直取潭州，消滅唐軍五萬。起義軍乘勝順長江東下攻克鄂州，到安徽、浙江等地流動作戰。八八〇年，起義軍突破長江防線，又突破淮河防線，直取洛陽。

唐朝政府企圖堅守潼關，垂死掙扎，除守將齊克讓率領一萬名士卒駐守外，又拼湊二千八百名「神策軍」協同守關。黃巢率大軍至潼關城下，親臨前線，並以先鋒尚讓繞潼關背後兩面夾攻。當地群眾一千多人自動趕來挖土填壕，支援農民軍。黃巢起義軍僅用六天時間就攻下潼關，打開了長安的大門。起義軍迅速向長安城挺進。

八八一年一月八日，唐僖宗帶隨從宦官倉皇逃奔四川成都。同日傍晚，農民軍佔領長安城。十六日，農民起義軍在長安建立了新政權，黃巢做了皇帝，國號「大齊」，年號金統。唐朝三品以上大官一律罷免，四品以下留任。

革命政權建立後，黃巢沒有乘勝追擊，也沒有消滅關中附近的禁軍，而是陶醉在勝利之中，這就使逃到四川的唐僖宗站穩了腳，並集結了殘餘勢力，聯絡各地軍閥武裝，向農民軍反撲過來。在起義高潮中一些暫時投降的節度使，也乘機起兵。農民軍沒有根據地，很快陷入唐軍包圍之中。在艱苦的條件下，起義軍首領朱溫叛變。八八三年，唐朝統治者又勾結沙陀族和黨項族的貴族武裝力量向農民軍進攻。由於寡不敵眾，農民軍退出長安，在河南堅持鬥爭。八八四年六月，農民軍又退到山東。在萊蕪以北狼虎谷一戰中農民軍多數陣亡，黃巢自殺，農民起義失敗。

影響

黃巢領導的唐末農民起義，率眾幾十萬，轉戰十幾省，持續十幾年，是中國歷史上一場空前宏偉壯烈的農民革命戰爭，在中國農民戰爭史上寫下光輝的篇章。它沉重地打擊了唐王朝的統治，表現了農民戰爭對封建社會的改造作用。同時，起義也削弱了藩鎮割據勢力，打破了原來中央與藩鎮之間、藩鎮相互之間的均勢。這支農民軍以「沖天」的革命思想，第一次提出「均平」的戰鬥口號，建立了革命政權，猛烈地衝擊了封建制度。標誌著農民戰爭發展到一個新階段，給後世的農民鬥爭以重大的影響。

44 石敬瑭割讓燕雲十六州

唐朝在唐末農民起義的打擊下更加衰弱，九〇七年，朱溫最後取代唐朝建立了後梁政權。唐朝後期以來的藩鎮割據演化為五代十國的分裂混戰局面。這一時期是中國歷史上王朝更疊最頻繁的時期之一，實行的是軍閥強權政治。割據一方的藩鎮擁有一定的軍事實力，在時機成熟時，他們就推翻朝廷，取而代之，建立自己的王朝。同時在王朝內部，為爭奪皇位而內訌，父子相殺、兄弟相殺的事件層出不窮。總之，五代時期就是這樣一個無法無天的時代，軍閥們為了皇位可以不擇手段，石敬瑭就是這樣一個靠出賣國土、認賊作父而取得契丹幫助，爬上帝位的無恥之徒。

石敬瑭

石敬瑭出自西夷，他的父親臬捩雞，跟隨沙陀貴族李國昌、李克用父子打仗，石敬瑭本人在年輕時得到了當時任代州刺史的李嗣源的賞識，成為李嗣源的女婿，李嗣源是李克用的養子，即後來的後唐明宗。

唐明宗死後，他的兒子李從厚繼位，這就是閔帝。他僅在位四個月，皇位就被唐明宗的養子李從珂奪去了，李從珂就是末帝。末帝即位後，任石敬瑭為北京（太原）留守、太原節度使。李從珂奪得帝位，對石敬瑭是一個刺激。他也就積極籌劃如何可以過一下皇帝癮了。太原之地地形險固，糧食充足，石敬瑭又把在洛陽的錢財運到太原，準備以太原為根據地，勾引契丹為助，來奪取帝位。

契丹是居住在我國東北的少數民族，西元九一六年，阿保機在統一各部後，建立了政權。阿保機死後，耶律德光繼立，改國號為遼。在阿保機建立政權日益強大時，就常常向南侵擾五代的北部邊境。但當時阿保機建國不久，他還曾派使者向後梁王朝稱臣，以求得冊封，後梁冊封契丹為甥舅之國。契丹不斷南侵，也常遇到不小的阻力，所以尚不能長驅直入。

五代玉帶

石敬瑭與他的部下桑維翰、劉知遠共同籌劃，引契丹為援，奪取後唐天下。石敬瑭讓桑草擬給契丹的文書，表示稱臣於契丹皇帝，並向契丹皇帝行父子之禮，答應在事情成功後割讓盧龍一道及雁門關以北諸州的土地。劉知遠也認為太過分，他向石敬瑭說：稱臣就可以了，行父子之禮太過分；多給一些錢物就可讓契丹出兵幫助，割讓土地，恐怕將來會成為中原的一大禍患，到那時，後悔也來不及了。但石敬瑭帝夢心切，根本聽不進去。當時石敬瑭四十五歲，耶律德光三十四歲，石敬瑭此舉可謂無恥之極。

石敬瑭叛唐後，唐末帝以張敬達為都部署討伐，楊光遠為副。張敬達在晉安鄉（在

五代樂伎

晉陽南）築長圍以圍困晉陽，石敬瑭領軍堅守，但也面臨著缺糧的問題。九月，耶律德光帝自率五萬軍隊來援助石敬瑭，當天就打敗唐兵並包圍了晉安寨。末帝調集軍隊來解圍。盧龍節度使趙德鈞領兵來解圍，但是他卻以大量金帛送給耶律德光，並請求立自己為皇帝，他提出的條件是：自己率兵攻佔洛陽，與契丹約為兄弟之國，答應讓石敬瑭常鎮河東。這個條件比石敬瑭的條件要差得多，但是儘管如此，因為耶律德光覺得自己孤軍深入，趙德鈞仍有很強的實力，自己也有被後唐軍隊切斷退路的危險。所以耶律德光準備答應趙德鈞的請求。石敬瑭聽說這一消息，十分恐懼，派桑維翰到契丹軍營，跪在耶律德光帳前，從早到晚哭哭啼啼阻止耶律德光答應趙德鈞的請求，最後耶律德光才作罷。十一月十二日，契丹耶律德光冊封石敬瑭為晉帝，約定雙方永為父子之邦。晉每年向契丹交納帛三十萬匹，並把燕雲十六州割讓給契丹，這十六州是：幽（遼升為南京，亦稱燕京，即今北京）、涿（河北涿州）、瀛（河北河間縣）、莫（任丘）、檀（密雲）、薊（薊縣）、順（順義縣）、蔚（蔚縣）、新（河北原涿鹿縣）、嬀（懷來縣）、儒（北京延慶縣）、武（河北原宣化縣）、朔（山西朔縣）、雲（大同市）、應（應縣）、寰（朔縣東）。閏十一月，楊光遠殺掉張敬達，向契丹投降。耶律德光遂同石敬瑭一起向南進軍，派高謨翰為先鋒，與後唐降軍一起南進，到

團柏谷，趙德鈞與其子延壽率先逃走，其他將領也相繼逃跑，士卒大潰。趙德鈞、延壽逃到潞州，耶律德光與石敬瑭到達潞州，趙德鈞父子投降契丹。至此，耶律德光沒有再繼續南下，石敬瑭則繼續向洛陽前進，後唐軍隊紛紛投向石敬瑭，末帝與曹太后、劉皇后等人攜傳國寶登上玄武樓自焚。當天晚上，石敬瑭進入洛陽。石敬瑭就是後晉太祖。

兒皇帝

石敬瑭奉耶律德光為父皇帝，向契丹稱臣，每次契丹使者到來，他都要拜受契丹詔敕。除每年輸送的金帛之外，凡有吉凶慶吊，節日贈送，後晉向契丹進奉的珍奇禮品數量也很大。以至應天太后、元帥、太子、南北二王韓延徽、趙延壽等大臣都有禮品，稍有不如意，就派使者來指責，石敬瑭每次都卑躬屈膝地道歉。後晉的使者到契丹，契丹都不把他們放在眼裏，使者回來向朝廷彙報，無論朝中還是民間都認為這是莫大的恥辱，而石敬瑭卻從來沒有感到不耐煩，這個兒皇帝真是畢恭畢敬了。

契丹從石敬瑭那裏得到燕雲十六州，但是一些地方的軍民反抗，卻使契丹統治者並不能輕易取得這些地區。如在雲州，雲州節度判官吳巒對部眾說：我們有禮義之俗，怎麼能向夷狄稱臣呢？他被推舉主持雲州州事。在吳巒的率領下，雲州軍民閉門拒守，契丹兵不能攻克，只好繞城而走。

影響

契丹取得燕雲十六州後，分置南京道和西京道，以幽州為南京、雲州為西京。石敬瑭割讓十六州，將北邊險要之地，拱手讓與契丹，造成契丹統治者南擾的有利條件，從此中原王朝在與契丹的軍事鬥爭中處於無險可守的被動地位。當時人桑維翰曾經談到北邊形勢，指出契丹騎兵，利在坦途，中原步兵，利在險阻。割讓十六州以後，燕薊以南，千里平原，步兵與騎兵誰更有利，是十分明白的。

周世宗柴榮曾於顯德六年（九五九年）進行北伐，收復了瀛、莫、甯（河北靜海縣南）三州和益津關（河北霸縣）、瓦橋關（涿縣南）、淤口關三關。因周世宗病逝，北伐中止。北宋建立後，統一了內地，形成了宋遼對峙的局面。宋太宗曾兩次大規模北伐，試圖收復燕雲故地，但都沒有成功。

由於北邊險要地區的失去，北宋始終處於被動防守的地位，只好以兵為險，靠駐紮大軍來守衛邊防，這對北宋國家政治軍事各方面都造成了嚴重的影響。宋朝雖然很富饒，但是卻陷入了積貧積弱的地步，最終被北方遊牧民族所滅亡。

45 陳橋兵變，黃袍加身

後周顯德七年（九六〇年）的正月初一，五代時期的後周君臣正在宮中慶賀新年，忽然接到鎮、定二州的急報，北漢勾結契丹入寇。宰相范質，王溥等立即遣檢校太尉，殿前都點檢趙匡胤率兵前去抵禦。

黃袍加身

初三，軍隊駐紮於開封東北的第一個驛站陳橋驛，趙匡胤酒醉而臥，而有擁立之意的將士卻環立待旦。次日黎明，四周叫嘯吶喊，聲震原野。趙普，趙光義排闥入告，此時將士們直叩寢帳之門，高呼：「諸軍無主，願策太尉為天子。」趙匡胤的一些親信在將士中散布議論，說「今皇帝幼弱，不能親政，我們為國效力破敵，有誰知曉；不若先擁立趙匡胤為皇帝，然後再出發北征」。將士的兵變情緒很快就被煽動起來，這時趙匡胤的弟弟趙匡義（後改名光義即宋太宗趙炅）和親信趙普見時機成熟，便授意將士將一件事先準備好的皇帝登基的黃袍披在假裝醉酒剛剛醒來的趙匡胤身上，並皆拜於庭下，呼喊萬歲的聲音幾裏外都能聽到，遂擁立他為皇帝。趙匡胤卻裝出一副被迫的樣子說：「你們自貪富貴，立我為天子，能從我命則可，不然，我不能為若主矣。」

45 陳橋兵變，黃袍加身

宋太祖趙匡胤像

擁立者們一齊表示「唯命是聽」。趙匡胤就當眾宣布，回開封後，對後周的太后和小皇帝不得驚犯，對後周的公卿不得欺凌，對朝市府庫不得侵掠，服從命令者有賞，違反命令者族誅，諸將士都應聲「諾」！於是趙匡胤率兵變的隊伍回師開封。守備都城的主要禁軍將領石守信、王審琦等人都是趙匡胤過去的「結社兄弟」，得悉兵變成功後便打開城門接應。當時在開封的後周禁軍將領中，只有侍衛親軍馬步軍副都指揮使韓通在倉卒間想率兵抵抗，但還沒有召集軍隊，就被軍校王彥升殺死。陳橋兵變的將士兵不血刃就控制了後周的都城開封。

這時後周宰相范質等人才知道不辨軍情真假，就倉促遣將是上了大當，但已無可奈何，只得率百官聽命，翰林學士陶谷拿出一篇事先準備好的禪代詔書，宣布周恭帝退位。趙匡胤遂正式登皇帝位，輕易地奪敢了後周政權，改封恭帝柴宗訓為鄭王。由於趙匡胤在後周任歸德軍節度使的藩鎮所在地是宋州（今河南商丘），遂以宋為國號，定都開封。歷史上習慣把趙匡胤建立的趙宋王朝稱作北宋，趙匡胤死後被尊為宋太祖。趙匡胤黃袍加身好像是被人強迫的，但是歷史學家們卻提出了太多疑問：

一，據《涑水紀聞》等書記載：「及將北征，京師喧言，出師之日，將策點為天子。故富室或挈家遠避於外州，獨宮中未之知也。」由此可知，當時軍隊未到陳橋已有兵變之說，未見黃袍，已有天子之說，陳橋兵變不會是一次偶發事件，而是有預謀的。

正如古詩所言：「黃袍不是尋常物，誰信軍中偶得之。」

二，宋人筆記記載說，趙匡胤早年曾到高辛廟為自己的功名前程占卜，「自小校以上至節度使，一一擲之，皆不應。忽曰：『過此則為天子乎！』一擲為聖筊」。且不論此事的真偽如何，這一在宋代廣為流傳的軼聞，正反映了趙匡胤的夙願。而在陳橋驛，將士們已環立呼喊，趙普與趙光義也已入內報告，而趙匡胤何以會「醉臥不省」，絲毫未念及早年的願望，這一情形未免過於做作。

三，《宋史·杜太后傳》曰，杜太后得知其子黃袍加身後，說：「吾子素有大志，今果然。」因而不驚不慌，談笑自若，還說：「吾兒生平奇異，人皆言當極貴，又何憂也。」（司馬光《涑水紀聞》卷一）據此，這加身的黃袍似乎不是從天而降之物，有人以詩刺譏道：「阿母素知兒有志，外人反道帝無心。」

四，當時本因國境告急才令趙匡胤領兵出戰，為什麼黃袍加身後，不費一槍一刀，戰事已定？即所謂「千秋疑案陳橋驛，一著黃袍加身便罷兵」。可以認定，鎮，定二州的軍情是配合趙匡胤兵變自立而謊報的。

在北宋取代後周的過程中，因趙匡胤注意嚴肅軍紀，一回開封就下令軍隊各歸兵營，開封城中沒有發生以往改朝換代時出現的那種燒殺搶掠的混亂局面，因而得到原後周大小官吏的支援。北宋建立伊始，後

北宋文臣之像

周一些帶重兵在外執行巡邊使命的將領，如慕容延釗、韓令坤，大都表示擁護宋太祖登皇帝位，只有盤踞潞州（今山西上黨）的昭義軍節度使李筠及在揚州的淮南節度使李重進先後起兵反抗，於是宋太祖親率大軍平叛，在不到半年的時間裏先後擊敗李筠和李重進。李筠和李重進當時是後周境內兩個力量較強的藩鎮，他們的失敗，使得一些勢力較小，又對趙匡胤代周不滿的地方藩鎮更感到無力與中央抗衡，也只得表示屈服。這樣到建隆元年（九六〇年）末，北宋在原後周統治區已基本上穩定了局勢。

臥榻之側豈容他人酣睡

雖然，趙匡胤在不到一年的時間內，就穩定了內部政局，但是在宋的轄區外，北邊有勁敵遼朝和在遼朝控制下的北漢，南方有吳越、南唐、荊南、南漢、後蜀等割據政權。這一客觀形勢，不能不使趙匡胤深深感覺到一榻之外，皆他人家也。因此，當政局穩定之後，趙匡胤就開始考慮如何把周世宗統一中國的鬥爭繼續進行下去。起初，他曾經想把北漢作為首要目標，但文武官員卻不贊成先攻北漢，認為這樣做有害無利，後來趙匡胤就放棄了先攻北漢的打算。在一個大雪紛飛的夜晚，趙匡胤和其弟趙光義走訪趙普共商國策。趙普聽了宋太祖試探他的話「欲收太原」之後，沉吟良久然後說，先打太原有害無利，為何不等到先削平南方諸國之後再攻打北漢，到那時「彼彈丸黑子之地，將何所逃」。這一分析正合宋太祖走訪趙普的初衷，使他大為高興。一個先消滅南方各個割據勢力，後消滅北漢的統一戰爭的戰略方針就這樣確定了，也就是後人歸納的「先南後北」、「先易後難」的方略。北宋的統一戰爭基本是按照這個方略進行的，對遼和北漢，在削平南方割據勢力前，基本上採取守勢，只在邊境適當顯示武力，並對來犯之敵適當反擊。同時與契丹互派使臣發展關係，力圖保持北方戰線的暫時安定。對南方各國則密切注視它們的政治動向，尋找時機，準備找到合適的突破口。

建隆三年（九六二年）九月，割據湖南的武平節度使周行逢病死，其幼子周保權嗣位。盤據衡州（今湖南衡陽）的張文表不服，發兵攻佔潭州（今湖南長沙），企圖取而代之。周保權為此一面派楊師人率軍抵擋，一面派人向宋求援，這就給北宋出兵消滅這個割據勢力製造了一個好機會。宋太祖抓住戰機，立即以慕容延釗為湖南道行營都部署，李處耘為都監，調兵以討張文表為名從襄陽（今湖北襄樊）出兵湖南。當時北宋軍隊挺進湖南，要經過荊南節度使割據的地方，這時荊南節度使已由高保融之子高繼沖嗣位，北宋早已清楚探明，高繼沖只有軍隊三萬人，且內困於暴政，外迫於諸強，其勢日不暇給。於是趙匡胤制定了以援周保權討伐張文表為名，「假道」荊南，一舉削平荊南和湖南兩個割據勢力的方針。乾德元年（九六三年），宋軍兵臨江陵府，要求假道過境，荊南主高繼沖束手無策，被迫出迎宋軍，荊南亡。接著宋軍繼續向湖南進發，擊敗抵禦的守軍，擒湖南主周保權，平定了湖南。

乾德二年十月，宋太祖以後蜀主孟昶暗中與北漢勾結，企圖夾擊宋朝為藉口，命王全斌為西川行營都部署，率兵六萬分兩路向後蜀進軍。一路由王全斌、崔彥進率領自劍門（今四川劍閣北）入蜀，一路由劉光義、曹彬率領從歸州（今湖北秭歸）出發溯江而上，直入夔州（今四川奉節縣）。由於孟昶荒淫腐朽，不修軍政，蜀軍士氣低落，抵擋不住宋軍的淩厲攻勢。宋軍二路兵馬連敗後蜀軍的反抗，迅速進逼成都，乾德三年正月，孟昶投降，後蜀亡。

繼後蜀被消滅的割據政權是南漢。開寶三年（九七〇年）十一月，宋太祖命潘美為桂州道行營都部署，大舉攻南漢。南漢劉皇帝負隅頑抗，但由於南漢許多將領在統治集團內部的鬥爭中，被其主殘殺，掌握兵權的是幾個宦官，軍事設施皆毀壞失修，因而無法阻擋宋軍的進攻，只好向宋軍投降，南漢亡。滅亡南漢，北宋就加緊備戰消滅南方割據勢力中比較強大的南唐。開寶七年（九七四年）宋太祖認為出兵南唐的準備工作已經就序，為製造進攻南唐的藉口，要南唐後主李煜親自到開封朝拜，李煜懼怕被宋扣留未成行。因此宋太祖就於這一年九月派曹彬率十萬大軍進攻南唐，戰艦沿江而下，殲滅南唐軍主力，包圍江寧府（今江蘇南京），開寶八年十一月李煜在被圍困了近一年後才被迫出降，南唐亡。

在削平南方諸國其間，宋太祖曾兩次發兵進攻北漢，均未獲克捷。開寶九年（九七六年）十月，宋太祖突然死去，他的弟弟趙光義登基，是為宋太宗。太宗繼承了他哥哥未竟的事業，使用政治壓力，迫使吳越王錢俶和割據福建漳、泉二州的陳洪進納土歸降，兩浙、福建亦歸入宋的版圖。太平興國四年（九七九年）初，宋太宗親率大軍北征，他採用了圍城打援的戰法，派潘美等率軍四面合圍太原，並擊敗了遼朝的援兵，北漢主劉繼元被迫投降。

影響

至此，安史之亂以來二百多年的封建軍閥割據局面基本上結束了。北宋的統一，為南北經濟、文化的發展，創造了有利的條件。

46 澶淵之盟

北宋景德元年（一〇〇四年），遼承天皇太后和遼聖宗耶律隆緒以收復瓦橋關（今河北雄縣舊南關）南十縣為名，發兵南下，連破宋軍，十一月已抵達黃河邊的重鎮澶州城北，威脅宋都東京，宋朝野人心惶惶。

澶州之戰

宋朝大臣王欽若主張遷都升州（今江蘇南京），陳堯叟主張遷都益州（今四川成都）；宰相寇準則力請宋真宗親征，宋真宗被迫北上。這時寇準倚重的將領是在抗遼戰爭中屢立戰功的楊延朗（楊業之子，後改名延昭）等人。宋軍在澶州前線以伏弩射殺遼南京統軍使蕭撻凜（一作覽），遼軍士氣受挫。宋真宗在寇準一再催促下，登上澶州北城門樓以示督戰，宋軍士氣大振。宋、遼兩軍出現對峙局面。

澶州城橫跨黃河兩岸，宋真宗到達南城後，因契丹兵勢正盛，許多人又氣餒了，主張他停下來觀望形勢，千萬不可渡河到北岸。寇準說：「陛下不過河，人心會更加渙散，敵人的氣焰壓不下去，怎麼能取勝呢？」正好，寇準出行營遇見高瓊，對他說：「太尉受國家的厚恩，如今國家有難，就不思報答？」高瓊說：「我願一死報國。」寇準馬上帶高瓊返回見真宗，大聲說：「陛下如果認為我說的不是事實，請問問高瓊吧！」高瓊馬上接著說：「寇準的意見十分正確，說的都是事實。」寇準趁熱打鐵，說：「形勢緊急，機不可失，請陛下立刻起駕。於是，宋真宗在文武大臣護衛下過了河，登上北城門樓。宋軍將士看到真宗的黃龍大旗，士氣高漲，歡聲雷動，聲聞數十里。

兩軍相持十多天，契丹統軍撻覽親自臨陣督戰，宋軍伏弩齊發，撻覽中箭喪命。遼軍未能在戰場上撿到什麼便宜，進退兩難，只好派人到宋營求和，形勢的發展有利於宋軍而不利於契丹，戰場上的主動權完全操在宋軍手中。按照寇準的意圖，如果講和，契丹必須向宋朝廷稱臣，並退還幽州。但宋真宗卻缺乏信心，害怕打仗，唯求安撫契丹，儘快平息爭端。寇準只好同意求和。

宋軍中下屬軍官佩帶的銅牌，用來表明身分

澶淵之盟

遼軍這次南侵，其目的只是想對宋進行一次物資掠奪和政治敲詐，因折將受挫，表示同意與宋議和。宋真宗亦希望遼軍能儘快北撤，於是遣使向遼求和。十二月，雙方達成和議，宋、遼雙方互派使者，議定的和約條款規定，宋朝廷每年輸送給遼國歲幣銀十萬兩，絹二十萬匹，尊遼方太后為叔母。歷史上把這次議和稱為「澶淵之盟」。雖然這

遼墓壁畫契丹人引馬圖

仍是一個不平等的條約，但此後宋、遼雙方在一個時期內，連綿不斷的戰爭獲得了暫時平息。而這筆鉅額賠款，長期成為北宋人民額外的沉重負擔。對宋而言，澶淵之盟不過是以「賄賂」來取和平，甚至可說是喪權辱國。但盟約締結後，宋、遼之間百餘年間不再有大規模的戰事，這對中原與北部邊疆經濟文化的交流和民族的融合有正面的作用。

「澶淵之盟」後，由於寇準堅持抗戰有功，宋真宗待他很優厚，非常敬重他。但原來主張逃跑的王欽若在宋真宗面前說，寇準勸其親征，是把皇帝當賭注，孤注一擲，簡直是國家的一大恥辱。從此宋真宗待寇準便越來越淡薄，不予重用。

影響

蔣復璁曾說及宋遼澶淵之盟「影響了中國思想界及中國整個歷史」。中國有「言和即是漢奸」的說法，對於歷史上的和談也一味支吾規避。在這種情形之下，更使我們不能忘記，直到西方勢力東漸，中國歷史的主題是多數民族與少數民族間的衝突。因戰爭即影響雙方的財政與稅收，又影響國家體制與社會狀態。凡此也都可以自澶淵之盟談起。

若從長時期遠距離著眼，則是從十世紀到十一世紀初年的發展，揭開了今後一段長時間的競爭。契丹之遼與女真之金由畜牧業所產生的政權，配合以新興的農業基礎，以今日的東北及熱河為根據地與南朝爭奪華北的地盤。趙宋的南朝則自信以南方的經濟和資源能戰勝對方，這種態度以趙匡胤所稱「以二十四絹購一契丹人首，其精兵不過十萬」表現無遺。這長期的爭奪戰，不僅影響各朝代的進程，也與以後元明清各朝的登場有密切的關係，日本人之製造「滿洲國」，仍是企圖在幾千百年之歷史的舊題材中覓得一個向中國大陸進發的新的藉口。

同是這幾百千年歷史的運轉，並不如一般人所說的只有文化程度低的少數民族被文化高的多數民族所融化。在雙方全面戰爭之餘，中國的「第二帝國」在隋唐宋以來所展開的競爭性和外向的性格沒有找到出路，而被迫放棄。代之而起的是「第三帝國」明清的內向和非競爭性。此是後話。

澶淵之盟是一種地緣政治的產物，表示著兩種帶競爭性的體制在地域上一度保持到力量的平衡。也只有在這種地緣政治的影響之下，我們今日仍感覺幾百千年歷史的陰影，仍不時出現於我們的腳跟後面。

47 活字印刷術的發明

被譽為「文明之母」的印刷術，是中國古代四大發明之一。古代的印刷術分為雕版印刷術和活字印刷術兩類。雕版印刷術先行出現，在西元前，中國已懂得印章捺印的方法，後來又會拓印碑石，至隋遂發明雕版印刷之技術。雕版印刷盛行於唐而完善於宋。直至本世紀初期，雕版印刷一直是中國文獻和圖籍的主要印刷方式。在這一千多年的歷程中，雕版印刷術不斷得到發展和完善。雕版的材料除了木板外，又有石板、銅板；印刷除單色外，又有彩色套印；印刷品則從初期的單頁圖文、小型書籍，進而發展到大型類書的印製。五代時期刻印《九經》等儒家典籍一百三十冊，花費時間二十二年。宋代刻印《大藏經》歷時十二年，刻板十三萬塊。明清時期集佛、道二教典籍所刻印的《道藏》、《續道藏》亦是工程浩大的雕版印刷壯舉。

活字印刷

雕版印刷事業，從唐代推廣應用，到宋代得到普遍發展，大大地豐富了人民的文化生活，對於繼承和發揚中國的學術傳統，起了重要的推動作用。

雕版印刷術比起以前的手寫傳抄手段不知要節省多少人力和時間，對於書籍的生產和知識的傳播來說，確實是一個巨大的革命。但是，雕版印書必須一頁一版，有了錯字難以更正，如果刻一部大書，要花費很多時間和木材，不僅費用浩大，而且儲存版片要佔用很多地方，管理起來也有一定的困難。而在雕版的基礎上發明的活字排版印刷術則可以解決這些矛盾，進一步提高印書效率。

活字印刷術就是預先製成單個活字，然後按照付印的稿件，揀出所需要的字，排成一版而施行印刷的方法。採用活字印刷，一書印完之後，版可折散，單字仍可再用來排其他的書版。這個方法直到電腦排版之前，都是世界上生產書籍、報紙、雜誌的主要方法。

畢昇像

活字印刷術在後來發展到高度機械化的地步，是現代文化的一根主要支柱。歐美國家的某些學者一般地都把活字印刷術的發明，說成是十五世紀中葉（一四四〇—一四五〇年）德國人谷騰堡的貢獻，並且把活字印刷術和印刷術等同起來，因此得出谷騰堡是「印刷術的發明者」的結論，這顯然是不符合事實的。首先，書籍印刷不能僅限於活字印刷術，雕版印刷術也是一種主要的方法。活字印刷是在雕版印刷的基礎上出現的。而中國人民最早發明雕版印刷術已經是不爭的事實。所以谷騰堡不是「印刷術的發明人」是毫無疑問的。其次，活字印刷術儘管對於歐洲人來說有更重大的意義，儘管谷騰堡是歐洲第一個應用這個方法的人，但是，確鑿的事實告訴我們，活字印刷術是中國人首先發明的，而且由中國直接或間接地傳到世界各地。我們完全有理由相信，谷騰堡（或者是別的人）是在這個影響之下，才創制出拉丁文字的活字印刷術的。

活字印刷術是在十一世紀中期，中國北宋慶曆年間（一〇四一—一〇四八年）天才工人畢昇發明的，是先用木、後以泥為原料製成。這是世界上最早的活字，它比谷騰堡應用的活字早四百多年。活字印刷技術最關鍵的問題之一是活字製作材料的選用及其製作的工藝方法。中國古代勞動人民曾經用黏土、木材、銅、錫、鉛等原料進行過多種試驗，都獲得了成功。畢昇即首先成功地製作出以膠泥為原料的活字。中國古代的活字，以製作材料不同，可以分為兩大類：第一是非金屬活字，如泥、木、磁所製成的活字。第二是金屬活字，如：錫活字、銅活字、鉛活字等等

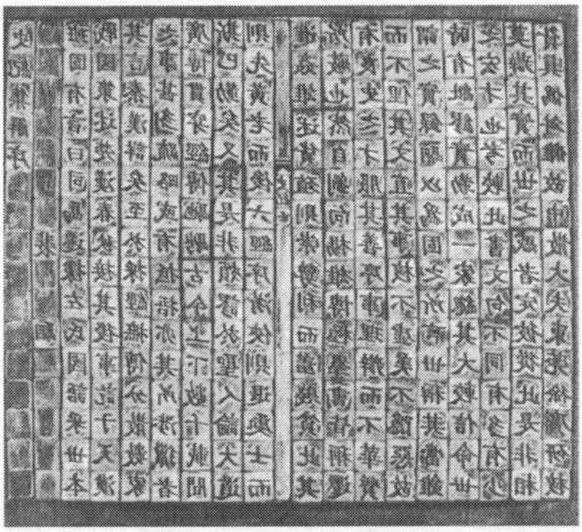

北宋泥活字版

早在宋代畢昇時期，已有人試驗以木為原料製作活字，因木字遇水膨脹，效果不佳，而未成功，畢昇才改木為泥發明用泥製作活字。然此後不久，木活字印刷研製成功並得以發展和推廣，西夏文《吉祥遍至口和本續》等木活字本和維吾爾文木活字的出土為此提供了實物證據。元代農學家王禎製作木活字和轉輪排字架獲得成功，並於大德年間用木活字印刷了《旌德縣誌》，但是也已經失傳。明代之後，木活字印刷逐漸發展起來。

據文獻記載，畢昇首先採用膠泥製成一個個的單字，再用火燒堅硬後成為活字，用這批活字試製印刷書籍獲得了成功。西元十一世紀的四十年代，中國宋朝慶曆年間（一〇四一－一〇四八年）畢昇發明了泥活字印刷。關於這項發明，在宋代科學家沈括著《夢溪筆談》卷十八「技藝」門裏作了如下記載：

「板印書籍，唐人尚未盛為之，自馮瀛王始印五經，後世典籍皆為板本。慶曆中有布衣畢昇又為活板。其法用膠泥刻字，薄如錢唇。每一字為一印，火燒令堅。先設一鐵板，其上以松脂蠟和紙灰之類冒之。欲印，則以一鐵範置鐵板上，乃密布字印，滿鐵範為一板，持就火煬之藥稍熔，則以一平板按其面，則字平如砥。若止印三二本，未為簡易，若印數十百千本，則極為神速。常作二鐵板。一板印刷，一板已自布字。此印者才畢，則第二板已具。更互用之，瞬息可就。每一字皆有數印，如『之』、『也』等字，每字有二十餘印，以備一板內有重覆者。不用則以紙貼之。每韻為一貼，木格貯之。有奇字素無備者，旋刻之，以草火燒，瞬息可成。不以木為之者，文理有疏密，沾水則高下不平，兼與藥相黏，不可取，不若燔土，用訖再火，令藥熔，以手拂之，其印自落，殊不沾汙。昇死，其印為予群從所得，至今寶藏之。」

泥活字印刷是中國科學技術史上的一大發明。據《夢溪筆談》所載，畢昇泥活字有以下幾個特點：一是直接在泥坯上刻字，而不必先寫在紙上反貼後再進行鐫刻；二是泥字厚度薄如錢唇，這與現存翟氏泥活字實物及有關文獻記載的木活字在外形上有較大差別；三是將活字排放在盛有松香、蜂蠟、紙灰等物的鐵範中，然後將鐵範放在平火上烘烤，使松香、蜂蠟、紙灰製成的黏合劑熔化，將泥活字黏牢在鐵板上。

對上述的特點分析可知：其一，就印刷技藝而言，在雕版或活字坯上刊刻出已經反貼上版的字，最為簡單，是一個刻工所應具備的起碼條件。若能在雕版或活字坯上直接寫出反體字，則功力已非同一般。若能直接用刀在雕版或活字坯上刻出反體陽文字來，則必須諳熟書、刻兩種技藝。畢昇可以直接操刀在泥坯上刻出反體陽文字，當為一個印刷技巧十分諳熟的高手。其二，乾燥的泥坯，性脆易崩，無論刻刀多麼鋒利，一下刀則泥粉四濺，字體邊緣崩損得十分厲害，這種邊緣呈鋸齒狀的字跡經燒製後，若作為一種篆刻藝術品欣賞也許頗有特色，但若將這種邊緣殘缺、筆劃呈鋸齒狀的字印刷成書，則很難被讀者接受。實驗證明，當泥坯濕度在百分之三十左右時，下刀不黏不澀，十分易於刻出筆畫邊緣整齊的字。所以，畢昇直接刊刻的是具有一定的濕度的泥字坯。其三，無論是濕泥還是乾泥，在刊刻中都不能用印床等固定，否則泥坯或者變形或者破碎，只能放在桌面或平臺上進行刊刻。為了使字坯保持穩定並便於刊刻，字坯外形當以扁平狀為妥。文獻中描述畢昇泥活字「薄如錢唇」，是對泥坯外形十分形象的描述。「錢唇」是指錢幣平面上內緣較厚的那一部分，寬度約在四毫米左右。如此厚度的泥坯，刻製便利、乾燥迅速、燒製時受熱也易均勻。其四，用松香、蜂蠟、紙灰的共熔物作為黏合劑，將泥活字固定在鐵範中用於印刷，似為畢昇首創。這種方法與後世王禎用界行及木銷固定木活字的方法大不相同。其原因估計是，畢昇泥活字呈扁平狀，無法用界行、木屑等擠壓固定，採用黏合固定是最簡便也是最實用的方法。

此後，西夏政權採用泥活字印刷佛經，並有實物流傳至今；元代時有人繼續用此方法印刷泥活字本，可惜沒有實物留傳，元時期的泥活字印刷書籍，已無從查考了；清代時，李瑤和翟金生兩人分別採用畢昇方法自製泥活字印書獲得成功，而且已留傳至今。

元初，科學家王禎發明了木活字，並改進了活字印刷術。把每行字夾住，排滿後再用木屑塞緊，省去了畢昇固定和取下字印之不便。為了減輕排字工人來回尋找單字的勞動，提高排字效率，王禎還匠心獨運地發明了一種「轉輪排字盤」。他把木活字按韻編號排列在兩架木製的大轉盤裏，一架用來放選出的可用字，另一架放普通常用的字。排字工人只要坐著推動轉盤，「左右俱可推轉摘字」。

在中國古代活字印刷中，除泥活字、木活字外，還有錫、銅、鉛等金屬活字以及瓷活字，但大量應用的是木活字。一七七三年，清政府組織刻成二十五萬三千五百餘枚棗木活字，先後印行《武英殿聚珍板叢書》一三八種，共二千三百多卷，是歷史上最大規模的活字印刷活動。

影響

活字印刷不僅大大提高了工作效率，而且還有其他一些優點。如發現錯字可隨時更換，不必像雕版那樣要從頭開始，也不會產生雕版的蟲蛀、變形及保管困難的問題。只要有了一套活字，便什麼書都可印，大大節省了寫刻雕版的費用，又縮短了出書時間。這種既經濟又簡便的印刷方法，是畢昇在世界印刷史上樹立的一塊具有劃時代意義的豐碑。

活字印刷為印刷術之一大革命。中國之雕版印刷術在發明後不久，即傳至日本，後來又在十二世紀傳入埃及。歐洲大約在十四世紀才有木版印刷的圖像，現行之木版浮水印畫依然採用雕版印刷之方法。活字印刷術則在大約十四世紀傳到朝鮮、日本，復由中亞傳至小亞細亞與埃及，並影響於歐洲。歐洲最早用鉛、銻、錫合金所製之活版印刷，乃一四五〇年德人谷騰堡（J.G.Gutenberg）所創，距畢昇之發明已四百餘年了。可以說，活字印刷術是中國對世界進步的一大貢獻。

有了活字印刷術，整個世界的文化、教育、溝通等等都發生變化了，就中國而言，中國突然進入了一個資訊爆炸的時代，印刷的書籍比起前代成倍地增長，圖書的普及帶動了文化的傳播，也推動了教育的發展，中國歷史進入到一個新的時代。

48 理學的形成

兩宋時期，學術思想界出現了一種以「理學」著稱的學派。理學是佛教、道教思想滲透到儒家哲學以後出現的一個新儒家學派。自漢武帝「獨尊儒術」以後，孔孟之道獨霸學壇，由漢至唐經學都頗發達。但漢儒治經偏於考據，流於破碎；唐儒則重於註疏，過於支離。隨著儒、佛、道之互相滲透，宋儒不屑拘泥於舊經，便以闡釋義理為主，使之發展為新儒學，故稱理學，亦名道學或宋學。

「存天理，滅人欲」

理學的初創者為北宋的周敦頤，而發揚光大者是程顥、程頤兩兄弟以及南宋的朱熹。程顥字伯淳，程頤字正叔，洛陽人。二人同師於周敦頤。周敦頤提出「無極」是宇宙之根源，而二程則更進一步提出「理」是天下萬物之本。但程顥注重內心修養，後為南宋陸九淵所承。程頤主張格物致知，並提出「去人欲，存天理」，宣揚「餓死事小，失節事大」。其主張由南宋的朱熹所祖循，並稱為「程朱之學」。

周敦頤素來被看作是理學的開山祖師。所謂宋明理學的主題即「心性義理」的提出，主要還是周敦頤的貢獻。

所謂「心性義理」主要是指性命道德問題，它既是宋明儒學的主題，也是整個儒學史上一直爭論不休的問題。最早提出這一問題的是孟子和乃師子思，但限於當時的歷史條件，他們並沒有就這些問題展開充分的論證。此後的一些儒者如荀子、董仲舒、揚雄、韓愈等，雖不同程度地提出各種說法，但由於主要停留在儒學淑世淑人的教化目的上，因而只能觸及人性的善惡層面，而不可能具有本體的意義。只是到了佛教傳入中土後，一些佛教徒為了解決佛性問題，才開始借用儒學的心性術語，從而使心性義理問題具有本體的意義。因而從這個意義上說，是周敦頤重提心性義理之學且得到宋儒的讚賞與支援，其思想資源主要是來源於佛教的啟示，是數百年來儒佛衝突的真正化解。

程顥像

說起宋明理學，最著名的道學家當推朱熹，而最具代表性的道學觀念是他的「革盡人欲，復盡天理」。

朱熹，字元晦，別稱紫陽，是繼孔子和董仲舒之後，對中國影響最大的古代思想家。他祖籍徽州，但因長居於福建建陽，故其學又稱「閩學」。朱熹認為世間萬事萬物有萬理，這個「理」就是「太極」、「天理」。它在政治、倫理上的表現，就是「君臣、父子、夫妻」及「仁、義、禮、智、信」等「三綱五常」。其思想、理論最為後世統治者所提倡。不過，南宋的陸九淵另創「心學」，提出「心即是理」，「宇宙即是吾心」的主張，不同意朱熹的觀點。他的思想體系，後來經明代王守仁的發揮，成為「陸王學派」。

假道學

一貫道貌岸然的朱熹，有次指斥他的政敵、太守唐仲友與妓女嚴蕊有不正當的男女關係。為整垮唐仲友，便逮捕嚴蕊，施以酷刑，迫她承認。然而嚴蕊雖為風塵女子，卻不肯妄扳他人，寧死不認，爾後此事也就不了了之。

這件公案在歷史上鬧得沸沸揚揚，大凡讀過幾本史書的人都曉得，但後面發生的事，卻不為人所清楚了。原來，朱熹的這套桃色攻擊法，又被他人借去「以彼之道，還施其身」了。一一九六年，監察御史沈繼祖上疏，指責朱熹言行不一，引誘兩個尼姑為小妾。皇帝要降旨貶他的官，嚇得他上表謝罪，認罪，還罵自己「草茅賤士，章句腐儒，唯知偽學之傳，豈適明時之用」。

真正令人意外，看來，道學家中「道行」最深的朱熹，原來也是那種專滅別人的「人欲」，而不滅自己的「人欲」的假道學呵，更遑論一般道學先生們了。

由此想到宋明道學家們「存天理，滅人欲」的道德特色，其一，便是上文所述的「律人不律己」。而其二，便是下文要講的「律下不律上」。

程頤像

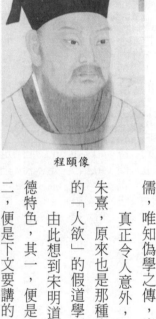

按說，封建社會中，最縱欲的當數皇帝了，哪一個不是三宮六院七十二妃。宋代以前，晉代武帝，擁有後宮佳麗一萬多人，弄得他都不知如何應付了，只好坐上羊拉的小車，隨便走到哪兒，就在哪兒安歇。宋代以後，那明代正德皇帝遊龍戲鳳，清代乾隆皇帝幾下江南處處獵豔，滿天摘星，這些且不說，就說宋朝，宋徽宗與妓女李師師有染，宋理宗與妓女唐安安有染，以至於清代詩人史夢蘭都作打油詩諷刺道「宋史高標道學名，風流天子卻多情，安安唐與師師李，盡得承恩入禁城」。好了，如此巨大的「人欲」，怎不見道學家們置一詞，批一字呢？

看來，「存天理，滅人欲」的道學家們既不會律己，也不敢律上，那麼，就只有律一律小民百姓了。

清代著名哲學家戴震，對宋明理學剖析得極透徹。參考他的見解，筆者分析：理學把人的飲食男女、衣食住行、喜怒哀樂等本性欲望，都歸入要「革盡」的「人欲」之中，以「曠世之高節」——也即超越現實、抹煞人性的禁欲主義來苛求於人民，於是乎，規律性地出現了如下後果：

一是，由於事實上無法達到「滅人欲」標準而在理論上又已成立（宋明理學已成為當時社會思想意識主流），便造成理論與實踐兩張皮的格局，許多人以說一套做一套來適應此種社會環境，社會便瀰漫開了普遍性虛

朱熹著書圖

偽（這才是最大的道德淪喪）。

二是，由於許多人主觀認定應該並可以「滅人欲」，於是習慣了以此標準去苛求他人，評價他人。而事實上他人又做不到「滅人欲」，於是便傾向於不滿意他人，這造成人際關係的緊張，人際環境的殘酷。

三是由於上述二點導出的最根本的歸宿：由於封建社會是等級壓迫社會，權勢階層便在以上兩點（「虛偽遮己」，「嚴苛待人」）上占盡上風，蓋因權勢愈大，便愈有條件在隱蔽地滿足自己「人欲」的同時，去指責和剝奪他人的「人欲」，去迫使他人（主要是治下的小民）去做那作不到的「滅人欲」的事，於是乎，「存天理滅人欲」的理論便成為強者剝奪弱者，上層剝奪下層的武器，從而極大加劇了社會不公。

例如，清康熙五十三年上諭：

「朕惟治天下以人心風俗為本，欲正人心、厚風俗，必崇尚經學而嚴絕非聖之書，此不易之理也。近見坊間多賣小說淫詞，荒唐俚鄙，殊非正理，不但誘惑愚民，即縉紳士子，未免遊目而蠱心焉，所關於風俗者非細。應即通行嚴禁。」

這麼著急正人心的統治者大有人在，例如北洋軍閥孫傳芳，曾在上海以誨淫之罪名查禁過劉海粟先生的人體畫展。

皇帝也好，大帥也好，直接佔有幾十乃至幾千美女，如在社會上發現了其他美女，要弄到身邊來也非難事。相信他們不會再有興趣看什麼「淫書淫畫」，他們自是可以理直氣壯地來嚴格要求小民，包括這嚴禁淫書淫畫（其實，這其間相當多的並不色情，如

《紅樓夢》、《西廂記》、《牡丹亭》、如劉海粟的人體畫展）。真乃千年一怪事：皇帝本以聖人自居卻熱衷於幹凡人『食色性也』之事，而百姓身為凡人卻被要求幹聖人『清心寡欲』之事。

問題的實質便是，富有的權勢者借「存天理，滅人欲」來剝奪無權勢小民的本來就少得可憐的一點精神與物質財富。

難怪呵，難怪，魯迅先生在《狂人日記》中憤怒譴責禮教在滿紙的「仁義道德」後面寫著「吃人」。先生的確看透了，封建禮教就是這麼吃人的。

影響

理學在宋代得到統治階級扶持，極度發達，成為思想界的統治思想。它所提倡的「存天理，滅人欲」和「三綱五常」等思想，滲透到社會的各個角落，嚴重地束縛了人們的思想，影響著人們的行為規範，特別是對婦女的壓迫更為深重。宋明理學，是儒學發展的新階段，在中國歷史上佔有重要地位。

49 女真崛起，雄據中原

女真族是活動在我國北方的古老民族之一。早在春秋戰國時期，被稱為「肅慎」的北方部落，就是女真人的祖先。兩漢時期的「挹婁」，南北朝時期的「勿吉」，隋唐時期的「靺鞨」，都是女真族在不同的朝代的名稱。到宋、遼對峙時期，他們才被稱作女真。千餘年間，女真族的先人在黑龍江流域和松花江流域一帶，過著逐水草而居的遊牧、漁獵生活。

唐朝末年，遼太祖耶律阿保機在北方崛起，原來活動在北方的許多遊牧民族都被納入契丹人的勢力範圍，女真族就是其中之一。契丹為了削弱女真族，曾將女真部落的數千戶強宗大族遷往遼陽以南，以削弱女真族的勢力。這部分被遷的女真部落，逐漸接受遼同化，編入遼朝戶籍，稱為「熟女真」。而一些分散在松花江以北、甯江以東的女真諸部落，沒有被遷離原來的活動地域，因此稱為「生女真」。當時，生女真只有十多萬人，分為七十二個部落。各部落仍然保持著本民族的習俗和制度，與同一時期的宋、遼相比，是相當落後的。

49　女真崛起，雄據中原

苦心經營，伺機而起

一個處於上升階段的落後民族是不會停止發展的。在接受外來影響過程中，生女真中的完顏部發展很快，實力逐漸壯大起來。完顏部有記載的首任酋長是大約十世紀初葉的函普，傳說他來自高麗，到達完顏部的時候已經六十多歲了。適逢完顏部有人殺死了外族的人，兩族之間因此結下了怨，經常互相攻殺，仇怨越結越深。函普年高精明，遂應族人的請求，排解這個糾紛。他向對方提出：「殺了一個人就爭戰不休，對雙方損害都很大。何不只殺掉當初生事的那個人，再由我部用財物賠償你們，這樣，雙方不用打仗，都有好處。」對方也覺得這樣的辦法好，就同意了。雙方定下協約：「凡有殺傷人者，征其家人口一、馬十偶、犢牛十頭、黃金六兩，與所殺傷之家，即兩解，不得私戰。」女真族殺人賠償馬牛三十的風俗就是從此開始的。函普為部人辦成了一件大事，族人都很信服他，推舉他為部落的酋長，後來被金朝奉為始祖。

函普之後，經過烏魯、跋海、綏可幾代，完顏部在生女真各部中脫穎而出，實力越來越大。到石魯擔任酋長的時期，他認識到女真族沒有文書契約，難以進行有效的治理，決心「稍立條教」，整頓部落事務，但石魯的這一想法遭到了族人的反對。一些族

金人騎兵及馬具裝

人把他抓了起來，準備殺死。石魯的叔父謝里忽認為石魯是個有作為的人物，匆忙趕到，向那些劫持石魯的人放箭，趕跑了他們，石魯才保住性命。這件事更增強了石魯改革的決心。隨著「條教之治」的推行，完顏部的實力增強了。對其他仍沿用舊俗的部落，石魯就率族人討伐。完顏部往往每戰必勝，征服了許多生女真部落，石魯的威信大大提高。契丹皇帝給石魯加官「惕隱」，希望借他的手來控制整個生女真。

十一世紀初，石魯的兒子烏古乃繼任第六代酋長。這時的完顏部已定居在按出虎水（今阿什河）的附近各地。這裏森林茂密，土地肥沃，完顏部的進步比過去一切階段的總和都要豐富得多。烏古乃逐漸征服了生女真各部，聯合白山部、耶悔部、統門部、耶懶部、土骨論部和遼朝稱「五國部」的蒲聶（蒲奴里）、鐵驪、越里篤、奧里米、剖阿里等五部，組成部落聯盟，烏古乃擔任聯盟長，並接受遼朝加給的「生女真節度使」稱號。

烏古乃死後，他的兒子劾里鉢繼任聯盟長。他率領諸弟和子侄壓服了部落聯盟內各部貴族的叛亂，用「臥薪嘗膽」的方式打消了契丹人的猜忌，繼續發動對外擴張戰爭。到他死時，昔日弱小的生女真完顏部，已經是一個包括三十個部落的大聯盟，一個奴隸制國家的雛型已開始形成。現在，只需要一個機會、一個強有力的領袖人物，就可以把這股新生勢力凝聚起來，大舉南進，去征服那些比自己文化先進、經濟發達的民族了。

完顏阿骨打建國

正當女真族的勢力蓬勃發展的時候，契丹的統治卻越來越腐朽。契丹的末代皇帝天祚帝喜歡打獵、酷愛酗酒，懶得處理政事。契丹的國力一天天衰弱，在其境內，反遼鬥爭的狂瀾此起彼伏。

一一一三年，劾里鉢的次子完顏阿骨打（一〇六八—一一二三年）繼任女真部落聯盟的酋長，成為女真族的一個關鍵性領袖人物。據《金史》記載，他出生前夕天空經常出現五色雲氣，這意味著「其下當生異人，建非常之事。天以象告，非人力所能為也」。這樣的話雖然不可相信，但阿骨打也確實有過人之處。阿骨打舉止穩重，勇猛過人，富有雄才大略，跟隨父兄征討叛離部落，從來沒打過敗仗，深受劾里鉢器重。

一一一四年九月，完顏阿骨打集合各部落兵卒八百人，起兵反抗契丹。他首先向甯江州發起進攻，甯江州有守軍八百，加上由東北路都統蕭嗣先率領的援軍七千，合計七千八百人。但由於契丹的政治腐敗，民不聊生，從根本上毀壞了遼軍的士氣和紀律，所以在鬥志旺盛的女真戰士衝擊下，數量的優勢並不能使遼軍免於潰散。阿骨打攻破甯江州城後，契丹派出各族軍隊大舉反擊。十一月兩軍戰於出河店，阿骨打領兵三千七百人迎戰，獲得大勝，收降遼軍各族士兵編入女真軍，乘勝攻佔遼賓、咸州。

在完顏阿骨打的親自指揮下，女真軍隊用了不到一年時間，就佔領了遼王朝在東北黑吉遼地區的許多重要城鎮和據點。隨著戰爭的節節勝利，女真族原有的氏族部落制已不能再適應形勢發展的要求。於是，阿骨打弟完顏晟（吳乞買）、國相完顏撒改等紛紛勸進，擁戴阿骨打建立國家。遼天慶五年（一一一五年）正月元旦，阿骨打依仿漢族制度，稱皇帝，立年號「收國」，定都會寧府（今黑龍江阿城縣南），建國號大金，阿骨打是為金太祖。

阿骨打即位後，內修制度，外整軍隊，積極準備滅亡契丹。他廢除了國相制，設立「諳版勃極烈」等輔佐國政，女真士兵實行按傳統的「猛安謀克」制度，改為以三百戶為謀克，十謀克為猛安，使之正式成為軍事行政組織，收編的遼東降軍依遼朝兵制設都統或軍帥。新建立的的金朝意氣風發，對遼國的攻勢更加兇猛。金天輔四年（一一二〇年），攻陷遼上京臨潢府（今內蒙古巴林左旗南）。六年，取遼中京（今內蒙古寧城西）。同年底，攻陷燕京（今北京）。至此，稱雄一時的契丹瀕臨崩潰，離滅亡之日已經不遠。

金代鐵佛

天輔七年（一一二三年）八月阿骨打自燕京北返途中病死。其弟完顏晟（吳乞買）即位，改年號天會，是為金太宗。金太宗聯合西夏，追擊遼天祚帝。天會三年（一一二五年）遼天祚帝在逃往黨項的途中為金兵俘獲，遼朝亡。

影響

阿骨打一生馳騁於疆場，繼承前人基業，完成金朝的建國大業，為女真的統一與發展建立了不朽的功勳。在金政權建立後，他還對女真以氏族血緣關係為基礎的部落聯盟組織進行了改革，清除了同姓通婚等落後習俗。在對遼征戰的同時，重視發展生產。他還命令完顏希尹「仿漢人楷字，因契丹字制度，合本國語」，創制了女真文字，使女真人結束了刻木記事的落後狀態。此後不久，女真族憑藉實力和機遇，終於入主中原，進入了其民族的鼎盛期。隨著女真的擴張，女真族大批南下，和漢族、契丹族等各族人民雜居一起，共同勞動、共同生活，文化、經濟有了很大的進步，逐漸接受了漢族文化，各民族之間的融合大大加強了。同時，由於對祖先之地的重視，把漢族地區一些先進的文化和生產工具傳入我國的東北地區，改變了東北地區，加速了這一地區的開發進程。

50 靖康之變，宋朝南遷

正當新建立的金朝來勢洶洶，欲染指中原的時候，恰好是北宋有名的昏君宋徽宗在位。他任用奸臣蔡京為宰相，重用童貫、王黼、梁師成、楊戩、李彥、高俅等人，使北宋的政治進入最黑暗、最腐朽的時期。宣和元年（一一一九年）宋江在山東起義，第二年方臘又在浙江豎起義旗，北宋的統治已經岌岌可危，勢如累卵。

宣和二年（一一二〇年），在金朝滅遼的時候，北宋希望乘機收復被遼國佔領的失地，曾與金訂立「海上之盟」約定：雙方夾擊遼國，長城以南的燕雲地區由宋軍負責攻取，長城以北的州縣由金軍負責攻取；待夾攻勝利之後，燕雲之地歸於北宋，北宋則把前此每年送與遼朝的歲幣，照數送與金朝。哪知宋軍實在腐朽不堪，宣和四年（一一二二）北宋兩次出兵攻打燕京，均被遼的燕京守兵打得大敗。到這年年底金兵由居庸關進軍，攻克燕京。最後金朝答應把燕京及其所屬的六州二十四縣交給宋朝，卻要宋朝每年除把原給遼朝的四十萬歲幣交給金朝外，還要把這六州二十四縣的賦稅如數交給金朝。宋朝還答應每年另交一百萬緡作為燕京六州的「代稅錢」，金朝才答應從燕京撤軍，而在撤軍時，金兵卻把燕京的金帛子女官紳富戶席捲而去，只把幾座空城交給宋朝。

靖康之變，刻骨銘心的恥辱

金滅遼以後，看到北宋統治腐朽，防備空虛，決定一鼓作氣，滅掉宋朝，統一中國。就在滅遼的當年（一一二五年）十月，金太宗下詔侵宋，金軍分兵兩路，西路軍以粘罕為主將，由大同進攻太原；東路軍主將是斡離不，由平州攻燕山，兩路金軍計劃在宋朝首都東京（今開封）會合。由於北宋疏於防範，入侵的金軍除西路軍在太原城遭到王稟領導的宋朝軍民的頑強阻禦，長期未能攻下外，東路軍順利到達燕山府，宋守將郭藥師投降，金兵遂長驅直入。宋徽宗驚惶失措，連忙寫了退位詔書，讓太子趙桓繼位，是為宋欽宗，改明年（一一二六年）為靖康元年。宋徽宗自己則倉皇逃到鎮江避難去了。

當時北宋朝廷在和、戰問題上意見不一。宋欽宗和宰相李邦彥、張邦昌等主張屈辱求和，答應賠款割地。主戰派李綱等認為應採取進取之策，皇帝應「親政」。在主戰派和東京軍民要求抗戰的壓力下，宋欽宗先後任命李綱為兵部侍郎、尚書右丞、東京留守、親征行營使等，全面負責首都開封的防務。靖康元年（一一二六年）正月初八日，金軍到達開封城下。由於當時各地勤王之師紛紛趕來救援首都，李綱親自督戰，幾次打

宋徽宗趙佶像

敗攻城的金軍。河北、山東義軍也奮起抗金，形勢對孤軍深入的金軍十分不利，死傷又多，金軍被迫撤退。

金兵北退之後，投降派重新得勢，李綱等主戰派則被迫離開東京，各路勤王之師和民兵組織被遣散，防務空虛。一一二六年八月，金軍在經過一個夏天的休整後，又分東西兩路南侵。西路軍攻破太原，乘勝渡河；東路軍攻陷真定。靖康元年閏十一月二十五日，兩路軍圍攻東京，東京城破。但東京軍民抗敵情緒高昂，他們立即將前一天來議和的金使殺掉。第二天，有三十萬人領取器甲抵抗金兵，當金兵欲縱火屠城時，居民百姓欲行巷戰者「其來如雲」。金軍在城牆上慌忙修築防禦工事，以防東京居民將其趕下城去。金軍佔領東京達四個月，大肆擄掠。靖康二年（一一二七年）正月，金軍先後把宋徽宗、宋欽宗拘留在金營，二月六日金主下詔廢宋徽宗、宋欽宗為庶人，另立同金朝勾結的原宋朝宰相張邦昌為偽楚皇帝。四月初一日金軍俘虜徽、欽二帝和后妃、皇子、宗室、貴戚等三千多人北撤。宋朝皇室的寶璽、輿服、法物、禮器、渾天儀等也被搜羅一空，這就是所謂的「靖康之變」。從趙匡胤稱帝開始的北宋王朝統治了一百六十七年，宣告滅亡。

李綱像

南宋建立，偏安江南，宋、金對峙局面形成

西元一一二七年，金國從開封撤軍以後，立張邦昌為偽楚皇帝。由於張邦昌原為宋臣，後降金，開封軍民對其憎恨有加，一大部分舊宋朝臣也要求他退位。萬般無奈之下，張邦昌以孟太后之名，下詔書立康王趙構為帝。靖康二年（西元一一二七年）五月一日，康王趙構正式即位，是為宋高宗。這個偏安的宋王朝，後來定都臨安（今浙江杭州），歷史上稱做南宋。

南宋初年，名將輩出，屢破金兵，但宋高宗深恐諸將功高難制，徽、欽二宗回京更令帝位不保，乃收諸將兵權，力主議和。建炎元年九月，趙構聽說金朝以傀儡張邦昌被廢為藉口，再次南侵已抵達河陽，也不問消息是否確實，立即準備南逃。十月初從南京（今河南商丘）出發，月底逃到揚州。十二月金朝分兵三路南下。完顏宗輔率東路金軍自滄州渡河，進攻山東，完顏宗翰率中路金軍自河陽渡河，直攻河南，西路金軍由完顏宗望所派的婁室率領，進攻陝西。建炎三年（一一二九年）二月金軍奔襲揚州，宋高宗倉皇出逃，經鎮江府到杭州。九月金兵渡江南侵，趙構又率臣僚南逃，十月到越州（今浙江紹興），隨後又逃至明州（今寧波），並自明州到定海，漂泊海上，直到建炎四年夏，金軍撤離江南後，他才又回到臨安府，後將臨安府定為南宋的都城。

儘管以宋高宗為首的議和勢力消極抗戰，但是在朝野輿論的壓力下，南宋軍民也組織了多次對金軍抗戰，阻止了金軍的進犯，使宋、金對峙的局面得以穩定下來。民族英

雄岳飛、韓世忠等人，成為南宋初期抗金的旗幟。

岳飛（一一〇三—一一四一年），字鵬舉，河北西路相州湯陰（今屬河南）人，出身農家。南宋初他曾作為河北招撫司的下級將校，隨王彥在河北一帶抗金。離開王彥後，又為宗澤所賞識。建炎四年（一一三〇年），金兀朮率軍自臨安府沿運河北撤，岳飛率軍襲擊常州，克復建康府（今江蘇南京），金軍退至江北。這時的岳飛，已經經歷了大小二百餘戰，因英勇善戰，聲譽日高，很快就升任獨當一面的將領。當紹興二年（一一三二年）他剛30歲的時候，已經成了守衛長江中游的主帥。

紹興四年（一一三四年）岳飛奉命揮師北伐，自鄂州（今湖北武昌）趨襄陽（今湖北襄樊），向偽齊政權的守軍發起猛烈進攻，僅用二、三個月的時間就按照預定計劃收復襄陽、郢州（今湖北鍾祥）、隨州（今湖北隨縣）、鄧州（今河南鄧縣）、唐州（今河南唐河）、信陽軍（今河南信陽）等六州軍之地。這是南宋建立政權以來第一次收復大片失地。因此年僅三十二歲的岳飛被封為節度使，成為南宋大將中最年輕有為的一員。他所率領的「岳家軍」因紀律嚴明，戰功顯赫，深受人民愛戴，成了南宋抗金鬥爭的一個中流砥柱。

杭州岳廟秦檜夫婦鐵像

紹興十年（一一四〇年）五月，金軍又分兵兩路向陝西和河南大舉進攻，在很快奪回了河南、陝西之後，又率大軍向淮南大舉進攻。宋高宗又慌了手腳，急忙下詔讓已經辭職在家守母喪的岳飛從襄陽出擊，牽制向淮南及陝西進攻的金兵。在戰爭中，金軍主帥金兀朮乘岳家軍兵力分散之機，親率精銳騎兵一樣五千人向岳家軍指揮中心郾城（今屬河南）發動進攻。紹興十年（一一四〇年）七月初八日，金兀朮率部在郾城與岳家軍對陣，雙方從下午激戰到天黑，金軍大敗。郾城之戰是宋金雙方精銳部隊之間的一次大決戰，宋軍以少勝多，給金軍以沉重打擊。接著岳家軍又在潁昌府打得金兀朮狼狽逃竄，並一直追擊到距開封僅二二．五公里的朱仙鎮。這時黃河南北許多堅持鬥爭的義兵，都打著岳家軍的旗號回應岳飛的北伐，其他各路宋兵也轉入局部反擊，抗金鬥爭呈現一派蓬勃發展的大好形勢。

然而，以宋高宗和宰相秦檜為首的投降派，所求的只是抵擋住金軍的進一步南侵，能保住半壁江山，成為金的屬國就已心滿意足了，乃強令各路宋軍班師，積極與金議和。紹興十一年（一一四一年）十二月二十九日，宋高宗和秦檜終以「莫須有」的罪名將岳飛父子殺害，當時岳飛年僅三十九歲、岳雲年僅二十三歲，岳飛臨刑前在獄案上揮筆寫下「天日昭昭，天日昭昭」八個大字，表示了對投降派的最後抗議。其餘所有曾支援過岳飛，堅決抗金的文官武將，也都被紛紛貶斥。宋高宗以納貢稱臣為代價，換回了東南半壁江山的統治權。

在宋高宗之後，宋金兩國發展相對穩定。金國也有幾次南侵，但大都半途而廢，而

南宋在孝宗年間也進行了北伐，但也未能收復國土。中國歷史上又一次形成了南、北對峙的局面，直到元朝重新統一。

影響

北宋末到南宋初是中國歷史上人口第二次大規模南遷的時代。當時的史書記載：「中原士民，扶攜南渡，不知其幾千萬人？」這些被迫南渡的北方士民，大多數是掌握先進農業技術的農民和掌握先進文化思想的士族名門。他們定居江南後，把北方的先進科學技術和文化傳播到南方，促進了江南和嶺南地區的開發。從南宋時期起，中國的經濟重心從北方移到南方。根據歷史學家的考證，漢族的一個民系——客家人也是在這一時期形成的。

在北方，金國滅遼吞宋後，國勢強盛，至金世宗修明內政，任用賢才，吸取漢族的統治經驗，進行改革，促進了北方經濟文化的發展和民族融合。昔日「逐水草而居」的女真族，逐漸「漢化」，到元朝統一時，北方的一些女真人已經和漢人無異。

發生於十二世紀的宋金戰爭，是我國歷史上範圍最廣、持續很久的民族戰爭。以岳飛等人為代表的抗金鬥爭，不僅僅是服務於趙宋政權，實質上也體現了各族人民的利益和願望，是反對分裂、爭取進步、反對倒退的正義鬥爭。岳飛「精忠報國」的口號，成為中華民族一筆寶貴的精神財富，激勵後人為保衛國家、反對異族侵略而鬥爭。

51 指南針的發明

在古代，各民族的先民們面對茫茫海洋，雖然有探險探秘的願望，但是由於技術的限制，總是無法如願。即使是以航海著稱的古希臘人，也不過是在相對比較風平浪靜的地中海海域稱雄。對於茫無邊際的大洋，也只有「望洋興歎」。其實，並非是由於造船技術限制了古人們的越洋交流，更主要的是由於在海上無法辨別方向，雖然有可以橫渡大洋的船隻，也會在海上迷路，葬身海底。因此，指南針的發明可以說是給海船裝上了眼睛，為航海業的發展提供了最基本的技術條件。指南針是中國最早發明的，但它是經過漫長的歲月逐漸發展改進而成的。

從「司南」到「指南魚」

對於在海上和陸地上定向的工具，中國的先民們有許多記載和傳說。據說黃帝在與蚩尤交戰時，曾經發明過「指南車」，可以在大霧瀰漫的天氣下準確辨別方向，不至於迷路。這可能是關於「指南針」的最早探索。但是，後人根據古書的記載，多次想重新製作「指南車」，卻一直無法成功。因此，「指南車」之說是否確切，是可以存疑的。

然而，利用磁鐵的特性製造出的指南針，卻是中國人的偉大發明。指南針的發明可以追溯到周代，距今已有二千五百～三千年的歷史。大約在春秋戰國時代，中國人就已經發現了磁石和它的吸鐵性。《韓非子．有度篇》裏記載「先王立司南以端朝夕」，這裏的「先王」是周王，「司南」就是指南針，「端朝夕」是正四方的意思，是指指南針的用途。在古代文獻裏還有記載鄭人到遠處採玉，要帶上司南，以便不迷失方向。春秋時齊國著名政治家管仲在他所著的《管子》一書中有這樣的記載：「上有慈石者，下有銅金」。「慈石」就是磁石，「銅金」就是一種鐵礦。可見至少在二千六百年前的管仲時期，已經知道磁石的存在，並已掌握了磁石能夠吸鐵這一性能了。

磁石有兩個特性：一是吸鐵性；二是指極性。也就是說磁石有兩極，能夠指示南北。磁石的吸鐵特性中國戰國時代的古人和古希臘的先民都已發現，而發現磁石的指極性則歐洲比中國晚得多。

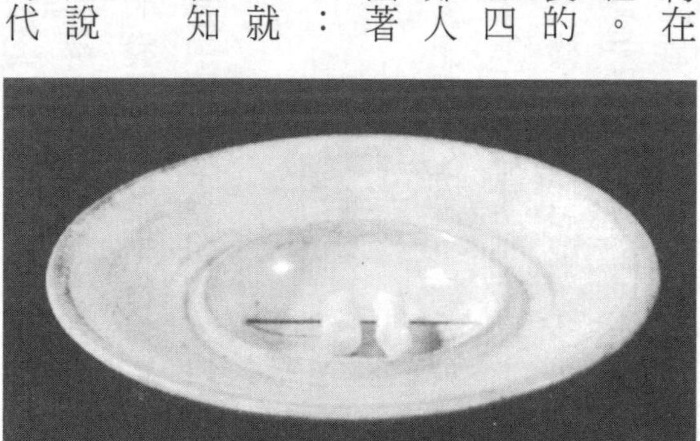
北宋時的水浮法指南針

磁石能指示南北的特性，不太容易被發現。因為一般情況下磁力小、摩擦力大，磁石兩極不能自由旋轉到南北向。中國在戰國時代最早發現了磁石的指極性，並利用磁石能指示南方的性能，製作成指南工具——司南。「司」字意為掌管，現在仍有「司機」、「司爐」、「司令」等詞，這幾個「司」字的本意都是相同的。

但是司南也有其局限性，用磁石製造司南，磁極不容易找準，而且在琢製勺的過程中，磁石因受震動而會失去部分磁性。再加上司南在使用時底盤必須放平，而且司南的體積也比較大，因此，古人在發明了司南之後，又不斷改進指南工具。繼司南之後，中國人的祖先又製成了一種新的指南工具——指南魚。

按照現代科學的眼光來看，古人是將鋼片在爐火中燒紅的方法使鐵磁質中的磁疇沽動起來，由於地球有磁性，把燒紅鋼片沿著地球磁場的方向冷卻，鋼片在冷卻時靠地球磁場的作用使磁疇有規律地排列，這條鋼片魚就有了極性，成了一條指南魚。冷卻時魚尾向下傾，由於地球磁傾角的作用，可使磁性增強。

指南針的製作方法

由於地磁場的強度不大，所以指南魚的磁性也很弱，古人漸漸覺得指南魚的指南效果仍不理想。能不能有一種更理想的指南工具來代替指南魚呢？古人在繼續不斷地試製摸索。就在鋼片指南魚發明後不久，又有人發明了用鋼針來指南，這種磁化的小鋼針可算是世界上最早製成的真正的指南「針」了。

北宋著名科學家沈括（約西元一〇三一—一〇九五年），在科學技術方面取得

北宋中期的縷懸法指南針

了傑出的成就，北宋時期中國許多重大的科學發明，例如活字印刷、指南針等應用技術，都是借助於沈括的記載而得以流傳的。指南針能指南，但還必須為它創造一個可以自由轉動的條件。沈括在他《夢溪筆談》一書中，提到了指南針的幾種用法。

一是水浮法，把指南針放在有水的碗裏，使它浮在水面，指示南北方向。二是指甲旋定法，把磁針放在手指甲上輕輕轉動後來定向。三是碗唇旋定法，把磁針放在光滑的碗邊通過旋轉磁針來定向。四是縷懸法，在磁針的中部塗一點點蠟，用一根細絲線沾上蠟後，懸掛於空中指南。這種懸掛式指南針，必須在無風處使用，但使用起來比較方便。

根據試驗，沈括認為這四種方法中，要算縷懸法最好。因為指甲和碗邊上很光滑，指南針容易掉下去。而使用水浮法時，水若振盪，針就難以靜止下來了。

沈括在九百年前提出的這四種方法，有的至今仍有實用價值，如現代的磁變儀、磁力儀的基本結構原理，就是採用了沈括所說的縷懸法原理。而航海中使用的重要儀錶羅盤，也大多是根據水浮磁針這一原理設計而成的。

羅盤

沈括還是世界上最早發現磁偏角的人。「磁偏角」是因為地球上的磁極和南極、北極稍微有一點偏差。指南針的南極和北極，沿磁子午線分別指向北磁極和南磁極，磁子午線和地理子午線是不一致的，它們之間存在著一個夾角，科學上叫作「磁偏角」。世界各地的磁偏角是不同的，有的偏東，有的偏西。

沈括在《夢溪筆談》第二十四卷中寫道：「方家以磁石磨針鋒，則能指南，然常微偏東，不全南也。」這是世界上現存最早的磁偏角紀錄。在西方，直到西元一四九二年哥倫布在橫渡大西洋時才發現磁偏角這一現象，比沈括晚了四百多年。

影響

指南針發明後，很快用於航海，對社會發展起到了重要作用。中國也是最早把指南針用於航海事業的國家。從此，海船有了眼睛，再不會迷失方向，這樣，就把航海事業推進到了一個新的時代，促進了各國之間的經濟貿易和文化交流。指南針傳到世界各國以後，各國也都用指南針來幫助航海。正因為指南針起的作用很大，所以人們把它列為中國古代的四大發明之一。著名的科技史專家李約瑟指出：「指南針的應用是原始航海時代的結束，預示著計量航海時代的來臨。」有了指南針，促進了中國航海事業的發展，才可能有鄭和七下西洋的壯舉。

指南針技術傳入歐洲後，推動了歐洲航海事業的發展。十五世紀末到十六世紀初，歐洲各國航海家紛紛將指南針用於航海，他們不斷探險，開闢新航路，發現了美洲，完成了環繞地球的航行。馬克思曾這樣說過：「指南針打開了世界市場，並建立了殖民地。」

52 火藥的發明

在冷兵器時代，火器的運用無疑是一種革命性的進步。中國人很早就探究火器的應用，最早使用的火器是「火箭」。「火箭」最早出現在三國時代，蜀漢建興七年（西元二二九年），諸葛亮率兵攻打陳倉（今陝西寶雞市東）。魏國守將郝昭指揮士兵用「火箭」向架雲梯攻城的蜀軍怒射，雲梯燃燒，蜀軍受挫。不過，郝昭使用的火箭只是在箭杆上綁上易燃引火物，點燃後靠弩弓放射出去的，這還不是我們所說的火箭。我們所說的火箭，是靠自身攜帶的燃料燃燒產生的氣體噴射的反作用力推進的。但是它跟火藥的發明密切聯繫在一起。火藥發明後，真正意義上的火器才正式出現。

火藥是中國古代煉丹家在煉丹過程中發明的。人類最早使用的火藥是黑色火藥，它是我國勞動人民在一千多年前發明的。它的發明，聞名於世，被稱為我國古代科技的四大發明之一，在化學史上佔有重要的地位。

煉丹方士的意外發現

煉丹術在中國起源甚早，據史書所載，至少在戰國時期，即已有方士煉製不死之藥，且自始即受統治階級的支持與鼓勵。因此，歷代總有或多或少的所謂方士在進行煉

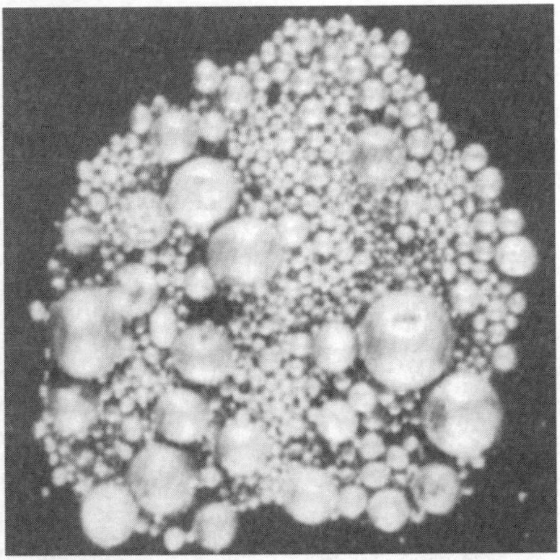

按中國煉丹術著作中的方法重新煉製的「金」

製「長生不老」仙丹的實驗，也累積了一些實際的經驗與文字紀錄（如東漢魏伯陽撰的《周易參同契》即為一例）。三國以後，這些方士逐漸託身於應時而興的道教行列，大批的道士開始學習與嘗試煉丹的工作，於是煉丹術與新興的道教結合了起來。隨著道教的在我國日益盛行，煉丹術也隨之日漸發達，奠定了我國火藥與養生醫學發展的基礎。

煉丹家始終認為：如果在適當條件配合下，一種物質經過若干程式處理後，若與另一種物質相結合，則可以自動的將其原有的特質轉換到另一種物質身上，而凡人也有接受這種變化的可能。因此，他們利用燒煉的方法，企圖將一些不易腐壞的物質，特別是如黃金、白銀等礦石製造成易於吞食的丹丸，經由人吞食後，將其中「不腐不壞」的特質為人所吸取，以達到長生不死之效。上述理論今日看來顯然是無稽之談，然而自秦漢至隋唐之間的煉丹家卻深信不疑，許多企盼長享榮華富貴的帝王貴族們亦頗以為是。在這種背景的推動下，燒煉礦石設法使其體積變小硬度變軟，並去除其中原有的毒性，使其成為可吞食的丹丸，遂成為方士煉丹的主要內容。而礦石中的硫黃為煉丹家最常用的藥物之一，因硫黃可改變其他礦石的形態外貌。

硝石（其成分為硝酸鉀）則為古代製溶解金屬溶液的主要原料之一。因此，在利用燃燒方式製造丹丸時，可能由於偶然不慎將硫黃與硝石同時掉到炭火上，引發了產生火焰甚至爆炸聲響。煉丹家們從實際的經驗或有意的實驗中了解到，將適量的硫黃與硝石混合再加上木炭會著火甚至爆炸。晉代著名的道士葛洪在他撰寫的《抱朴子・仙藥篇》裏有用雄黃、硝石、豬大腸油和松脂共煉丹藥的記載。雄黃含有大量的硫，硝石是強化劑，豬大腸油和松脂含有炭，硫、硝、炭是火藥的基本成份，這實際上已經是一種火藥了。

中國古代煉丹家葛洪

迄今為止，可以考證的最早的火藥配方，保存在唐元和三年（西元八〇八年）清虛子撰寫的《鉛汞甲庚至寶集成》卷二之中，稱「伏火礬法」。其內容為：「硫二兩，硝二兩，馬兜鈴（草藥，燒即炭）三錢半。……入藥於罐內與地平。將熟火一塊、彈子大，下放裏面，煙漸起。」中唐時期的《真元妙道要略》一書裏記載：「以硫黃、雄黃合硝石並密燒之，焰火燒手面及燼屋舍者；」「硝石……生者不可合三黃（即硫黃、雄黃和雌黃）等燒，立見禍事。」可見當時人們已經知道火藥燃燒和爆炸的性能。中國人民至遲在西元九世紀已發明了火藥。

火藥武器的應用

雖然初唐以後的煉丹家已熟知火藥配方，但是由於唐代帝王貴戚對成仙之事十分著迷，他們所支持的煉丹家們其主要的工作仍在燒煉仙丹，對於火藥配方的使用大體仍限於改變硫黃與硝石的性質而已。

唐末五代時期天下大亂，兵烽四起，許多原先寄食於豪門貴族家中的方士流離失所，部份乃投身軍旅而逐漸將火藥配方引用至軍事方面，相繼出現了一系列火藥武器，其中之一是「火箭」。它的構造是在一支普通箭杆上綁住一個火藥筒，火藥筒後部有根引火繩，火藥燃燒產生氣體，借助氣體後噴的反作用力，箭飛向前方。這跟現代火箭發射的原理是相同的。

《宋史．太祖本紀》記載：「開寶九年（西元九七六年）八月乙未朔，吳越國王進（呈）射火箭軍士。」當時的「火箭」，據《武經總要》一書所載曰：「……又有火箭，施火藥於箭首，弓弩通用之具。」另外據記載，早在開寶三年（九七〇），即已有官吏向太祖進獻〈火箭法〉。故而可以斷定，吳越國王所進呈之射火箭軍士，其所射之火箭應已為配有火藥的火箭。依此推之（吳越早於北宋五十餘年已建國），五代的吳越政權時已將火藥用於戰事當為可信。西元九七五年，宋太祖滅南唐，就使用火箭作戰。西元一千年，北宋神衛水軍隊長唐福曾因製造火箭等武器受到朝廷嘉獎。

火藥武器的出現，受到軍事家們的高度重視，發展很快。宋朝的火箭全是單發的，點燃一根火繩發射一支火箭，叫單發箭。到了明代就出現了多發火箭，點燃一根火繩，可以發射出幾支、幾十支，甚至上百支火箭。多發火箭種類很多，如五虎出穴箭（五支）、火弩流星箭（十支）、火龍箭（二十支）、長蛇破敵箭（三十支）、一窩蜂（三十二支）、群豹橫奔箭（四十支）、百虎齊奔箭（一百支）、神火箭牌（一百餘支）等等。

十六世紀中葉，人們又發明一種新式火箭，名叫「火龍出水」。關於「火龍出水」，在明代後期出版的《武備志》、《火龍經》等兵書中都有記載，並附有圖樣。

這種新式火箭採取龍的形象，其目的在於壯聲勢，驚敵人。據《武備志》介紹，它的製造方法：先截取一根五尺長的毛竹，去節，刮薄，作為龍身；再用木頭雕成龍頭、龍尾，分別安裝在龍身前後，這樣就成為一條龍。龍腹內裝有幾支單發式火箭，把它們的引火繩總連在一起，做成總引火繩，從龍頭下面的孔洞中引出來。又在龍身的前、後兩部，分別傾斜安裝上兩支大火藥箭，把它們的引火繩也總連在一起。最後，把龍腹內引出的總引火繩連在前部兩個火藥筒的底部。這樣，一個火龍出水的新式武器

煉丹引爆圖

就完成了。

火龍出水用於水戰，面對敵艦，點燃安裝在龍身上的四支火箭，這是第一級火箭，它能推動火龍在水面上飛行二、三里遠；待第一級火箭燃燒完畢，就自動引燃龍腹內的火箭，這是第二級火箭，這時，從龍口裏飛出的火箭射向敵人，焚燒敵艦。

一二五九年，又有人創製一種兵器「突火槍」，「突火槍」和火槍沒有太大的分別，特別的是它還能射出子彈。突火槍在十二～十四世紀間被改良以金屬為槍身，人們把它稱為「火銃」，火銃比突火槍的發射力更加強大。後來變為「前膛槍」，到了清末西方火器傳入中國後，人們才不用它。

影響

火藥在北宋時期已經廣泛應用在軍事上，後來火藥兵器製造技術傳入遼國。遼道宗時，已有「日閱火炮」的記載。南宋、金、蒙古三方先後掌握了火藥武器製造技術，並大量生產已定型的火器和創製先進的新型火器，尤其是管形火器的出現，在兵器史上具有劃時代的意義。

後來，火藥先是傳播到阿拉伯，又從阿拉伯傳到歐洲各國。文藝復興之後，火藥和火器的製造技術在歐洲有了很大發展。在歐洲各國的資產階級革命時期，火藥武器成為新興資產階級的重要武器，在反封建主的戰爭中發揮了巨大作用。馬克思認為：「火藥把騎士階層炸得粉碎」，充分肯定了火藥武器在反封建戰爭中的巨大作用。

隨著科技的發展，瑞典化學家諾貝爾對火藥進行了改良，把黑色火藥改進為黃色炸藥。從此，火藥不僅應用於戰爭中，也應用於採礦、開鑿隧道等民用設施建設，對人類的發展起到了巨大的推動作用。在這中間，中國人的首創之功是不可埋沒的。

53 成吉思汗統一蒙古

蒙古族是生活在中國北方的一個古老的少數民族。唐朝時候，蒙古族叫蒙兀室韋，原先在額爾古納河上游，後來逐漸遷移到現在的蒙古草原上及草原的周圍。他們過著遊牧生活，白天在草原上放牧，晚上住在蒙古包（帳篷）裏。大約在遼和金統治時期，蒙古族進入奴隸社會。當時，蒙古族分為許多大小部落。各部落的首領為了掠奪牲畜、牧地和奴隸，經常進行戰爭，使生產遭到嚴重的破壞。在這樣的情形下，結束戰亂，統一各部，已經成為蒙古各部人民的共同願望。

成吉思汗是統一蒙古各部的第一位大汗，他之於蒙古，就如同喬治·華盛頓之於美國。他的孫子忽必烈在中國也被視為一統天下的明君。成吉思汗的兒孫們建立的帝國幅員空前遼闊，在世界史上只有十九世紀的大英帝國版圖得以凌駕其上。西元一二八〇年，蒙古統轄的土地從中國的黃海直至歐洲的地中海。

一代天驕成吉思汗

成吉思汗（一一六二—一二二七年）名鐵木真，姓孛兒只斤，乞顏氏，在中國又稱「元太祖」，蒙古族傑出的軍事家，政治家。鐵木真出生於蒙古乞顏部貴族世家。鐵木真降生時，適逢其父俘獲了塔塔兒部首領鐵木真，為紀念是役成功，故取此名。在他幼年時候，金王朝統治者對蒙古族人民實行殘酷統治，各部落之間也相互爭鬥，蒙古族人民的生活十分苦難。

約在一一七〇年，鐵木真的父親也速該被塔塔兒人毒死，也速該的遺孀月倫領著鐵木真和他的幾個弟弟度過數年艱難生活。少年時期的艱險經歷，培養了鐵木真堅毅勇敢的素質。蒙古部主忽都剌汗死後，蒙古部眾大都在札木合控制之下，鐵木真投靠札木合，隨他遊牧。後來鐵木真籠絡人心，招徠人馬，最後脫離札木合，建立自己的斡魯朵。約在十二世紀八〇年代，鐵木真稱汗。札木合率領札答闌、泰赤烏等十三部來攻，鐵木真兵分十三翼迎戰，因實力不敵而敗退，史稱「十三翼之戰」。戰後，札木合把抓住的戰俘成批殺害。這件事引起札木合部下的不滿，紛紛脫離札木合投奔鐵木真，鐵木真雖然打了敗仗，實力反而更壯大了。

成吉思汗像

因為鐵木真善於爭取人心，致札木合部眾紛紛歸附，鐵木真逐漸壯大了力量。一一九六年，鐵木真與王汗一起，配合金丞相完顏襄擊殺塔塔兒部，被金朝封授札兀忽里（部族官）。後來他再與王汗聯兵，大敗正在會盟的哈答斤等十一部聯軍。一二〇一年，鐵木真又率軍大破札木合組織的鬆散聯盟。次年，鐵木真與乃蠻聯軍大戰，大敗乃蠻聯軍於闊亦田（今哈拉哈河上游）之野，並乘勝攻滅塔塔兒四部。隨著勢力逐漸強大，鐵木真引起王汗嫉恨和敵視。一二〇三年，鐵木真遭王汗突襲，敗走班朱尼河（今呼倫湖西南），他以飲濁水的方式與跟從者盟誓，相約共度難關。不久，鐵木真得知王汗驕怠不備，命自己的兄弟向王汗詐降，趁機夜襲王汗大營，經過三天三夜的激戰，王汗隻身敗逃，被乃蠻人捕殺，強大一時的克烈部遂亡。

這時，草原上唯一能與鐵木真抗衡的，只剩下西邊「國大民眾」的乃蠻部。乃蠻部的太陽汗與鐵木真之間，展開了爭奪草原最高統治權的鬥爭。太陽汗企圖與汪古部聯合，圍攻鐵木真，但汪古部反而向鐵木真通風報信，使鐵木真作好了戰鬥的準備。西元一二〇四年，鐵木真擊敗了這個強大的對手。這樣鐵木真將「有氈帳的」部落都收歸於自己的統治之下，完成了統一草原的事業。自此，分散的草原各部落融合成一個民族共同體，以「蒙古」為自己的名稱，為後來走上世界歷史舞臺奠定了基礎。

一二〇六年，蒙古高原百餘個大小部落先後敗亡，塔塔兒、克烈、蔑兒乞、乃蠻和蒙古五大部均統一在鐵木真的旗幟下。鐵木真在東起興安嶺，西至阿爾泰山，南至大沙漠，北達貝加爾湖的廣大地區，建立起蒙古歷史上第一個軍事奴隸制國家。這一年，蒙古各部首領在斡難河（今蒙古鄂嫩河）源召開忽里台大會，鐵木真被各部落首領推舉為全蒙古的大汗，號「成吉思汗」（此稱號有「海洋」或「強大」的皇帝之義）。

立國稱雄，南進西征

蒙古建國初期，成吉思汗把蒙古牧民劃分和固定在九十五個千戶中。千戶下設百戶、十戶。千戶那顏都是成吉思汗的封臣，各千戶內的牧民不能任意離開千戶組織，對那顏有人身隸屬關係。他把一部分千戶作為領民分給諸弟諸子，形成左右手諸王。又以部將木華黎、博爾朮為左右萬戶那顏，即兩個最大的軍事長官。把怯薛（禁衛軍）擴充到一萬人，徵調千戶那顏、百戶長、十戶長的子弟充當怯薛，以此控制全國。設札魯忽赤掌管戶籍、詞訟等行政、司法事務。形成行政與軍事合一的統治機構。他成立了司法部門，頒行了法典「大札撒」，即《蒙古習慣法》。他又命令留居乃蠻部的維吾爾人塔塔統阿用維吾爾字母拼成蒙古國書，從此蒙古有了通行的文字。蒙古國家制度完善起來。

成吉思汗的汗廷是由傳統的草原貴族斡魯朵發展起來的遊牧軍事封建國家機器。蒙古國建立後，大批原來的部落人口被分編在不同千戶中，許多部落的界限從而泯滅，開始形成共同的蒙古民族，成吉思汗對此起了積極的歷史作用。鄰近的吉利吉思、畏兀兒、哈刺魯等部分別在一二〇七年、一二〇九年、一二一一年歸附成吉思汗。

蒙古建國後，勃興的蒙古貴族渴望佔有大量財富，迅速發動了大規模的對外戰爭。一二〇五年、一二〇七年和一二〇九年成吉思汗三次大舉入侵西夏。西夏不得已，納女請和。一二一一年，成吉思汗又率領大軍南下攻金。一二一五年，蒙古軍佔領金中都，在遼西消滅金守軍，攻佔北京（在今內蒙古寧城西）。一二一八年，滅西遼。

一二一九年，成吉思汗率二十萬大軍西征，向中亞大國花刺子模發動了侵略戰爭。他幾路進兵，分割包圍了各戰略重鎮，各個擊破，採用大規模屠殺、夷平城市、強迫被俘人眾打頭陣等殘酷手段震懾敵人，解除自已後顧之憂。在戰爭中，戰場上的主動權全在蒙古一方。一二一九年，蒙古軍圍攻訛答剌城，次年攻克。一二二〇年，成吉思汗攻下布哈拉、花剌子模新都城撒麻耳干（今烏茲別克斯坦撒馬爾罕）等城，朮赤、窩闊台、察合台率兵攻克花剌子模都城玉龍傑赤（今土庫曼斯坦烏爾根奇），拖雷一軍進入呼羅珊地區。哲別、速不台奉成吉思汗之命窮追花剌子模統治者摩訶末算端，後者逃至裏海孤島病死。哲別、速不台率軍繼續西侵，遠抵克里木半島。一二二一年，拖雷佔領呼羅珊全境。成吉思汗追擊新算端札闌丁至印度河，不獲而還。一二二二年，在佔領區置達魯花赤監治。一二二三年，還撒麻耳干駐冬，次年起程還國。成吉思汗西征，進行歷史上罕見的大屠殺、大破壞，給中亞各族帶來極大災難。一二二六年，成吉思汗出征西夏。次年西夏亡。一二二七年夏曆七月十二日，成吉思汗病逝，臨終提出「聯宋滅金」的戰略。成吉思汗的屍身被運回蒙古，安葬在不兒罕山附近的某個地方（《元史》中稱為起輦谷），據說有四十個「明月般的處子」和四十匹駿馬陪葬，彷佛要讓他在陰間依舊享樂無窮。為防止盜

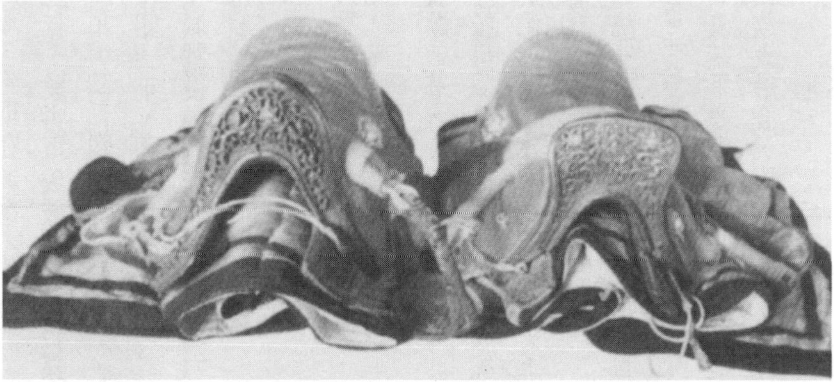

成吉思汗陵中的成吉思汗征戰馬鞍

墓，傳說有一千人馬在安葬處來回踐踏，直到再也無法辨識，到現在還沒人找到。

成吉思汗去世後，蒙古勢力繼續南下。西元一二三三年，蒙古軍攻破開封，金哀宗逃到蔡州（今河南汝南），蒙古又聯合南宋圍攻蔡州。西元一二三四年，金朝在蒙、宋兩軍夾攻下滅亡。金滅亡後，蒙宋戰爭揭開了序幕。一二四一年，窩闊台汗死，一二五一年蒙古貴族推拖雷子蒙哥為大汗。後來，蒙哥汗在釣魚城戰役中流矢而死。一二六〇年，忽必烈取得了汗位。一二七一年，忽必烈改國號為元。一二七九年，南宋滅亡。忽必烈統治了中國，史稱元世祖。

影響

成吉思汗是蒙古族的民族英雄，也是中國歷史上有貢獻的著名帝王。他所領導的統一蒙古各部的戰爭，結束了草原上長期分裂混戰的局面，使複雜、眾多的部落聯合成統一的蒙古民族，直到今天，蒙古族還是中國的主要民族之一。成吉思汗建立了蒙古歷史上第一個奴隸制國家，對於蒙古族的發展，蒙古社會經濟的進步，都有極其重要的意義。

成吉思汗攻金滅夏，為元朝的建立奠定了基礎。元的統一，結束了中國長達五世紀之久的割據對抗和破壞空前的戰亂局面，並為元以後的歷史發展及統一主流奠定了基礎。元的統一，還促進了國內各民族之間的經濟、文化的交流和邊疆地區的開發，進一步促進了中國統一的多民族國家的鞏固和發展，促進了民族大融合，大大加強了中外文化交流和中外交通。

54 蒙古西征

蒙古建國後，以成吉思汗為首的蒙古貴族不斷發動掠奪戰爭，用兵的主要方向是南下與西征，南下攻擊的主要目標是南宋和金朝，西征則是西元十三世紀上半期蒙古帝國征服中亞和東歐的戰爭。蒙古西征共有三次，第一次是一二一九—一二二四年成吉思汗西征，第二次是一二三五—一二四二年拔都西征，第三次是一二五三年—一二五八年旭烈兀西征。成吉思汗和他的繼承者以驃悍的武功征服了歐亞地區，以蒙古為中心，建立起由欽察汗國、察合台汗國、窩闊台汗國、伊利汗國組成的橫跨歐亞大陸的龐大帝國。

西征狂飆

西元一二一九年，成吉思汗為了肅清乃蠻部的殘餘勢力，以及消滅西域的強國花剌子模，便藉口花剌子模殺死蒙古商隊及使者，親率二十萬大軍西征。他的四個兒子朮赤、察合台、窩闊台、拖雷，以及大將速不台、哲別隨行。蒙軍長驅直入中亞後，於一二二〇年攻佔了花剌子模的都城撒馬爾幹，其國王西逃，成吉思汗令速不台、哲別等窮追之。蒙古軍隊越過高加索進入頓河流域，出兵歐洲。西元一二二三年在迦勒迦河決戰，大敗突厥與俄羅斯聯軍，俄羅斯諸王公幾乎全部被殺。成吉思汗又揮軍追擊花剌子模的太子札闌丁，在印度河流域將其打敗。此後蒙古軍隊班師而回。

成吉思汗去世後，蒙古西征的步伐沒有停止。西元一二三四年，元太宗窩闊台召開諸王大臣會議，決定繼承成吉思汗的事業，繼續西征。窩闊台派兵分別攻打波斯（今伊朗）和欽察、不里阿耳等部，基本上征服了波斯全境。

西元一二三五年，由於進攻欽察的軍隊受阻，窩闊台決定派強大西征軍增援，朮赤之子拔都、察合台之子拜答兒、窩闊台之子貴由、拖雷之子蒙哥以及諸王、那顏、公主附馬的長子參加這次遠征，由拔都總領諸軍，號「長子西征」。次年，諸軍會師西征，進攻位於伏爾加河中游的不里阿耳，大將速不台征服不里阿耳。西元一二三七年，蒙古諸軍進攻欽察，蒙哥斬殺其大將八赤蠻，裏海以北地區被蒙古軍隊佔領。拔都率軍大舉入侵俄羅斯，西元一二三七年底攻佔梁贊、莫斯科等十四城，西元一二三八年二月攻陷弗拉基米爾，次年又攻陷基輔。西元一二四〇年，蒙古軍隊進攻孛烈兒（今波蘭）、馬札爾（今匈牙利）。西元一二四一年四月，蒙軍攻佔克拉科夫、里格尼察等城，大掠摩拉維亞等地。拔都親統三路大軍大敗馬札爾軍，其國王逃走，蒙古軍隊攻掠亞得里亞海東岸及南歐各地。這年年底，窩闊台死訊傳到軍

元趙孟頫的《浴馬圖》

中，拔都率軍從巴爾幹撤回伏爾加河流域。拔都率本部以撒萊為都城，在伏爾加河畔建立了欽察汗國。

西元一二五三年，拖雷之子旭烈兀率軍第三次遠征，這次西征主要方向是西南亞地區，頭等目標是消滅木剌夷國（在今裏海南岸的伊朗北部）。十月，旭烈兀率兵侵入伊朗西部，進抵兩河流域，目標首先指向了木剌夷國（今伊朗境內）。旭烈兀率軍攜帶大批石弩和火器，途經阿力麻里、撒馬爾罕、到波斯碣石城，告諭西亞諸王協同消滅木剌夷。

西元一二五六年，旭烈兀統帥蒙古大軍渡過阿姆河，六月到達木剌夷境內。蒙古先鋒將領怯的不花攻佔木剌夷多處堡寨，給予了沉重打擊。木剌夷首領魯克那丁在蒙古大軍壓境的形勢下，派遣他的弟弟沙歆沙向旭烈兀求和，旭烈兀要求魯克那丁親自來投降，但魯克那丁遲疑不決。十一月，旭烈兀命令蒙古軍隊發起猛攻，魯克那丁被迫投降。蒙古軍隊佔領其都城阿剌模式堡（今裏海南）。一二五七年初，魯克那丁被蒙古軍隊殺死，他的族人也都被處死，木剌夷被完全平定。

西元一二五七年三月，駐守阿塞拜疆的拜住來到軍中，旭烈兀偕同拜住等繼續西征，直指黑衣大食首都巴格達。當時阿巴斯王朝哈里發謨思塔辛執政，既直接統治黑衣大食，又管轄整個伊斯蘭教世界，是兩河流域的強國。西元一二五七年冬，旭烈兀、拜住等率軍三路圍攻巴格達，第二年初，三軍合圍，向巴格達發動總攻，蒙古軍隊用炮石

元太宗窩闊台像

忽必烈狩獵圖

攻打巴格達城，城門被炮火擊毀。二月，哈里發謨思塔辛率眾投降，旭烈兀攻陷巴格達，蒙古軍隊在城中大掠七天，謨思塔辛被處死，阿巴斯王朝滅亡。旭烈兀率軍繼續西進，兵進敘利亞，直抵大馬士革，勢力深入到西南亞。由於蒙古軍隊被埃及軍隊打敗，旭烈兀才被迫停止了西進，留居帖必力思，建立了伊利汗國。

四大汗國

蒙古西征的勝利，主要原因是在戰略上採取由近及遠、相繼佔領的策略，以蒙古大漠為中心，向外一步步擴張。在戰術上，蒙古騎兵被稱為最富有想像力的騎兵，他們有很多新鮮的戰鬥方法，被譽為天下第一騎兵，其標準裝備是牛皮甲、弓箭、短斧和單勾槍。拔都圍攻日爾曼—波蘭聯軍、鐵木真擊潰金軍主力都是經典戰例。

最突出的是在匈牙利首都佩斯城之戰，當時的歐洲人喜歡列隊出擊，在教堂的鐘聲中步兵盾陣和重裝騎兵魚貫出城，蒙古人則低姿前進，遇到敵人主力衝擊就一哄而散，用弓箭阻止敵軍的追擊。匈牙利人首戰告捷，但感覺受不了蒙古軍亂射弓箭，就用馬車圍成一個大圈，上懸盾牌，主力待在裏面等待決戰，蒙古人在抓住時機進行大迂迴，完成包圍後故意留下一個口子，當匈牙利人發現這些舉動時決定突圍，但是被驅逐到沼澤

54 蒙古西征

和灌木叢中屠戮，這一戰充分說明蒙古人理解了戰爭的真正本質。而匈牙利人則充分地相信自己能夠打敗遠方來的烏合之眾，最後都敗得如此狼狽。另外蒙古騎兵以硬打硬的時候也很多，一旦主帥認定時機已到，主力部隊就傾巢出動，連護衛王族的怯薛軍團也不例外，騎兵手執近戰武器「穿鑿而入，砍將奪旗」。蒙古軍射術精良，但遇到全身重鎧的歐洲騎兵就沒有太大作用了，這種戰爭中他們使用短斧砍劈和勾槍拖人下馬，然後踩踏至死。

蒙古軍隊還注重學習漢人的軍事技術，用漢人工匠製造大炮，提高了戰術優勢，西征時集中優勢兵力，由諸王的長子出征，如拔都西征就全是長子，窩闊台認為「長子出征，則人馬眾多，威勢盛大」。

在西元一二一九年至一二五八年的近半個世紀中，蒙古帝國通過三次西征，先後征服了今鹹海以西裏海以北的欽察、花剌子模和東起阿爾泰山西至阿姆河的西遼、畏兀兒，建立察合台汗國；鄂畢河上游以西至巴爾喀什湖的乃蠻舊地，建立窩闊台汗國；伏爾加河流域的梁贊、弗拉基米爾、莫斯科、基輔等公國，建立欽察汗國；兩河流域的伊朗、阿富汗、敘利亞，建立伊利汗國；形成世界歷史上前所未有的大帝國。

四大汗國的汗本是蒙古帝國中央分封出去的四個最高軍事首領，與中央保持有藩屬關係，直接對大汗負責。後來，蒙古各統治集團為爭奪大汗權位，彼此間矛盾激化，加上各汗國間缺乏必要和有利的經濟聯繫，因而使大蒙古國這個複雜的政治混合體日趨瓦解。其中欽察和伊利兩個汗國走上各自獨立發展的道路。而窩闊台汗國，由於窩闊台和他的兒子相繼被選為大汗，其領地——直歸中央管轄，實際上沒有形成單獨的汗國。察合台汗國的汗庭設在伊犁河上，在地理上與中原腹地及蒙古高原連成一體，在政治上也與中央王朝保持著密切的從屬聯繫。蒙哥大汗即位後，在察合台汗國的別失八里等地設置尚書省，管轄範圍從畏兀兒至河中諸地。在察合台汗位的繼承上也經常受到中央王朝的左右。顯然，它和窩闊台汗國一樣，是中國歷史的一個組成部分。

影響

蒙古大軍在十三世紀發動的大規模西征，憑藉較少的軍隊和漫長的後勤供應征服了西征的各國，改變了整個亞歐地區的歷史，也促進了歐洲和近東的軍事革命。在戰爭中，蒙古人運用從漢族那裏學到的火器製造技術，給西征各國的軍隊造成了沉重打擊。火器製造也從此傳到西方，促進了那裏的軍事技術的發展。

蒙古建立了空前龐大的帝國，在這個帝國裏，包括了亞洲、歐洲的許多民族。儘管這個帝國並不統一，但是帝國內部的各民族之間的交往，比各民族國家分裂時要頻繁、密切得多。對於處於帝國中心地位的中國來說，這一時期與亞歐其他國家的科技文化交流大大加強。

在蒙古西征中，一些信仰伊斯蘭教的人來到中國，有些人從此在中國定居下來。他們與漢族和其他民族同居共處，不斷融合，逐漸在中國形成一個新的民族——回族。

55 丞相制度的終結

元朝末年，爆發了「紅巾軍」農民大起義。佃農出身的朱元璋，小時候為地主放過牛，十七歲因貧苦無依出家當了和尚，以後成為一支紅巾軍的領袖，南征北討，削平了群雄，推翻了元朝統治。一三六八年，朱元璋在應天（今南京）稱帝，建立了明朝。朱元璋能從一個窮苦的牧童和小沙彌登上皇帝的寶座，在很大程度上得力於和他出生入死、患難與共的許多開國功臣。不料，朱元璋即位後，為了防止他們功高震主，尾大不掉，竟製造種種藉口，向握有軍政大權的元老重臣揮起了屠刀，成為封建時代殺害功臣最多的專制帝王。

北趕大元，建立明朝

朱元璋（西元一三二八—一三九八年），幼名重八，改名興宗，字國瑞，濠州鍾離（今安徽省鳳陽縣）人。他出生在一個貧寒的農民之家，少年時曾為地主牧童。元至正四年（西元一三四四年），朱元璋的家鄉遭旱蝗災害，瘟疫流行，他的父母及兄長都在這場災難中相繼死去。為了糊口，朱元璋投皇覺寺出家當和尚。但不久後的饑荒使得他不得不離開寺院外出化緣，遊食於皖西、豫東三年，歷經磨難。此次外出對朱元璋的一生產生了重要的影響。

當時正值紅巾軍大起義爆發，朱元璋投奔了濠州郭子興領導的紅巾軍。由於他的睿智與勇敢，很快成為了郭子興的心腹，並娶了郭子興的義女馬氏為妻。在郭子興部下期間，朱元璋不斷擴大自己的勢力，並掌握了一支真正屬於自己的隊伍，這使得在郭子興死後，朱元璋很輕易地就擊敗了郭子興的兒子，取得了對整個隊伍的控制權。

明太祖朱元璋像

此後，朱元璋利用劉福通在北方抗擊元軍之際，擴充隊伍，領兵南下。西元一三五五年被小明王韓林兒的宋政權授為左副元帥。西元一三五六年朱元璋攻克集慶，將集慶改名為應天府（今江蘇省南京市），並被宋政權授為江南行省平章，又自稱吳國公。並採納朱升的建議「高築牆、廣積糧、緩稱王」，以應天為中心，大力發展生產，為今後的更大的戰爭打下了堅實的基礎。西元一三六三至一三六七年間，朱元璋先在鄱陽湖徹底擊潰比自己強大的陳友諒，自稱吳王。後又消滅浙江的張士誠，沉殺韓林兒，全據長江中下游，奄有大江南北。派徐達、常遇春以主力北伐中原。西元一三六八年正月，朱元璋在應天稱帝，定國號為大明，建年號為「洪武」，以應天為都城。同年八月，明軍攻克元大都，將元順帝趕回大漠，元滅亡。此後，朱元璋又用十幾年的時間平定了全國。

朱元璋出身貧民，因此對百姓的疾苦記憶猶新。他在位期間採取與民安息的政策，普查戶口，清丈土地，建魚鱗圖冊，興修水利，推行屯田，獎勵農耕，減免賦稅，頒佈《大明律》，使疲憊的百姓得以休養生息，有力地推動了社會生產的恢復和發展，使得國家的租稅額比元朝增加了三倍之多。

朱元璋親眼目睹了元末政治腐敗、官貪吏殘的情形。深恨貪官污吏蠹政害民。在建國之後，他大力整頓吏治，制定嚴刑峻法，對貪官污吏的懲治採取了空前絕後的嚴酷手段。當時法令規定，凡是發現有貪贓害民的官吏，百姓可以直接擒拿送至京師。若是有敢阻擋者，即行滅家滅族。凡是監守自盜倉庫錢糧等物者，若贓至六十兩銀子以上者，一律斬首示眾，並處以剝皮之刑。他把府、州、縣衙門左面的土地廟作為剝人皮的場所，稱為皮場廟。又在官府公座的兩側各懸掛一個塞滿草的人皮袋，使辦公的官員隨時提心吊膽，不敢再犯法。他還採用挑斷腳筋、剁手指、砍腳、斷手、鉤腸、割生殖器等酷刑。朱元璋稱帝三十餘年間，先後懲辦了不少貪官污吏。如僅在洪武九年（一三七六年），將有罪官吏發往安徽鳳陽屯田者，即至萬餘人。在其所處理的一系列貪污案件中，最為突出的是郭桓案。郭桓官至戶部侍郎，徵收浙西秋糧貪贓枉法，洪武十八年（一三八五年）事發，結果被追贓糧七百餘萬石，六部左、右侍郎以下的官均被處死，供詞牽連到各布政司的官吏，被殺者又有數萬人，追贓還牽連到全國許多富戶，以致中產之家大抵皆破產。像這樣地使用嚴刑峻法懲治貪官污吏和如此大規模地誅殺貪官污吏，可以說從古以來所未有。朱元璋大張旗鼓、雷厲風行地重懲貪吏，這對於殺滅貪風，改良吏治，起到了一定的作用。

殺戮功臣，廢除丞相，加強皇權

在修明內政，恢復生產，整頓吏治的同時，朱元璋還屢興大獄，濫殺功臣以加強皇權，企圖保持江山永繼。其中最大的兩次是胡惟庸案和藍玉案。

胡惟庸（?—一三八〇年），安徽定遠人。龍鳳元年（一三五五年）在和州投朱元璋，授元帥府奏差，後歷任主簿、知縣、通判、僉事等官。洪武三年（一三七〇年），拜中書省參知政事。六年升右丞相，又進左丞相，深得朱元璋的寵信。胡惟庸因而權勢日盛，遂專權跋扈，不知自忌。如朝中有人命生死及官員升降等大事，往往不奏逕行處置。凡內外諸衙門上奏章，有不利於己者，輒匿不奏聞。一時四方鑽營之徒及功臣武夫失職者，莫不爭投門下。胡惟庸因此敢於結黨營私，藐視皇權。洪武十三年（一三八〇年），朱元璋以擅權枉法的罪狀殺了胡惟庸，又殺御史大夫陳甯、御史中丞涂節等數人。十年之後，到洪武二十三年（一三九〇年），朱元璋又以胡黨為題大開殺戒。於是太師韓國公李善長被賜死，家屬七〇餘人被殺。同時被殺者，又有陸仲亨等列侯多人，總計先後牽連致死者三萬餘人，史稱「胡惟庸案」。

藍玉（?—一三九三年），安徽定遠人，大將常遇春妻弟，初在常遇春部下，立軍功甚多。洪武二十年（一三八七年）任大將軍，多次領兵出征，在打擊元朝殘餘軍事力量及對西北、雲南的征戰中立有大功，如逼降遼東納哈出，對蒙元捕魚兒海之役，隨沐英、馮勝等征平雲南等，被封為涼國公，後為太子太傅。藍玉自恃有功，專恣橫暴，所為多不法，舉止傲慢，無人臣禮。洪武二十六年（一三九三年），被錦衣衛指揮蔣瓛所告，以謀反罪被殺。明太祖乃藉此興藍黨大獄，死一公十三侯二伯，株連被殺者一萬五千人。經胡惟庸、藍玉二案，史載「元勳宿將相繼盡矣」。在兩案之外，開國功臣死於非命的還有不少。明朝開國功臣僥倖得以善終者，唯有湯和、耿仲文等寥寥數人。朱元璋如此殺戮功臣，實千古所未有。

當代著名明史學家吳晗先生在談到「胡惟庸案」時曾這樣說：「從胡惟庸被殺以後，胡案成為朱元璋進行政治鬥爭的方便武器，凡是心懷怨望的，行動跋扈的，對皇家統治有危險性的文武官員、大族地主，都陸續被羅織為胡黨罪犯，處死抄家。胡惟庸的罪狀也隨著統治階級內部矛盾的發展而發展，隨時擴大。最初增加的罪狀是私通日本，接著又是私通蒙古，日本和蒙古是當時兩大敵人，通敵當然是謀反了。後來又發展為串通李善長謀反……」

明騎馬隊俑

同時，朱元璋借「胡惟庸案」不僅僅是大殺功臣宿將，更主要的是從制度上加強皇權。早在「胡惟庸案」之前的洪武九年（西元一三七六年），朱元璋廢除行中書省，設置布政使司、提刑按察使司、都指揮使司分管地方民、刑、兵之權。洪武十三年（西元

一三八〇年）「胡惟庸案」案發之後，朱元璋趁機取消中書省，廢除宰相制度，分相權於吏、戶、禮、兵、刑、工六部。設都察院監察百官，設錦衣衛等特務機構對朝臣和百姓進行監督，這一系列的措施都使皇權得到大大的加強。

朱元璋一方面大力推行中央集權制度，又實行與之相矛盾的政策，即分封諸皇子為王，使其「屏藩皇室」。朱元璋實行分封制度的目的，一是在於加強對北方蒙古的防禦，一是為了防止朝中奸臣篡奪皇位。朱元璋規定諸王可以「移文取奸臣，舉兵清君側」。同時為防止諸王跋扈難制，朱元璋又允許以後皇帝在必要時可以下令「削藩」。

影響

通過這一系列措施，朱元璋使中國封建社會的專制程度達到了頂峰。特別是丞相制度的廢除，是中國封建社會國家體制的一大變革。自秦始皇統一中國時起，相權便作為皇權的補充而存在，並且在一定情況下還是皇權的制約機制。儘管歷朝歷代在皇權與相權的分配上有所不同，但是相權作為皇權的重要制約機制的作用是一直存在的。朱元璋廢除丞相制度，使皇權在不受任何制約的條件下運作，標誌著專制制度達到了極致。

56 元明清定都北京

關於北京城的最早起源和發展變遷的說法多種多樣。一種較權威的看法說北京作為一個真正意義上的城市，起源於西周初年分封諸侯的時期。其中一個諸侯封地薊國的國都——薊城，就是北京歷史上最早的城市。那時距今約三千多年。

從金中都到元大都

自燕以後，北京一直為我國北方重鎮。秦大將王翦於西元前二二六年領兵攻佔薊城，置廣陽郡，治所在薊城，為秦朝北部重鎮。西漢時期，燕地或為國或為郡，其治所都在薊城。漢高祖五年劉邦封太尉盧綰為燕王。漢武帝元朔二年，改燕國為燕郡。西漢時期城址仍在和平門和廣安門一帶。西晉時期，燕薊城初為燕王封地，後為幽州治所。北京現存最早的佛教名剎潭柘寺即建於晉代。前燕主慕容雋於西元三五〇年兵破薊城，並於西元三五二年即皇帝位，以薊城為國都。這是北京史上少數民族初次在北京建都，現存著名的建築有佛教寺院紅螺寺。

隋代初年廢燕郡存幽州，大業初年又改幽州為濃郡，均治薊城。隋朝開通京杭運河與勒刻房山石經，對北京的物質與文化，都有重大的意義。唐高祖武德元年（西元六一八年），改濃郡為幽州。天寶元年，幽州改稱范陽郡，仍設治薊城。據史載：幽州城南北九里，東西七里，周長三十二里（約相當今五里），四城共有十門。

遼代，遼太守於西元九三八年改幽州為南京，又稱燕京，作為陪都。《遼史．地理志》載：南京城「方的三十六里、高三丈，衡廣一丈五尺。城上設城樓，共有八門。」遼南京城內，街巷縱橫，星井萬家。現存的古建築有城西賜台山麓的大覺寺，今宣武門外牛街清真寺。遼南京城址大約在今北京城外西南部地區，城區面積達九平方公里，人口三十萬人。

現在的北京城是在元朝大都城的基礎上發展改建的，而元大都的前身就是金中都。西元一一一五年，國號為金的女真族滅亡了北宋，於西元一一五一年遷都北京，成為金中都。在中都建築了極其宏偉奢華的建築——金皇宮。這是北京歷史上第一次成為真正的國都。世界歷史上著名的盧溝橋就是金代興建的。

蒙元崛興，西元一二〇六年，成吉思汗即位，創建蒙古帝國。忽必烈於至元元年（西元一二六四年）八月，頒詔以燕京為中都；作為陪都。至元八年，忽必烈定國號為「大元」，以「幽燕之地，龍蟠虎踞，形勢雄偉，南控江淮，

元大都（今北京）遺址

北連朔漠」為由改中都名為大都，並從上都（今蒙古正藍旗上都郭勒）遷都於此。從此北京成為統一的多民族封建國家的政治中心。蒙古滅金，中都受到很大破壞，忽必烈廢棄了金中都，而以其東北的瓊華島（今北海）離宮為中心，於至元元年（一二六四年）著手進行大規模的建設。大都的規劃者是劉秉忠和阿拉伯人也黑疊兒。他們按古代漢族傳統都城佈局進行設計，歷時八年建成。城的平面接近方形，南北長七千四百公尺，東西寬六千六百五十公尺，北面二門，東、西、南三面各三門，城外繞以護城河。皇城在大都南部的中央，皇城南部偏東為宮城。城中的主要幹道，都通向城門，有縱橫交錯的街巷、寺廟、衙署和商店，住宅分佈在各街巷之間。宮內主要建築有大明殿、延春閣。現存的主要建築有：妙應寺白塔（白塔寺）、孔廟、臥佛寺、國子監、東嶽廟、碧雲寺、東四清真寺等。元大都的興建確定了現在北京的位置所在，在北京的發展上是非常重要的一步。同時元大都又以其合理的佈局規劃和建築的宏偉而領先於世。

北京元大都北城城牆遺址

元城牆用土築成，北城牆遺址上至今還有斷壁殘垣可供遊人撫今追昔；在北海公園團城上還有元代大型玉甕，此玉甕是中國現存最大的玉器，重約三千五百公斤，是傳世國寶。元大都無疑是當時世界上最宏偉、最繁榮的城市，難怪馬可・波羅驚歎：「城是如此美麗，佈置如此巧妙，我們竟不能描寫它了！」

元代文化達到了一個新的高峰。科學家郭守敬的工程學和天文學對北京人的生活影響深長；關漢卿等人的元雜劇是市民的主要消遣；信仰顯現出多樣化，既重儒又重佛又重道，儒以國子監為中心，佛寺更是遍及城鄉；道教的白雲觀也在丘處機的領導下達到鼎盛，至今仍是北京的一大觀光點；喇嘛教的教主則被尊為國師，作用很大。以北京為中心的世界性文化交流也有輝煌的篇章，馬可．波羅以及其他歐洲、西方商人和教士長途跋涉來到神秘的東方，促進了兩大洲的交往。

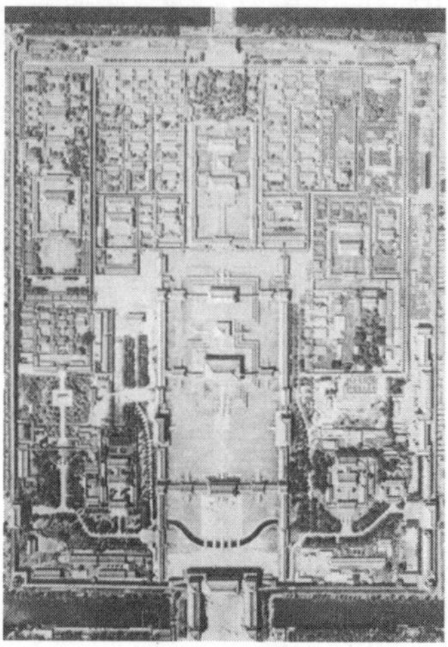

故宮平面圖

明清北京城

明太祖朱元璋於洪武元年在應天（今南京）稱帝，八月定應天為南京，汴梁（今開封府）為北京。西元一三九九年，封在北平的燕王朱棣舉兵南進，奪取了建文帝的帝位。朱棣認為北平乃「龍興之地」，可北控大漠，南扼中原，於是決定遷都北平，並改北平為北京。永樂四年（西元一四〇六年），朱棣下詔遷都北京，並決定營建北京宮殿。中間曾一度停止，到永樂十八年（一四二〇年）底，規模宏大的北京紫禁宮殿就基本上建成了。第二年明朝正式遷都於北京。

明北京城是在拆除元大都宮殿以後，吸收歷代都市規劃之長，參酌南京城池宮殿規制，重新規劃建設的。分宮城（紫禁城）、皇城、內城和外城四部分。北京的宮城南北長九六〇公尺，東西寬七六〇公尺，四面都有高大的城門。城的四角建有形制華麗的角樓。宮內是明朝皇帝聽政和居住的宮室，共有各類宮殿九千多間，一五萬多平方公尺。這是中國乃至全世界保存下來規模最大、最完整的一座皇宮。皇城東西二千五百公尺，南北二七五〇公尺，呈不規則的方形。城四向開門，南面的門就是天安門，皇城內的主要建築是宮苑、廟社、寺觀、衙署、倉庫等。內城東西六六五〇公尺，南北五三五〇公尺。南面三門，東、北、西各兩門，這些門都有甕城。建有城樓和箭樓。內城東南和西南兩個城角上並建有角樓。北京外城建於明嘉靖三十二年，東西七九五〇公尺，南北三一〇〇公尺；南面三門、東西各一門；在北面除了通往內城的三座門外，東西兩角還有通向城外的兩座門。此外，明朝還修建了景山、天壇、社稷壇、太廟、山川壇、日壇、月壇和地壇等等大批建築。這些建築中絕大多數流傳至今成為中外聞名的旅遊風景。其中的佼佼者自然是以建築的宏偉精巧和奇妙的聲學效果而享譽世界的天壇。

明代北京城由一條長達十六里的中軸線縱貫南北為全城佈局之依據，外城南面正中的永定門是這條中軸線的起點。皇城後門之北的鐘鼓樓，則是這條中軸線的終點。外城、內城、皇城和宮城都以這條中軸線而對稱展開，形成完整、和諧的、舉世無雙的巨大建築群。

西元一六四四年，由於極度腐敗，中國各地起義不斷，陝西農民李自成領導的農民起義軍殺入北京，明崇禎皇帝獨自來到景山的一棵小樹下淒然上吊。農民軍取得勝利後，不思治國只想分功，自己也陷入了腐敗。這時明朝大將吳三桂聯絡東北地區的滿族力量殺入北京。李自成帶眾南撤，滿族人進入北京開始了長達近三百年的清朝統治。清朝統治前期，中國仍然是世界上的泱泱大國，北京也是世界上最繁榮的都市之一——城市風格已經成熟，城市建設不斷完善，許多至今仍在的民風民情也是在這個時期形成的。

清代京師完全襲用了明代的城池和宮殿，建置也沒有大的改變。順治二年，重建皇極殿、中極殿、建極殿，依次命名為太和殿、中和殿、保和殿。順治八年重修承天門竣工，改名天安門。北京的城市佈局，基本未變。

清朝對京城的建設，主要力量是用於園林建設。在城內宮建了南海、中海和北海皇家園林。在西北郊修建了一大批華麗非凡的園林。著名的園林有：暢春園、圓明園、綺春園、頤和園、靜明園、靜宜園、淑春園、明鶴園、朗潤園、蔚秀園等。其中最突出的是今天仍然保存完好的頤和園和圓明園遺址公園。

隨著西方勢力的侵入，清朝後期外國人在北京的東交民巷一帶修築使館、兵營和住宅。這純粹的東方格調中突然有了一批西方小樓，京城的風貌自然就多了一份國際色彩。城市的另一大變化是增加了許多具有地方特色的會館。北京成為政治、文化中心後，進京舉子、商人、官吏的人數大增。每個省便在北京修建會館，接待各省的來京人士。會館的建築不僅具有地方特色，還是新思想的集散地。

影響

北京城在元明清三代奠定了中國首都的地位，直到今天，對於中國歷史具有重要的意義。宋以前，各個朝代建立首都，主要是在長安和洛陽之間進行選擇，是東西之爭。宋朝遷都開封，是一個變化，元代以後主要是南京和北京之爭，是南北之爭。從東西之爭到南北之爭變化的根本原因是南方的開發，南方的開發使得南方經濟迅速超過北方，作為全國的政治經濟文化中心，首都當然要反映和照顧這種變化。北京成為首都，對於中國歷史進程，具有重要的意義。

57 鄭和下西洋

中國的造船業和海上航行，具有悠久的歷史。在唐代，許多外國商人從海道來中國經商，大都搭乘比較安全的中國海船。宋代航海人員開始把指南針使用到航海上，這就給遠洋航行創造了良好的條件。十三世紀初，中國已使用十檣十帆的大海船。

明朝初年，隨著中央集權的加強，國內得到相對的安定，封建社會內的商品經濟迅速發展起來。為了發展對外關係，擴大貿易往來，明政府先後七次派鄭和統帥巨大的船隊到「西洋」（今印度半島、馬來半島、印尼、婆羅洲等地）各國，在中外關係史和世界航海史上寫下了壯麗的篇章。

七下「西洋」，揚威域外

鄭和，一三七一年生於雲南昆陽州（今昆明晉寧縣）一個信奉伊斯蘭教的回族家庭，原名馬和，小字三寶，他的祖父、父親都信奉伊斯蘭教，還到麥加（伊斯蘭教的主要聖地，在今沙烏地阿拉伯）去朝過聖。鄭和小時候就從父親那裏聽說過外國的一些情況。鄭和十一歲時在明太祖朱元璋發動的統一雲南的戰爭中被俘進宮，後當朱元璋四子燕王朱棣的近侍。

57　鄭和下西洋

一四〇三年朱棣登基，史稱明成祖。次年正月初一，朱棣念他有勇有謀，屢立奇功，便賜姓「鄭」，改稱鄭和，並提拔為內宮太監，於永樂三年（一四〇五年七月十一日）率領龐大船隊首次出使西洋。自一四〇五年到一四三三年，漫長的二十八年間，鄭和船隊歷經亞、非三十餘國，涉十萬餘里，七次英雄式的遠航，遍及了中國海與印度洋，從臺灣到波斯灣，並遠及中國人心目中的黃金國——非洲。雖然中國從阿拉伯商人那裏得知歐洲的存在，但並不想去那裏。歐洲這個「遠西」之地，所能提供的只有羊毛和酒，對鄭和他們來說，缺乏吸引力。在這三十年之中，外國的貨品、藥物與地理知識，以空前的速度輸入中國；相對地，中國也在整個印度洋上伸展了政治空間和影響力。與各國建立了政治，經濟，文化的聯繫，完成了七下西洋的偉大歷史壯舉。

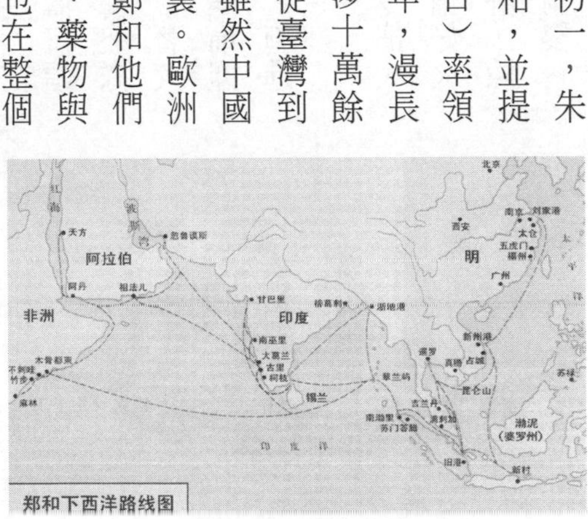

鄭和下西洋線路圖

一四〇五年六月，鄭和率領由六十二艘大海船二萬九千餘人組成的遠洋艦隊，由蘇州劉家港出發，第一次出使南洋。最大的船，長一百多公尺，寬幾十公尺，可容納一千人，船上有航海圖、羅盤針。當時使用的羅盤針分許多方位，劃分若干度數，按照一定的方向和度數航行，就可以測出航行的遠近。這種羅盤針夜間還兼看星辰，能觀星定向，充分顯示了中國造船業和航海業的先進技術和勞動人民的偉大智慧。

鄭和第一次出海，先到了占城（在今越南南方），接著又到爪哇、舊港（在今印度尼西亞蘇門答臘島東南岸）、蘇門答臘、滿剌加、古里、錫蘭等國家。他帶著大批金銀財物，每到一個國家，先把明成祖的信遞交國王，並且把帶去的禮物送給他們，希望同他們友好交往。許多國家見鄭和帶了那麼大的船隊，態度友好，並不是來威嚇他們，都熱情地接待他。

鄭和這一次出使，一直到第三年即一四〇七年的九月才回國。西洋各國國王趁鄭和回國，也都派了使者帶著禮物跟著他一起回訪。在出使的路上，雖然遇到幾次驚濤駭浪，但是船上有的是經驗豐富的老水手，船隊從沒出過事。只是在船隊回國、經過舊港的時候，卻遇到了一件麻煩事。原來舊港地方有個海盜頭目，名叫陳祖義。他佔據了一個海島，糾集了一支海盜隊伍，專門搶劫過往客商的財物。這回聽到鄭和船隊帶著大批寶物經過，分外眼紅，就和同夥計議，表面上準備迎接，趁鄭和不防備，就動手搶劫。這個計謀被當地人施進卿得知，他偷偷地派人到船隊告訴了鄭和。

鄭和手下有二萬兵士，還怕你小小海盜？他命令把大船散開，在舊港口停泊下來。命令船上的兵士準備好火藥、刀槍，嚴陣以待。夜深的時候，海面上風平浪靜，陳祖義帶領一群海盜乘著幾十艘小船直駛港口，準備偷襲。

鄭和下西洋的寶船模型

只聽到鄭和坐船上一聲火炮響，周圍的大船都駛攏來，把陳祖義的海盜船圍住。明軍人多勢大，早有準備，把陳祖義殺得大敗。大船上的兵士丟下火把，把海盜船燒著了。陳祖義想逃也逃不了，只好乖乖地當了俘虜。

鄭和把陳祖義捆綁了起來，押回中國。到了京城，向明成祖獻上了俘虜。各國的使者也會見了明成祖，送上大批珍貴的禮物。明成祖見鄭和把出使的任務完成得很出色，高興得眉開眼笑。

之後，鄭和又分別於一四〇八年九月至一四〇九年七月、一四〇九年十月至一四一一年七月、一四一三年至一四一五年、一四一七年五月至一四一九年八月、一四二一年正月至一四二二年八月、一四三〇年六月至一四三三年七月率船隊遠航，擴大了中國的聲威，加強了中國同各國的貿易往來。

鄭和船隊給所經過的國家帶去大量的中國瓷器、銅器、鐵器、金銀和各種精美的絲綢、羅紗、錦綺等絲織品，同時也換回了亞非各國的許多特產，如胡椒、象牙、寶石、染料、藥材、硫黃，香料、椰子以及長頸鹿、獅子、駝鳥、金錢豹等稀貴動物。廣泛地促進了中國與亞非國家的經濟交流。

友好交流，不謀強權

鄭和船隊每到一地，都以友好的態度，交流所帶貨物，從事平等貿易。同時還了解當地的風俗習慣，尊重當地人民。如在古里，依照當地習慣，交易時在眾人面前拍掌為定，「或貴或賤，再不悔改」。給那裏人民留下良好的印象。第三次出使到斯里蘭卡時，還把大批金銀供器、彩妝、織錦寶幡等，施捨給島上的寺院，並建立石碑留念。所到之處，受到各國人民的歡迎。如婆羅洲人民，「凡見中國人去其國，甚為愛敬，有醉者則扶歸家寢宿，以禮待之，如故舊」。直到今天，索馬利亞、坦桑尼亞等國，還把當地出土的明代瓷器，作為同中國人民傳統友誼的象徵。在東南亞一些國家，如印度尼西亞的爪哇有地名叫三寶壟、三寶廟；泰國有三寶廟和三寶塔（因鄭和叫三寶太監而得名），印度的古里和柯枝都建有紀念碑。

鄭和下「西洋」之後，所經諸國都紛紛派遣使節前來中國修好通商。像渤泥（加里曼丹）、菲律賓、馬來亞等國的國王還親自到中國來進行友好訪問，促進了中國與亞非國家的經濟文化交流。

當西元一四九八年，達伽馬（Vasco da Gama）和他那支由三艘破帆船組成的船隊，在前往印度的途中，繞過好望角，於東非登陸時，當地的居民向他們誇示精致鑲邊的刺繡青絲帽。非洲人嘲笑葡萄牙人所拿出的小玩藝——小珠子、鈴鐺、珊瑚項鏈、洗臉盆——而且似乎不認為他們的小船有什麼了不起。村中的長老說，在很久以前，曾經有白色的「鬼」，穿著絲綢，駕著大船，到訪他們

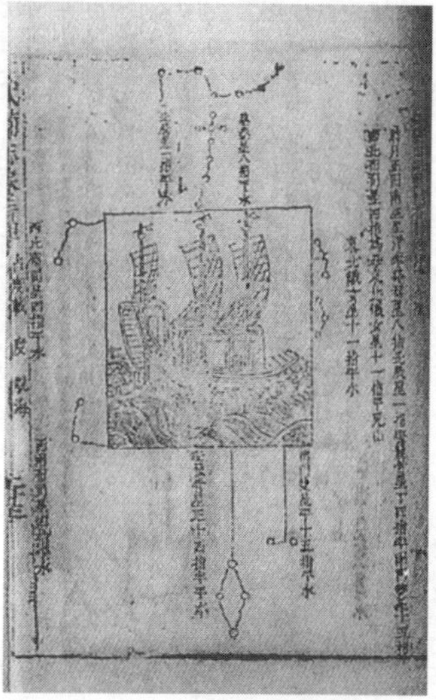
鄭和下西洋所用的航海牽星圖

的海岸。然而，卻沒有人知道這些人是誰，也不曉得他們來自何方。寶船就這樣從世界的意識中被遺忘了。

影響

在鄭和航海的過程中，每經過一處地方，都作了精密的航行紀錄，這就是有名的《鄭和航海圖》。在這部地圖中，關於航行的方向、航程的遠近、停泊的處所以及暗礁險灘，都有詳細的記載。此外，在航行過程中，還積累了對於海上風向、氣候和潮汐等自然變化的知識。從鄭和船隊往返的日期中可以看出，他們利用季風進行海上航行。每次出洋總是在冬季或初春時刻，因為這時風向大都是從大陸向海洋方向吹去；而歸國則是在夏季或初秋，因為這時風向大都是從海上吹向大陸。這說明中國人民在那時就已經掌握了航海方面的一些自然規律。

隨同鄭和出使的馬歡、費信、鞏珍等人，都各自把他們的海外見聞整理成著作。馬歡著《瀛涯勝覽》，費信著《星搓勝覽》，鞏珍著《西洋番國志》，記載了所到各國的情況，增進了中國人民對亞非許多國家人民的生活、風俗習慣以及生產等各方面的了解，豐富了中國人民的世界知識。

根據英國專家孟濟斯的考證，鄭和七次航海回到中國之後，雖然大多數的紀錄都已銷毀，但由鄭和船隊繪製、逃過因時局動蕩被毀厄運的一些航海路線圖和星象圖，卻由義大利商人康蒂登在印度登上其中一艘中國帆船後，輾轉帶回威尼斯。孟濟斯認為康蒂登在一四二八年途經葡萄牙時，葡國國王的大兒子得到了這些地圖，並將地圖上的資料編入新的世界地圖內。此後，葡萄牙航海家達伽馬、麥哲倫及英國航海家庫克都曾使用這些地圖的複印本，其中部分地圖至今仍存放在世界各地的博物館。如果此說能夠被最後證實，則說明鄭和下西洋對後世歐洲航海家的地理大發現起到了先驅的作用，堪稱是改變世界歷史的重要事件。

58 張居正改革

中國歷史進入十六世紀，華夏民族面臨著歷史的轉折。一方面，明王朝統治的中國社會走過了封建主義的顛峰，已經不適應生產力的發展，各方面的矛盾日益激化；一方面，資本主義經濟的某些特徵開始出現萌芽。在歷史的轉折關頭，一位偉大的政治家走到了歷史舞臺的前臺，他就是張居正。張居正堅定地推行了一系列的政治經濟改革，不僅緩和了社會矛盾，促進了經濟的發展，也鞏固了明王朝的封建統治，同時也順應了資本主義經濟萌芽的潮流。因而，他也成為西方資產階級政治和經濟理論家關注的「中國經濟第一人」，載入了世界經濟發展的史冊。

改革的背景

張居正改革發生在明朝萬曆元年至十年（一五七三－一五八二年），這段時間正是國家多事之秋。

明朝是封建專制制度極度發展的一個王朝。它的統治體制，造成君主絕對權力的濫用和腐敗的官僚政治。明代君主的權力高度膨脹，超過歷代王朝。物極必反，由權力高度集中給皇親貴戚帶來更為驕奢淫逸的生活方式，銷蝕了他們管理國家事務的起碼能

力，滋養出一代又一代昏憒的帝王。明中葉後，皇帝不臨朝成為慣例。皇帝長期不理國務，政治重心自然就落到內閣身上，誰成為首輔，誰就能主政，實際上就握有最高的權勢，這就必然招致統治階級內部爭奪內閣首輔的尖銳鬥爭。一個首輔倒了，牽連一批官員被貶謫，今朝得勢的，來年就可能被趕下臺。統治集團的腐敗、混亂和失控非常嚴峻。

財政上的困難比政治危機還要緊迫。社會經濟最棘手的是土地兼併問題，從明朝中期以後，貴族大地主兼併土地的情況相當嚴重。在江南，有的大地主占田七萬頃。在朝廷，大學士徐階一家就占田二十四萬畝。全國納稅的土地，約有一半為大地主所隱占，拒不繳稅，嚴重地影響了國家收入。隆慶五年，全年財政的總收入只有二百五十萬兩，而支出達到四百多萬兩，赤字超過三分之一。官員的貪污、浪費和浩大的軍費更加重了財政的拮据，國窮財盡已到了觸目驚心的地步。

而且，貴族大地主瘋狂地掠奪土地，封建剝削的進一步加劇，激起了社會矛盾的尖銳化，接二連三地發生了鄧茂七、劉通、藍廷瑞以及劉六、劉七等農民起義。明王朝處於危機四伏的境地。

張居正像

但是要特別指出的是：究其明王朝所處的十六世紀這一特定的時代，已不僅是一姓王朝的衰敗，而是整個封建制度走向沒落。在王朝末年力圖振興頹勢而鞠躬盡瘁的政治家有之，但在封建社會末世，以回天之力使衰老的體制冉現活力的唯有張居正得到成功。十六世紀末的中國歷史，給了他與歷代改革不同的背景和機緣。

中國的封建專制主義體制從秦漢以來到明末，已經延續了一千六百多年。它本身不僅有創立和完善的過程，而且在不斷地加強和削弱的反覆震盪中發展。多少次農民起義，打翻了一個又一個王朝，一次又一次造成封建統治的癱瘓，封建專制主義體制仍然沿襲下來，發育起來，愈到封建社會後期，愈益強化。發展到明朝，政治上的集權達到前所未有的強度，連宰相的權力都收歸皇帝所有，因此後世都把明朝視為封建專制主義極度發展的一個王朝。然而就在這高度強化的專制主義王朝的末年，衰敗的景象遠遠超過漢末、唐末和宋末，這樣一種極度強化和極度弱化的勢態，共生在同一王朝的始末，是歷代王朝從未有的境遇。這一強弱相間相隨的的現象，反映封建專制主義體制本身縕有不可克服的矛盾，標誌封建專制制度已經百病叢生，不進步則必然滅亡。

張居正就在這歷史發展的關鍵時刻走向政治舞臺，留下他偉大的改革。

張居正及其改革

張居正（一五二五—一五八二年），字叔大，號太嶽，謚號「文忠」，生於湖北江陵草市。作為一個農家子弟，張居正自幼就以神童蜚聲鄉里，五歲入學，七歲能通六經大義，十二歲考中了秀才。十三歲作了《詠竹》的絕句：「綠遍瀟湘外，疏林玉露寒；鳳毛叢勁節，直上勁頭竿。」顯示了他少年時代的遠大抱負。這一年他本可以考中舉人，主考的湖廣巡撫看到這少年的不同凡響，故意使他落選，讓他經受挫折，以激勵他更加奮進。三年之後，張居正再度赴試，一舉成名，時年十六歲，成為最年輕的舉人。原來那位巡撫知道後非常高興，立即解下隨身佩帶的玉墜贈給他，鼓勵他成為輔國的英才。此後張居正一帆風順，二十三歲經會試、殿試取中進士，並選為庶吉士，二十五歲升為翰林院編修，四十三歲進入內閣，當了大學士，四十八歲當了首輔。

自從明太祖朱元璋罷除宰相一職後，內閣首輔也就成了實際上的宰相。隆慶六年（一五七二），明穆宗病故，遺詔命高拱、張居正、高儀共同輔佐十歲的小皇帝神宗朱翊鈞。高拱為內閣首輔，為人驕橫，在他心目中張居正是下屬，高儀年邁多病，都不是自己的對手，唯一能與之爭權的是司禮監掌印太監馮保，在高、馮鬥爭中，張居正趁機聯合馮保，擠走高拱，這年高儀病逝，張居正得以循序升為首輔。他本是小皇帝的老師，又是唯一健在的顧命大臣，得到皇帝的完全信賴。在他主政的十年間，實際上掌握明帝國的大權，這為他實行改革創造了極為有利的條件。

張居正為皇帝編著的《帝鑒圖說》

張居正採取的一系列的改革措施：在內政方面，他首先整頓吏治，加強中央集權制。張居正創制了「考成法」，嚴格考察各級官吏貫徹朝廷詔旨情況，要求定期向內閣報告地方政事，提高內閣實權，罷免因循守舊、反對變革的頑固派官吏，選用並提拔支持變法的新生力量，為推行新法做了組織準備。並且整頓了郵傳和銓政，他的為政方針是「尊主權，課吏職，行賞罰，一號令」和「強公室，杜私門」。

在經濟方面，張居正的成績最為突出。他曾任用著名水利學家潘季馴督修黃河，使黃河不再南流入淮，於是「田廬皆盡已出，數十年棄地轉為耕桑」，而漕河也可直達北京。

「一條鞭法」則是張居正在經濟改革方面的重要內容，也是中國封建社會賦役史上的重大變革。明朝初年的賦稅制度十分繁雜。當時的賦稅以糧為主，銀絹為輔，分夏秋兩季徵收。此外，還規定農民要服各種徭役，並交納特殊的土貢等等。「一條鞭法」的內容是：「總括一縣之賦役，量地計丁，一概徵銀，官為分解，雇役應付。」就是把各州縣的田賦、徭役以及其他雜徵總為一條，合併徵收銀兩，按畝折算繳納，大大簡化了徵收手續，同時使地方官員難於作弊。實行這種辦法，使沒有土地的農民可以解除勞役負擔，有田的農民能夠用較多的時間耕種土地，對於發展農業生產起了一定作用。同時，把徭役改為徵收銀兩，農民獲得了較大的人身自由，比較容易離開土地，這就給城市手工業提供了更多的勞動力來源。沒有土地的工商業者可以不納丁銀，這對工商業的發展也有積極作用。

「一條鞭法」的推行，使明政府的歲入有了顯著的增加，財政經濟狀況也有不少改善。國庫儲備的糧食多達一千三百多萬石，可供五六年食用，比起嘉靖年間國庫存糧不夠一年用的情況，是一個很大的進步。

張居正在軍事上也採取了一些改革措施。他派戚繼光守薊門，李成梁鎮遼東，又在東起山海關，西至居庸關的長城上加修了「敵臺」三千餘座。他還與韃靼俺達汗之間進行茶馬市貿易，採取和平政策。從此，北方的邊防更加鞏固，在二三十年中，明朝和韃靼沒有發生過大的戰爭。

戚繼光像

經過上述改革，強化了中央集權的封建國家機器，基本上實現了「法之必行」、「言之必效」，國家的經濟狀況有了改善，財政收入有所增加，在國防上增強了反侵略的能力。當然，張居正倡導改革的目的並不是為了減輕人民的負擔，而是為了鞏固明朝的封建統治。因而，他的變法不可能觸動地主階級的根本利益，只能作一些修修補補的改良，挽救不了封建社會必然滅亡的歷史總趨勢。儘管如此，張居正的改革在一定程度上限制了大官僚地主的既得利益。

張居正的去世及其改革的失敗

由張居正個人主導的這場改革的成功，也預示身後隱伏的危機，這就是人在政在，人亡政息。張居正萬萬沒有想到的是，正當他五十八歲精力猶旺之時，一場宿疾痔瘡的復發，三個月即告病危。彌留之際，匆促接受司禮太監馮保的建議，保舉原禮部尚書潘晟入閣，潘本是平庸之輩，還未上任即遭彈劾而辭職，繼任者是一向受到張居正垂青的張四維，此人家資萬貫，倜儻有才，但品行素來不端，極盡逢迎拍馬之能事。他繼任首輔後，擬旨宣布張居正「誣衊親藩」、「專權亂政」、「謀國不忠」等幾大罪狀。在他主政期間一切新政全都報廢。張居正英明一世，卻毀於偏好奉迎，沒有洞察埋伏在身邊的異己分子，以致禍發蕭牆，改革毀於一旦。

萬曆十年六月張居正病逝，同年十二月反對派開始發難，張居正滿門查抄，家屬餓死十多人，凡被認為與張結黨的官員，統統被削職。至於他一腔心血建樹的新政，更是付諸流水。

在君主專制的時代，皇帝是至高無上的權威。帝權和相權本是一組相依相克的矛盾，權高震主，遭到皇帝的忌恨，往往成為宰相的悲劇，張居正也不例外。新政初期，神宗是個不甚解事的少年，張居正是他的老師，處處聽從張的指點，對改革自無二議。隨著年齡的增長，神宗對張居正規勸戒遊宴，節賞賜，卻珍玩和勤讀書的說教已有所不滿，這一裂隙早就被反對派窺視在心。張居正暴病身亡後，反對派的發難首先得到皇帝的支持，落井下石的，乘機報復的，群起而攻之，禍延所有支持改革的官員，不到一年改革派被清洗殆盡。

張居正不惜摩頂放踵為之點燃的革新之火，為衰敗的王朝贏得一度光華。但是由於改革的失敗，在他身後迄於明亡的六十多年中，各種社會矛盾急劇地發展，一發不可收拾，再也沒有一個能人志士力挽狂瀾。明帝國終於被歷史的巨浪衝擊得分崩離析了。

影響

對於改革的成效，清代歷史學家張廷玉評論說，改革以後，明朝重新出現強有力的政府機制。嘉靖末年國家糧倉不足一年之儲，改革前財政空虛，入不敷出，赤字超過三分之一，改革後國家儲糧可支十年，國庫積銀四百萬兩。張居正是一位臨危制變的大政治家，更以威振一世的非常舉措彪炳史冊。他建有赫赫功績，堪與商鞅、王安石並立為我國封建社會初期、中期與後期最具盛名的三大改革家。

59 西方傳教士來華

傳教士來華曾經在中國明清以降的政治經濟文化中都產生了重要的影響。在鴉片戰爭以前，西方傳教士來華帶來了比較先進的科學技術，也熱心地將中國文明介紹到西方。鴉片戰爭以後，西方來華的傳教士演變成為西方國家侵略中國的幫兇。

西方來華傳教士的先驅——利瑪竇

一五六〇年，巴黎耶穌會派遣的第一批西方傳教士來華。他們傳播西方文化，參與中國政治。一五二二—一八〇〇年間，在華傳教士達七八〇多名，葡萄牙籍為多。康熙十九年，耶穌會教眾達三十萬。傳教士來華的主要目的是傳播基督教，但他們深知在中國這樣一個具有悠久文明且儒教思想根深蒂固的古老國度裏傳教，必須熟知儒教，與中國文化相融合，而中國的儒教思想、風化習尚、典章制度均出自於中國古文獻，要「借儒排佛」、「借儒宣教」，研究、翻譯中國古文獻是必不可少的入門之徑，以調和中國古代經書和天主教教義，最後達到傳教的目的。於是他們一方面敬獻精美新巧的禮品，另一方面操華語、習漢字、著儒裝，以求融入中國社會。

利瑪竇無疑是他們中間最偉大的一位。利瑪竇是明末到中國的義大利耶穌會傳教士，字西泰，二十一歲時加入耶穌會，在羅馬學院受神職教育。一五七七年在里斯本科因布拉大學學習葡萄牙語，次年在葡萄牙保教權的庇護下前往印度果阿傳教。一五八九年升任神甫。一五八一年奉耶穌會遠東巡閱使范禮安之命到澳門學習中文。次年隨另一義大利耶穌會士羅明堅前往廣東肇慶定居，在內地建立了第一個傳教會所。為了適應中國的社會風俗，他削髮著僧衣，自稱僧人，並給自己的居所取名為仙花寺。在肇慶期間，他延攬賓客參觀其繪製的《山海輿地圖》和仿製的地球儀、日晷等，為時人所重。《山海輿地圖》遂於一五八四年刻印流傳。同時，他還發展了約八十名教徒。一五八九年移居韶州，延師講授「四書章句」，自行意譯成拉丁文，並加注解，一五九四年初完成。這是《四書》最早的外文譯本。利瑪竇在譯本的序文中稱頌儒家的倫理觀念，把「四書」和羅馬哲學家塞涅卡的名著相提並論。

今北京社科院內的利瑪竇墓碑

利瑪竇在廣東居住十年，深感僧人的社會地位不及儒生，於是向范禮安建議，傳教廢僧名，留鬚蓄髮，穿絲綢服裝。一五九四年獲准施行。次年，他衣儒服自韶州北上，定居江西南昌，結交儒士、官員、皇族、談論天文、地理、哲學；作《交友論》，傳述亞里斯多德、西塞羅等哲學家關於交友之道的格言百則。完成第一部中文宗教論著《天學實義》初稿。利瑪竇不但通曉中文，而且熟讀五經，最擅長用儒家的經典來解釋基督教教理。他將儒教與基督教相互結合，並以完美的理論、豐富的學識和無礙的辯才令士大夫們折服，爭相拜訪、宴請這位泰西大儒。利瑪竇擁有一種讓中國學者十分敬仰的本領——過目成誦、倒背如流。他驚人的記憶力使見過利瑪竇表演的讀書人對他佩服得五體投地。他還撰寫了一本叫《西國記法》的小書，介紹他的那種局部記憶法。

一五九七年，范禮安任命利瑪竇為耶穌會中國傳教會會長。同時，指令他以北京為永久駐地，並為他籌辦了一批貢品。次年，他以進貢方物、協助修整曆法為由，隨淮京復職的禮部尚書王忠銘北上。後因未獲准在京居留，隨即南返。一五九九年定居南京，與達官名人相交往，結識李贄、徐光啟等，名聲益盛。一六〇〇年，利瑪竇再度以進貢方物的名義北上。次年，獲准向明神宗進貢天主圖像、天主母像、天主經、珍珠鑲十字架以及報時鳴鐘、萬國圖志等。明朝廷因其天文、地理等方面的知識，授予官職。自此，他接受俸祿，為宮廷修理時鐘，定居北京。當時與其交遊同學的有徐光啟、李之藻、馮應京、楊廷筠、葉向高、曹予汴等。他介紹的西方科學有地理、數學、天文等。利瑪竇在肇慶繪製的《山海輿地圖》經其本人校閱作序後重刻刊行，以後又以《坤輿

徐光啟（右）和利瑪竇論「道」

萬國全圖》等名多次刊行。他在地圖上添加了羅馬教皇的注說：「他是獨身主義者，住在羅馬，把自己的一切奉獻給了天主教，全羅馬帝國以及歐洲人都崇敬他。」以及中國人祭祖祭孔的風俗，「在孔子誕辰，及一年的某些季節，以極隆重的禮節，向他獻死動物及其他食物，為感謝他在書中傳下來的崇高學說……使這些人能得到功名和官職。」由利瑪竇口述、徐光啟翻譯出版的數學著作有《幾何原本》前六卷、《測量法儀》等；李之藻從利瑪竇問學，撰《渾蓋通憲圖說》、《同文算指》等。他的《天學實義》援引儒家經典來論證基督教教義。自稱：「我太費心思，從那儒教先師孔子身上覓取我們的見解；我援引書中有意義不明的章句，作有利於我們的見解。」此外，還著有《畸人十篇》、《辨學遺牘》以及《中國劄記》等。

利瑪竇容忍尊孔祭祖等社會習俗的對華傳教策略，在西方和在華傳教士中頗多爭議，以後並引發了中國禮儀之爭。與天主教傳統傳教方法不同，利瑪竇採取了一種叛經離道的方法。這種冒險在一個多世紀後結束了，「禮儀之爭」的結果導致清朝的百年禁教，耶穌會也受到教皇克雷芒十一世的嚴厲斥責，耶穌會傳教士最後被開除教籍。他要求派遣天文專家來華修訂曆法，以鞏固傳教士在華政治地位的建議，生前亦未被採納。一六一〇年在北京逝世。

利瑪竇通過自己的重新詮釋，使天主教披

利瑪竇像

上了儒家的外衣，獲得了在中國傳教的權利。西方科學知識是他用以征服中國的手段，是為他的傳教工作打前站的。但不論目的如何，這位遠道而來的西方傳教士，其貢獻是應該予以肯定的。

另外一位著名傳教士——湯若望

湯若望（J. A. Schall vonBell，一五九二——一六六六年）出生在德國科隆一貴族家庭，一六一一年加入耶穌會。在一六二〇年來到中國（澳門），天啟二年（一六二二年）進入北京，不久又去西安傳教。一六三一年回了北京，那時侯欽天監教士鄧玉函已死，他就順理成章（順當時傳教士在中國活動之理）地繼任下來，工作則是幫徐光啟編修《崇禎曆書》。他還會製造天文儀器，獲得崇禎皇帝特賜「欽褒天學」匾額。另外據說還監造過二十門大炮。

接下來就是戰亂了，到了一六四四年，滿清人入關；清兵進了北京城後，到處圈地、趕人。連湯若望所躲避的宣武門內天主堂（俗稱南堂，北京最古老的天主教堂。明萬曆三十三年天主教耶穌會傳教士、義大利人利瑪竇在此地創建，多次被毀，現存建築是清光緒三十年新建）都讓人佔了，不僅人被趕出來而且還被兵爺們命令裏頭的東西也必須在三天之內搬出去，否則就要動傢伙了！於是他只好上書懇請。理由是裏頭有未竣曆書版片、天象儀器、書籍和教堂禮器等，三天根本搬不完，而且這教堂一旦損壞就很難修復了。可能是天主恩賜吧，居然讓攝政王多爾袞看到了他的陳條，而多爾袞也大發

善心第二天就允許湯若望等人回天主堂住，還勒令士兵不得進入。

這一來湯若望就和滿清的上層搭上關係了，其後幾次入宮講解曆法，同時獻上了自己製作的天文儀器和世界地圖。由於清廷當時很需要新的曆法，所以他所製作的新曆在實驗成功後於順治二年（一六四五）年得以頒行施行；而湯本人也被任命為欽天監監正（五品官）。而這僅僅是他在北京城裏走紅的開始。

當時在中國的外國傳教士除了傳教和為朝廷研究天文學外還大多擅長醫術，因為從吸納信徒的角度講治好一個病人比施捨一百個窮人更有效率。湯若望也精於此道，在貴族向他求助時；一方面悉心治病，一方面傳播教義。這一手法果然奏效，到最後連皇太后博爾濟吉特氏也成為他的信徒，拜他為教父（另一說義父），而年輕的順治皇帝也對他極其崇拜，先後賜下「通政大夫」、「太常寺卿」、「通玄教師」等多種封號，還賞給他很多金銀綢緞等財物並且稱呼他為「瑪法」（爺爺）！到後來甚至下詔允許他「隨意出入朝中，凡有啟奏，俱准逕入內庭，不循常例」。

湯的名望從那時起達到了古往今來所有傳教士的頂峰，如果順治的時代能夠再延續上二十年，他大概帶著無上的榮耀去見天主。因為早在一六五四年順治皇帝就按他的請求把靠近利瑪竇墓地西部的一塊地產賜予其作墓地。到了一六六〇年，湯還在賜地上修建了一座聖母堂，堂前樹碑，以滿漢兩種文字記載這個殊榮，表示在行彌撒時，要祈禱上帝保佑「吾君為堯舜，綿國祚於無疆」。

可惜順治在二十四歲就得天花死了，臨死還不忘問問他的「瑪法」到底應該立哪個兒子為新一任皇帝。湯若望稟著科學精神回答說應該傳給出過天花的皇三子玄燁。因為天花在當時幾乎無藥可救，而且越大出越危險，玄燁既然出了，從概率上講應該比其他未出過的皇子們更有希望長壽。順治得到他所信賴的人的回答後立即同意了，不久，玄燁成為了清的第三任皇帝。

鴉片戰爭以後的西方傳教士

鴉片戰爭以後，很多西方傳教士成為西方國家侵略中國的幫兇。特別應該指出的是引發了很多教案。教案並不是到近代才有，可以說自明末耶穌會士來華之後不久就有了民教衝突。儒生和僧道是反對天主教的主力，明萬曆年間（一六一六年）曾發生過南京教案。到清代康熙年間，天主教因反對中國教徒祭祖祭孔，興起禮儀之爭，雍正下詔禁教，驅逐外國傳教士。此後乾隆、嘉慶兩朝，中國官方對天主教的態度並沒有改變，禁止西洋人入境傳教被寫進大清律法。但近代教案則是隨著西方殖民主義侵略中國而發生的，與以前不同。

鴉片戰爭，中國慘敗，被迫簽訂中英《南京條約》開放沿海五口通商，允許外人居住；一八四四年中美《望廈條約》簽訂，第十七款規定，外國人可在貿易港口租地自行修建教堂；同年，中法《黃埔條約》第二十二款規定，如有中國人把法國教堂、墳地毀壞，地方官要照例嚴懲。這是允許外國人在華設堂傳教最初的法律根據。同年，兩廣總督耆英在法國公使拉萼尼的要求下，奏請道光皇帝弛禁天主教。一八四六年道光帝正式頒布上諭，不但准免查禁天主教，還同意發還以前沒收的天主堂。這是清廷對天主教政策的一個重大改變，從此，被查禁長達一二〇年的基督教傳布，從秘密非法轉而成為公開合法。

此後通過各種條約，外國傳教士不但可以進入各省傳教，且因本身具有各國公民的身分，還同樣享有領事裁判權和治外法權。依據條約，中國政府對基督教不但不能查禁，對於隸屬中國的教民也不能依法處置。這可說是基督教在華傳播史中千年未有的一大變局，外國傳教士由非法變為中外條約保護下的合法，中國政府由主動變為被動。然而，外國傳教士沒有料到，由於當時中國人對西方和基督教的認識有限和早已有之的反教情緒，每項條約權利的實施都會招致無數錯綜複雜的問題，中外政府之間、官民與外國傳教士之間、平民與教民之間都會發生無窮無盡的誤解和糾紛。事實上，在《北京條約》實施後，教案一直是有增無減，在一八九九年之前的四十年間，僅控諸官府而有文獻可尋的教案就有二百起以上。

外國傳教士有很多人確實是抱著增進中國人幸福的良善動機來華布道，但其中良莠不齊，流品不一，固然有道德高尚、行為善良的君子，也有道德卑下的偽善之徒。有的外國傳教士參與侵華戰爭，或參與不平等條約的制定，或干預民間訴訟。所以，連天主教內一些正直的傳教士也極端不滿於這種惡劣現象。早在一八四八年，泰噶嗶神父（Joseph Gabet）出版《中國教會一覽》，即已痛心疾首地指出：「教會變成了外國機構，是敵人侵略應用的手段。教友在殖民主義壓迫下成為不知目的的秘密組織分子。」

影響

西方傳教士來華是中國歷史上的一件大事。這些傳教士帶來了一些比較先進的科學技術，對中國科技的發展有積極的意義。中國著名的科學巨匠徐光啟，就是受到了他們的影響。西方傳教士來華以後，傳播基督教，從而在中國社會上產生了很大的影響。後來的太平天國起義，就是受到了基督教的影響，在中國本土上生長出來的結果。義和團運動，也是直接和西方傳教士的各種侵略活動有關，正是由於傳教士的侵略，直接導致了義和團運動的爆發。

60 努爾哈赤起兵，滿洲崛起

明王朝中後期，政治越來越腐敗，邊防也越來越鬆弛，在我國東北地區的女真族的一支——建州女真趁機擴大勢力，開始強大起來。這就是滿族的來源。滿族在強大起來以後，入主中原，建立了中國歷史上最後一個封建專制主義王朝，在中國歷史上佔有重要的地位。而滿清的建立，和努爾哈赤的起兵是分不開的。

建州女真和八旗制度

努爾哈赤是八旗兵創建者和統帥，著名軍事家、政治家，滿族，愛新覺羅氏。生於建州左衛赫圖阿拉（今遼寧新賓西赫圖阿拉老城）女真貴族家庭。先輩從六世祖猛哥帖木兒始受明朝冊封，官至右都督，祖父覺昌安任建州左衛都指揮，父塔克世繼任指揮。努爾哈赤從小就練習騎馬射箭，練得一身好武藝。他十歲喪母，十五六歲時寄居外祖父、建州首領王杲家。後常到撫順、清河（今本溪北清河城）等地經商，廣交朋友，學會蒙、漢語言文字，喜看《三國演義》及《水滸傳》，從中學習韜略兵法，漸知遼東山川形勝與道里險夷。十八九歲時隸明總兵李成梁部，屢立戰功，受器重。

建州女真有好幾個部落，互相攻殺。李成梁利用建州各部的矛盾來加強統治。明萬曆十一年（一五八三），努爾哈赤二十五歲，建州女真部有個圖倫城的城主尼堪外蘭，帶引明軍攻打古勒寨城主阿台。阿台的妻子是覺昌安的孫女。覺昌安得到消息，帶著塔克世到古勒寨去探望孫女。正碰上明軍攻打古勒寨，覺昌安和塔克世在混戰中都被明軍殺害。祖父、父親死後，努爾哈赤襲父職為建州左衛都指揮。

努爾哈赤痛哭了一場，葬了他的祖父、父親，但是想到自己的力量太小，不敢得罪明軍，於是將家仇歸罪於圖倫城城主尼堪外蘭，以「遺甲十三副」起兵，組織近百人隊伍，攻破圖倫城。次年，率兵攻翁科洛城時受箭傷。十三年二月，擊敗界凡、薩爾滸、佟佳、巴爾達四城聯軍。四月，率步騎八十人，設伏渾河邊，擊敗界凡等五城聯兵八百人。十四年七月，攻鵝爾渾城（今撫順東），受傷多處仍奮戰獲勝，尼堪外蘭東奔西竄，最後逃到了鄂勒琿（今齊齊哈爾附近），請求明軍保護。努爾哈赤也追到那裏。明軍看他不肯罷休，怕因此引起戰爭，就讓努爾哈赤殺了尼堪外蘭。十五年，築赫圖阿拉城（今新賓縣城），頒教令，立法制，稱王，又稱女真國淑勒貝勒。政治上，恩威並用，「順者以德服，逆者以兵臨」。至十六年統一建州蘇克薩滸、渾河、完顏、棟鄂、哲陳等五部。完顏部費英東、棟鄂部何和禮、雅爾古都部扈爾漢三首領歸附，均成為後金開國勳臣。十七年，整編軍隊，分為環刀軍、鐵錘軍、串赤軍和能射軍。斬女真部落頭目克五十，以功被明封

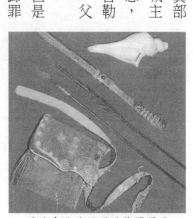

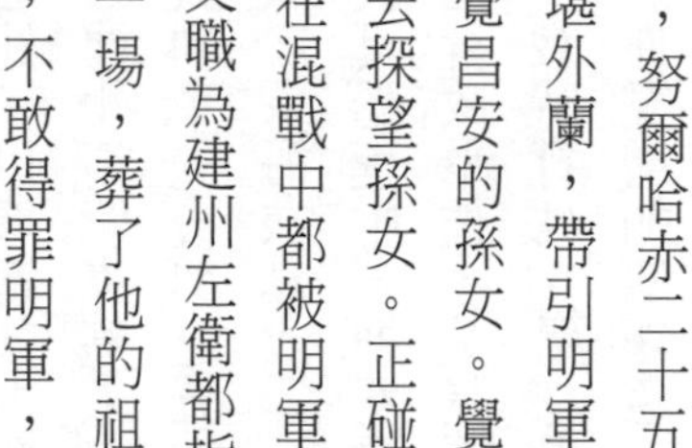
滿族先民使用過的狩獵器具

為建州左衛都督僉事。從十八年起，多次率眾進北京朝貢。十九年，吞併長白山鴨綠江部。二十一年六月，擊敗葉赫、哈達、烏拉、輝發等四部聯軍的進攻。努爾哈赤聲勢越來越大。過了幾年，統一了建州女真。這就引起女真族其他部的恐慌。當時的女真族，共有三部，除了建州女真之外，還有海西女真和「野人」女真。海西女真中有個葉赫部最強。一五九三年九月，葉赫部聯合了女真、蒙古九個部落，結成聯盟，合兵三萬，分三路進攻努爾哈赤。

九月，九部聯軍到了古勒山下，建州兵在山上嚴陣以待，在古勒山之戰中，努爾哈赤自率萬人迎戰葉赫、哈達等九部聯軍三萬之眾，奮力一戰，陣斬葉赫貝勒布齋等四千人，俘烏拉貝勒滿泰之弟布占泰，瓦解了九部聯盟。乘勝攻滅朱舍里部和訥殷部。努爾哈赤乘勝追擊，擊敗了葉赫部。又過了幾年，基本統一了女真族各部。二十三年，與蒙古科爾沁、喀爾喀部通好。以看邊效力有功，被明廷封散階正二品龍虎將軍。次年，同朝鮮通使。自稱女真國建州衛管東夷人之主，所統各部首領由三十二名增至五十三名。送布占泰回烏拉部為貝勒，先後與之五次聯姻、七次盟誓。以征撫並用之策，開始吞併圖們江、烏蘇里江流域之東海女真。二十九年，滅哈達部。

努爾哈赤在統一女真過程中，把女真人編為八個旗，以黃、白、紅、藍四正色旗為各軍標誌。旗既是一個行政單位，又是軍事組織。每旗下面有許多牛錄，一個牛錄轄三百人，平時耕田打獵，戰時打仗。這樣既推動了生產，又加強了戰鬥力。四十三年，更定八旗制，在四正色之外又增加四鑲色。置分散女真人於旗下，出則備戰，入則務農。

凡出征，令「死兵」在前衝殺，「銳兵」隨後跟進，戰後賞功罰罪。西元一六一六年，他認為時機成熟，就在八旗貴族擁護下，在赫圖阿拉（今遼寧新賓附近）即位稱汗，國號大金。為了跟過去的金朝區別，歷史上把它稱為後金，後金天命二年（一六一七年），遣兵收取散居未服之東海女真部落。三年三月，以建馬廄為掩護，修造器械攻具。為了麻痹明朝，他繼續向明朝朝貢稱臣，他還多次到北京，親自察看明朝政府的虛實。

「七大恨」

努爾哈赤建立後金後，又花了兩年多時間整頓內部，發展生產，擴大兵力。西元一六一八年，努爾哈赤召集八旗首領和將士誓師，宣布跟明朝有七件事結下了冤仇，叫做「七大恨」。決定起兵征伐明朝。

根據《清太祖高皇帝實錄》記載，努爾哈赤宣布的「七大恨」是：

「我之祖、父，未嘗損明邊一草寸也，明無端起釁邊陲，害我祖、父，恨一也。明雖起釁，我尚欲修好，設碑勒誓：『凡滿、漢人等，毋越疆圉，敢有越者，見即誅之，見而故縱，殃及縱者。』詎明復諭誓言，逞兵越界，衛助葉赫，恨二也。明人於清河以南、江岸以北，每歲竊窬疆場，肆其攘村，我遵誓行誅；明負前盟，責我擅殺，拘我廣寧使臣綱古里、方吉納，挾取十人，殺之邊境，恨三也。明越境以兵助葉赫，俾我已聘之女，改適蒙古，恨四也。柴河、三岔、撫安三路，我累世分守疆土之眾，耕田藝穀，明不容刈獲，遣兵驅逐，恨五也。邊外葉赫，獲罪於天，明乃偏信其言，特遣使臣，遺書詬詈，肆行凌侮，恨六也。昔哈達助葉赫，二次來侵，我自報之，天既授我哈達之人矣，明又黨之，挾我以還其國。已而哈達之人，數被葉赫侵掠。夫列國這相征伐也，順天心者勝而存，逆天意者敗而亡。何能使死於兵者更生，得其人者更還乎？天建大國之君即為天下共主，何獨構怨於我國也。初扈倫諸國，合兵侵我，故天厭扈倫啟釁，惟我是眷。今明助天譴之葉赫，抗天意，倒置是非，妄為剖斷，恨七也。欺凌實甚，情所難堪。因此七大恨之故，是以征之。」

第二天，努爾哈赤親自率領二萬人馬進攻撫順。他先寫信給撫順明軍守將，勸他投降。守將李永芳一看後金軍來勢兇猛，沒有抵抗就投降了，後金軍俘獲了人口、牲畜三十萬。明朝的遼東巡撫派兵救援撫順，也被後金軍在半路上打垮。努爾哈赤命令毀了撫順城，帶著大批戰利品回到赫圖阿拉。消息傳到北京，明神宗大怒，決定派楊鎬為遼東經略，討伐後金。楊鎬集中了十萬人馬。西元一六一九年，楊鎬分兵四路，由四個總兵官率領，進攻赫圖阿拉。中路左翼是山海關總兵杜松；中路右翼是遼東總兵李如柏；北路是開原總兵馬林；南路是遼陽總兵劉鋌，號稱四十七萬。楊鎬坐鎮瀋陽，指揮全局。正月，努爾哈赤率軍克葉赫部二

清王朝發源地——今遼寧撫順

十餘寨應戰。三月初，在薩爾滸之戰中採取「憑爾幾路來，我只一路去」之策，親率八旗軍迎戰明軍約十一萬，先後大破明軍西路杜松部、北路馬林部、東路劉綎部，迫使援明之朝鮮軍投降，殲滅明軍約六萬人。

薩爾滸之戰後，明朝大傷元氣，後金步步進逼，過了兩年，努爾哈赤又率領八旗大軍，接連攻佔了遼東重要據點瀋陽和遼陽。西元一六二五年三月，努爾哈赤把後金都城遷到瀋陽，把瀋陽稱為盛京。從此以後，後金就成了明朝最大的威脅。

影響

努爾哈赤戎馬生涯四十餘年，創建了一支能征善戰的八旗兵，培養了一批統軍有方的將領。並且在政治軍事制度上進行了很多卓有成效的建設，為滿洲的崛起奠定了堅實的基礎。在努爾哈赤去世以後不久，滿洲貴族就在雄厚的軍事力量支持下，利用明末農民戰爭的有利形勢，入主中原，建立了中國歷史上一個很重要的，也是最後一個專制主義中央集權的封建王朝，具有重要的意義。

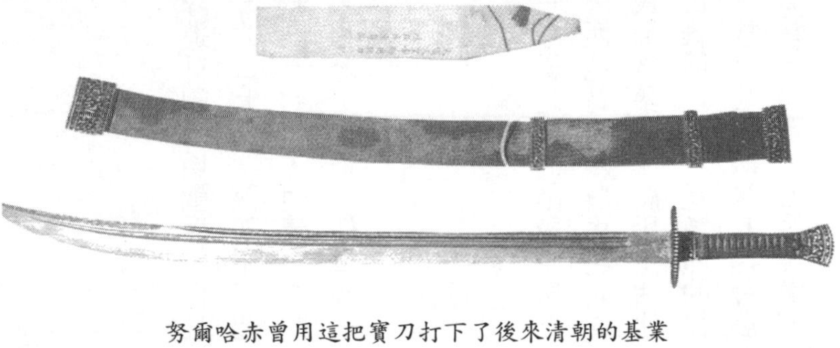

努爾哈赤曾用這把寶刀打下了後來清朝的基業

61 李自成起義

明末農民戰爭，是中國封建社會後期農民起義軍與明清軍隊進行的一場戰爭，也是中國歷史上歷次農民戰爭的最高峰。這次戰爭從明天啟七年（一六二七年）陝西王二起義開始，至清順治十五年（一六五八年）失敗，起義軍與明軍戰鬥十七年，與清軍戰鬥十四年。覆蓋了黃河南北、長江上下十幾個省的遼闊地區。在中國歷史上是一件重要的歷史事件。

「闖王」李自成

明朝末年，各種社會矛盾空前激化，突出表現在農民與地主階級之間的階級矛盾。在腐朽的封建地主階級壓榨下，全國各地反抗鬥爭層出不窮，陝西地區成為農民起義的中心地。陝西長期以來是全國社會矛盾的焦點，明朝藩王對農民橫徵暴斂，農民生活比其他地區更為困苦，階級矛盾尖銳。這一地區又是蒙、漢、回民雜居地區，是激烈的民族鬥爭場所，各族人民與明朝統治者矛盾很深。因此，陝西地區成為最早醞釀和爆發農民戰爭的地區。在這種社會條件下，以陝西為中心，全國各地農民起義，士兵兵變，手工業者罷工不斷發生，為明末農民戰爭準備了必要條件。

61 李自成起義

天啟七年（一六二七年）三月，陝西大旱，澄城知縣張斗耀不顧饑民死活，仍然催逼賦稅，敲骨吸髓地榨取農民。白水饑民王二聚集了數百個無法活命的農民進行鬥爭，他高聲問大家：「誰敢殺死知縣？」大家異口同聲地說：「我敢殺。」於是王二率饑民衝進縣城，殺死張斗耀，揭開了明末農民戰爭的序幕。

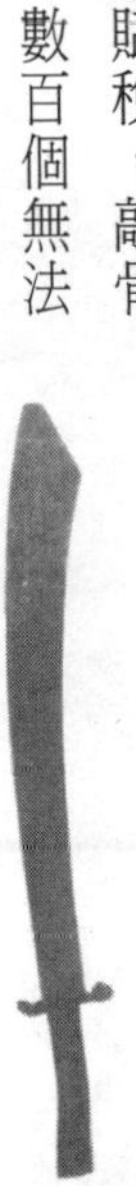

李自成佩用的軍刀

天啟八年（一六二八年），陝西府谷王嘉胤、漢南王大梁、安塞高迎祥等領導饑民起義，張獻忠也在延安米脂起義，李自成是今陝西米脂縣人，在陝西饑民起義後投靠高迎祥，號稱「闖將」，自率一軍作戰。陝北起義震驚了明朝統治者，崇禎皇帝準備利用剿撫兼施的策略儘快平息農民起義，三邊總督楊鶴執行以撫為主，以剿為輔的政策，企圖瓦解農民革命。在明軍剿撫兼施進攻下，陝西戰場義軍除壯烈犧牲外，不少首領接受了朝廷招安，呈現時降時叛的複雜局面。王自用聯合高迎祥、張獻忠、羅汝才各部，號稱三十六營，在山西繼續戰鬥，農民起義軍由分散狀態進入協同作戰階段。義軍勢力壯大，宣告了明朝招撫政策破產，主撫派楊鶴下臺，洪承疇繼任三邊總督，集中力量圍剿起義軍。王自用在崇禎六年作戰犧牲，起義軍在高迎祥領導下與明軍展開了激烈搏鬥，損失較大。為保存實力，起義軍從山西轉入河南。崇禎六年（一六三三年）冬，高迎祥、張獻忠、羅汝才、李自成等經澠池縣突破黃河防線，轉移到明軍力量薄弱的豫西，展開了新的戰鬥。澠池突圍的勝利，不但使義軍未被消滅，而且變被動為主動，對後來起義軍勢力壯大意義重大。

起義軍在豫楚川陝交界山區流動作戰，與明軍周旋，明軍不得不分兵把守要隘，窮於追剿，陷入戰線過長、兵力分散的困境。明將洪承疇為改變被動局面，以重兵包圍起義中心地區，實施重點進攻，高迎祥義軍接連敗於確山、朱仙鎮（今河南開封市西南）等地，連連受挫，被迫轉入西部山區。西元一六三五年，農民起義軍十三家七十二營的首領在滎陽聚會，共商擊破明軍圍剿的大計。李自成提出「分兵定向、四路攻戰」的聯合作戰方案，得到各部首領的贊同。崇禎九年（一六三六年）夏，起義軍被圍困在叢山之中長達三個月。高迎祥率部從陝西漢中突圍，遭到陝西巡撫孫傳庭埋伏，被俘犧牲。李自成被推舉為「闖王」。此後，起義軍逐漸形成為兩支勁旅，一支由張獻忠領導，活動在湖北、安徽、河南一帶；另一支由李自成領導，活動在甘肅、寧夏、陝西一帶。崇禎十一年，明朝統治者對起義軍採用剿撫並用，起義軍又是各自為戰，因而相繼失利。李自成在陝西潼關南原慘敗，僅率十八騎逃脫，在陝南商洛叢山中隱伏，認真總結經驗教訓，準備東山再起。張獻忠則接受了明朝的「招撫」，起義轉入低潮。為保存起義軍力量，李自成率部進入河南，於崇禎十四年（一六四一年）一月攻佔洛陽，鎮壓了福王朱常洵。李自成針對明末土地高度集中，賦役

傳為李自成住過的窰洞

繁重的社會矛盾，提出了「均田免糧」的鬥爭綱領，得到廣大農民的擁護。當時的一首歌謠唱道：「殺牛羊，備酒漿，開了城門迎闖王，闖王來了不納糧。」開倉放糧，賑濟饑民，隊伍發展至百萬。張獻忠經過一年休整，於崇禎十二年（一六三九年）五月再次起兵，在羅侯山（今湖北竹山縣東南）殲滅明軍主力左良玉部，後轉入四川，在達州戰役中獲得全勝，隨即兵進湖北，於崇禎十四年（一六四一年）二月攻陷襄陽，鎮壓了襄王。洛陽、襄陽的失陷，宣告了明朝圍剿政策的破產。

攻佔北京和李自成的失敗

張獻忠、李自成兩支大軍相互應援，分別在川陝和河南戰場與明軍作戰。張獻忠於崇禎十六年（一六四三年）五月攻下武昌，把楚王投入江中。張獻忠在武昌稱大西王，初步建立了政權。次年，張獻忠帶兵入川，八月攻陷成都，在成都稱帝，改元大順，建立大西政權。李自成從洛陽轉入湖廣作戰，於崇禎十五年（一六四二年）攻下襄陽，稱新順王，初步建立了政權機構。此後連克承天府（今湖北鍾祥縣）、孝感、黃州（今湖北黃岡市）等地，基本上摧毀了明朝在河南的精兵，「據河洛取天下」。李自成攻佔襄陽後，軍事上改變過去流動作戰戰術，派遣將領分守所克城邑，嚴密軍事組織，建立各種軍事制度，把軍隊分為騎兵和步兵兩種，形成營隊兩組編制，戰術上步騎配合，騎兵誘敵，步兵拒戰，然後騎兵包抄合圍。攻城時騎兵布圍，步兵衝鋒，晝夜三番輪攻。這表明起義軍已由流動作戰階段進入陣地戰階段，已具備了推翻明朝的實力。李自成確定了先取關中，繼取山西，後占北京的策略。崇禎十六年（一六四三年）十月，李自成大軍攻克潼關，率十萬大軍圍殲明三邊總督孫傳庭，十一月起義軍不戰而進入西安。崇禎十七年（一六四四年）一月，李自成建立大順政權，勢力進一步壯大，把西安作為攻打北京的基地。然後，李自成親率大軍渡黃河進入山西，攻克太原，沿大同、宣府（今河北宣化縣），從北面包圍了北京。另一路起義軍由左營制將軍劉芳亮率領，渡黃河攻克山西上黨（今山西長治市），分取真定（今河北正定縣）、保定，從南面包圍北京。三月十七日，李自成從昌平圍攻北京，北京明軍不攻自潰，十九日李自成率兵進城，崇禎帝在煤山自殺，明朝被推翻。

李自成進京後，面臨的形勢是如何消滅明朝殘餘勢力，其中力量最強的是盤據在山海關的寧遠總兵吳三桂，成為起義軍的心腹之患。出於對農民起義軍仇恨的地主階級本性，吳三桂投降了清朝，與清軍聯合鎮壓起義軍。四月，李自成親率大軍攻打吳三桂，在山海關激戰。在滿漢軍隊聯合進攻下，李自成失敗，撤回北京。二十九日匆忙稱帝，建國大順，次日退出北京。

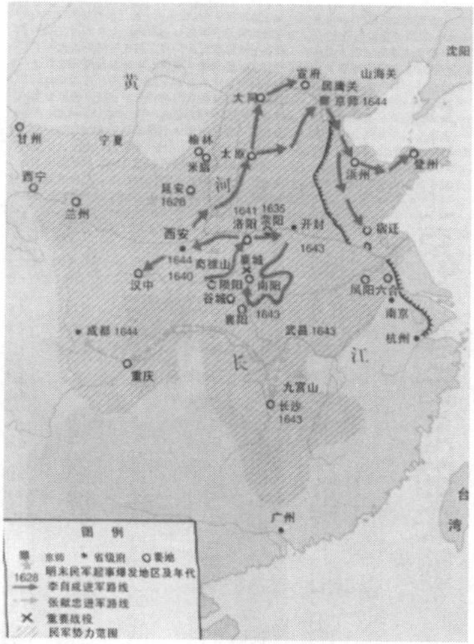

民軍進軍路線圖

李自成撤出北京後，有計劃地實施戰略退卻，經山西平陽、韓城進入西安。清軍在清順治元年（一六四四年）冬分兵兩路進攻西安，次年二月潼關失守，李自成從西安經襄陽進入武昌，五月，李自成在湖北通山縣南九宮山遭到地主武裝襲擊，壯烈犧牲。順治三年（一六四六年），清軍由陝南入川，攻打大西軍，張獻忠於次年七月撤離成都，北上與清軍作戰，十一月犧牲在鳳凰山（今四川南溪縣北）。李自成、張獻忠犧牲後，農民軍餘部繼續堅持戰鬥，大順農民軍分為兩路，一路由郝搖旗、劉體純等領導，活動在洞庭湖以東地區；另一路由李過、高一功領導，活動在洞庭湖以西地區。大西農民軍在孫可望、李定國率領下轉入川貴，堅持抗清鬥爭。清軍集中兵力鎮壓起義軍，李過病逝，高一功、劉體純、郝搖旗等戰死，孫可望降清，李定國兵敗。到順治十五年（一六五八年），明末農民軍餘部完全失敗。

影響

明末農民起義軍和明清軍隊經過三十餘年的反覆較量，推翻了明朝，打擊了清朝，在中國農民戰爭史上譜寫了新篇章。明末農民戰爭最典型的戰術是流動作戰。在明清軍隊進攻下功敗垂成。農民軍將士不怕犧牲，前仆後繼的革命精神，堅貞不屈的革命氣節，都激勵著後人。李自成起義的成敗，對後世產生了重要的影響，一九四九年毛澤東率領共產黨中央機關進入北京的時候，就是以李自成為前車之鑑，告誡全黨同志要戒驕戒躁，謙虛謹慎。

62 吳三桂降清

「衝冠一怒為紅顏」，是大家耳熟能詳的一句詩，講的是明末清初明軍將領吳三桂引清軍入關的故事。不管事實的真相如何，但是我們不得不承認吳三桂的這一舉動對中國歷史的走向發生了重要的影響。滿族入關建立了清王朝，統治中國近三百年。清軍能夠迅速入主中原，這和守衛山海關的吳三桂投降清軍有重要的關係。吳三桂後來降而復叛，發動「三藩之亂」，也是影響中國歷史的重要事件。

山海關之戰前的形勢

一六一六年，努爾哈赤統一女真各部，建立後金政權，與明廷分庭抗禮。努爾哈赤死後，皇太極繼位，改「金」為「清」，建立清朝。此後，清軍攻陷大凌河，招服明朝的盟友朝鮮與察哈爾蒙古，之後圍攻錦州，打敗前來解圍的十三萬明軍，使明廷苦心經營十多年的錦（州）寧（遠）防線全部崩潰。在清軍南下亡明的道路上只剩下山海關及其前哨孤城寧遠了。

山海關位於從東北進入華北的陸路咽喉之地，可謂「一夫當關，萬夫莫開」。在山海關失陷之前，清軍入侵，只能繞道蒙古，越過長城，採取不斷蠶食的策略。以為「取北京如伐大樹，先從兩邊砍，則大樹自仆；現在，明朝精兵已盡，我再四周縱掠，北京一定可得。」一六四三年，皇太極死於瀋陽，其幼子——年僅六歲的福臨即位，是為順治帝。值此危機迫在眉睫之際，沒有等到清軍大舉入侵，明王朝就在農民起義的浪潮中奄奄一息了。爆發於一六二七年的陝北農民起義，經十七年的起伏轉戰，一六四四年破居庸關，長驅直入，一舉攻入北京。明崇禎帝自知大勢已去，吊死在煤山（今景山）上，二七六年的明朝滅亡了。

在關內形勢發生急速變化的時刻，清內秘書院大學士范文程認為，明亡只是時間問題，因此，現在清的主要敵人不再是明軍而是農民軍。他建議清軍抓緊時機，火速進關，直取明都。攝政王多爾袞接受了他的建議，率十四萬大軍進關爭奪天下。清軍過遼河時，才知道李自成的農民軍已於上月攻佔北京，明朝已亡。此時，多爾袞進退不決，徵求對農民軍頗為了解的明降將洪承疇的意見，洪承疇堅決主張攻打北京，表示清軍與農民軍大戰必能獲勝。多爾袞聽後深受鼓舞，決定取道蒙古入關，準備攻打北京。

山海關明代鐵炮

此時，駐紮在山海關的吳三桂，就成了農民起義軍和滿清奪取天下必須爭取的力量，至關重要。吳三桂祖籍江蘇高郵縣，靠馳騁沙場、英勇善戰得以不斷高升。當李自成的農民軍向北京進發時，崇禎帝加封吳三桂為平西伯，命他放棄寧遠入京「勤王」。

吳三桂接到崇禎帝的命令後，帶領關內外幾十萬軍民西向，一路行動遲緩，猶豫不進。待得知京師陷落、帝后殉難後，吳三桂調轉馬頭返回山海關。此刻，他深感夾在農民軍與清軍之間，要保存個人已有利益，不是歸降農民軍，就要投靠清軍，反覆權衡仍舉棋不定。

衝冠一怒為紅顏

李自成進入北京後，意識到駐兵山海關的吳三桂之向背對局勢的發展至關重要，而解決山海關問題，只有兩種方案，一是武力奪取，徹底消滅吳部；二是招撫，避免流血戰鬥。以農民軍入京後將領無心再戰、士兵沉溺享受來看，招撫為上策。於是李自成派人馬勸降吳三桂，攜犒銀四萬兩、黃金千兩，另有敕書一通，封吳三桂為侯。此時，總管京師兵馬的吳三桂的父親吳襄已在北京被捕，李自成令他給兒子寫信勸降。吳三桂無奈，決定正式接待來使，投降農民軍。

但是當吳三桂準備率部進京謁見李自成，行至永平府（府治今河北省盧龍縣）西沙河驛時，卻突然調轉馬頭，再次返回山海關。對於吳三桂降李又中途返回，一向有兩種說法：一種認為，大順農民軍入京後，實行追贓助餉的政策，拷掠了吳三桂的父親吳襄，導致吳三桂反悔；另一種說法認為：吳三桂因其愛妾陳圓圓為大順軍將領劉宗敏掠去而怒改初衷，即人們通常所說的「衝冠一怒為紅顏」。

陳圓圓，明末蘇州名妓，傳言她「聲甲於天下之聲，色甲於天下之色」。清人筆記記載，吳三桂少年時就常去戲班為陳圓圓捧場，待官至遼東總兵後，吳三桂派人齎重金去贖買陳圓圓，不料卻已被當朝天子寵妃的父親田畹買走。崇禎的寵妃田氏為給崇禎解憂，謀於其父田畹，田畹遂將陳圓圓獻給崇禎。陳圓圓掃眉而入，然而崇禎此時正值憂患關頭，無心沉於聲色，不久將陳圓圓遣返田府。當李自成的農民軍步步逼近京城之時，田畹急於保住自身富貴，陳圓圓給他出謀道：「現在天下將要大亂而大人卻無所憑依，一旦有變，禍在不測。吳三桂不久就要出關領兵，大人何不締交於吳將軍，以便有所依靠？」田畹苦無他策，只得親自到吳府邀請吳三桂赴宴。宴席上，吳三桂毫不掩飾地說道：「若能把圓圓贈予我，我將戮力破敵，公公不會有什麼危險。」面對兵權在握的吳三桂，田畹只有答應。吳三桂欲帶陳圓圓去山海關，但因父親吳襄力阻而不成。李自成率農民軍入京後，大將劉宗敏佔據田畹府，索要陳圓圓，知在吳襄府上，便抓了吳襄嚴刑拷問，吳襄不交，劉宗敏怒洗吳府，搜出陳圓圓據為己有。

八旗軍中的正黃旗甲衣

吳三桂重占山海關後，心中明白憑自己的軍事實力根本不足以同農民軍抗衡，為逃避降清負君之罪，並借他人之力達到復仇目的，吳三桂修書予多爾袞，意向清軍「借兵」。多爾袞得書後雖驚喜交集，卻不露聲色，許諾援兵，同時提出條件：吳三桂率兵投降清朝。

當農民軍迫近山海關時，吳三桂再次催促清軍火速來援。多爾袞接信後，知道形勢緊迫，為了防止農民軍佔領山海關，下令清軍日夜兼程前進。當清軍終於到達距關城十里的地方時，吳三桂已與農民軍在激戰中。至四月初，據守山海關北翼的吳軍向農民軍投降，吳三桂的軍隊已呈崩潰之勢，而此時清軍卻一直止步不前。吳三桂多次派人前去敦請進兵，但多爾袞就是按兵不動，他要迫使吳三桂親自出馬，將「借兵助剿」改為「投降清朝」。吳三桂只有點齊將官精騎，出關突圍，一口氣馳至歡喜嶺。一六四四年四月二十七日，雙方達成協定，吳三桂率將返回山海關，按約定率五萬餘人出戰，同時下令開城迎兵。山海關的東大門洞開，清軍洶湧而入。而李自成對這一切都渾然不知。

時至中午，山海關戰場在大風中飛沙走石，當吳軍與農民軍酣戰之時，進入關城的多爾袞下令突擊，清軍如弦上之箭銳不可當。李自成立馬於高崗之上，見一白旗軍衝破農民軍陣勢，正驚異之際，一僧人跪在他的馬前，說：「為白旗的騎兵不是關寧兵（指吳軍），必是滿洲兵，大王趕快迴避。」李自成一言不發，策馬下崗西走，農民軍也在一片「滿兵來矣」的驚呼聲中被衝過來的清軍壓向海邊，以致「死屍相枕」。

李自成回北京後，在皇宮大殿裏舉行即位典禮，接受官員的朝見。第二天一清早就率領起義軍，離開北京，向西安撤退。李自成離開北京的第三天，多爾袞帶領清兵，耀武揚威地開進北京城。西元一六四四年十月，多爾袞把順治帝從瀋陽接到北京，把北京作為清朝國都。自那時候起，清王朝就開始在中國建立了它的統治

多爾袞組織人馬隆重地迎接清世祖順治帝入關，在北京建立了大清朝廷，準備全盤

控制整個江山。為了表彰吳三桂開關請兵之功，清朝廷冊封他為平西王，並賞銀萬兩，吳三桂竟然也不加思索地接受了下來。這樣一來，當初請兵相助的初衷完全變了質，不折不扣地成為開關延敵的民族叛徒。

崇禎帝自縊殉國後，福王朱由崧在南京重新組建了南明新朝廷。新朝廷深知吳三桂手握重兵，舉足輕重，因而遣特使前往絳州，欲封吳三桂為薊國公，並從海路運米三十萬擔、銀五萬兩犒勞吳軍。不料吳三桂因已受封於清廷，不肯再接受南明皇朝的這一套，他已經決定徹底歸附於滿清手下了。後來吳三桂被封為平西王，世鎮雲南，兼轄貴州，於是驕橫奢侈，企圖吳家子孫永為藩王。康熙帝即位後，準備「撤藩」，吳三桂反叛，這就是「三藩之亂」。一六八一年，清軍攻入昆明，吳三桂的圖謀失敗。

影響

山海關之戰改變了清朝、農民軍、吳三桂的各自命運。清軍結束了農民軍短暫的勝利，開闢了清朝的歷史新紀元。在山海關之戰結束後的第十天，多爾袞率清軍入京。而吳三桂的命運便由此交給了大清朝。

63 鄭成功光復臺灣

鄭成功是中國歷史上偉大的民族英雄，他收復臺灣的舉動，是中國歷史上的一件大事。

臺灣失陷於荷蘭與鄭成功抗清

十七世紀初，中國正值明清鼎革之際，天下風雲變幻，明帝國內有農民起義的遍地烽煙，外有八旗滿州的劫掠蠶食，崩潰只是時間問題了。與此同時，西方社會卻正在發生著重大的歷史變動，繼葡萄牙、西班牙之後，荷蘭成為新的海上霸主。荷蘭以東印度公司為先鋒的殖民擴張觸角延伸到了中國的東南沿海，荷蘭軍隊佔領了臺灣的澎湖島。

明天啟四年（西元一六二四年），福建總兵俞咨臬打敗侵佔澎湖的荷蘭軍隊，並活捉其主將高文津，可惜未能乘勝追擊，致使荷蘭軍隊的殘部逃往台南，於台南先後建立起熱蘭遮城（臺灣城），普羅文查城堡（赤嵌樓）。明崇禎十五年（西元一六四二年）荷蘭殖民軍又沿臺灣島北上，打敗西班牙殖民軍，侵佔了臺北的雞籠、淡水，至此，臺灣落入荷蘭人手中。荷蘭侵略軍侵佔臺灣後，實行殘酷的殖民統治，強徵重稅，進行搜刮。殖民者的殘暴行徑，激起了臺灣人民的憤怒和反抗，漢族和高山族人民的反抗和鬥

63 鄭成功光復臺灣

爭遍及全島各地，始終沒有停止過。

此時，在抗清的戰爭中誕生了一位偉大的民族英雄，這就是鄭成功，正是他，後來從荷蘭人手中收復了臺灣。鄭成功是福建南安人，明天啟四年即一六二四年七月十四生於日本平戶，父親鄭芝龍為明福建總兵，母親田川氏係日本人。明崇禎三年從日本回國。南明隆武元年（清順治二年，一六四五年），受隆武帝倚重，賜姓朱，改名成功，封忠孝伯，任禦營中軍都督，世稱「國姓爺」。隆武二年，因為父親投降清朝，於是與之決裂，仍奉隆武年號抗清，自為招討大將軍，以福建金門、廈門為抗清基地。

南明永曆二年（一六四八年）被先後封為威遠侯、延平公。鄭成功賞罰分明，制定出軍禁令，嚴明軍紀，造就了一支能征善戰的水陸隊伍。永曆十二年（一六五八年），乘清軍主力與大西軍李定國部在西南地區作戰之機，率水陸軍十萬、戰船二九〇艘北征。沿途破樂清，取溫州，與南明兵部侍郎張煌言會師，抵羊山遇颶風，覆舟喪師，被迫退至舟山休整。次年五月，率師經崇明入長江，破清軍橫江鎖鏈、木浮營，克瓜洲，取鎮江，進圍南京。另遣張煌言攻佔蕪湖、徽州、寧國、太平、池州、等四府三州二十四縣。後遭清軍突然反擊，折將十四員，損兵數萬，敗退廈門。永曆十五年正月，李定國聯明抗清戰敗，大陸各省基本被清軍佔領。鄭成功感到形勢緊迫，認為只有收復臺

鄭成功塑像

灣，連接金門、廈門，然後進則可戰而復中原，退則可守而無內顧之憂。於是作出了進軍收復臺灣的決策。

鄭成功收復臺灣

順治十八年三月二十三日。鄭成功統帥大軍二萬五千人，分乘戰艦二百餘艘，浩浩蕩蕩從金門料羅灣出發。二十四日，大軍抵達澎湖，四月一日，留兵三千就地駐紮，晚上大軍朝臺灣島繼續前進。

從澎湖到台南登陸的航道只有兩條。南航道被荷蘭人在鯤鯓沙洲上築起熱蘭遮城（即臺灣城），設重炮嚴密封鎖。北航道則將損壞的甲板沉塞水底，加以長期泥沙淤塞，大船難以進出，荷蘭人放鬆了北航道的警惕，鄭軍在熟悉臺灣內情之情況下選擇了北航道。四月二日，船隊到達鹿耳門，適逢潮水猛漲五六尺，大軍浩浩蕩蕩在北線、尾島和赤嵌城西北部附近的和寮港順利登陸。

荷蘭侵略者在臺灣島的駐軍約二千六百人。臺灣城（熱蘭遮城）約二千人，由荷駐台總督揆一統帥，赤嵌城約六百人，由荷軍司令描難實行統帥。荷軍見鄭成功到來，便兩路出擊。揆一首先命令出動戰船赫克托號和斯格拉弗號，小帆船白鷺號，快艇馬利亞號向鄭部船隊撲來。鄭軍立即還擊。擊沉了赫克托號，並擊潰了其他三艘戰船。

四月三日，陸路荷軍二百四十人由貝德爾上尉率領進攻北線登陸尾島。鄭軍四千人兩面包抄，箭如驟雨，貝德爾上尉及部下一一八人當場喪命。水陸兩路擊潰荷軍反撲後，鄭成功揮師包圍了赤嵌城，並切斷了赤嵌城與臺灣城的聯繫，斷絕了海陸交通。並於尾島設兵阻斷荷蘭的可能增援。四月六日，赤嵌城荷軍投降。

四月七日，鄭成功開始攻打臺灣城，但城堡堅固，炮火兇猛，十餘日連攻不下，於是鄭成功一面著手對已佔地進行管理，一面實施團團圍住臺灣城的圍困戰略。五月二十八日，荷蘭巴達維亞當局得知荷軍在臺灣戰敗的消息，即調集七百名士兵，十艘戰艦，趕赴臺灣增援，七月初五到達臺灣海面。鄭成功偵知這一情況，抓緊進行圍城和打援部署。荷蘭侵略者得到增援之後，力求迅速改變被圍的不利處境，決定用新到的艦船和士兵把鄭軍逐出臺灣城市區，並擊毀停泊在赤嵌樓附近航道上的鄭軍船隻。其部署是：以兩艘戰船迂迴到市區後海面摧毀鄭軍炮位，出動三四百名步兵進攻市區，另派大小二十艘艦艇襲擊鄭軍戰船。閏七月二十三日，雙方在海上接戰，鄭成功親統戰艦在海上迎擊，將敵艦包圍，經一小時激戰，擊毀、燒毀荷艦兩艘、俘小艇三艘，斃敵一百多名。其餘荷艦逃往遠海，再也不敢靠近臺灣。一六六二年一月，鄭集中兵力於臺灣城外沙洲上，建三座炮臺配二十八門巨炮，又於緊逼臺灣城的小山上築起戰壕。荷軍用大炮步槍榴彈還擊，臺灣城一片火海。一六六二年一月二十七日荷軍停止反抗。一六六二年二月

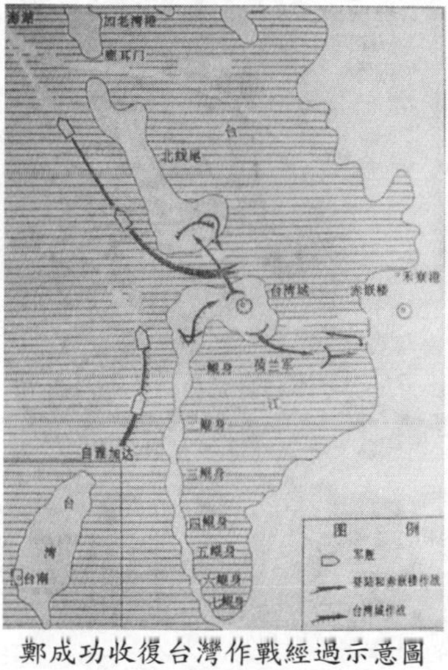

鄭成功收復台灣作戰經過示意圖

一日，雙方正式訂立條約三十六條並舉行簽字儀式。

鄭成功收復臺灣的戰爭，是我國海戰史上規模大、距離遠的一次成功的登陸作戰，是以劣勢裝備戰勝優勢裝備之敵的突出戰例。此戰的勝利，結束了荷蘭侵略者對臺灣人民的殖民統治，捍衛了中華民族的利益，顯示了中國人民從來就不能容忍自己的領土任人宰割的鬥爭傳統，第一次臺灣的戰爭以鄭成功的全面勝利而告結束。鄭成功也因之成為中華民族歷史上一位傑出的民族英雄。

臺灣回到中央政府統治之下

收復臺灣後，鄭成功於一六六二年六月病死臺灣。年僅三十九歲。其子鄭經在平定了權位之爭的內亂後，以勝利者的姿態襲延平郡王，成為在台的第二代領導人。鄭經和他父親的政治理念完全不同，鄭成功言：「臺灣者，早為中國人所經營，中國之土地也」；而鄭經言：「臺灣遠在海外，非中國版圖。」實際上，鄭經已經走上了分裂的道路。

康熙二十年（西元一六八一年），臺灣形勢發生了重大變化。鄭經病死。其子鄭克臧嗣位。乘權力未穩，深受鄭經寵

鄭成功收復台灣時的受降圖

信的大臣馮錫範發動政變，殺死克臧，改立其次子。由於推戴之功，馮錫範大權獨攬。台島人心盡失。清政府此時已經平定了三藩之亂，社會經濟開始走了繁榮的道路，於是收復臺灣便提到了議事日程。

康熙二十二年六月，康熙任命原鄭成功手下水師大將施琅為福建水師提督，加太子少保，統帥舟師，進軍澎湖、臺灣。六月十八日，清軍攻取澎湖港外的虎井，桶盤二島，掃清了外圍；六月二十二日時發起總攻。到十六時，清軍取得全面勝利，斃敵一萬二千人。俘獲五千人。擊毀、繳獲鄭軍戰船一百九十餘艘。清軍陣亡三二九人，負傷一千八百人。鄭軍實力遭受重大損失。

澎湖列島被清軍佔領後，施琅一方面休養部隊，暫停進攻，另一方面採取措施積極謀求和平解決。澎湖為臺灣門戶。鄭氏集團在主力被殲，門戶洞開的情況下，於康熙二十二年七月五日（西元一六八三年）接受清政府和談條件，向清政府繳械投降。

影響

鄭成功是中國明朝人、明亡後立志從事反清復明的工作，他以台灣為反清基地，建設台灣、對台灣的發展貢獻良多。

64 冊封達賴、班禪

藏傳佛教是佛教的重要一支，也是世界宗教的重要組成部分，特別是在中國的西藏地區，藏傳佛教具有重要的影響。藏族是中華民族大家庭中的一員。西藏是中國不可分割的一部分。清王朝時期，中央政府建立的冊封達賴、班禪的制度，是一項非常有意義的政策，至今還為我們所沿用。這也說明了中國對西藏所擁有的主權不可分割。

西藏與中國關係的沿革

西藏在中國的西南部。居住在這裏的藏族先民，遠在西元前就與生活在中原的漢族有聯繫。經過漫長的歲月，西藏高原上分散的眾多部落逐漸統一起來，成為現在的藏族。到唐朝時期，藏漢雙方通過王室間的聯姻、會盟，在政治上形成了團結友好的親誼關係，在經濟和文化上建立了密切的聯繫，為最終建立統一的國家奠定了深厚的基礎。在西藏自治區首府拉薩的布達拉宮，至今一直供奉著西元六四一年唐朝嫁給藏族吐蕃王的文成公主的塑像。大昭寺前的廣場上還矗立著西元八二三年為雙方會盟建立的「唐蕃會盟碑」。

十三世紀初，成吉思汗在中國北部建立蒙古汗國。一二四七年，西藏宗教界領袖薩迦班智達・貢嘎堅贊同蒙古皇子闊端在涼州議定了西藏歸順的條件，其中包括呈獻圖冊，交納貢物，接受派官設治。一六二九年成書的《薩迦世系史》記載著當時薩迦班智達寫給西藏各地僧俗首領的信中關於必須歸順和接受所規定的地方行政制度的內容。一二七一年，蒙古汗政權定國號為元，並於一二七九年統一了全中國，創建了繼漢、唐王朝之後中國版圖內各地區、各民族大統一的中央政權，西藏成為中國元朝中央政府直接治理下的一個行政區域。自此之後，儘管中國經歷了幾代王朝的興替，多次更換過中央政權，但西藏一直處於中央政權的管轄之下。

清廷封班禪之金印

元朝皇帝設置了宣政院，直接管理西藏地區軍政要務。這一機構的人員選用，由皇帝決定，它的報告直接送給皇帝。掌握宣政院實權的是「院使」，一般由中央政府總理全國政務的右丞相兼領。同時，元朝在西藏地區成立了地方軍政機構「宣慰使司都元帥府」，隸屬於宣政院。元朝在西藏駐有軍隊，並由一位王子及其後裔率軍駐守西藏地區的東部邊緣，逢西藏有事，即可就近入藏，以盡鎮戍邊疆的職責。

元朝中央派官員入藏，按照戶口多寡，地形險易，出產豐嗇，設立大小驛站，聯成交通線。還派官員在西藏進行人口調查，確定各萬戶屬下可支應差役的人口數，決定沿驛路各地必須供給的力役、物資、運畜。

到了明朝，明政府繼承了治理西藏的權力。明朝中央在今西藏中部和東部分別設立「烏思藏行都指揮使司」與「朵甘行都指揮使司」，隸屬於陝西行都指揮使司，相當於行省級軍區機構，兼理民政。西藏西部阿里另設置「俄力思軍民元帥府」。這些機構的負責官員均由中央任命。

到了明成祖的時候，因為西藏佛教和政治合為一體，大小派別各踞一方，為有利於治理，給西藏各地宗教領袖封以「法王」、「王」、「灌頂國師」等名號。王位的繼承必須經皇帝批准，遣使冊封，新王才能即位。達賴喇嘛和班禪喇嘛兩大活佛系統屬於藏傳佛教格魯派。格魯派在明代興起，三世達賴喇嘛本是格魯派的一個寺院的住持。明朝中央特別開例，准予他入貢，一五八七年封賜他以「朵兒只唱」名號。

達賴和班禪冊封制度的建立

清朝對西藏地方強有力的統治，在許多方面都超過了明朝乃至元朝。清朝政府對西藏地方的管理採取了一系列措施。西元一六五二年，順治帝邀請達賴五世入京，並特地修建了規模宏偉的黃寺，作為他在京的住所。達賴五世在北京受到清政府的隆重款待。第二年，順治帝賜予達賴五世金冊金印，封他為「西天大善自在佛、所領天下釋教普通瓦赤喇恒喇達賴喇嘛」。

西藏拉薩布達拉宮全景

西元一六八二年，五世達賴逝世，西藏上層就選定六世達賴，而在蒙、藏統治者之間展開了權力之爭。康熙皇帝認為西藏事務不便命繼承汗位的固始汗之重孫拉藏汗獨理，便於西元一七〇九年特派侍郎赫壽到西藏協同拉藏汗辦理事務，這是清朝直接派人管理西藏事務的開端。西元一七一三年，康熙皇帝派使入藏，冊封五世班禪羅桑益喜為「班禪額爾德尼」。康熙此舉在於以班禪的宗教地位安定人心、穩定西藏局勢，如果西藏一旦發生意外變故，除尚有爭議的六世達賴外，還可由清朝政府正式冊封的班禪來主持黃教的事務。從此，班禪的稱號和宗教領袖的地位正式確定下來，歷世班禪都必須經過中央政權的冊封，遂成定制。

西元一七一七年，新疆地區最強大的一支蒙古軍力量準噶爾部攻佔西藏，摧毀佛教，西藏各大寺院的金銀被搜搶一空，運往伊犁，西藏社會陷於混亂之中。清朝政府兩次派軍入藏，並於西元一七二〇年驅逐了準噶爾軍，冊封並護送七世達賴喇嘛在布達拉宮舉行了坐床典禮。西元一七二一年，清朝政府決定廢除西藏地方政府中總攬大權的第巴一職，在地方政府中設置四名噶倫共同主管政務。然而，六年後噶倫內部發生分裂並導致自相殘殺的戰爭，清朝雍正皇帝派軍入藏平息內亂後，於西元一七二七年決定正式在西藏派遣駐藏大臣二人，任期三年；封平亂有功的頗羅鼐為貝子（清朝封的一種爵號），總理全藏政務；在前後藏留駐清軍歸駐藏大臣指揮。一七二九年，頗羅鼐又被封為郡王，他死後其子襲封郡王。但是，頗羅鼐之子執政後，遇事不同駐藏大臣協商，駐藏大臣遂將其處死。然其部下聞訊後，殺害了二位駐藏大臣。七世達賴即命令公班智達代理藏王，並逮捕殺害駐藏大臣的兇手，將叛亂經過報告清朝乾隆皇帝。

乾隆皇帝派兵入藏，平息了這場叛亂後，對西藏地方行政體制作了重大改革：廢除世俗藏王、郡王、貝子掌政制度，由七世達賴格桑嘉措掌理西藏地方政權；正式建立噶廈，即西藏地方政府，設噶倫四人，規定由三名俗官和一名僧官擔任，均為三品官，直接受駐藏大臣及達賴喇嘛的領導，噶倫等重要官員，都要經過政府任命。清朝政府還規定「凡衛藏事務皆命駐藏大臣會同達賴喇嘛裁決」，這就確定了駐藏大臣與達賴喇嘛共同處理西藏政務的平等地位。同時，黃教管理西藏的「政教合一」制度從此確立。

為了完善西藏行政機構的職能，清朝多次頒下「章程」，整頓改革舊的制度，建立新的制度。一七九三年，頒佈了《欽定藏內善後章程》，共二十九條。章程的主要內容有：清政府掌握確定西藏各大活佛包括達賴喇嘛、班禪額爾德尼去世後轉世靈童的大權。每逢一代達賴喇嘛、班禪額爾德尼和西藏各大轉世活佛的轉世靈童覓到時，即將靈童姓名繕寫在籤上，納入中央頒發的金瓶，由駐藏大臣會集有關大活佛，製籤確定（金瓶和籤現在仍保存在拉薩）。轉世靈童的剃髮、取法名、選定授戒的師傅和授經的師傅，也都須經過駐藏大

冊封達賴的金冊

臣奏報朝廷核准。當舉行達賴喇嘛、班禪額爾德尼的坐床和親政典禮時，中央派大員親臨監視。

駐藏大臣代表中央政府督辦藏內事務，地位與達賴喇嘛、班禪額爾德尼平等。噶倫以下（包括噶倫）都是屬員。對西藏文武官員確定品級、名額和升補手續。最高一級藏族官員有噶倫四名、代本六名，由中央任命。噶倫、代本的年俸由中央發給。

在西藏成立正規藏軍，名額三千人，規定了軍官等級、人數，軍餉補給來源，武器配備，駐防地點。另外，從內地調駐西藏各地官兵一千四百多名。藏漢軍隊統由中央派駐的官員管轄。

決定在西藏照內地之例，設立鑄錢局，鑄造官錢行使，銀幣正面背面分別用漢藏文字鑄「乾隆寶藏」字樣。達賴喇嘛、班禪額爾德尼每年的財務收支，由駐藏大臣稽查總核。西藏差役由全社會平均負擔。貴族和大寺廟中實有勞績可受優待免除差役者，須經過駐藏大臣及達賴喇嘛核准發給執照。對來西藏貿易的尼泊爾、克什米爾商人要進行登記，造具名冊，呈報駐藏大臣備案，由負責官員簽發路證。凡外人要求到拉薩者，須聽候駐藏大臣衙門審批。藏人出境至尼泊爾等地，由駐藏大臣簽發路證，規定往返日期。

西藏西南部與印度、尼泊爾等國的邊界上若干地點，設立國界標誌，駐藏大臣每年出巡各地，檢查駐軍防務及界碑情況。一切西藏涉外事宜均由駐藏大臣全權處理。噶倫不得與外方通信，達賴喇嘛、班禪額爾德尼接到外方信件、布施，俱報告駐藏大臣查驗，並代為酌定回信。對犯罪者的處罰，都要經過駐藏大臣審批。從一七二七年始設駐藏大臣到清王朝覆滅的一九一一年，清中央政府先後派遣駐藏大臣達百餘人。

影響

清政府的一系列政治舉措，大大加強了西藏和中央政府的聯繫，保衛了邊疆的安全。為後來中央政府管理西藏提供了重要的經驗。達賴、班禪冊封制度的形成，是西藏和中央政府轄屬關係的重要體現。

65 康乾盛世

清朝於順治元年定鼎北京，歷經十八年，削平群雄，為清朝全面實現大治奠定了堅實的基礎。康熙即位以後，特別是從康熙二十年以平定吳三桂的八年之亂為契機，乘勝收降鄭氏臺灣回歸中國。康熙二十三年，親臨治黃工地，標誌著國家全面轉入經濟建設，大治天下，從而拉開了康乾盛世的序幕。

康乾盛世的成因

康乾盛世是中國封建社會最後一個治世，它包括清朝的康熙、雍正、乾隆三朝，歷時一三〇多年。在此期間，由於統治者相繼施行一系列緩和民族矛盾、階級矛盾，維護統一的多民族國家的政治、經濟措施，保證了相當長一段時間的社會安定，勞動人民得以安心生產，從而使社會經濟迅速從明末清初的戰爭瘡痍中恢復過來，並登上中國封建社會的巔峰。當時，清朝是世界上最強大的帝國之一，雄踞在世界東方。

封建社會中盛世的形成，皆非偶然，造成盛世的直接原因有種種，但根本原因要看他們所施行的政策和具體做法是否得民心，順民意。康雍乾三朝仍把吏治擺在了治國的首位，三朝澄清吏治，一脈相承，不計地位與權勢，如總督、巡撫一級的封疆大吏，朝中高官，連同皇親國戚，只要犯贓，必予嚴懲。乾隆以貪污罪處決了其內弟、原任兩淮鹽政、後任內務府總管高恒，就是一個典型的事例。經數十年不斷整頓，吏治改觀，用「源清流潔」、政通人和來概括，還是恰如其分的。另一方面，他們吸取明朝滅亡的教訓，以農業「為國之本」，大力發展經濟，實施「裕民」之策，達到家給人足。這也是康雍乾盛世形成的原因。在這一思想的指導下，清朝開始實施大規模發展農業的計劃：全面推行墾荒政策，至雍、乾時，墾荒向邊疆地區發展。與此同時，指令各地特別是駐邊疆地區的軍隊實行「軍屯」。土地廣為開墾，耕地逐步增長。水利是農業的命脈，康雍乾三帝深知此中的道理，不斷減輕農民負擔，改善其生活狀況，保持農民的生產積極性，使農民及其它勞動者的生活獲得安定，亦使社會得以安定。

《玄燁戎裝圖》軸

康雍乾三朝堅持國家「大一統」並制定若干正確的民族政策，使邊疆安寧，長治久安。康熙三十年（西元一六九一年），聖祖提出了廢長城，「中外一視」的重要思想，突破了二千年來因長城而形成的內外之分、華夷之別的傳統觀念，把「大一統」的政治理想發展到了極限。然而，西北地區的準噶爾部抵制「大一統」，屢次興兵作亂。康熙二十九年首戰噶爾丹、再戰策妄阿拉布坦；世宗時三戰噶爾丹策零，高宗時先戰達瓦齊，再戰阿睦爾撒納，三戰新疆回部霍集占，皆以勝利告終。截止到乾隆二十四年（西元一七五九年），西北包括青海、新疆等地及西藏問題宣告解決。三代人共花去七十餘年，以重大代價贏得了最後勝利，維護了國家的統一。在西南地區，雍正朝實施體制改革，廢土司，設流官，即「改土歸流」，於乾隆初年全部完成。

在思想和文化方面，康雍乾三朝確立儒家思想為其統治思想，大力推進傳統文化的進一步發展。這不僅為盛世增添了新的內容，還直接加速盛世的到來。而至乾隆時，已出現「文治之極盛」的鼎盛局面。

盛世的局面

康乾盛世是清朝近三百年歷史中最興盛的時期，也是中國封建社會最好的歷史時期之一。農業，不論是當時的人口數量，還是耕地面積，都遠遠超過了以往的歷史時期。據統計，康熙二十四年全國共有耕地六億畝，到乾隆終年，全國耕地約為十・五億畝，糧食產量則迅速增至二〇四〇億斤。當時隨馬戛爾尼使團來中國的巴羅估計，中國的糧食收穫率高出英國。「麥子的收穫率為十五：一，而在歐洲居首位的英國為十：一。」中國農作物的總產量占世界第一位。人口從一七〇〇年前後的約一・五億增加到一七九四年的約三・一三億，占全世界九億人口的三分之一。

中國的城市也有很大發展。到十九世紀初，全世界有十個擁有五十萬以上居民的城市，中國就有六個，即北京、江寧、揚州、蘇州、杭州、廣州。城市以下的墟市集鎮的數量也大大增加。如南京是著名的絲織品產地，有絲織工人數萬人。法國啟蒙學者伏爾泰稱讚中國是「舉世最優美、最古老、最廣大、人口最多而治理最好的國家」。

對外貿易急劇增長。主要出口商品有茶、絲、土布，尤以茶葉占第一位。十八世紀末，英國東印度公司每年平均從中國購買茶葉值銀四百萬兩。而英國商人運到中國來銷售的主要商品（毛織品、金屬、棉花）的總值，尚不足以抵消從中國運出的茶葉一項。為了平衡貿易收支，英國商人必須運送大量白銀到中國。康熙年間，清朝徵收的關稅正額有銀四萬三千兩，實際上關稅收入大大超過「正額」。乾隆末，每年「盈餘」（即超額部分）已達八十五萬兩，超過康熙年間所定關稅正額的二十多倍。正是為了平衡對華貿易逆差，英國把大量鴉片運進中國，並發動了罪惡的鴉片戰爭。

十八世紀初，在康熙帝主持下，清廷從事兩項巨大的科學工程。一項是《律曆淵源》，介紹了中國和西方音樂各種理論、樂器製造、天文曆法以及西方的數學與中國的算學；另一項是用近代科學方法繪製了第一幅詳細的中國地圖。

法國《百科全書》的主編狄德羅在該書《中國》條目中，盛讚「中國民族，其歷史之悠久，文化、藝術、智慧、政治、哲學的趣味，無不在所有民族之上」。德國的萊布尼茨認為，「歐洲較之中國優越之處，在思維和思辯的科學……但一轉到實踐哲學，即生活、倫理、政治實踐，歐洲人便難以和中國人相抗衡」。

康雍乾三朝開疆拓土，中國疆域再次擴大，甚至超過漢唐。清代中國版圖，從西部喀爾巴什湖到東部海疆，乃至南沙群島都達到了極限，為現在中國奠定了基礎。盛世的文化全面發展，在教育、文學藝術、史學、哲學、地理、數學、天文、醫學、軍事等各個領域，人才輩出，異彩紛呈，各領風騷。盛世修文，大規模整理典籍，編纂圖書，其中以康熙朝所修《古今圖書集成》與乾隆朝所修《四庫全書》為代表，被稱為「文治之極隆而儒生之殊榮」。著名的考據學派，獨樹一幟，即形成於盛世時期。康乾盛世集中國傳統文化之大成，並將其推上了頂峰。

盛世的隱患

正是在中國經歷著「康乾盛世」的時候，在地球的另一端，尤其是在英國，挑戰全球的工業革命正在醞釀；最終改造了整個舊世界的資產階級革命正在進行；沖決中世紀封建神學桎梏束縛的思想啟蒙運動正在蓬勃發展。由此以降僅一百多年的歷史，就徹底地改變了中國在世界格局中的地位，中國由一個洋洋自得的天朝大國急劇地墜入落後挨打的境地而一蹶不振。馬克思指出：「一個人口幾乎占人類三分之一的大帝國，不顧時勢，安於現狀，人為地隔絕於世並因此竭力以天朝盡善盡美的幻想自欺。這樣一個帝國注定最後要在一場殊死的決鬥中被打垮：在這場決鬥中，陳腐世界的代表是激於道義，而最現代的社會的代表卻是為了獲得賤買貴賣的特權——這真是一種任何詩人想也不敢想的一種奇異的對聯式悲歌。」這真是一個悖論。

康乾盛世的同時，隱含著無窮的隱患。

西方紡織工序的逐步機械化、焦炭煉鋼、蒸汽機的應用、市場的興旺、商人的活

躍，航海的進展、殖民地的開拓、交通運輸的改革等等，推動西方完成了工業化，跨進了「近代社會」。但是在變化了的世界面前，康雍乾三代英明君主卻表現出驚人的麻木和極度的愚昧：特別是限制工商業、蔑視科學技術、閉關鎖國、加強集權、禁錮思想的做法，愈加嚴重地制約著社會的進步。與西歐國家不遺餘力地保護工商業發展的做法相反，清王朝對工商業控制、壓抑、打擊，把工商視為「末業」，認為與商既不合祖宗成法，也對國家無利。在儒家思想的統治下，終清一朝，瀰漫著輕視和蔑視科技之風，把科技知識視為「形而下」，把發明創造稱為「奇技淫巧」。清初的戴梓發明火器「連珠銃」，一次可填發二十八發子彈，又造出蟠腸槍和威遠將軍炮，然而清統治者抱著「騎射乃滿州根本」，不僅不採用，反而聽信饞言，將戴充軍關外。閉關鎖國、拒絕交流是清廷對外關係的基本政策。康乾時期，是人類歷史從分散走向整體的時代，是經濟國際化趨勢日漸明顯的時代。中國在對外關係上卻採取了逆時代大潮的封閉國策。當西方竭力尋找新航線，拓展海外殖民地，大力發展海外貿易之際，清統治者正在為海岸線的不寧而焦躁不安。當人類由傳統走向現代，最需要睜開眼睛看世界的時候，主導中國未來的傳統意識形態和價值觀念體系，卻如一潭死水般的沉寂。在這種「沉寂」中，中國不可能不成為時代的落伍者。

乾隆大閱時穿用的盔甲

影響

康乾盛世以恢宏的氣勢，顯示出中華民族的歷史與文化的輝煌。中國此時居東方文明之巔，也是十八世紀世界最強大的國家之一。但是與西方社會相比，沒有出現具有世界影響的新發明；西方已進入近代社會，而中國尚處在封建社會的最後一個頂峰，這一切都顯示著歷史將出現一個變局。

66 平定準噶爾

清廷對準噶爾部的戰爭，關係到新疆、青海、西藏、蒙古的統一問題。這一鬥爭勝利的結果，清廷在新疆、青海、西藏、蒙古建立起鞏固的權力。特別值得注意的是，準噶爾部的首領從噶爾丹到策妄阿拉布坦到噶爾丹策零到阿睦爾撒納，都與俄羅斯有密切聯繫，受到俄羅斯的策動與支援。所以，清廷對準噶爾部的戰爭，具有保衛國家統一和主權的積極意義。

噶爾丹與康熙帝

明末清初，我國北方的蒙古族分為三大部：在今內蒙古地區的是漠南蒙古，在原外蒙古一帶的是漠北喀爾喀蒙古，遊牧於天山以北一帶的是漠西厄魯特蒙古。厄魯特又稱衛拉特，又分為四部，即和碩特（遊牧於今新疆烏魯木齊地區）、準噶爾（遊牧於今伊黎河流域）、土爾扈特（遊牧於今新疆塔城地區）、杜爾伯特（遊牧於今額爾齊斯河流域）。四部中，準噶爾部勢力最強，先後兼併了土爾扈特部及和碩部的牧地，迫使土爾扈特人轉牧於額濟勒河（今伏爾加河）流域，和碩特人遷居青海。到噶爾丹執政時，在吞併了新疆境內的杜爾伯特和原隸屬於土爾扈特的輝特部後，進佔青海的和碩特部，又攻佔了南疆維吾爾族聚居的諸城。隨著準噶爾勢力範圍的不斷擴大，噶爾丹分裂割據的野心愈益膨脹。此時，正是沙皇俄國瘋狂向外擴張的時期，為達到侵略中國西北邊疆的罪惡目的，對噶爾丹進行拉攏利誘。康熙二十六年（一六八七年）底，沙俄參加中俄邊界談判的全權代表戈洛文，在伊爾庫茨克專門接見了噶爾丹的代表，陰謀策動噶爾丹叛亂，支持他進攻喀爾喀蒙古。在沙皇俄國的唆使下，噶爾丹終於率兵進攻喀爾喀蒙古，發動了一場旨在分裂中國的叛亂。

康熙讀書像

噶爾丹野心勃勃，不斷向東發展，欲吞併喀爾喀蒙古，和清朝相對抗。康熙二十七年（一六八八年），噶爾丹率軍越杭愛山突襲土謝圖汗部，土謝圖汗未及防備，倉皇潰走，噶爾丹復進而攻打車臣汗和紮薩克圖汗，又劫奪了大喇嘛哲布尊丹巴呼圖克圖的坐帳，全部喀爾喀部遭受蹂躪。當時喀爾喀部眾被逼，欲北向投往俄羅斯。但由於風俗習慣的不同，大喇嘛哲布尊丹巴呼圖克圖說：「我輩受天朝慈恩最重，若因避兵投入俄羅斯，而俄羅斯素不奉佛，俗尚不同，視我輩異言異服，殊非久安之計，莫若攜全部內徙，誠投大皇帝，可邀萬年之福。」這樣，喀爾喀的數十萬眾即相率南走，投順了清朝。康熙帝一方面把他們安置在內蒙古北部水草地遊牧，一方面命噶爾丹退兵歸還喀爾喀之地。但噶爾丹在俄羅斯的支持之下，有恃無恐，乃乘勢東進，在康熙二十九年（一六九〇年），以追喀爾喀為名，侵入內蒙古。而且公然向康熙帝提出「聖上君南方，我長北方」的分裂主義要求。為了維護國家的統一，康熙帝遂決定用兵鎮壓噶爾丹。

康熙帝的部署是分兵兩路出擊：左路軍出古北口（今河北灤平南），右路軍出喜峰口（今河北寬城西南），從左右兩翼迂迴北進，消滅噶爾丹軍於烏珠穆沁地區。康熙親臨博洛和屯（今內蒙古正藍旗南）指揮。同時令盛京將軍（治所今遼寧瀋陽）、吉林將軍（治所今吉林市）各率所部兵力，西出西遼河、洮兒河，與科爾沁蒙古兵會合，協同清軍主力作戰。右路軍北進至烏珠穆沁境遇噶爾丹軍，交戰不利南退。噶爾丹乘勢長驅南進，渡過沙拉木倫河，進抵烏蘭布通。清左路軍也進至烏蘭布通南，康熙急令右路軍停止南撤，與左路軍會合，合擊噶爾丹於烏蘭布通，並派兵一部進駐歸化城（今內 蒙古呼和浩特），伺機側擊噶爾丹歸路。

烏蘭布通位於克什克騰旗（今內蒙古翁牛特旗西

內蒙古烏蘭布通古戰場——清軍與準噶爾部之間最大規模的一次戰役就發生在這裡

南）之西。該地北面靠山，南有高涼河（沙拉木倫河上游的支流），地勢險要。噶爾丹背山面水布陣，將萬餘駱駝縛蹄臥地，背負木箱，蒙以濕氈，擺成一條如同城柵的防線，謂之「駝城」，令士兵於駝城之內，依託箱垛放槍射箭。清軍以火器部隊在前，步騎兵在後，隔河布陣。八月初一中午，交戰開始。

清軍首先集中火銃火炮，猛烈轟擊駝陣，自午後至日落，將駝陣轟斷為二，然後揮軍渡河進攻，以步兵從正面發起衝擊，又以騎兵從左翼迂迴側擊，噶爾丹大敗，倉皇率兵全部撤往山上。次日，遣使向清軍乞和，乘機率殘部夜渡沙拉木倫河，狼狽逃竄，逃回科布多（今蒙古吉爾噶朗圖）時只剩下數千人。

噶爾丹自烏蘭布通戰敗後，仍盤據科布多地區，集合殘部，休養生息，以期東山再起。他一面派人去沙俄活動，企圖獲取更多的軍事支援；一面煽動內蒙古科爾沁等部作亂，並殺害清政府官員，不斷騷擾邊地安寧。

針對噶爾丹的騷擾滋事，清政府除加強軍備外，主要是展開政治攻勢，以期政治解決。

一六九五年五月，在沙俄的慫恿和支援下，噶爾丹率騎兵三萬向東進犯，到達巴顏烏蘭一帶，又點燃起叛亂的戰火。一六九六年二月，康熙帝發兵十萬，分三路大舉出擊：東路由黑龍江將軍薩布素率東三省軍隊越興安嶺出克魯倫河進剿；西路由撫遠大將軍費揚古率陝西、甘肅兵勇由寧夏北越沙漠沿翁金河北上，以斷敵軍歸路；中路為主力，由康熙帝親率出獨石口，直奔克魯倫河，與東西兩路協同夾擊。

噶爾丹得知康熙皇帝親自統率大軍進抵克魯倫河時，不敢迎戰，盡棄廬帳、器械，乘夜西竄。清軍進抵巴顏烏蘭時，撲了個空。康熙帝為了捕捉噶爾丹叛軍主力，一面命總兵岳升龍、馬進、白斌等率精兵輕騎窮追噶爾丹叛軍；一面密諭西路軍統帥費揚古堵截噶爾丹叛軍脫逃之路。五月十三日，西路軍在昭莫多（今蒙古烏蘭巴托以南的宗莫德）與噶爾丹叛軍相遇，雙方展開了激烈鏖戰。在清軍浴血奮戰下，自午至暮，大敗噶爾丹軍，殺死叛軍三千餘人。噶爾丹的妻子阿奴也被炮彈擊斃。昭莫多一戰，基本上殲滅了噶爾丹的叛軍力量，清軍取得平叛戰爭的決定性勝利。

噶爾丹戰敗後，率殘部流竄於塔米爾河流域，成為一股走投無路、日暮途窮的流匪。但他頑固到底，拒不接受清政府的招撫，繼續堅持分裂中國的叛亂，作最後的垂死掙扎。

為了徹底消滅噶爾丹勢力，康熙帝認為必須乘其新敗之後，搗其巢穴，以其「萬年之計」。一六九七年二月，康熙帝舉行第三次平叛的軍事行動，命費揚古、馬恩哈分別統率兩路大軍，共六千人，由寧夏出發，進剿噶爾丹殘部。四月，康熙帝親赴寧夏，指揮這次軍事行動。

正當清軍進發之時，噶爾丹集團內部分崩離析，眾叛親離，軍隊只剩下五六百人，噶爾丹成了孤家寡人。在清軍征剿下，噶爾丹走投無路，遂「飲藥自盡」。至此，沙俄支持下的噶爾丹的民族分裂叛亂被清政府平定下去。

平定準噶爾

噶爾丹死後，策妄阿拉布坦便成為準噶爾部的統治者。隨著他的統治地位的鞏固和地盤的不斷擴大，又滋長了分裂割據的野心，沙皇俄國也積極支持其叛亂。策妄阿拉布坦在沙俄支援下，不斷襲擊清軍據守的科布多、巴里坤（今新疆巴里坤）、哈密等軍事重鎮，並派兵侵入西藏，進行分裂叛亂活動。由於康熙及時派兵進藏協同藏軍進行圍剿，才將策妄阿拉布坦叛亂勢力趕出西藏。康熙逝世後，雍正繼續堅持平定準噶爾貴族割據勢力的鬥爭。雍正五年（一七二七年）冬，策妄阿拉布坦死，其子噶爾丹策零繼位後，在沙俄支援下，繼續進行叛亂活動。從雍正六年以後，清朝多次出兵平定噶爾丹策零叛軍。

雍正十年（一七三二年）七月，噶爾丹策零率軍襲擊駐紮於塔半爾河的清軍。八月初，清軍以精騎三萬夜襲其營，準噶爾軍潰逃。清軍乘勝追擊，將其大部殲滅於光顯寺（今蒙古共和國鄂爾渾河上游），噶爾丹策零被迫降服。

乾隆十年（一七四五年）噶爾丹策零死後，準噶爾部內亂，達瓦齊奪得汗位。清乾隆二十年（一七五五年）二月發兵五萬直搗伊犁，達瓦齊猝不及防，兵敗被俘。不久，歸降清廷的阿睦爾撒納，因統治厄魯特蒙古四部的野心未能得逞，聚眾叛亂。

乾隆二十二年（一七五七年）春，清廷遣軍從巴里坤等地分路進擊，叛軍潰敗，阿睦爾撒納叛逃沙俄後病死。清軍平定準噶爾貴族分裂叛亂的戰爭，至此取得了勝利。

影響

清政府平定準噶爾貴族叛亂，消除了西部邊疆的分裂割據狀況，加強了對西部邊疆地區的管理，進一步促進了全國的統一。平叛之後，廢除了準噶爾遊牧封建貴族所實行的農奴制統治，促進了西部邊疆地區社會經濟的發展。清政府平定準噶爾貴族叛亂的勝利，對侵略成性的沙俄也是一個沉重打擊，客觀上起到了維護國家統一和領土完整的積極作用。

67 尼布楚條約

沙皇俄國是世界上最為侵略成性的帝國之一，它原先並不與中國相鄰，但是到了中國進入清朝的時候，俄國的觸角就已經伸到了中國的東北，此時，中國正處在康熙皇帝統治之下，而俄羅斯的沙皇則是大名鼎鼎的彼得一世，這兩個偉大君王的相遇，為後來的歷史帶來了重大的影響。

俄羅斯侵略東北和清軍的反擊

十七世紀中葉，沙俄殖民主義者開始窺視我國領土。一六四三年，沙俄雅庫次克督軍戈洛文派出以文書官瓦西里・波雅科夫為首的一支遠征軍，共一三三人，攜帶槍支彈藥向黑龍江竄犯。這夥侵略者到處燒殺搶劫，無惡不作。他們的殘暴行徑，遭到當地達斡爾族人民的英勇抗擊，損失慘重。到一六四六年春返回雅庫次克時，全隊一三三人只有五十三人生還。

一六五〇年一月，葉羅菲・哈巴羅夫率領七十名哥薩克人越過外興安嶺，侵入中國黑龍江流域，竄到雅克薩以西。一六五一年初，他又帶領一三七人再次竄到黑龍江上，並武力攻佔了雅克薩城。中國東北各族人民的英勇抗擊，終於把這夥侵略者趕出黑龍江流域。一六六五年夏，俄國西伯利亞流放犯切爾尼果夫斯基聚眾殺死了俄國伊利姆斯克的督軍，然後夥同八十四人竄到黑龍江流域，重占了雅克薩。但是他們的侵略行為受到沙皇的贊許，任命切爾尼果夫斯基為阿爾巴津（即雅克薩）總管，發給餉金二千盧布。得到沙皇政府支援後，切爾尼果夫斯基等更加有恃無恐，不僅在尼布楚和雅克薩建築寨堡，設置工事，勒索貢稅，綁架人質，建立殖民農莊，奴役和鎮壓當地中國各族居民，而且還不斷向黑龍江中下游進行騷擾、擴張。

此時康熙帝當政，康熙帝統治期間，中國形成了一個疆域遼闊、民族眾多、國力相當強大統一的封建國家；封建的經濟、文化在這個條件下，發展到了一個新的頂點，中國的版圖進一步統一和穩定，為自衛反擊俄國侵略奠定了基礎。為了保衛邊疆不受外來侵犯，康熙帝決定採取堅決的自衛措施，出兵反擊，徹底清除雅克薩的沙俄侵略者。

康熙帝先在黑龍江（今愛輝）和呼瑪爾兩地建城駐兵，儲存糧食，修造船隻，籌劃屯田，開闢驛路，以求戰而能勝，勝而能守。一六八三年夏天，康熙帝又下令設立黑龍江將軍，由副都統薩布素擔任，駐守璦琿（今愛輝），並先後三次調兵三千人進駐，保衛黑龍江流域。清軍在做好軍事進攻的同時，多次派人送信給盤據在雅克薩的沙俄侵

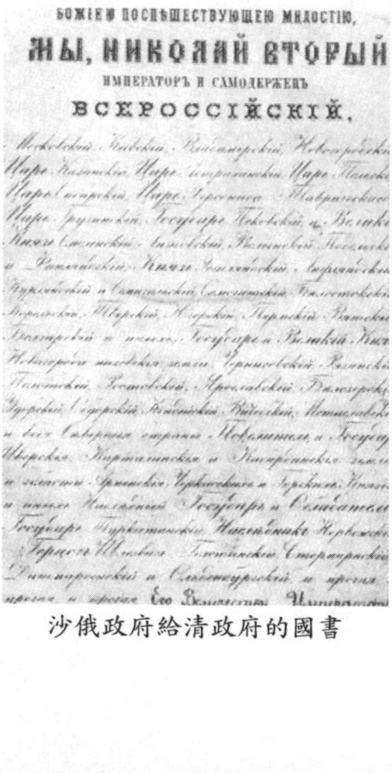
БОЖІЕЮ ПОСПѢШЕСТВУЮЩЕЮ МИЛОСТІЮ,
МЫ, НИКОЛАЙ ВТОРЫЙ
ИМПЕРАТОРЪ И САМОДЕРЖЕЦЪ
ВСЕРОССІЙСКІЙ,

沙俄政府給清政府的國書

略者，要他們撤離中國領土。但沙俄侵略者對中國的警告置若罔聞，反而增強雅克薩的兵力，並任命有作戰經驗的軍事貴族托爾布金為阿爾巴津督軍，來到雅克薩指揮作戰。

在對沙俄侵略軍多次警告和勸說無效之後，康熙帝決定出兵剿滅。一六八五年六月，康熙帝派遣都統彭春率兵進抵雅克薩。六月二十三日，清軍統帥部移至雅克薩城下和俄方對話，俄方頑固，且出言不遜。六月二十四日，清軍列陣，包圍雅克薩。二十五日，有一隊俄軍從黑龍江順流而下，企圖衝進雅克薩，被清軍攔截，在江上展開激戰，俄軍斃傷四十多人。接著，清軍架起大炮，向雅克薩猛烈轟擊，俄軍傷亡嚴重，走投無路。在清軍的勸降下，俄軍頭目托爾布金豎起了降旗。清軍接受了俄軍的投降，並對他們採取寬大態度，准許七百多名俄國人撤出雅克薩，經額爾古納河，返回俄國，另有巴什里等四十五名俄兵不願回國，留在了中國。

托爾布金從雅克薩退到尼布楚，這時，由彼頓率領的六百名援軍到達尼布楚，俄軍的力量增加了。同時，清軍戰勝後已全部撤回瑷琿，並沒有在雅克薩留兵駐守。因此，托爾布金和彼頓立即率軍重新佔據雅克薩，並全力構築城堡工事，籌集糧草，妄圖負隅頑抗。一六八六年三月，康熙帝令將軍薩布素率所部二千人，攻取雅克薩城。七月，薩布素奉命率所部二千餘人及福建藤牌兵四百人進抵雅克薩，隨即圍城進攻。經過兩個多月的攻城和圍困，俄軍損失慘重。九月底，俄國頭目托爾布金被擊斃，城中俄軍大多戰死或病死，八百多俄軍最後只剩六十六人，糧食彈藥也消耗殆盡，困守雅克薩的俄軍只有坐以待斃。

一六八六年十一月，正當雅克薩圍城旦夕可下的時候，一批俄國信使，由文紐科夫和法沃羅夫率領，從莫斯科來到了北京，遞交沙皇要求解除雅克薩的包圍和派使臣戈洛文來華議定邊界的信件。康熙帝同意了俄國沙皇的請求，下令停止戰鬥，解除對雅克薩的包圍，並實現單方面撤軍。十一月底，清軍停止進攻。一六八七年五月，清軍撤離雅克薩返回璦琿，等待俄國使團的到來。進行兩年多的雅克薩戰爭至此結束。

尼布楚條約

一六八九年六月十三日，清朝索額圖使團自北京啟程，出古北口北行，七月三十一日到達尼布楚，在石勒喀河南岸紮營。使團成員有：領侍衛內大臣索額圖、都統一等公佟國綱、都統郎談、都統班達

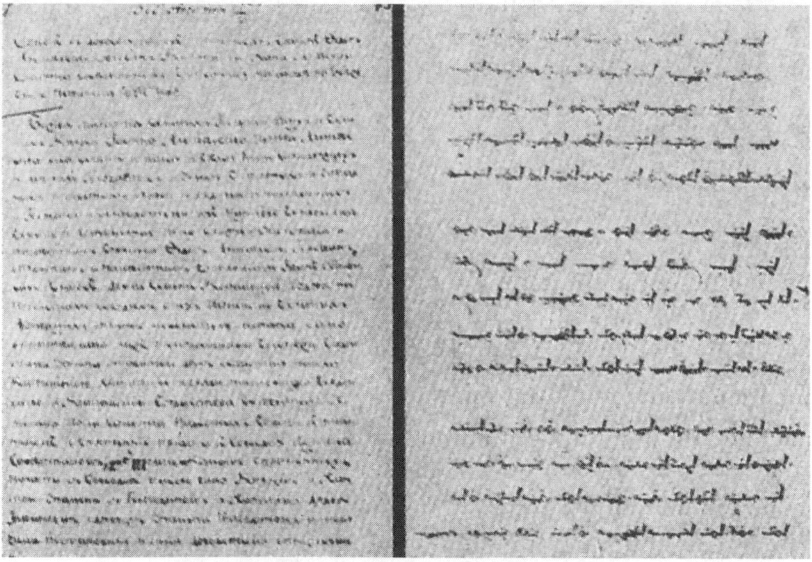

滿文、俄文《尼布楚條約》

爾善、黑龍江將軍薩布素、護軍統領瑪喇、理藩院侍郎溫達，翻譯是耶穌會士法國人張誠（法國名字弗朗索瓦・熱拉皮翁）、葡萄牙人徐日升（原名托馬斯・佩雷拉）。

俄國戈洛文使團一六八六年二月從莫斯科出發，一六八七年九月到達貝加爾湖東岸，在那裏停留了兩年之後，一六八九年八月十九日才到達尼布楚。使團成員有：御前大臣戈洛文、伊拉托木斯克總督符拉索夫、秘書科爾尼茨基。

雙方經過一段時間準備，於八月二十二日開始正式會談。會議一開始，俄方代表就提出兩國以黑龍江至海為界，左岸屬俄國，右岸屬中國，妄圖在談判桌上取得它用武力未能得到的黑龍江以北大片領土。這一蠻橫無理的領土要求，當即被中方代表嚴辭拒絕。索額圖明確闡述了中國領有黑龍江的情況，提出兩國應以鄂嫩河、尼布楚一帶劃界。雙方辯論一天，沒有任何結果。八月二十三日，中俄雙方使臣舉行第二次會議。俄方開始仍堅持原方案，中方堅決反對。雙方堅持不讓，談判呈破裂危機。戈洛文見第一方案不能實現，便稍微降低要價，企圖以牛滿河或精奇里江為界。索額圖抱著早日締約劃界的願望，一方面明確表示不同意俄方的第二方案，另一方面則主動做出讓步，表示可以把尼布楚讓給俄國。俄方對中方的這一讓步仍不滿足。由於兩國意見相距甚遠，兩次會談都沒有結果。

從八月二十四日開始到九月六日的半個月中，兩國使臣一直沒有會談，但雙方通過譯員繼續進行商談。在多次協商過程中，中方代表據理駁斥了俄國代表的無理要求，並做了一定的讓步。俄國代表在中國代表的堅持下，也表示不再堅持佔據黑龍江，雙方意見漸趨一致。自八月二十二日兩國全權使臣舉行首次會議以來，雙方往返交涉達十六天之久，終於在一切重大問題上全面地達成協定。

康熙二十八年七月二十四日，中俄兩國簽訂了第一個邊界條約——《中俄尼布楚條約》，條約共六款，明確規定中俄兩國東段邊界以外興安嶺（即斯塔諾夫山脈）至海、格爾必齊河和額爾古納河為界，凡嶺南一帶土地和流入黑龍江的河川，全屬中國；以北一帶土地及河流，全屬俄國。

一、將自北流入黑龍江之綽爾納（Tchernaya，Chorna），即烏魯木河（Ourouon），附近之格爾必齊河（Gorbitza，Kerbetchi）為界，沿此河口之大興安嶺至海，凡嶺南流入黑龍江之河道，悉屬中國，其嶺北河道，悉屬俄羅斯。唯烏第河（Oud，Uda）以南，興安嶺以北，中間所有地方河道，暫行存放，俟各還國察明後，或遣使，或行文，再行定議。

二、將流入黑龍江之額爾古納河（Aregun，Ergone）為界，南岸屬中國，北岸屬俄羅斯。其南岸墨勒克（Meriken）河口現存俄羅斯廬舍，著徙於北岸。

三、雅克薩地方俄羅斯所築城垣，盡行拆毀，居民諸物，悉行撤回察罕汗處。

四、分定疆界，兩國獵戶不得越過。如有一二宵小，私行越境打牲偷竊者，拿送該管官，分別輕重治罪。此外十人或十五人合夥執杖殺人劫物者，務必奏聞，即行正法。其一二人誤犯者，兩國照常和好，不得擅動征伐。

五、除從前一切舊事不議外，中國現有之俄羅斯人，及俄羅斯國現有中國之人，免其互相索還，著即存留。

六，兩國既永遠和好，嗣後往來行旅，如有路票，聽其交易。

七，自會盟日起，逋逃者不得收納，拿獲送還。

八，兩國大臣相會，議定永遠和好之處，奉行不得違誤。

影響

中俄兩國簽訂的《尼布楚條約》，從法律上肯定了黑龍江流域和烏蘇里江流域的廣大地區都是中國領土，明確劃分了中俄兩國東段邊界，遏止了沙俄對中國黑龍江流域的武裝入侵，使東北邊疆獲得了比較長久的安寧。在條約簽訂後的一百五十多年間，兩國按照這一條約管理邊界，使黑龍江流域在此期間沒有發生重大的邊界衝突。

68 文字獄

文字獄，是統治者為了防止和鎮壓知識份子的反抗，故意從作品中尋摘字句，羅織罪名而構成的冤獄。文字獄中國自古就有，而以清朝最為嚴重。清王朝是滿族貴族掌權，對占全國人口絕大多數的漢人防範、控制極嚴。尤其是清朝前期，只要是文人學士在文字中稍露不滿，或是統治者疑神疑鬼，認為文字中有觸犯皇權和妨礙自己的內容，必興文字獄，動輒株連數十人乃至數百人。

中國文字獄的傳統

古代中國一部歷史，實際上就是因文觸禍的文字獄史！為了加強皇權專制，中國的統治者對待讀書人的手段極其殘忍；從魏晉到明清，文字獄從誅一人逐漸發展為瓜蔓抄式的株連，動輒族誅、凌遲、分屍。而且，嗜血成性的皇帝們，像朱元璋，像雍正，像乾隆，不需要什麼名正言順的理由，就可以殺人。幾千年的封建專制，密布之文網，無端之文禍，不知讓多少知識份子成了刀下鬼！

傳統中國就是這樣一個文禍之國。人們因思想、作品而犯罪，因良心、真理而受刑。它的直接後果就是思想、文化被摧殘，知識份子的創造性、氣節精神蕩然無存，軟骨病在中國人中蔓延開來。由此，社會形成了汰優擇劣的機制，精英被殺，小人得志。讀書人要就曲學阿世，要不就鑽到故紙堆裏去。

最早的文字獄始於春秋時齊國之「崔杼殺太史」。西元前五四八年，齊莊公因與大夫崔杼的妻子私通而被崔杼殺害，史官記錄「崔杼弒其君」，崔杼殺史官，史官之弟秉承兄業，又記之，亦被殺。

雍正帝像

漢朝時楊惲被朝廷免職後，作書：「田彼南山，荒穢不治，種一頃豆，落而為萁。人生行樂也，須富貴何時？是日也，拂衣而喜，奮袖低昂，頓足起舞。誠荒淫無度，不知其不可也。」宣帝極度厭惡，羅織罪名，說他以「荒穢」等詞誹謗朝廷，誅之。

北宋，一代文豪蘇軾因烏台詩案譏諷新黨，差點丟腦袋，幸虧王安石等上疏「豈有聖世而殺才士者乎」，加上蘇軾自己也逐一檢討所寫詩句，深刻認罪「入館多年，未甚擢進，兼朝廷用人多是少年，所是與軾不同，以此撰作文字譏諷」，才被從寬放過，貶到黃州；蘇轍、黃庭堅、司馬光等人亦受株連。從此，文字獄成為中國封建社會黨派之爭、個人之爭的工具，檢討、反省成為統治者馴服知識份子的手段。

明代的文字獄就已經有點清朝前兆的意思了。做過和尚的朱元璋因表箋中「則」與「賊」似、「生」與「僧」近、「道」嫌於「盜」等，猜忌誅殺的有：浙江府學教授林元亮、北平府學訓導趙伯寧、福州府學訓導林伯憬、桂林府學訓導蔣質、德安府學訓導吳憲、常州府學訓導蔣鎮、陳州府學訓導周冕、懷慶府學訓導呂睿、亳州府學訓導林雲……因詩被誅殺的有：一和尚寫謝恩詩「金盤蘇合來殊城，玉碗醍醐出上方。稠疊濫承天下賜，自慚無德頌陶唐」，朱元璋說「殊」為「歹朱」，殺之；一個叫一初的和尚寫詩「見說炎州進翠衣，網羅一日遍東西。羽毛亦足為身累，那得秋林靜處棲」，一個叫止庵的和尚寫詩「新築西園小草堂，熱時無處可乘涼。池塘六月由來淺，林木三年未得長。欲淨身心頻掃地，愛開窗戶不殺香。晚風只有溪南柳，又畏蟬聲鬧夕陽」都被朱元璋認為是在諷刺法網太密而喪生。一日，朱元璋見寺院牆壁上有詠布袋佛的詩「大千世界浩茫茫，收拾都將一袋藏。畢竟有收還有放，放寬些子也何妨」，朱氏惱怒，「盡誅寺僧」。詩人高啟寫詩：「女奴扶醉踏蒼苔，明月西園侍宴回。小犬隔牆空吠影，夜深宮禁有誰來？」朱元璋認為是在諷刺自己，藉故把他殺了。張尚禮寫詩「庭院沉沉晝漏清，閉門春草共愁生。夢中正得君王寵，卻被黃鸝叫一聲」，被「下蠶室死」。陳養浩有詩「城南有嫠婦，夜夜哭征夫」，被「投之於水」。

康熙乾隆朝的文字獄

隨著專制主義的發展，清朝的文字獄又達到新的高峰。順治時，發生了釋函可案、黃毓祺案、毛重倬案、張縉彥案、莊廷鑨案等等。

清朝最早的較大的文字獄，是康熙時的莊廷鑨刊刻《明史》案。浙江烏程（今吳興）人莊廷鑨買得鄰居明大學士朱國楨的明史遺稿，邀集名士加以編輯，並增補明末崇禎一朝事，定名為《明書》，作為自己的著作。書中頗有犯忌之處，如直書清朝先人的名字，指斥明將降清為叛逆，又不用清朝年號，卻用南明永曆等朝的年號。書編成後，莊廷瓏死，其父莊允城為之刊行。不料有人告發，莊允城被逮入京死於獄中，莊廷瓏被掘墓開棺焚骨，凡作序者、校閱者及刻書、賣書、藏書者均被處死。先後因此獄牽連被殺者共七十餘人，被充軍邊疆者達幾百人。康熙朝另一起的著名文字獄是《南山集》獄。方孝標曾到雲南做吳三桂的官，後來及早投降清朝免死，著有《滇黔紀聞》等書。戴名世見其書，在所著《南山集》中加以引用，被認為有「大逆」語。其實二人著作並無什麼詆毀清朝的「大逆」之語，只是方書說到南明永曆政權未可稱為偽朝，戴書提到南明弘光帝及其年號，又揭露了康熙帝殺掉明太子的真象。結果此獄也波及數百人，戴名世被斬首，方孝標已死被戮屍，兩家男子十六歲以上者均被殺，女眷等則被沒收為奴婢，方氏同族人都被充軍黑龍江。

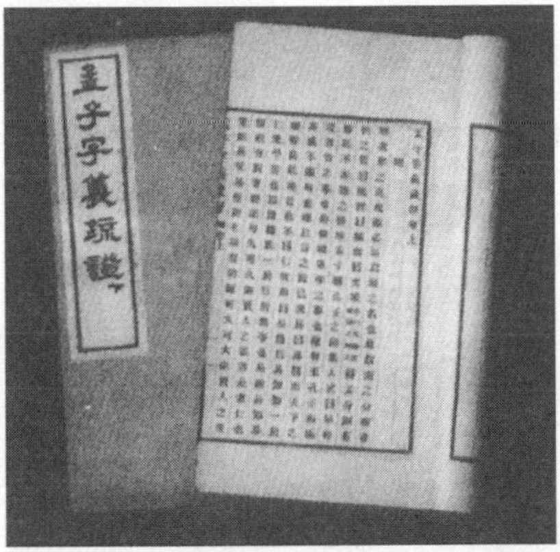

《孟子字義疏證》（清刊本）

雍正時文字獄更甚。例如，朝臣查嗣庭任江西主考，出題「維民所止」，被告發「維止」二字，影射「去雍正二字之首」。雍正帝大怒，將查嗣庭入獄。結果是查連驚帶嚇死於獄中，其屍被戮，查的親屬或處斬，或流放。有一次，翰林官徐駿在奏章裏，把「陛下」的「陛」字錯寫成「狴」字，雍正帝見了，馬上把徐駿革職。後來再派人一查，在徐駿的詩集裏找出了兩句詩：「清風不識字，何事亂翻書？」挑剔說這「清風」就是指清朝，這一來，徐駿犯了誹謗朝廷的罪，把性命也送掉了。雍正不僅發明了密折奏事制度，還開啟了群眾性批判運動的先河。儒生錢名世贈詩年羹堯「分陝旌旗同召伯（周朝之將軍），從天鼓角漢將軍（霍去病）」，年羹堯出事後，雍正命錢名世在家中懸掛「名教罪人」匾額，並讓數百舉人、進士撰寫詩文，對他加以批判；詩文結集為《御製錢名世》，發給各學校以作警戒。還有，為治查嗣庭的罪，雍正命人從查氏日記中尋找罪證，從而挖罪證挖到了一個人的靈魂深處，以加強思想統治。

乾隆即位後，文網更加嚴密，文字獄更加頻繁。翰林學士胡中藻有句詩曰「一把心腸論濁清」，乾隆帝看到後大發雷霆：「加『濁』字於國號『清』字之上，是何肺腑？」胡中藻遂因一「濁」字被殺，並罪及師友。有個叫徐述夔的人，著有《一柱樓》詩集，其中「明朝期振翩，一舉去清都」二句，被乾隆帝定為「大逆」，理由是借朝夕之「朝」讀作朝代之「朝」，「要興明朝而去我本朝」。結果不但把已死的徐述夔及其子戮屍，徐的孫子和為詩集校對的人也全都處死。凡此種種，舉不勝舉。清朝前期屢興文字獄，總計有一百多次，而且處刑極為嚴酷，搞得人人自危，無所措手足。在這種文化專制主義的統治下，許多知識份子不敢涉及政治，只能埋頭考訂古書。當時有個叫梁詩正的老臣，總結出這樣一條處世經驗：「不以字跡與人交往，即偶有無用稿紙，亦必焚毀。」

影響

清朝的文字獄，是封建專制主義空前強化的產物。其根本目的是要在思想文化領域內，樹立君主專制和滿族貴族統治的絕對權威。它禁錮了思想，堵塞了言路，影響了科學文化的發展，造成了萬馬齊喑的極其黑暗的政治局面。在這種情況下，大量的知識份子再也不敢過問世事，埋頭於故紙堆研究考證，這就造成了乾嘉考據之學的興盛，這正是我們民族的悲哀。

69 馬嘎爾尼來華

擁有六十四門火炮的戰艦「獅子」號，東印度公司的容積為一千二百登記噸的三桅船「印度斯坦」號和一艘小型護衛艦「豺狼」號在早潮時起錨了。朴次茅斯港很快就被拋在後面。船隊朝西航行。為了利用風向，馬戛爾尼勳爵放棄了在韋默思停留。當時英王陛下闔家都在韋默斯，事先曾約他在那裏稍停。在「獅子」號的艉樓上，馬戛爾尼深深地呼吸著海上的空氣。他為這次冒險所陶醉：英國國君從未派過如此龐大的使團；歐洲國家也從未委派過同樣規模的使團到中國，這將是一次偉大的出使。但是馬嘎爾尼沒有想到的是，等待他的將是另一番情景。

通使的背景

在十九世紀以前，中西沒有邦交。此中的緣故是很複雜的。第一，中西相隔很遠，交通也不方便。西洋到中國來的船隻都是帆船。那時沒有蘇伊士運河，中西的交通須繞非洲最南端的好望角，從倫敦到廣州最快需三個月，因此貿易量也不大。西洋人從中國買的貨物不外絲茶及別的奢侈品。中國的經濟是自給自足的，用不著任何西洋的出品。所以那時中國的國際貿易總有很大的出超。在這種情形之下，邦交原本可以不必有的。

還有一個緣故，那就是中國不承認別國的平等。西洋人到中國來的，我們總把他們當作琉球人、高麗人看待。他們不來，我們不勉強他們。他們如來，必尊中國為上國而以藩屬自居。這個體統問題、儀式問題就成為邦交的大阻礙，「天朝」是絕不肯通融的。中國那時不感覺有聯絡外邦的必要，並且外夷豈不是蠻貊之邦，不知禮儀廉恥，與他們往來有什麼好處呢？他們貪利而來，天朝施恩給他們，許他們作買賣，藉以羈縻與撫綏而已。假若他們不安分守己，天朝就要「剿夷」。那時中國不知道有外交，只知道「剿夷與撫夷」。政治家分派別，不過是因為有些主張剿，有些主張撫。

那時的通商制度也特別，西洋的商人都限於廣州一口。在明末清初的時候，西洋人曾到過漳州、泉州、福州、廈門、寧波、定海各處。後來一則因為事實的不方便，二則因為清廷法令的禁止，就成立了所謂一口通商制度。在廣州，外人也是不自由的，夏秋兩季是買賣季，他們可以住在廣州的十三行，買賣完了，他們必須到澳門去過冬。十三行是中國政府指定的十三家可以與

西人所繪廣州審判走私的英國水手圖

外國人作買賣的。十三行的行總是十三行的領袖，也是政府的交涉員。所有廣州官吏的命令都由行總傳給外商；外商上給官吏的呈文也由行總轉遞。外商到廣州照法令不能坐轎，事實上官吏很通融。他們在十三行住的時候，照法令不能隨便出遊，逢八（就是初八，十八，二十八）可以由通事領導到河南的「花地」去遊一次。他們不能帶軍器進廣州。「夷婦」也不許進去，以防「盤據之漸」。挺奇怪的禁令是外人不得買中國書，不得學中文。第一個耶穌教傳教士馬禮遜博士的中文教師，每次去授課的時候，身旁必須隨帶一隻鞋子和一瓶毒藥。鞋子表示他是去買鞋子的，不是去教書的，毒藥是預備萬一官府查出，可以自盡。

那時中國的海關是自主的，朝廷所定的海關稅則原來很輕，平均不過百分之四，滿清政府並不看重那筆海關收入。但是官吏所加的陋規極其繁重，大概連正稅要收貨價百分之二十。中國法令規定稅則應該公開；事實上，官吏絕守秘密，以便隨意上下其手。外人每次納稅都經過一種講價式的交涉，因此很不耐煩。

外人最初對於中國的通商制度雖不滿意，但認為既是中國的定章，只好容忍。到了十八世紀末年（乾隆末年，嘉慶初年），外人的態度就慢慢的變了。這時中國的海外貿易大部分在英國的東印度公司手裏。在廣州的外人之中，英國已佔領了領袖地位。英國此時的工業革命已經起始，昔日的手工業都慢慢地變為機械製造。海外市場在英國的國計民生中一天比一天緊要，中國對通商的限制，英國認為最不利於英國的商業發展。同時英國在印度已戰勝了法國，印度半島全入了英國的掌握。以後再往東亞發展也就更容易了，因為有了印度作發展的根據地。

當時歐洲人把乾隆皇帝作為一個模範的開明君主看。英國人以為在華通商所遇著的困難都是廣州地方官吏作出來的。倘若有法能使乾隆知道，他必願意改革。一七九三年（乾隆五十七年）正是乾隆帝滿八十三歲的一年，如果英國趁機派使來賀壽，那就能得著一個交涉和促進中、英友誼的機會。廣州官吏知道乾隆的虛榮心，竭力慫恿英國派使祝壽。於是英國乃派馬戛爾尼為全權特使來華。

馬嘎爾尼的遭遇

馬戛爾尼並非初出茅廬，他先後曾任駐俄國沙皇陛下處的公使、加勒比總督和馬德拉斯總督。國王喬治三世派遣到中國的都是些傑出的官員。使團人員多達近百人，包括外交官，英國青年貴族、學者、醫師、畫家、樂師、技師、士兵和僕役。算上水手則有近七百人。光是上船登記就花了幾天的時間。

當時英法戰爭正在臨近，但使團仍然出發去中國。這充分說明對於這次使命的重視。英國內閣知道自己將需要這些船隻，也知道這三條船一旦出發就無法再召回來了。一位信使可以騎馬趕上一支軍隊，但無法趕上一支艦隊，船隊一旦出發就只能聽憑上帝的安排了。馬戛爾尼還受命同遠東各國的君主接觸：日本天皇、安南皇帝、朝鮮國王，馬尼拉、馬魯古群島等。他還有權訪問任何有助於他完成主要使命——為英國商業打開中國大門——的國家。大英帝國已是全球性的強國，它並不把全部賭注都押在一塊大陸上。這是一個有長遠規劃的國家，它為未來而投資。

同一天，在世界的另一端，東印度公司的特派員四月份從倫敦出發，於九月二十日抵達廣州，他們要求廣州安排他們與兩廣總督會面。他們要把公司董事長弗蘭西斯・培林爵士的一封信交給總督。信中特別寫到：英王陛下為了增進兩個朝廷間的友好往來，為了發展於兩國都有利的貿易關係，決定派遣馬戛爾尼勳爵為全權特使赴北京訪問，在平等的原則下進行交往。正值使團出發時，他們已把遣使的目的告訴了中國方面。

馬戛爾尼使節的預備是很費苦心的。送乾隆的禮物都是英國上等的出品。用意不外要中國知道英國是個富強而且文明的國家。英政府給馬戛爾尼的訓令要他竭力遷就中國的禮俗，唯必須表示中、英的平等。交涉的目的有好幾個：第一，英國願派全權大使常駐北京，如中國願派大使到倫敦去，英廷必以最優之禮款待之。第二，英國希望中國加開通商口岸。第三，英國希望中國有固定的，公開的海關稅則。第四，希望中國給英國一個小島，可以供英國商人居住及貯貨，如同葡萄牙人在澳門一樣。在乾隆帝方面，他也十分高興迎接英國的特使，但是乾隆把他當作一個藩屬的貢使看待，要他行跪拜禮。馬戛爾尼最初不答應，後來有條件的答應。他的條件是：將來中國派使到倫敦去的時候，也必須向英王行跪拜禮；或是中國派員向他所帶來的英王的畫像行跪拜答禮。他的目的不外要表示中英的平等。中國不接受他的條件，也就拒絕行跪拜禮。乾隆帝很不快樂，接見以後，就要他離京回國。至於馬戛爾尼所提出的要求，中國都拒絕了。那次英國和平的交涉要算完全失敗了。中國也因此錯失了一次在近代世界局勢發生根本性變化之前融入世界的機會。

阿美士德的再次嘗試

在戰勝了拿破崙後，英國內閣向北京宣告法蘭西帝國的崩潰。他們得到的回答表明對方毫不在意：「爾國遠隔重洋……但爾國王能知大義，恭順天朝，深堪嘉尚。」為了打破把馬戛爾尼拒之門外的那種傲慢的孤立狀態，英國決定再派一個新使團，由貴族院議員、蒙得利爾戰役勝利者的侄子和繼承人威廉·皮德·阿美士德率領。

一八一六年二月八日，阿美士德勳爵登上了一艘名叫「阿爾賽斯特」的戰艦，他的旅程只有馬戛爾尼的一半，於六月底到達中國海，在那裏同斯當東及使團裏的其他「廣州人」會合。幾天之後，向北直隸灣啟航。

七月二十八日他們到達北直隸。馬上就出現了叩頭的問題。阿美士德勳爵並無成見，他的顧問卻意見分歧。使團的第三把手埃利斯認為叩頭只是無關大局的形式。副手斯當東則持相反的意見。英國的內閣則採取實用主義的態度：派人去北京是為了設法獲得某種東西；叩不叩頭則要看從中能得到什麼好處。東印度公司的領導則建議到廣州後再定：既然要讓人更尊重英國的榮譽，那就不應該一開始就玷污它。阿美士德最後決定拒絕叩頭，是因為他很快發覺他的使命是一場力量的較量。陪隨使團的中國官員八月四日一上「阿爾賽斯特」號戰艦就冷若冰霜。阿美士德緊抓住馬戛爾尼的先例不放。而中國官員發誓說他們親眼見到馬戛爾尼行了叩頭禮。嘉慶的一道詔書上也這樣說：「爾使

臣行禮，悉跪叩如儀。」

在天津，一張供桌上鋪著黃綢，點著香。中國人在前面跪下。阿美士德仍然站著，慢慢地脫帽鞠躬。這奇怪的禮節後舉行宴請，英國人也得盤腿而坐。中國官員不加掩飾地表示蠻族不會這樣坐：不能讓他們帶著野蠻的樣子去見皇上。阿美士德和他的隨從答應下跪。中國官員請他馬上表演一番。他拒絕了。斯當東建議讓當扈從的阿美士德勳爵的侄子來表演。

過了天津，又從另一方面來施加壓力：使臣的隨從人員太多了。於是又提出了叩頭的問題。中國官員說：皇上不容許任何違拒禮儀的行為。阿美士德又採取了馬戛爾尼的辦法，提出由一位同他級別一樣的中國官員在英國攝政王的像前叩頭，同時他也向嘉慶叩頭；或者讓未來準備派到英國的中國使節向攝政王陛下叩頭，中國人怒不可遏。阿美士德勳爵最後回答他可以下跪三次，拒絕作進一步的讓步。

在使團行進的路上，中國人又糾纏不休。有一次下起傾盆大雨，他們竟不讓英國人坐轎子，說是「京城近在咫尺，坐轎子會損害皇上的尊嚴」。皇上最後把自己的皇舅國公和世泰派來伴同阿美士德。和世泰接見英使臣時態度冷淡，不請他坐下，並且氣沖沖地說：三跪九叩禮一定要行全，否則使團將被趕出去。「嘉慶乃天下之君，世人皆應敬之。」

隊伍在八月二十八至二十九日的夜裏到達北京：一切都未事先商定。英國人又髒又累，困惑不解。中國官員讓他們直接去紫禁城，幾乎已是午夜了。英使要求把他們先帶回住處。在這不適當的時間，高級官員和親王身穿朝服都來了。戲劇性的情節：「接見提前了；它將馬上進行；只有使臣、兩位專員和翻譯馬禮遜可進去。」那時發生了一場令人目瞪口呆的爭吵，一群中國官員撲向來者強把他們拉去見皇上。有人推他們；有人硬拽著他們的胳膊往前拉；到處喊成一片。阿美士德抵擋著，藉口疲勞、衣冠不整、時間太晚，抗議對使節動武；他說他拒絕叩頭，最後要求大家走開。他的抵抗被彙報上去，龍顏大怒，要他立刻離京。就在當夜，使團就不得不走上歸途。

影響

英國有了這兩次的失敗，知道和平交涉的路走不通。馬嘎爾尼訪華未能實現的目標，在半個世紀之後，經由戰爭實現了。在一八四〇－一八四二年的第一次鴉片戰爭中，英國憑藉堅船利炮，強行打開了中國的大門，天朝上國的權威，第一次遭到重大打擊，中國的發展，從此烙上了世界的印記。中西的關係是特別的。在鴉片戰爭以前，我們不肯給外國平等待遇；在以後，他們不肯給我們平等待遇。

70 鴉片戰爭

一八四〇年，英國侵略者在其他西方資本主義列強的支援下，向古老封建的中國發動了一次侵略戰爭。由於這次戰爭是英國強行向中國傾銷鴉片引起的，所以歷史上叫作鴉片戰爭。鴉片戰爭以後，中國開始由獨立的封建國家逐步變成半殖民地半封建的國家，中華民族開始了一百多年屈辱、苦難、探索、鬥爭的歷程。

鴉片的輸入和林則徐禁煙

八世紀時，鴉片便經阿拉伯人之手，輸入中國，一直作為藥物使用。大概到了十六世紀，人們發現它可以被燒成煙霧吞到肚子裏。當時葡萄牙是最大的販毒國。十七世紀末，英國征服印度後，把鴉片專賣權授給治理印度的東印度公司，遂大量向中國傾銷，然後再從中國把茶葉、生絲等輸往英國，英國人在這種三角貿易中大獲其利。除了英國大量向中國輸入鴉片外，美國也從土耳其向中國輸入鴉片，俄國則從中亞向中國北方輸入鴉片。

當時的鴉片價格，每公斤約值白銀五兩。在鴉片戰爭以前的四十年中，英國共走私運入中國四十多萬箱鴉片，從中國掠奪去約三、四億銀元。造成國內銀元枯竭，銀價上漲一倍以上，工商停滯，國窮民困。當時吸食的人越來越多，不僅貴族官僚、地主豪紳、商人學士吸，到後來連農、工、兵、役也抽起鴉片來。到一八三八年，全國抽鴉片煙的人達二百多萬。一些堅決主張禁煙的愛國志士痛心地指出：「以中國有用之財，填海外無窮之壑，易此害人之物，漸成病國之憂。」對此，清政府不得不考慮處置的辦法了。

林則徐像

一八三八年六月二日，力倡禁煙的鴻臚寺卿黃爵滋向道光皇帝上疏，提出一個「重治吸食」的嚴禁方案，主張吸鴉片的人，必須在一年內戒絕，過期不戒者，普通百姓則處以死刑，官吏則罪加一等，本人處死，其子孫不准參加科舉考試。湖廣總督林則徐、兩江總督陶澍等支持黃爵滋的主張。林則徐從一八三八年七月至九月，三次複奏道光皇帝，贊成黃爵滋的主張。他尖銳地指出，如果不切實禁煙，長此下去，幾十年後，軍隊就會衰弱，國庫就會空虛，中原幾無可以禦敵之兵，國家無可以充餉之銀。在這種情況下，道光皇帝被林則徐打動，決定禁煙。

一八三八年，道光皇帝授林則徐為欽差大臣，加兵部尚書銜，節制廣東水師，前往廣東厲行禁煙。一八三九年一月八日，他奉命離開北京，前往廣州。三月十日，林則徐一到廣州，立即開展禁煙運動。原來對禁煙不太積極的兩廣總督鄧廷楨，在形勢推動下，也轉變為禁煙派中的積極人物。他向林則徐表示，一定要「合力同心除中國大患之

源」。三月十八日，在經過周密調研後，林則徐令外國商人把現存的鴉片，於三天內全部交出，還要具結保證：「以後永不夾帶鴉片，如果違犯被查出時，甘願船隻立即沒收，人員就地處決。」第二天，外國商人所住的商館即被包圍，中國僕婦跟附近居民，也都撤退。其他國家都願作此承諾。英國商務監督查理義律也願具結保證以後英國商船絕不夾帶鴉片，但遇到有違犯這項禁令時，他要求兩點：一、沒收鴉片，必須付給補償。二、對於違法人員，不能就地處決，必須經過公開的審判，才可以定罪。

三月二十二日，三天期限已滿，毒販們只交出一個零頭（一〇三七箱）。見此情況，林則徐立即下令派兵封鎖商館，停止中英貿易，斷絕商館與鴉片船之間的交往，並撤退商館中的中國雇員。義律無計可施，只得命令交出全部鴉片。林則徐會同鄧廷楨親自驗收。從四月十二日到五月二十一日驗收完畢，共收繳鴉片二萬多箱，約二百三十多萬斤，值白銀八百萬兩。

為了不讓鴉片毒害人民，林則徐決定將收繳的鴉片全部銷毀。一八三九年六月三日下午兩點鐘，林則徐宣布銷煙開始。士兵們向挖好的池子裏放滿海水，投進鴉片，再撒上石灰。剎時間，滿池鴉片很快化為渣沫。這時正是退潮的時候，林則徐命令打開閘門，滿池廢渣隨滾滾潮水捲入大海。從一八三九年六月三日起，花了二十三天時間，終於把二萬多箱鴉片全部銷毀。

戰爭的爆發和清朝的失敗

面對清政府的禁煙措施，英國資產階級特別是其中的鴉片利益集團，立即掀起一片侵華戰爭叫囂。英國政府很快作出向中國出兵的決定。一八四〇年六月，侵華英軍總司令懿律率艦隻四十餘艘、士兵四千多名，陸續到達中國南海海面。六月二十八日英艦封鎖珠江海口，第一次鴉片戰爭正式爆發，英國侵略中國的戰爭正式開始。七月初，英軍侵佔浙江定海，八月初到達天津大沽口外，直逼京畿。道光帝這時候才大吃一驚，命直隸（河北省）總督琦善趕到天津談判。英國來勢兇猛，本來要展示它的炮火威力的，但駐紮在舟山群島的英軍染上了傳染病，已有很多人死亡，懿律急於結束在北方的停留，於是他接受琦善所提的條件：一、清政府承諾處罰「辦事不公平」的林則徐。二、清政府承諾再派大員到廣州，聽取英國商人的冤情。道光對琦善竟以三寸不爛之舌，說退英夷，認為是天下奇才。於是把林則徐撤職，發配到邊遠的伊犁充軍，任命琦善當欽差大臣兼兩廣總督，負責跟英國談判。年底，琦善在廣州與英國侵略者談判。英軍卻於一八四一年一月七日突然在穿鼻洋發動進攻，攻陷沙角、大角炮臺。一月中旬，琦善被迫答允英國全權代表義律提出的割讓香港、賠償煙價六百萬元、開放廣州等條件。琦善私允英軍條件，違背了清廷的指示精神，後來受到嚴懲。但在二十六日，英軍卻不待中國政府同意就佔領香港。清政府得知沙角、大角炮臺失守後立即對英宣戰。二月下旬，英軍攻陷虎門炮臺，水師提督、愛國將領關天培與守軍數百人壯烈犧牲。五月，英軍逼近廣州城外，清軍全部退入城內。下旬，新任靖逆將軍奕山向英軍乞和，與英國訂立了可恥的城下之盟——《廣州和約》，規定由清朝方面向英軍交出廣州贖城費六百萬元。

英國政府不滿足義律從中國攫取的利益，改派璞鼎查為全權公使，增調援軍，擴大侵華戰爭。一八四一年8月下旬，璞鼎查率英艦自香港北犯，二十六日攻陷廈門。九月侵犯臺灣。十月攻陷定海、鎮海、寧波。一八四二年五月，英軍繼續北犯，六月攻陷長江口的吳淞炮臺，寶山、上海相繼失陷。接著，英軍溯江西上，八月五日到達江寧（南京）江面。腐敗無能的清朝政府命令盛京將軍耆英趕到南京，於二十九日與璞鼎查在英國軍艦上簽訂了中國近代史上第一個不平等條約——《南京條約》，第一次鴉片戰爭到此結束。

巨變

通過《南京條約》及其補充條約，英國從中國獲取了許多特權，主要內容有：

一、強佔香港。英國早就想在中國沿海佔領島嶼一處。鴉片戰爭爆發前，查頓向帕麥斯頓獻策，認為可以佔香港。香港擁有非常安全、廣闊的停泊港，給水充足，並且易於防守。《南京條約》規定，清政府將香港割讓給英國，「任便立法治理。」從此，香港建立起英國的殖民統治，成為侵略中國的重要基地。

二、勒索鉅款。中國賠償英國鴉片煙價六百萬元、商欠三百萬元、軍費一千二百萬元，共二千一百萬元（廣州「贖城費」六百萬元不包括在內），分四年付清。這筆鉅款，相當於那時清政府全年財政收入的約三成。

三、五口通商。《南京條約》規定，開放廣州、福州、廈門、寧波、上海為通商口岸。英國在這五個口岸有權駐領事等官員，商人可以自由通商，不受只准清政府指定的「行商」進行貿易的限制。從此，中國東南沿海各省門戶大開，資本主義商品洶湧而來。隨後的《虎門條約》還准許英國人在五口租地建屋，永久居住。之後，外國侵略者利用這一點，恣意引申，在中國各通商口岸劃出一部分土地，作為直接管理的租界，並以租界為據點，在政治上、經濟上加強對中國的控制和掠奪。

四、控制關稅。所謂協定關稅，規定英國商人「應納進口出口貨稅、餉費、均宜秉公議定則例」。從此，中國喪失了關稅自主權，只要英國不同意，中國就不能增減海關稅率。

《五口通商章程》更規定「值百抽五」的低稅率，摧毀了關稅壁壘應起的保護作用，從而大大便利了外國資本主義對中國的商品傾銷和原料掠奪。

五、領事裁判權。《五口通商章程》規定，凡是英國人

中英《南京條約》簽署

與中國人發生「交涉詞訟」，或在中國領土上犯罪，其如何定罪，「由英國議定章程、法律，發給管事官（即領事官）照辦」，中國官員無權依據中國法律進行判處。這種「領事裁判權」制度，嚴重破壞了中國司法主權，開創了外國人在中國犯罪而不受中國法律管束的惡例。

六、片面最惠國待遇。最惠國待遇應該是締約國雙方的對等權利。但在中英不平等條約裏，卻只規定了締約外國能夠片面享受最惠國待遇。

在《南京條約》及其附約中，英國利用中國清政府官員對國際事務的茫然無知，一半恐嚇，一半欺騙，使清政府在糊里糊塗中任憑英國擺布。中國閉關自守的大門，從此被英國的大炮打開，再不能復合。

影響

鴉片戰爭，是西方文明強烈衝擊東方文明的開始。中國一直以天朝上國自居，但是在英軍的炮火之下，這種一廂情願的想法破滅了，這對中國思想界是一個衝擊，同時對日本等東方國家也是一個衝擊。經過鴉片戰爭，英國在東方擊敗了中華帝國，從而更加奠定了英國以及其他西方國家對東方的優勢，東方逐漸淪為西方資本主義國家的原料產地和產品傾銷市場。

71 太平天國起義

太平天國起義是十九世紀中葉爆發的反封建反侵略的偉大的農民戰爭。鴉片戰爭以後，中國社會矛盾空前激化。戰時軍費七千萬元和對外賠款二千多萬元，全部都加到了廣大農民和其他生產者身上。又由於各級官吏的層層盤剝和地主階級轉嫁攤派，農民的實際負擔數倍於明文規定的提稅。再加上銀價上漲及連年水旱災害，大批人民衣食無著，陷於極端悲慘的境地。因之農民的反抗風起雲湧，遍及全國，其中尤以兩廣和湖南鬥爭最為激烈。在這樣的背景下，太平天國革命在廣西爆發了。

起義

早在一八四四年，洪秀全即偕馮雲山深入廣西傳播拜上帝教，醞釀反清起義。一八五〇年秋，洪秀全發布總動員令，號召各地拜上帝會會眾到桂平金田村「團營」集結。年底，「團營」會眾達二萬餘人。一八五一年一月十一日，洪秀全正式宣布起義，建號太平天國。

清廷陸續調集軍隊「圍剿」。太平軍一八五一年九月下旬，突出重圍，攻佔永安。太平軍佔領永安後，雖又遭清軍包圍，但因南北路清軍未能協同作戰，故太平軍能在此滯留半年，並在軍事、政治方面有所建設。在這裏，洪秀全封楊秀清為東王，蕭朝貴為西王，馮雲山為南王，韋昌輝為北王，石達開為翼王，確定了紀律，整頓了隊伍，改陰曆為天曆，初步建立了政權。

一八五二年四月五日，太平軍自永安突圍，轉攻全州，擬沿湘江北上湖南。隨後確定「專意金陵，據為根本」的戰略決策。全軍北上，圍長沙，占嶽州；克武昌後，繳獲船萬餘艘，建立水營。一八五三年二月九日，太平軍以號稱五十萬之眾，水陸夾江東下，攻克九江、安慶、蕪湖，並於三月十九日攻佔南京，定為都城，改稱天京。又派出兩支部隊佔領鎮江、揚州，與天京形成犄角之勢。

洪秀全像

太平天國革命前夕，地主豪強兼併土地十分嚴重。全國土地大部分都集中在少數人手裏，而百分之八十的農民沒有土地。在江淮流域、華北地區，就出現了有百頃、千頃的地主。廣大農民處於啼饑號寒之中，所以，他們都渴望著有自己的土地耕種。洪秀全為了建立一個人人平等、天下一家、共用太平的「天國」，於一八五三年冬，頒布了《天朝田畝制度》。《天朝田畝制度》的中心內容是，要廢除封建地主土地所有制。土地是農民的命根子，所以洪秀全要廢除封建地主土地所有制，均天下田給天下農民耕種，以實現「有田同耕，有飯同食，有衣同穿，有錢同使，無處不均勻，無人不飽暖」的人人平等的理想社會。這個天國理想的宏圖，是它立國的綱領性文件。在中國農民戰爭史上，它第一次提出了解決土地問題的方案。太平天國《天朝田畝制度》的出現，不僅標誌著農民戰爭發展的歷史高峰，而且是近代中國農民階級摸索救國救民道路的一次偉大嘗試。

71　太平天國起義

太平天國定都天京後，清軍尾隨而至，欽差大臣向榮率領萬餘人在天京城東建立「江南大營」；欽差大臣琦善率領萬餘人在揚州周邊建立「江北大營」；兩支清軍，南北配合，伺機奪占南京。此時太平天國已擁有號稱百萬的兵力，戰略上處於進攻態勢。但是沒有主動進攻，卻作出了守衛天京，同時派兵北伐京師、西征上游的戰略決策，在北伐、西征和天京周圍三個戰場上分別與清軍鏖戰，這就大大分散了兵力。

一八五三年五月十三日，天官副丞相林鳳祥和地官正丞相李開芳等，奉命率領二萬餘人由浦口出發北伐，於十月二十九日進抵天津西南的靜海、獨流鎮，屯駐待援。北伐軍深入直隸，清廷震動，即命集結重兵圍攻，太平軍北伐終遭全軍覆沒。

與北伐的同時，一八五三年六月三日，夏官副丞相賴漢英等奉命率戰船千餘艘、步軍二三萬人，由天京溯江而上，開始西征。六月十日西征軍佔領安慶。翼王石達開至安慶主持西征軍事。同年冬，曾國藩自江西遣軍援湖北，石達開又率部西上，敗湘軍於咸寧、崇陽，並乘虛挺進江西，連占八府四十餘縣，困曾國藩於南昌，西征軍勢達於巔峰。一八五六年春，石達開奉命率主力回救天京，西征遂告結束。三年征戰，雖經挫折，最終基本實現了預期的戰略目標。

自太平天國遣軍北伐、西征之後，天京一直處於清軍江南、江北大營的包圍和威脅之中。由於兵力屢分而單，先後棄守揚州、蕪湖，鎮江危急，天京周圍的軍事形勢日趨嚴重。一八五六年四月，燕王秦日綱率數萬人攻破江北大營，乘勝再占揚州。旋又南渡，於連破鎮江周邊清軍營壘後撤回天京。時石達開也率部從江西趕回，經四天戰鬥，江南大營清軍全線崩潰，向榮敗走丹陽，憂憤而死。天京威脅始告解除。

中衰

太平軍一破江北江南大營後，天京周邊軍事形勢大為改觀。但就在當年九月二日，由於領導集團內部矛盾激化，天京城內發生內訌，楊秀清及其僚屬被殺；不久，北王韋昌輝、秦日綱也被洪秀全處死。一八五七年五月，石達開繼遭洪秀全疑忌，率數萬太平軍離京出走，雖繼續反清，但在戰略上已無協同。經歷了如此劫難之後，太平天國元氣大傷，軍事形勢不斷惡化。湖北根據地全部喪失，在江西所控制的地區也大部丟失。只有安徽戰場，由於年輕將領陳玉成、李秀成等的英勇作戰，控制地區略有擴大。這時，全國的革命形勢仍處於高潮，加之洪秀全起用了陳玉成、李秀成等一批年輕將領，才使惡化的軍事

洪秀全玉璽

形勢沒有發展到崩潰的地步。但就整個戰局而言，已由昔日的戰略進攻態勢，被迫轉入戰略防禦。

一八五八年初，清軍復建江南、江北大營，天京再度被圍。為了解圍，後軍主將李秀成請命出京，與左軍主將李世賢約定，共解京圍。李秀成到江北後，與前軍主將陳玉成在樅陽鎮舉行會議，確定了作戰步驟。陳玉成部首先攻佔廬州，然後率部南下，與李秀成部協同作戰，於九月取得太平軍二破江北大營的勝利，並一度佔領揚州等地。

一八六〇年初，江南大營清軍又攻九別洲，合圍天京。乾王洪仁玕與忠王李秀成商定，採取「圍魏救趙」之策，解救京圍。五月二日，太平軍發起總攻，清軍至六日潰敗，欽差大臣和春等逃往鎮江，江南大營再次被摧毀。太平軍二破江南大營後，決定東征。五月十五日，李秀成率大軍由天京出發，連佔江蘇句容、丹陽、常州，和春於潰逃中自殺。六月二日佔領蘇州，決定進軍上海，因內應兵勇被清軍識破，又遭英法侵略軍阻擊，未能攻取。

太平軍東攻上海之際，清兩江總督曾國藩、湖北巡撫胡林翼乘機督率湘軍水陸師五萬餘人東下，由道員曾國荃率陸師八千人，會同提督楊岳斌水師四千人，進圍安慶；由副都統多隆阿、按察使李續宜率馬步二萬，駐紮桐城西南郊，擔任支援任務。曾國藩、胡林翼分別坐鎮祁門、太湖，調度指揮。

洪秀全增調兵力，直接進攻圍困安慶之敵，於五月上旬、下旬及八月下旬組織二次強攻，均為湘軍所敗。一八六一年九月五日，安慶失陷。

失敗

安慶失守後，陳玉成退守廬州。一八六二年初，命陳得才、賴文光等率部赴河南、陝西招兵，身邊兵力進一步削弱。五月，多隆阿率清軍來攻，陳玉成棄城走壽州，為團練頭子苗沛霖計擒，解送清營遇害，太平天國的西部防線隨之瓦解。

李秀成部太平軍自湖北東返浙江，攻佔杭州後，於一八六二年初再次進軍上海。時第二次鴉片戰爭已經結束，英、法侵略者開始與清政府勾結起來對付太平軍，太平軍不僅未能攻克上海，反因在東線開闢新的戰場，使天京處於東西兩面夾擊之中。面對東西線日益險惡的軍事形勢，以洪秀全為首的天京當局無所作為。而曾國藩則乘機調兵遣將，招募兵勇，做進攻天京的準備。一八六二年初夏，曾國藩調動湘淮軍七萬餘人，兵分多路，對天京實施向心攻擊。五月，曾國荃、彭玉麟率水陸師二萬餘人進紮雨花臺，威逼天京。

與此同時，江蘇巡撫李鴻章率所部淮軍在「常勝軍」支援下，由上海西進，於一八六三年十二月攻陷蘇州、無錫，兵鋒直逼常州。浙江巡撫左宗棠率部自江西攻入浙江，於一八六四年三月攻陷杭州。曾國荃部湘軍則逐一攻

南京太平天國王府花園

佔天京城外各要點，行將合圍天京。洪秀全決定死守天京。六月一日，洪秀全逝世，幼主洪天貴福即位，一切軍政事務統歸李秀成執掌。七月十九日中午，太平門東城牆被轟塌十餘丈，大隊湘軍擁入城內，其他方向的湘軍也緣城而入，天京遂為湘軍佔領。天京的陷落，標誌著太平天國農民戰爭的失敗。

影響

從一八五一年至一八六四年歷時十四年之久的太平天國運動，縱橫十八省，戰爭的規模和激烈程度，軍事籌劃和指揮水準，都達到了中國舊式農民戰爭的巔峰。沉重打擊了清朝的封建統治，加速了封建社會的衰亡。它建立了農民政權，提出了系統的理論和綱領，達到了中國舊式農民戰爭的頂峰。它也打擊了外國資本主義侵略勢力，揭開了舊民主主義革命的序幕。

72 辛酉政變

中國近代史上有一個出名的女人——那拉氏，即慈禧太后，一八六一年，慈禧奪得清王朝最高統治權力，以皇太后身分垂簾聽政，連續操縱同治、光緒兩朝政柄長達四十八年之久，給中國人民帶來了巨大的恥辱和痛苦，對中國歷史產生了很大的影響。

辛酉政變的背景

一八六〇年對於清王朝來說是一個多災多難的一年，銳意要作出一番事業的咸豐皇帝面對著風起雲湧的太平天國起義一籌莫展，清王朝處在風雨飄搖之中，像一個風燭殘年的老人，奄奄一息。正在這個時候，第二次鴉片戰爭的戰火卻又燒到了清朝的首都北京。一八六〇年九月，英法聯軍逼近北京，京城震動。咸豐皇帝急忙帶著那拉氏和一班親信，逃亡到熱河去，由恭親王奕訢留下來向侵略者求和。奕訢對侵略者有求必應，最後簽訂了屈辱的《北京條約》，因此得到侵略者的好感。

應該指出的是，這次政變有一個特殊的背景：咸豐皇帝和他的弟弟恭親王奕訢的矛盾。早在咸豐皇帝即位之前，在皇位爭奪中，奕訢就是他的主要競爭對手。到了即位以後，當然不會給奕訢什麼好處，只有處處壓制。這次咸豐皇帝逃到熱河，卻把奕訢留在京城和洋人議和，本身就是借刀殺人之計。但是他沒有想到奕訢會這麼好地處理了議和事宜，獲得了洋人的好感。這個時候，咸豐皇帝最崇信的大臣是肅順，而最寵愛的妃子是那拉氏，就是後來的慈禧太后。

那拉氏出身於一個潦倒的滿洲旗人家庭，乳名蘭兒。她父親是個安徽的候補道台，官運不佳，家計頗為艱難。他的朋友吳棠看到蘭兒長相俊俏，聰明伶俐，料定她將來是個貴人，時常予以接濟。蘭兒讀書所用書籍筆墨，都由吳棠供應。十七歲時，蘭兒被宮廷選為秀女，派往皇后鈕祜祿氏所住的坤寧宮當差。咸豐皇帝見到她後，頗為喜愛，寵為「貴人」；不久晉封為「懿嬪」；生下同治皇帝載淳後，晉級為「懿妃」。咸豐六年，她奉旨歸寧省親，並被加封為「懿貴妃」。

慈禧和奕訢對肅順掌握大權都是很有意見，於是就有了接近的理由，他們的結盟就產生了將來政變的發動者。

三十一歲的咸豐帝出逃熱河一年間，諸病纏身，每況愈下，迫使他不得不考慮皇權的交接問題。他思忖著，皇后慈安方二十六歲，懿貴妃僅二十七歲，皇子才六歲。如他一旦離去，留下的便是勢孤力單的孤兒寡母。他必須設想一個萬全之策，以使皇權不致旁落。

辛酉政變前的鬥爭

結合歷史經驗，經苦思冥想，咸豐帝設立了一個八人龐大的顧問班子，以使他們互相牽制，免得大權旁落。顧命大臣如此之多，也是咸豐帝的一個創舉。雖然如此，他感到仍不可靠，必須給予皇后和皇貴妃特別的權力，也使她們能夠在關鍵時刻自保，並保護皇子。於是，他在臨死前口授遺囑，任命了八位顧命大臣「贊襄政務」，同時，賜給皇后一方「御賞」印；賜給小皇帝一方「同道堂」印，此印由懿貴妃（後來的慈禧太后）掌管。並申明，凡諭旨，起首處蓋「御賞」印，即印起；結尾處蓋「同道堂」印，即印訖。只有蓋了這兩方印，諭旨才生效。這兩方印非同小可，它是皇權的象徵。

咸豐帝設計的權力分配格局，不是倉促之舉，而是深思熟慮的結果。兩位皇太后和幼帝為一方，八位大臣為一方，不突出任何一方，缺任何一方又不可。這既不是垂簾，又不是輔政，而是「垂簾輔政，兼而有之」。咸豐帝自以為謀算得天衣無縫，不會出什麼問題，他可以放心地走了。但還是出了問題，而且出了大問題。

問題出在八位大臣欲想獨攬皇權上。而他們的企圖是從諭旨事件暴露出來的。咸豐帝設想得再周全，還是有漏洞。諭旨的事情，他就沒有交代明白。關於諭旨的擬定、呈覽、修改、頒發等，他就沒有說一句話。這就為顧命大臣借此篡權提供了難得的機遇。

進入北京的英法聯軍

他們明確地提出了自己的見解，其實是向兩宮皇太后叫陣。他們狂妄地提出：「諭旨由大臣擬定，太后但鈐印，弗得改易，章疏不呈內覽。」這就是說，一是臣下的奏章一律不進呈皇太后閱看；二是皇帝的諭旨由顧命大臣擬定；三是皇太后只管鈐印，沒有權力更改諭旨的內容。如若照此辦理，兩宮皇太后只不過是個木偶式的蓋章工具而已。他們以為，年輕的寡婦和幼稚的小兒會有什麼能耐，只能任其擺布，伏首就擒。其實，他們犯了一個戰略性的錯誤，那就是完全低估了絕頂聰明的慈禧，雖然她只有二十七歲。慈禧哪肯善罷甘休，她當然要予以反擊。

諭旨是皇權的重要象徵。誰控握了諭旨的頒發權，誰就擁有了最高的皇權。這一點，雙方心裏都是十分清楚的。兩宮皇太后堅決駁回了他們的奏章。並明確提出，關於諭旨，她們有授意權、審閱權、修改權、鈐印權和否決權，即她們擁有皇帝的一切權力。這是一個不可退讓的原則問題。雙方僵持不下，「議四日」。最後，顧命大臣終於讓步，兩宮皇太后取得了第一個回合的勝利。這一爭論，給她們留下了刻骨銘心的記憶。由此，她們也看透了顧命大臣覬覦皇權的野心。這就促使她們初步下決心，有朝一日一定要鋤掉他們。

後來，御史董元醇上書皇太后，建議：第一，皇太后「暫時權理朝政，左右並不得干預」，即是說，皇太后親掌皇權，任何人皆不得干預；第二，主張另簡親王輔政。這是說，在八位大臣中「摻沙子」，另派一、二位親王加入其中。明眼人一看便知，這一奏章，是有來頭的。後來得知，此奏章確實是得到了恭親王奕訢一黨的奧援。兩宮得此奏章，喜出望外，完全說到了她們的心裏。顧命大臣得知有這麼個奏章，於是便向兩宮索要。後來兩宮給了他們。他們閱後，極為憤慨，便擬旨痛駁，然後將摺旨一同交了上去。兩宮看到他們草擬的痛駁董元醇的諭旨，十分氣憤，便把諭旨壓了下來，以期待回京再做處理。但顧命大臣不依不饒，甚至採用「擱車」即罷工的不顧後果的決絕手段，來要挾皇太后。皇太后看看無法，只得暫時容忍，同意了他們擬定的諭旨，照原樣發下摺旨。王大臣心滿意足，「笑聲徹遠近」。甚至彈冠相慶，以為徹底擊垮了年輕寡婦們的軟弱的意志，從此可以天下太平了。

這一回合的鬥爭，顯然是顧命大臣占了上風。但他們不知道，這是兩宮皇太后的韜晦之計。她們暫時收縮起來，此時的蟄伏，是為了明日的再起。這一回合的鬥爭，表面上是顧命大臣勝利了，其實是為他們的倒臺埋下了一顆重磅炸彈。如果說，只有前一回合的鬥爭，還使她們下不了扳倒對手的決心的話，那麼，有了此一回合的鬥爭，就使她們毫不猶豫地下了剷除顧命大臣的最後的決心。因為，這一事件，使她們真切地看清了顧命大臣的廬山真面目。這場鬥爭，也就變得你死我活了。於是，兩宮皇太后和恭親王奕訢聯合起來，在回京的當天便發動了政變，這就是著名的辛酉政變。因為是辛酉年。

垂簾聽政

奕訢身在北京，對避暑山莊的事情卻了然在心。他到熱河奔喪時，對肅順等人處處表示謙讓，暗中卻敲定了政變的具體方案，然後又回到北京安排一應事宜。

那拉氏藉口護送靈櫬是頭等重要的大事，堅持要肅順親自承擔這個任務，並布置奕訢留守熱河，相機行動。肅順護送靈櫬，走走歇歇，行動緩慢。那拉氏帶著載淳搶先回到北京。奕訢說動洋人，放出風聲來：「只要怡親王、鄭親王、肅順繼續掌政，我們就不認為中國已確實承認了《北京條約》。」

肅順一行來到密雲，住宿在行館裏。奕訢接受那拉氏的密詔，從熱河追趕上來，半夜中，以迅雷不及掩耳之勢，包圍行館，逮捕肅順。肅順從被窩裏被抓出來時，還咆哮著追問：「憑什麼抓我？」奕訢回答：「奉旨拿問。」肅順說：「我還是襄贊政務大臣，未曾革職，先要拿問，簡直是奇聞！」奕訢冷冷地駁斥道：「既然有旨拿問，自然要革職，你不必多言！」

慈禧乘輿照

最後，咸豐任命的八位襄贊政務大臣，五個被革職，發往新疆效力贖罪。載垣、端華被賜令自盡。肅順在宗人府被審問時還咄咄逼人地問道：「新皇尚未登位，拿問我的諭旨蓋的是何人大印？」主持審問的宗正回答道：「用的是東、西兩宮太后之印。」肅順頓足歎息：「罷！罷！好一個西太后！」在履行供詞簽字手續時，同時受審的載垣、端華遲疑著不願落筆，肅順卻痛痛快快地簽了字。他對載垣、端華說道：「承認也死，不承認也死，顧命大臣還想逃命嗎？」宗人府判肅順「凌遲處死」，那拉氏故作姿態，改為「斬立決」。

肅順被鎖進囚籠，拉往刑場處斬時，兩旁觀者如堵。一些人朝他扔瓦片石塊。他當年曾主張減少八旗俸餉，那些錦衣玉食、好吃懶做的八旗子弟們，自然要對他恨之入骨。

政變之後採取何種體制，慈禧心中有數。她選擇的是「垂簾聽政」。慈安二十六歲，慈禧二十七歲，小皇帝才六歲。歷史的經驗提醒了她們。現實的教訓又告誡了她們。皇權如不親自掌握，自己就有可能奔赴黃泉。由皇權變黃泉，也只是一念之差，不可掉以輕心。因此，慈禧選中了垂簾聽政。

在恭親王奕訢的策劃下，統帶重兵的勝保和資深重臣賈楨等各上一奏摺，籲請兩宮皇太后垂簾聽政。一外一內，一文一武，內外結合，文武兼備，造成中外臣工共同籲請皇太后垂簾聽政之聲勢。水到渠成，順理成章。用不著遮遮掩掩，乘上書之利勢，借皇帝之名義，兩宮皇太后發布諭旨，明令實行垂簾聽政，讓大臣們擬定垂簾聽政章程，上呈。

但是，這裏有一個祖制問題。清朝皇帝辦事不敢輕易違背祖制。清朝列祖列宗從來沒有垂簾聽政的。如何垂簾，無祖制可循。大臣們的觀念守舊，不敢突破祖制。大臣們雖絞盡腦汁，亦不得要領，根本擬定不出來垂簾聽政章程。慈禧看他們迂直得可以，只得自己親自出馬，發布諭旨，點出垂簾聽政章程要點。以此，大臣們方豁然開朗，事情才得以順利進行。

咸豐十一年十一月初一日，舉行了垂簾聽政儀式。這是清朝歷史上第一次皇太后正式垂簾聽政。

影　響

形勢和機遇造就了一個有別於常人的慈禧太后。選擇垂簾聽政，對於她來說，是一個最佳選擇。歷史事實證明，在以後的四十八年中，確實沒有再現皇權危機。但是這四十八年卻是中國人民喪權辱國的四十八年，給中華民族帶來了巨大的痛苦和恥辱。

73 洋務運動

洋務運動舊稱「同光新政」。在中外反動派聯合鎮壓太平天國革命的過程中，清朝封建集團中逐漸形成的一批具有買辦性的官僚軍閥，開始主張採用一些資本主義生產技術，以達到維護搖搖欲墜的封建統治的目的。這部分人就是當時清政府內當權的洋務派，他們從十九世紀六〇年代至九〇年代從事洋務革新，史稱「洋務運動」。

洋務運動

所謂「洋務」，是指諸如外事交涉、訂條約、派遣留學生、購買洋槍洋炮以及有關按照「洋法」操練軍隊、學習外洋科學、使用機器、開礦開工廠等對外關係與外洋往來的一切事情。主持和提倡辦洋務的洋務派，起初人數不多，但他們的勢力與日俱增。在朝廷裏是總理各國事務衙門的大臣奕訢和文祥等人，在地方上是握有實權的大官僚曾國藩、李鴻章、左宗棠、張之洞等人。其中以曾國藩為首的湘系集團和以李鴻章為首的淮系集團，以及後起的張之洞集團影響較大。

洋務運動的內容很龐雜，涉及軍事、政治、經濟、外交等，而以「自強」為名，興辦軍事工業並圍繞軍事工業開辦其他企業，建立新式武器裝備的陸海軍，是其主要內容。

洋務派從六〇年代開始開辦江南製造局、福州船政局、安慶軍械所等近代軍事工業。其中，江南製造局是中國第一個較大的官辦軍事工廠，一八六五年由李鴻章在上海創辦，全廠約二千餘人，主要製造槍炮、彈藥、水雷等軍用品，同時還製造輪船，一八六七年後開始製造船艦。

福州船政局是清政府創辦的規模最大的船舶修造廠，一八六六年由左宗棠在福州創辦，全廠約一千七百餘人，以製造大小戰艦為主。安慶軍械所是清政府最早開辦的近代兵工廠。一八六一年十二月由曾國藩在安慶創建，工廠規模不大，主要製造子彈、火藥、炮彈等武器。

曾國藩像

除創辦上述一類工廠外，洋務派還派遣留學生學習技術。但是，洋務派興辦軍事工業的過程中，遇到了難以解決的問題，最主要的就是資金、原料、燃料和交通運輸等方面的困難。

於是，洋務派在「富國」的口號下，從七〇年代起採取官辦、官督商辦和官商合辦等方式，開辦輪船招商局、開平礦務局、天津電報局、唐山胥各莊鐵路、上海機器織布局、蘭州織呢局等民用企業。與此同時，洋務派還開始籌劃海防，在一八八四年初步建立起南洋、北洋和福建海軍。在洋務派控制了海軍衙門以後，又進一步擴建北洋艦隊，

張之洞像

修建旅順船塢和威海衛軍港。

洋務派經營的近代工業企業，是以不改變封建生產關係為前提的。所辦企業，具有很強的對外依賴性、封建性和一定程度的壟斷性。因此，洋務派要在中國興辦近代工業企業和籌辦海防，都不得不在工業技術、資本乃至管理上受帝國主義的左右和牽制。因而也就加深了帝國主義對中國政治、軍事和經濟的控制，洋務派也就加速了自身的買辦化。這樣的企業不僅無法避免自身遭到破產的命運，而且嚴重地阻礙和壓制了中國近代民族工業的發展。

洋務運動的效果及其問題

從最早一八六二年曾國藩建立「安慶軍械所」開始，大清帝國建造了二十個新式軍工廠；李鴻章在上海建造的「江南製造局」到了九〇年代已成為「遠東最大的綜合性軍工廠」；福州馬尾造船廠已建造三十四艘機械艦艇；全國修造鐵道四百多公里；已有一百多家大型民族商業、企業，和更多的官辦、官商合辦、中外合辦企業；一八八八年北洋海軍成立，成為「遠東最大的海洋武力」（英國《泰晤士報》一八九〇年報導）。李鴻章就此誇耀：「就渤海門戶而論，已有深固不搖之勢。」

一八六二年專責翻譯引介外文科技圖書的「京師同文館」成立，一八六四年上海、

73 洋務運動

廣州同文館相繼成立；一八六七年福州成立了「船政學堂」，江南製造局成立了翻譯館，大量引入西方現代科技和社會思想著作。七〇年代始清政府公費派出大量留學生，學習西方科技文化，到了八〇年代很多人已學成回國服務。從一八八五年開始晚清不但還清了全部外債，還出現財政盈餘，到一八九四年止每年高達四百萬兩；晚清的改革的確取得了令世界矚目的豐碩成果，當時在中國的英國著名學者李提摩太評論道：「大清帝國從一八六〇年的愚蠢的戰爭到一八九五年間迅猛的進步，實不能不感驚異！」這就是晚清帝國曾有過的輝煌的「同治中興」時代，歷史再次慷慨地給予了這個古老帝國，脫胎換骨、長治久安的絕好機會！但是，改革在最關鍵的時候遇到了阻力。

一八八五年，改革派的代表人物恭親王奕訢被慈禧解職，這時正值洋務運動改革涉及皇權上層、社會組織、人事制度之法，最艱難的攻堅時刻，慈禧背後的那批只會作「八股文」，從已僵化亟需改革、不能適應社會發展的「科舉制度」選拔上來，「空疏迂謬、競騰口說、以博時名」的保守勢力「清流黨」趁勢發難，把不改革積累下來的如貪污腐敗、低效無能等體制性弊端，說成是改革導致的，推到洋務派身上，制止進一步的體制性改革。此後幾年間，五六十年代崛起的務實派重臣，如李鴻章、文祥、曾國藩、

清政府的「總理各國事務衙門」

左宗棠、沈葆楨、張之洞等人，隨著時間的推移而老朽、退職，稍有主見稜角、智慧才幹的重臣，在風雲詭秘的官場上蕩滌已盡，又缺乏應有的人才遞補渠道，使朝廷內只剩下些八面玲瓏、見風使舵的平庸文人和阿諛奉承的勢利小人，出現「人存政舉，人亡政息」的「人才空洞」局面。從此，晚清在日趨惡化的國際環境下應接得狼狽不堪，每況愈下。

影響

洋務運動引進了資本主義國家的一些近代生產技術，一批近代產業工人在中國社會出現了，在洋務派創辦的新式學堂裏，也造就了一批掌握自然科學的知識份子和工程技術人員。同時，企業的利潤，還吸引了一些官僚、地主、商人投資於近代工業，客觀上對中國資本主義發展起了刺激作用。

74 邊疆危機

十九世紀末，世界各主要資本主義國家開始逐漸向帝國主義階段過渡。國際爭霸的結果，日本和德國的崛起，對老牌帝國主義國家如英國構成威脅。日、德兩國很快就扮演著與英、法、俄、美並駕齊驅的資本主義強國的角色。列強為了擴大市場、傾銷商品和爭奪原料產地，加緊對外侵略擴張，在全球範圍內掀起奪取殖民地高潮。遠東地區是資本主義列強角逐的重點地區。西方列強在繼續對外侵略擴張的過程中，對中國的周邊造成了日益嚴重的威脅。日、美出兵侵略臺灣，俄、英爭奪新疆，英國窺視雲南、西藏，造成了中國邊疆地區的新危機，使中國的邊疆烽火連天，危機四伏。

陸疆的危機

在西北邊疆，野心勃勃的沙俄把魔爪伸入中國新疆。一八六四年十月，沙俄強迫清政府簽訂了中俄《勘分西北界約記》，割佔了中國西部四十四萬多平方公里領土。此後，沙俄妄圖鯨吞整個新疆。

一八六四年，新疆回民在陝甘回民反清鬥爭的影響下爆發了大規模的反清舉事。這些武裝暴動一開始就被反動封建主竊取了領導權，他們實行封建割據，有的甚至進行通

左宗棠像

敵叛國的罪惡活動。喀什噶爾的封建主金相印為了攻下漢城，竟向中亞的浩罕汗國乞師。浩罕汗國於一八六五年派阿古柏率兵侵入新疆，佔領喀什噶爾。兩年以後，阿古柏悍然宣布成立「哲德爾國」（意即七城國），自立為汗。一八七〇年，阿古柏控制了南疆全部和北疆的一部分。

英國見沙俄侵入新疆，也不甘落後，夢想以印度為基地，侵佔西藏，插足新疆，以排擠沙俄侵略勢力。一八七四年，英國同阿古柏簽訂正式條約，承認阿古柏政權，並以提供槍支彈藥為條件，取得了在阿古柏統治區通商、駐使、設領事館等特權。俄國為了防止阿古柏勢力的進一步擴張，並乘機侵略中國，竟藉口「安定邊境秩序」，於一八七一年七月悍然出兵強佔中國新疆的伊犁地區，美其名曰代為收復，實際上卻設官分治，佔地墾植，對當地中國居民徵收重稅，把伊犁地區置於阿拉木圖的沙俄行政長官管轄之下。

一八七六年至一八七八年，清政府命左宗棠為欽差大臣，率軍出關西征，在新疆人民的支援下，收復被侵佔的地區。俄國拒絕退出伊犁，一八八一年二月，逼迫清政府簽訂中俄《伊犁條約》，從中國奪去了霍爾果斯河以西七萬多平方公里土地。

在西南邊疆，中國也遇到了英法帝國主義的入侵。十九世紀六七十年代，法國先後用武力強佔了中國鄰邦越南。一八八三年十二月，法軍突然進攻應越南國王之邀駐守中越邊界的抗法清軍。中法戰爭爆發後，雖有劉永福黑旗軍的英勇殺敵，但以慈禧太后為首的清朝統治者妥協求和。一八八四年五月，在天津簽訂了《中法會議簡明條款》。根據條約，清政府承認法國對越南的保護權，中國撤退駐越軍隊，並在中越邊境開埠通商。

同年六月下旬，法軍向駐守諒山的清軍發起攻擊，再次挑起戰爭。八月二十三日，法軍襲擊馬尾軍港，福建海軍全軍覆沒，馬尾船廠毀於一旦。八月二十六日，清政府對法宣戰。一八八五年三月二十三日，法軍猛襲鎮南關，馮子材身先士卒，殺入敵陣，經過激烈戰鬥，取得鎮南關大捷，乘勝攻克諒山，整個形勢對抗法鬥爭十分有利。但是，清政府卻在勝利聲中屈辱議和。六月，簽訂《中法會訂越南條約》。中國「不敗而敗」，法國「不勝而勝」，從此中國西南門戶洞開。

英國，此時將侵略的觸角伸到了中國的雲南和西藏。一八七六年，英國駐華公使威妥瑪藉口「馬嘉理事件」對清政府大肆訛詐。

一八七四年，英國一支由一九三人組成的武裝「探路隊」，由上校軍官柏郎率領，從緬甸的曼德勒出發，北上探測滇緬陸路交通。英國駐華使館選派英國駐上海領事館的翻譯官馬嘉理前往雲南接應。一八七五年二月，馬嘉理帶柏郎的武裝「探路隊」擅自越境，闖入雲南的蠻允附近。二月二十一日，馬嘉理被當地人民盤問，他態度蠻橫，並開槍行兇，憤怒的群眾把他打死。

馬嘉理事件發生後，英國駐華公使威妥瑪卻向清政府提出以斷絕外交關係相威脅。

一八七六年二月，英國又派出四艘軍艦，由印度來華，為威妥瑪的外交訛詐助威。在英國的多方威脅下，清政府與威妥瑪在煙臺訂立了中英《煙臺條約》十六款，規定中國賠償白銀二十萬兩，派專使赴英賠禮道歉。另外，還議定了英國人入藏「探路」專條，規定英國可派「探路隊」從北京出發，經甘肅、青海，或者由四川進入西藏，轉赴印度；也可派員由印度進入西藏。英國侵略者通過中英《煙臺條約》和「另議專條」，除攫取更大的通商、領事裁判權外，西藏也暴露在英國的侵略之下。一八九〇年和一八九三年，英國又與中國簽訂《藏印條約》和《藏印續約》，把勢力伸入到西藏。俄國挑撥西藏地方政府與清政府的關係，與英國開展了爭奪西藏的角逐。

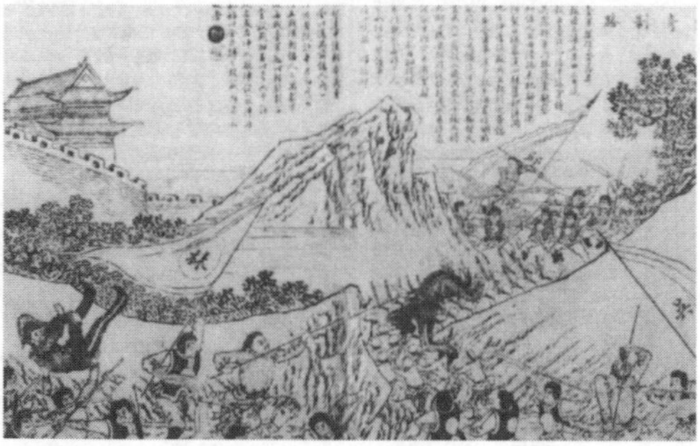
台灣新竹軍民抗擊日軍圖

海疆危機

海疆危機主要來自兩個帝國主義國家，一個是日本，一個是美國。一八四七年和一八四九年，美國海軍曾兩次派艦艇駛往臺灣，勘察礦藏。一八六七年，美國政府藉口它的失事船隻「羅佛」號的七名水手在臺灣遇害，公然派出海軍上將培爾率領的軍艦兩艘、陸戰隊一八一人，在臺灣島南部登陸，向當地的高山族人民進攻；美國駐廈門領事李仙得又以與高山族領袖談判為名，親赴臺灣進行刺探情報，他先後對臺灣島的海岸、港口以及島內政治、經濟情況等搜集了大量資料。由於遭到臺灣人民的有力抗擊，美艦才不得不中止對臺灣的侵略，李仙得也離開了臺灣。

從十九世紀七〇年代起，日本成了侵略臺灣的最危險的敵人。它當時有強烈的向外侵略擴張的要求，目標是朝鮮和中國的臺灣。日本在強迫琉球國王接受其「藩王」封號後，便於一八七三年三月利用一八七一年琉球船民幾十人因船失事漂流到臺灣遇難一事，派外務卿副島種臣到北京，向清政府總理衙門提出交涉。一八七四年初，日本決定向臺灣進兵。四月，日本設立「臺灣藩地事務局」，任命大隈重信為局長，在長崎設立侵台的軍事基地；又以陸軍中將西鄉從道為「臺灣藩地事務都督」，負責指揮侵台軍事。一八七五年，日本出動陸、海軍三千餘人，在西鄉從道率領下，悍然進攻臺灣。五月，日軍在臺灣南部登陸。

日本的這一軍事行動，是得到美國支持的。一八七二年，美國駐日公使德隆就曾慫恿日本侵略臺灣，並推薦曾擔任過美國駐廈門領事，一八六七年美國侵犯臺灣時參與其事的李仙得充當日本外務省顧問，成為日本侵台的有力謀士。美國支持日本侵台，目的是企圖從中漁利。日本侵略軍於一八七五年五月登陸後，遭到當地高山族人民的英勇抗擊，並先後打死打傷日軍五六百人，迫使日軍退踞龜山。

清政府得知日軍侵台的消息後，一面向日本政府提出抗議，一面派福建船政大臣沈葆楨為「欽差辦理臺灣等處海防兼理各國事務大臣」，要他帶領輪船、兵弁，以巡閱為

名，前往臺灣察看，又命福建布政使幫同辦理。

在高山族人民的堅決抗擊下，侵台日軍傷亡不斷增多，日軍已經吃不消了。現在清軍增援部隊又開到臺灣，日本要以武力霸佔臺灣更難以得逞。於是，日本便進行外交訛詐。日本政府在發動侵台戰爭後不久，便派柳原前光為駐華公使，隨後又任命大久保利通為特使，來華交涉。英、美駐華公使也乘機出面「調停」，一起逼迫中國。清政府主持外交事務的李鴻章也力主與日本議和。十月，清政府由奕訢、李鴻章等為代表，與日本特使大久保利通在北京舉行談判。十月三十一日，中日訂立《台事專約》（又稱《北京專約》）三款，規定中國給日本「撫恤」、「償銀」五十萬兩，作為日本從臺灣撤軍的條件；專約還承認臺灣高山族人民「曾將日本國屬民等妄為加害」，日軍侵台是「保民義舉」。後來，日本以此為依據，硬說中國已承認琉球為日本的屬國，乃於一八七九年正式吞併琉球，廢除其國王，將琉球改為沖繩縣。

影響

十九世紀末的邊疆危機使得中國喪失了大量的領土，對中國後來的版圖產生了重大的影響。很多後來的領土糾紛就是在這個時期埋下的伏筆。同時，邊疆的危機激發了中國人民反對侵略、挽救國家民族的熱情。另外，為了防止領土的喪失，清政府採取的一些措施，比如臺灣和新疆建省等，基本上為後來所繼承，有一定的積極意義。

75 中日甲午戰爭

早在明治維新時期，日本就確立了對外擴張的所謂「大陸政策」，其步驟是先佔領朝鮮和臺灣，進而征服中國大陸乃至世界。明治天皇美其名曰「開拓萬里波濤」、「布國威於四方」。

朝鮮問題和中日開戰

一八七五年九月，日本邁出了侵佔朝鮮的第一步，派軍艦闖入漢江漢城，並佔領永宗島。一八七六年，日本強迫朝鮮簽訂了《江華條約》。從此，日本加快了侵佔朝鮮的步伐。一八八二年，日本藉口「壬午兵變」，強迫朝鮮簽訂《濟物浦條約》，獲得在朝鮮的駐兵權。一八八五年，日本又利用朝鮮的「甲申事變」，要挾清政府訂立了中日《天津條約》，規定朝鮮今後若發生叛亂事件，中日兩國或一國需要出兵朝鮮時，必須事先相互通知。這樣，日本又獲得了向朝鮮出兵的特權。

十九世紀八〇年代以後，日本資本主義迅速發展，到一八九〇年，便出現了經濟危機，國內階級矛盾非常尖銳。日本統治集團為了擺脫困境，加快了侵略戰爭準備的步伐：一方面增加軍費，以國家財政的百分之六十來擴充軍備，建立和發展近代化的海陸軍；一方面大造輿論，日本首相山縣友朋在帝國議會發表施政演說，竟把朝鮮、中國東北、臺灣說成是與日本安危相關的地區，是日本的「生命線」。日本已經做好了從各方面發動大規模侵略戰爭的準備。

一八九四年五月，朝鮮爆發東學黨起義，朝鮮國王請求清政府派兵協助鎮壓。當時負責朝鮮事務的是直隸總督兼北洋大臣李鴻章。六月五日，李鴻章派直隸提督葉志超、太原鎮總兵聶士成率兵一千五百人渡海赴朝。日本探知消息，早於六月二日便開始向朝鮮派兵，六月五日成立了戰時大本營，同時派出一支七八千人的混成旅，火速運往朝鮮。六月八日，日本侵略軍先頭部隊在仁川登陸。六月十日，從仁川到漢城一帶戰略要地，全被日軍控制，並逐漸包圍駐守牙山的清軍。戰爭一觸即發。

日軍在仁川登陸

面對日本的侵略態勢，李鴻章大為驚慌，既不敢抵抗，也不敢增援，進退失據。他建議兩國同時撤兵，以求早日「收場」，但被日軍拒絕。這時，國內的輿論強烈要求清政府增援備戰。在清朝統治集團內部，卻爆發了主戰與主和的激烈鬥爭。以慈禧太后為首的后黨極力主和。慈禧是個驕奢淫逸、貪婪成性的權欲狂，她這時雖然「還政」於光緒帝，但仍然攫住軍政實權不放。這年正是她的六十壽辰。為了舉辦盛大慶典，從年初開始就在北京大興土木，從紫禁城到頤和園，沿路搭蓋彩棚。她極力反戰，因為一旦爆發戰爭，非但「萬壽慶典」辦不成，而且她的統治地位也有被削弱的危險。李鴻章正是她的依託和支柱。以光緒帝為首的帝黨竭力主張整頓軍旅，抵抗侵略。光緒帝的抗戰主張，一方面體現了國內公眾輿論的意向，另一方面也是為了擺脫慈禧的控制，爭取他自己的權力、地位。因此，他多次諭令李鴻章「整軍奮擊」。李鴻章依恃慈禧做後臺，對光緒帝陽奉陰違，仍極力推行「以夷制夷」政策，乞求俄、英等國調停，以達到避戰自保的目的。然而列強各國都居心叵測，為了各自的利益，暗中慫恿日本發動侵略。李鴻章的「調停」希望破滅。

一八九四年七月二十四日，李鴻章迫於光緒帝和主戰派的壓力，派衛汝貴、馬玉昆、左

北洋艦隊主力艦——鎮遠號

寶貴、豐阿等四軍，從遼東渡鴨綠江進軍平壤，又雇用英國商船「高升」號運兵增援牙山，由北洋艦隊的濟遠、廣乙、揚威三艦護航。日本獲悉情報，派遣聯合艦隊去進行截擊。

七月二十五日凌晨，濟遠、廣乙二艦從牙山返航，行至牙山口外的豐島海面，正與日本吉野、浪速、秋津洲三艦相遇。日艦立即向濟遠、廣乙開火，日本侵略者不宣而戰，正式挑起了侵華戰爭。這年農曆是甲午，歷史上稱為甲午戰爭。北洋艦隊被迫還擊。戰鬥開始不久，廣乙便中彈起火，管帶林國祥命令南駛擱淺，然後將軍艦炸毀。濟遠勢孤，管帶方伯謙貪生怕死，命令掛上白旗，向西逃跑。吉野緊追不捨。在緊急情況下，愛國水手王國成、李仕茂抗命發炮回擊，連發四炮，三發命中吉野，吉野受傷逃遁。濟遠駛往威海衛。正當日艦炮擊濟遠時，高升號運載士兵由天津駛至。高升號被日艦包圍。日艦逼迫高升號投降，遭到船上千餘名中國將士拒絕，日艦接連開炮，高升號被擊沉，船上官兵大部分壯烈殉國。

就在同一天，日軍四千多人向牙山清軍發起進攻。主將葉志超棄守牙山，逃往平壤。聶士成在成歡驛率部迎戰，因眾寡懸殊，也不得不撤回平壤。

八月一日，中日兩國同時正式宣戰。

甲午海戰

戰爭爆發後李鴻章在慈禧的支持下，仍然採取消極抵抗的戰略方針，命令陸軍可守則守，不可守則退；命令海軍「保船制敵」，「但令遊戈渤海內外，作猛虎在山之勢」，不得與日艦拼擊。這種妥協退讓的政策，助長了日本侵略者的囂張氣焰，壓抑和破壞了廣大愛國將士的抗敵熱情。

九月十五日，日本陸軍分四路進攻平壤，中國軍隊奮勇還擊。馬玉昆部在平壤南門重創日軍。左寶貴部堅守玄武門，也給敵人重大殺傷。但左寶貴不幸中炮犧牲，玄武門失守。這時，統帥葉志超貪生怕死，再次下令撤退，丟下大量軍火物資，倉皇逃跑，一路狂奔五百里，渡過鴨綠江，退到了鳳凰城。

在海上，日本聯合艦隊尋求與北洋艦隊決戰。

九月十六日，海軍提督丁汝昌率北洋艦隊護送援軍至大東溝，九月十七日

致遠艦的部分官兵

從大東溝返航，上午十一時，行至大東溝以南黃海海面，正與日本艦隊相遇。日艦共十二艘，以松島為旗艦。北洋艦隊是十艘，以定遠號為旗艦。丁汝昌發現日艦後，即令各艦開火，以定遠、鎮遠兩艘鐵甲艦居中，為「人」字陣列迎戰。十二時五十分，雙方開始交火。北洋艦隊遠遠地發出第一排炮彈，都沒有命中。日本吉野等四艦，憑藉它的快速，橫越定遠、鎮遠兩鐵甲艦，繞攻右翼超勇、揚威兩小艦，超勇中彈起火，旋即沉沒，揚威也中彈起火，駛出陣外救火，因擱淺而失去戰鬥力。與此同時，定遠艦因施放大炮，船身猛簸，致使站在飛橋上督戰的丁汝昌摔下受傷，於是由定遠號管帶劉步蟾代他指揮，丁汝昌仍坐在甲板上鼓勵士氣。定遠等艦猛擊日艦比睿、赤城，致使日艦遭受重大傷亡，退出了戰列。

戰鬥進行到下午兩點半鐘，號稱日本精銳的吉野等先鋒隊四艦由北洋艦隊右翼向左迴旋，駛至定遠前方，並向中國旗艦逼進，企圖施放魚雷。這時，致遠艦管帶鄧世昌見旗艦遭遇危險，為保護旗艦，下令開足機輪，疾駛至定遠之前迎戰日艦。致遠受到日本吉野四艦圍攻，在激戰中多處受傷，艦身傾斜，而且彈藥將盡。下午三點鐘前後，致遠正與吉野相遇。鄧世昌眼中射出怒火，對幫帶大副都司陳金揆說：「倭艦全靠吉野，如果把它擊沉，足使倭奴喪氣！」於是加大馬力，朝吉野衝擊，誓與它同歸於盡。吉野急忙躲避，同時施放魚雷，致遠被魚雷擊中，機器鍋爐迸裂，頃刻沉沒。鄧世昌以下將士二百餘名，除二十多名獲救，其餘全部壯烈殉國。

鄧世昌原名永昌，字正卿，廣東番禺人。十八歲考入福州船政學堂學習航海。一八七五年任海東雲炮艦管帶，一八八〇年調到北洋艦隊，任飛霆炮艦管帶，一八八七年被派往德國，接收訂購致遠等四艘快艦，回國後擔任致遠管帶，一直到黃海海戰。鄧世昌平時嚴格訓練，軍事業務熟練，同事們讚他使船如使馬。鄧世昌常說：「人誰不死，但願死得其所！」豐島海戰後，北洋廣大將士齊感義憤，誓與日軍決勝負於海上。鄧世昌對部下將士說：「設有不測，誓與敵艦同沉！」他與致遠廣大將士終於實踐了自己的誓言。

除致遠外，經遠艦在管帶林永升指揮下，與敵艦激戰，林永升中彈陣亡，經遠艦隨之被擊沉。全船將士二百餘人，僅六人獲救，其餘都壯烈犧牲。處在北洋艦隊左翼的濟遠、廣甲二艦，見致遠沉沒，竟可恥逃跑。管帶方伯謙、吳敬榮成了民族千古罪人。

黃海之戰，日本軍艦重傷五艘，北洋艦隊沉沒五艘，北洋艦隊的損失比日本艦隊大。但是北洋艦隊仍保持相當的戰鬥力。可是此後，李鴻章為了保住自己利益，再不敢要北洋艦隊出戰，竟把艦隊深藏於威海衛，以致於一八九五年二月被日本艦隊覆滅。中國最終戰敗！

由於中國的戰敗，被迫簽訂不平定條約。一八九五年四月十七日，和約簽訂，史稱《馬關條約》，內容約如下：

（一）中國確認朝鮮為獨立自主國；

（二）中國割讓遼東半島、臺灣及澎湖與日本；

（三）中國賠償日本軍費二萬萬兩；

（四）開沙市、重慶、蘇州、杭州為商埠；

（五）日本得在中國自由製造工業各種機器，僅納入口稅；

（六）日軍占威海衛三年，待中國還清賠款後交還，軍費由中國負擔。

影響

甲午戰爭前，遠東地區基本是俄、英爭霸，中國和日本的情況雖有不同，但都受到不平等條約的制約。甲午戰爭的勝利，使日本一躍成為亞洲強國，完全擺脫了半殖民地的地位。而中國的國際地位則一落千丈，國勢頹危。日本佔領朝鮮、臺灣後，在戰略上對東北、華東構成了直接威脅，成為進攻中國大陸的跳板，給中國帶來了無窮的後患。

76 戊戌變法

中國歷史上有無數次的改革，其中有一個是我們不能不提的，這就是戊戌變法。戊戌變法又稱戊戌維新，這是一次資產階級改良主義的政治運動。這次改革是在中日甲午戰爭失敗，民族危機空前嚴重的背景下，以代表著民族資產階級上層和開明紳士的康有為、梁啟超、譚嗣同、嚴復為首的維新派，進行的一次改革。

康有為和公車上書

康有為，又名康有欽、康祖詒，字廣廈，號長素，清咸豐八年二月初五（一八五八年三月十九日），出生於廣東省廣州府南海縣銀糖鄉（現改為銀河鄉），晚清乙未金榜題中進士第五名。康有為是一位儒學大師，自幼熟讀詩書，博古通今，著作甚豐，早年在中華文化的瀚海中遊歷時，就著有發掘中華文化真諦、尋求歷史原貌的《新學偽經考》，反映了他治學嚴謹的國學大師風度；研究中華文化固有的政治改革、體制創新思想的《孔子改制考》及後來的《大同書》，為他以新儒學思想結合西方文明，改造中國現代社會，謀求「小康大同」理想世界，「托古改制」打下理論基礎，並從中華數千年古文化中發掘出嶄新的瑰寶，例如歷代士大夫把孔子的名句：「民可使由之，不可使知之」，理解為：只告訴人民去做什麼，而不可讓人民知道為什麼去做。他斥之為害人害己的「愚民政策」，重新解釋為：「民可，使由之；民不可，使知之」；意思是：人民的素質可以了，則讓他們自由去做，人民的素質不高，就應普及教育，使他們開化。康有為，後來成為戊戌變法的精神領袖，梁啟超，也是康有為的學生。

廣東南海康有為故居

光緒二十一年（一八九五年）春天，大清十八省數千名舉人聚集北京，參加科舉會試，當他們翹首企盼金榜題名時，卻迎來了中國有史以來首見奇恥大辱。自光緒十九年七月一日（一八九四年）始，中日在朝鮮開戰（史稱甲午戰爭），清軍一觸即潰，日軍很快佔領朝鮮半島，跨過鴨綠江直逼中國東北；黃海大戰日本海軍以弱擊強一舉摧毀號稱亞洲第一的北洋艦隊主力；至十月，日本陸軍登陸遼東半島並佔領旅順，並在山東半島的榮城登陸，從後面攻擊北洋艦隊的基地；次年正月十八日，京都門戶威海衛陷落，日軍從北面和東南威懾北京。事已至此，清王朝只好委屈求全，接受喪權辱國的議和條約。四月十五日，即將簽署《中日講和條約十一條》即《馬關條約》的消息傳到北京，

此時，康有為和他的學生梁啟超也來赴考，正在北京。於是「集十八省公車一千三百人於松筠庵，擬上一公呈」，「舉人車馬集於都察院者，長五里，闐塞院門，臺灣舉人涕淚哭訴，院長長揖引過，中國數千年未聞有此大舉也」，這就是史稱的「公車（舉

人）上書」。

公車上書是由康有為書寫的，他情真意切地上書懇請光緒皇帝速下三詔，以救亡圖存：第一、下罪己之詔。責躬罪己深痛切至，激勵天下同雪國恥；第二、下明罰之詔。嚴懲辱國割地守禦無備者，以振興朝政；第三、下求才之詔。不拘一格，唯才是用，破格拔擢者，必咸死力報皇上。康有為根據現實時弊提出具體而可操作的遠謀近略。主張棄離危機四伏的孤城北京，立即遷都西安，埋首於中華腹心，與日倭血戰到底，他氣壯山河地寫到：即使「百戰百敗、沿海糜爛、不雪國恥、絕不議和」；再用兩萬萬兩賠款改充軍費，購買「英國黎姆斯槍和毒煙空氣之炮數十萬」；提調勇將李秉蘅遣其將才十人，不拘資格各練十營，以為先鋒；責令州縣各薦一名慷慨知兵之士，十中挑一，是為選將；再加上南洋群島四百萬華僑，「雖經商異城，都以喪師割地為外邦姍笑為恥」，可回師報國。康有為寫到：「方今當數十國之窺覬，值四千年之變局，今之為治，當以開創之勢治天下，不當以守成之勢治天下。」

他又提出振興中國長治久安三法：第一「富國之法」：一曰鈔法（開設銀行金融市場）；二曰鐵路（發展現代交通運輸）；三曰機器輪舟（扶持民族機器製造業）；四曰開礦（開發國家潛在能源）；五曰鑄銀（統一國家貨幣、外匯管理）；六曰郵政（建

北京強學會遺址

立快捷的資訊通訊系統）。第二「養民之法」：一曰務農（以農立國，科教興農）；二曰勸工（研究製造、獎勵發明）；三曰惠商（減稅優惠、鼓勵工商）；四曰恤貧（移民開墾、恤老養殘）第三「教民之法」：一曰普及教育（強制普及國民義務教育），他寫下流芳警句：「考泰西之所以富強，不在炮械軍兵，而在窮理勸學。才智之民多則國強，才智之士少則國弱。凡七歲學童，皆必入學，逃學中輟，加罪父母」；二曰改革科舉（廢考八股，重學科技）；三曰開設報館（新聞自由），「近開報館，名曰新聞，政俗備存，文教兼述，清議時存，等於鄉校，見聞日辟，可通時務」；四曰設立道學（效仿基督教會，建立文化道德修養院：孔廟），在國內，今宜亟立道教一科，其有講學大儒，發明孔子之道者，不論資格，加以徵禮，量授國子之官，或被學政之選」。在國外，推舉儒學大師像基督教教士那樣傳道全世界，發揚中華先進、優秀之文化，競爭於世界民族文明之林。最後，他建議皇帝要從根本上解決問題，必須進行「官制改革」，裁撤冗員，培訓人才，頒詔國內外，斂聚人才；令各府縣士民公舉賢能直言者，十萬戶而舉一「議郎」，「上駁詔書，下達民詞」，政務均由各級「議郎」討論決定，對各府縣實行監督。

雖然「公車上書」沒有取得預期的效果，但是它深深地打動了以光緒皇帝為首的一部分官員，使他們對維新變法有了更多的理解。而且通過「公車上書」，康有為的名聲越來越大，為後來的戊戌變法創造了條件。

百日維新及其失敗

戊戌年間，帝國主義瓜分中國又達到一個狂潮。光緒二十三年，德國藉口兩名傳教士被殺，突然出兵佔領膠州灣，並無理要求租借膠州灣。戊戌年二月十一日，俄國向清廷要求租借大連、旅順兩港二十五年。可悲的是，對如此卑鄙無恥的要求，腐朽無能的清廷竟然答應了，這一下子引起西方列強們瓜分中國的勃然獸欲：法國要求租借廣州灣九十九年，並把魔爪伸向粵桂；英國要求繼續九龍半島的九十九年借約，更無理強行租借日本撤離後的威海衛；日本覬覦福建省；俄國更貪婪地禍及滿、蒙、新疆。這樣，中華民族真正到了亡國滅種的邊緣。在這種情況下，康有為、梁啟超、譚嗣同、嚴復等維新派相繼在北京、上海、長沙、天津等地組織學會，出版報刊，設立學堂，宣傳維新變法，介紹西方資產階級文化。當時，上海的《時務報》和天津的《國聞報》居於南北輿論界的領導地位，長沙的時務學堂最為有名。維新派通過和頑固派的論戰，宣傳了要救國就必須變法的思想，宣傳了學習外國、興民權、實行君主立憲的政治觀點。這樣，要求民權、發展資本主義的維新變法運動在全國展開了。

譚嗣同像

一八九八年（光緒二十四年，農曆戊戌年）六

月十一日，光緒皇帝頒布「明定國是詔」詔書，實行變法，史稱「戊戌變法」。從這一天起，到九月二十一日，光緒皇帝根據康有為等維新派的建議，頒布了一系列除舊布新的變法詔令。在經濟方面：設立農工商總局，鼓勵私人辦實業；設立礦務鐵路總局，修築鐵路，開採礦藏；開辦郵政局，裁撤驛站；改革財政，編制國家預算決算。在政治方面：准許官民上書言事，官吏不得阻撓；准許創立報館、學會，給予一定的言論、出版自由；裁撤閒散重疊的機構，裁汰冗員。在文化教育方面：改革科舉制度，廢除八股，獎勵科學著作和發明；在北京設立京師大學堂，各地設立中小學堂；設立譯書局，翻譯外國書籍。在軍事方面：裁減舊式軍隊，訓練新式陸海軍，加強國防等等。這些變革有利於中國資本主義的發展和西方科學技術的傳播，有利於資產階級知識份子參與政權。

「百日維新」開始後，清政府中的守舊派不能容忍維新運動的發展。有人上書慈禧太后，要求殺了康有為、梁啟超；奕訢、李蓮英跪請太后「垂簾聽政」；御史楊崇伊多次到天津與榮祿密謀；甚至宮廷內外傳言將廢除光緒，另立皇帝。九月中，光緒皇帝幾次密詔維新派商議對策，但維新派既無實權，又束手無策，只得向光緒皇帝建議重用袁世凱，以對付榮祿。十六、十七日，光緒皇帝兩次召見袁世凱，授予侍郎；十八日夜，譚嗣同密訪袁世凱，勸袁殺榮祿，舉兵救駕。事後，被袁世凱出賣。

一八九八年九月二十一日凌晨，慈禧太后突然從頤和園趕回紫禁城，直入光緒皇帝寢宮，將光緒皇帝囚禁於中南海瀛台；然後發布訓政詔書，再次臨朝「訓政」，「戊戌政變」成功。戊戌政變後，慈禧太后下令捕殺在逃的康有為、梁啟超；逮捕譚嗣同、楊深秀、林旭、楊銳、劉光第、康廣仁、徐致靖、張蔭桓等人。九月二十八日，在北京菜市口將譚嗣同等六人殺害；徐致靖處以永遠監禁；張蔭桓被遣戍新疆。所有新政措施，除七月開辦的京師大學堂外，全部都被廢止。戊戌變法宣告失敗。

影響

戊戌變法是中國近代歷史上一次重要的資產階級改革，對中國社會產生了很大的影響，最終以失敗而告終。但是戊戌變法對後來的清末新政和辛亥革命都產生了影響。它所提出的很多措施在短短幾年之後就被走投無路的清政府不得不採用。戊戌變法還為中國建立了第一所近代意義上的大學——京師大學堂，也就是後來的北京大學，它在五四新文化運動中發揮了重要的作用。

77 義和團運動

一八九九年，正當西方列強企圖瓜分中國的時候，義和團運動蓬勃興起。義和團是一場反對帝國主義侵略的愛國運動，但是也是一場悲劇。義和團運動失敗後清政府與帝國主義國家簽訂的《辛丑合約》，將中華民族的苦難境地推到了高潮。

外國傳教士的惡行和義和團興起

義和團原名義和拳，最初是山東、河南、直隸（今河北）一帶的民間秘密組織。他們練習拳棒，傳授武術，進行反清活動。參加者主要是貧苦農民。義和團最先在山東興起。義和團首先興起於山東不是偶然的，它有著極其複雜、深遠的因素。甲午戰爭後，備受日軍蹂躪的山東人民，在帝國主義陰謀瓜分中國的狂潮中首當其衝。列強瘋狂的政治、經濟和文化侵略，清政府的無情搜刮，連年不斷的天災人禍，特別是洋教（天主教和基督教）猖獗，教案頻繁，加劇了本已十分尖銳的民族矛盾和階級矛盾。

山東義和團的鬥爭自始至終以反對外國教會為主要形式。這些事實告訴我們，外國教會的入侵、洋教士作為山東社會的一種罪惡勢力的存在，是促使山東義和團運動爆發的主要原因之一。在中國近代，西方基督教的傳入與中國社會半殖民地半封建化同步進

77 義和團運動

行。殖民主義者紛紛把宗教作為他們推行侵略政策的有力工具和開路者，用傳教士來實現其軍事、政治和經濟侵略的目的。傳教士在中國憑藉著不平等條約所規定的特權的保障，已成為近代中國社會中一股特殊的勢力。截至一九○○年，山東全省一○八個州縣中，已有七十二個州縣有基督教會的活動，設立教堂達二十七所。這樣一支龐大的教會侵略勢力，自然給中國人民帶來無窮的災難。外國傳教士在山東各地的罪惡行徑，觸發了反洋教鬥爭的開展。

清同治年間的外國傳教士

傳教士在列強爭奪中國勢力範圍的鬥爭中，起了極其惡劣的作用。天主教聖言會的傳教士安治泰為德國佔領膠州灣竭盡全力。他搜集情報、出謀劃策、製造輿論、物色基地、挑選時機、製造藉口等無所不為。天主教聖言會及安治泰的劣跡和德國藉口巨野教案強佔膠州灣，激起群眾的無比憤慨，它們直接引發了義和團運動的興起。傳教士插手中國官場，干涉中國內政在十九世紀末的中國已是司空見慣，在山東也不例外，甚至更為突出。安治泰甚至撈得二品頂戴，和督撫平起平坐，公然命令山東各級地方官服從教堂指示。聖言會的不少傳教士經常挾持官府，欺壓人民。許多教堂還建立反動武裝。如武城十二里莊、禹城韓莊、平陰白雲峪等教堂均擁有快槍百餘桿，其中有的還私藏大炮。傳教士還勾結和扶植地主惡霸勢力，以便共同魚肉人民。

外國傳教士對山東人民進行經濟掠奪，強佔人民的土地房屋。從事商業投機活動，甚至放高利貸盤剝人民，對中國輸出資本。義和團運動就是在這種背景下興起的。

義和團

義和團的基本群眾是農民和小手工業者。最初，他們是以「反清復明」為宗旨，屢遭清政府的鎮壓。在嚴重的民族危機面前，義和團把鬥爭的矛頭直指帝國主義，提出了「扶清滅洋」的口號。義和團沒有建立起統一的組織和統一的領導機構，參加者以青少年為多，但他們紀律性強，「傳單一出，千人立聚」。有很強的戰鬥力。一八九九年，山東平原縣義和團在朱紅燈的領導下，舉行起義。他們焚燒教堂，驅逐教士，懲辦貪官惡霸。清政府派兵鎮壓，可是義和團卻像一股飆風，反而迅速撲向直隸，進入天津、北京地區。此外，山西、內蒙古和東北的義和團運動也洶湧激盪。一九〇〇年四月，美、英、法、德四國公使聯合照會清政府，限令在短期內將義和團剿滅。慈禧太后看到義和團運動聲勢浩大，迫於形勢，想利用義和團來對付外國侵略者，以達到控制和削弱義和團勢力的目的，便承認義和團為合法團體。

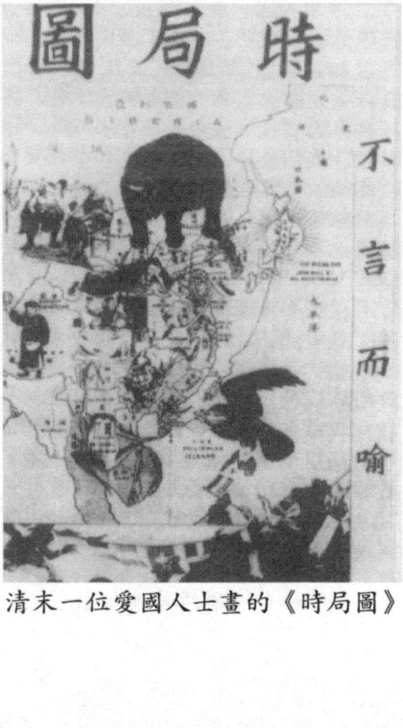

清末一位愛國人士畫的《時局圖》

77 義和團運動

義和團團民

一九〇〇年六月，義和團在得到慈禧太后的招撫和默許後，大量湧入北京。他們在北京習拳練武，趕製武器，燒毀教堂，懲罰貪官污吏，掀起了聲勢浩大的「滅洋、反帝」活動。

一九〇〇年六月十日，為了鎮壓中國人民的反抗，英、法、俄、德、意、日、美、奧八國聯合組成侵略軍，從大沽經天津向北京進犯。八國聯軍侵華戰爭爆發。侵略軍在廊坊附近遭到義和團以及愛國官兵的阻擊，於二十六日敗退天津「租界」。在北京，義和團包圍了東交民巷各國使館，攻打西什庫教堂。在天津，義和團聯合清軍猛攻火車站和法租界。但是，另一批侵略軍卻在六月十七日攻佔了大沽炮臺，然後大舉進犯天津。義和團在天津與侵略者進行了英勇的戰鬥，部分清軍也在義和團影響下參加了天津保衛戰。七月十四日，天津失陷。但是，義和團殲滅侵略者一千多名，給予侵略者沉重的打擊。

八月四日，八國聯軍二萬人再次向北京進攻，八月十四日攻陷北京。到年底，八國聯軍出動十幾萬兵力，侵佔了保定、正定、井陘，最後侵佔了東三省。沙俄此時製造了駭人聽聞的海蘭泡和江東六十四屯大慘案。海蘭泡位於璦琿縣（今愛輝）對岸，七月十六日，三千多中國人被沙俄侵略軍殺害在這裏。江東六十四屯位於黑龍江東岸精奇里江以南。七月十七日，七千餘名中國人被沙俄侵略軍殺害。

八月中旬，八國聯軍又攻陷北京。慈禧太后在逃亡途中，命令清軍斬殺義和團，還無恥地向帝國主義借師助剿。十二月底，帝國主義方面拋出了所謂「議和大綱」十二條，西太后忙下令「應即照允」。一九〇一年九月七日，清政府與英、法、日、俄、德、美、意、奧、西、比、荷十一國的代表，簽訂了屈辱的《辛丑合約》。

影響

義和團運動由於農民階級的局限性，在國內外敵人的夾擊下遭到了失敗。但是，轟轟烈烈的義和團運動，沉重地打擊了清朝統治者，促進了人民的覺醒，推動了革命的發展，加速了腐朽的清王朝的崩潰。義和團失敗後清政府簽訂的《辛丑合約》是帝國主義對中國簽訂的又一個不平等條約，是空前辱國的賣國條約。從此，清朝統治者完全投入了帝國主義懷抱，成了帝國主義統治中國人民的忠實走狗，中國完全陷入了半封建半殖民地社會的深淵。

78 武昌起義

傳說中國在堯舜禹時代，部落聯盟的首領是由選舉來產生的，雖然前一任首領有薦舉的權力，但是傳之子孫是受到嚴格限制的。禹死以後，他的兒子啟靠家族權力威望積累的龐大勢力，廢除了禪讓制，建立了家天下的王國。從此，中國的政治體制就進入君主世襲的時代，中國的歷史就變成了王朝輪替的歷史。君主專制主義統治一直延續到清朝末年。雖然歷史上有很多農民的起義，也號召大家說「王侯將相，寧有種乎」，但是都歸於失敗，或者一旦起義者掌握了權力，也隨即蛻變成皇帝美夢的追求者和專制統治的維護者。民主，離中國是如此之遠。

但是這種情況卻在清朝的末年發生了變化，這就是武昌起義。武昌起義雖然沒有達到最終的目的，但是由於它的發生，卻導致了清帝國的崩潰，最終建立了一個前所未有的、沒有君主的共和國。

武昌起義的背景

一八四〇年鴉片戰爭以後，中國就進入了一個半封建半殖民地的社會，國家地位一落千丈，主權喪失，人民疾苦。這種悲慘的境地一直延續到二十世紀初。這中間多半個世紀中，有很多仁人志士前仆後繼，為中國這個病人開出了很多的藥方，但是都失敗了。其中洪秀全的太平天國運動，給了中國很大震動。在太平天國失敗後三十年後，一個以「洪秀全第二」自命的人，開始走上革命道路，要用暴力來推翻清王朝，為中國建立一個共和國。這個人就是孫中山。

孫中山像

孫中山，名文，字德明，號日新，後改逸仙；在日本從事革命活動時曾化名中山樵，所以被稱為孫中山。廣東香山（今中山市）翠亨村人。

光緒五年，孫中山隨母赴檀香山。當時他的長兄孫眉是當地的華僑資本家，在孫眉的資助下，孫中山先後在檀香山、廣州、香港等地比較系統地接受西方式的近代教育。一八八三～一八八五年的中法戰爭，激起了孫中山挽救民族危亡的愛國熱情。他目睹清政府的賣國、專制和腐敗，開始產生反清和以資產階級政治方案改造中國的思想，經常發表反清言論，同時與早期的改良主義者何啟、鄭觀應等有所交往。一八九二年，孫中山畢業於香港西醫書院，隨後在澳門、廣州等地一面行醫，一面聯絡有志之士，準備創立革命團體。一八九四年，孫中山上書李鴻章，提出「人能盡其才，地能盡其利，物能盡其用，貨能暢其流」的改革主張，但未被接受。一八九四年十一月，孫中山從上海去檀香山，組織興中會，以「驅除韃虜，恢復中國，創立合眾政府」為誓詞。一八九五年

78 武昌起義

二月，建立香港興中會。同年十月，興中會密謀在廣州起義，事洩失敗。孫中山被迫亡命海外。一八九六年十月，孫中山在英國倫敦曾被清公使館誘捕，經英國友人營救脫險。此後，孫中山詳細考察歐美各國的經濟政治狀況，研究了多種流派的政治學說，並與歐美各國進步人士接觸，產生了具有特色的民生主義理論，三民主義思想由此初步形成。一八九七年，孫中山由英國經加拿大轉赴日本，結交其朝野人士。戊戌變法以後，因日本友好人士的活動，孫中山與康有為、梁啟超為代表的改良派曾商談過合作問題，但因改良派堅持保皇、反對革命，合作未能實現。一九〇四年孫中山在日本、檀香山、越南、暹羅、美國等地對華僑及留學生宣傳革命，一九〇五年在比、德、法等國的留學生中建立了革命團體，在此期間也與國內的革命團體和革命志士建立了聯繫。

清光緒二十六年（一九〇〇），八國聯軍侵華，義和團反帝愛國運動遭到鎮壓，清政府與列強簽訂了《辛丑合約》。清統治者為換取帝國主義支持，不惜賣國求榮，對人民大肆進行壓榨，激起全國人民反抗。與此同時，中國資產階級開始登上歷史舞臺，各地革命黨人紛紛組織革命團體。這其中有興中會、華興會、光復會等等。

黃興像

一九〇五年八月，孫中山與黃興等人，以興中會、華興會等革命團體為基礎，在日本東京創建同盟會，同盟會推舉孫中山為總理，提出了

「驅除韃虜，恢復中華，創立民國，平均地權」的同盟會綱領。在同盟會機關報《民報》發刊詞中，孫中山首次提出「民族、民權、民生」三大主義。同盟會的成立，有力地促進了全國革命運動的發展。從一九〇六～一九一一年，同盟會在華南各地組織多次武裝起義，孫中山為起義制定戰略方針，並在海外奔走，為起義籌募經費。各次起義都因缺乏群眾基礎、組織不夠嚴密而失敗，但革命黨人前仆後繼，英勇戰鬥，給清政府以沉重打擊，給全國人民以極大的鼓舞；特別是一九一一年四月二十七日的廣州黃花崗之役，在全國引起了巨大震動，並且預示著將有更加堅決而有力的武裝起義即將爆發。

武昌起義的經過

一九一一年四月，廣州黃花崗起義失敗後，同盟會領導人決定把革命的中心轉移到長江流域，在同盟會總部的推動下，實現了湖北地區革命組織的大聯合。革命團體文學社、共進會在湖北新軍中開展了卓有成效的宣傳和組織工作，進行長期艱苦的工作，逐漸控制了新軍的領導權。到武昌起義前夕，新軍中已有三分之一的士兵參加了革命組織，成為武昌起義的主力軍。同年夏天爆發了四川保路運動，武漢新軍大部被調入川，統治者在武漢的武力減弱，為武昌起義提供了的有利的條件。

一九一一年九月二十四日，文學社與共進會在武昌舉行聯席會議，組織了起義的臨時總司令部，設在武昌小朝街八十五號，推文學社領袖蔣翊武為臨時總司令，共進會領袖孫武為參謀長，制訂了起義計劃。原定十月六日（舊曆八月十五日，中秋節）起義，後因準備不足，起義日期推遲十天（即十月十六日）。但是十月九日，孫武在漢口俄租界寶善里革命總機關趕製炸彈時不慎爆炸。俄國巡捕循聲而至，搜去旗幟、符號、印信、文告等物，並轉交清政府，情況危急。

在這緊急關頭，新軍中的革命黨人自動聯絡，決心奮起反抗，死裏求生。十月十日晚，新軍工程第八營的革命黨人打響了起義的第一槍，奪取中和門附近的楚望台軍械庫。庫內儲有步槍數萬支，炮數十門，子彈數十萬發。與此同時，駐城外的第二十一混成協輜重隊的革命黨人也舉火為號，發動起義，炮兵營與工程隊立即回應，並齊集楚望台。二十九標、三十標的蔡濟民、吳醒漢也率領部分士兵衝出營門，趕往楚望台；測繪學堂的近百名學兵也迅速向楚望台集中，其他各標營的革命黨人也先後率眾起義。這時，武昌城內除防守督署等機關的舊軍仍企圖頑抗外，已有近三千人參加起義。

武昌起義軍政府舊址

晚上十點三十分，起義軍開始分三路趁夜向總督署及緊靠督署的第八鎮司令部發起進攻。第一路經紫陽橋、王府口街進攻督署後院；第二路從水陸街進攻第八鎮司令部及督署側翼；第三路從津水閘經保安門正街進攻督署前門。同時，已入城的炮八標在中和門及蛇山佔領發射陣地，向督署轟炸。晚十二點後，起義軍發動進攻，戰鬥異常激烈。起義軍突破敵人防線，進至督署附近，在督署和鎮司令部後門以及前門鐘樓等處放火，蛇山和中和門的炮隊朝火起處猛烈發炮轟擊。三路起義軍在炮兵火力支援下，一舉衝入督署，將大堂點燃。企圖依靠圍牆進行頑抗的守軍，見大勢已去，一部分投降，大部分潰散。督署及鎮司令部遂被起義軍佔領。湖廣總督第八鎮統制張彪逃走。

十月十一日黎明，武昌城內各官署、城門均為起義軍所控制。當天上午，一些處於觀望狀態的清軍士兵也陸續向楚望台集中，聽從革命黨人指揮。鮮豔的十八星旗插上武昌城頭，宣告了武昌起義的成功。十月十一日夜，漢陽的革命黨人聞風而動，光復漢陽。十月十二日，漢口也光復了。至此，武漢三鎮均處在起義軍控制之下。

影響

武昌起義的歷史功績，首先是敲響了清王朝封建統治的喪鐘。武昌起義在全國燃起燎原烈火，沉重打擊了清政府，致使一九一二年二月清帝被迫退位，結束了二百多年清王朝封建統治和二千多年君主專制統治。其次是吹響了共和國誕生的號角。武昌首義創建了湖北軍政府，成為共和政權的雛型，並引發各省回應。不到兩個月就誕生了中華民國，建立了以孫中山為首的南京臨時政府，取得辛亥革命的重大勝利。

武昌起義導致了統治中國幾千年的君主專制制度的崩潰，開創了完全意義上的近代民族民主革命，是中國人民前進道路上偉大的里程碑。中國歷史從此翻開了新的一頁。

79 袁世凱復辟帝制

辛亥革命雖然推翻了清王朝的統治，但是卻被一代梟雄袁世凱篡奪了勝利果實。袁世凱是一個有著帝王思想的頑固分子，一旦掌握權力，就開始著手推翻共和、復辟帝制。為了獲得帝國主義國家的支持，他不惜簽訂《二十一條》，出賣國家主權。《二十一條》，對中國和中華民族帶來了嚴重的創傷和恥辱，在近現代史上具有重要的影響。而袁世凱的皇帝夢也最終被護國戰爭的炮聲所軋碎，共和的觀念進一步深入人心。袁世凱復辟及其失敗再一次證明了歷史是向前發展的，倒行逆施者必自食其果。

袁世凱其人

袁世凱（一八五九—一九一六）字慰庭，又作慰廷或慰亭，號容庵，河南項城人。是淮系軍閥袁甲三的侄孫，兩次參加鄉試都落榜，憤而從軍。一八八一年到山東投淮軍吳長慶部，任營務處會辦。次年隨軍入朝鮮，負責前敵營務處事務，協助朝鮮國王訓練「新建親軍」，鎮壓漢城兵變。一八八五年被李鴻章保薦為清「駐紮朝鮮總理交涉通商事宜」全權代表。一八九四年電請清廷派兵入朝鮮鎮壓東學黨起義。中日甲午戰爭爆發後負責辦理清軍前敵營務處兼籌轉運事宜。戰後，袁以浙江溫處道留京聽候差委。他命幕

79　袁世凱復辟帝制

友譯撰《兵法》十二卷，因緣層遞榮祿，受到賞識。甲午戰爭後，清政府以湘淮軍不足恃，有意改練新軍，袁遂受到慈禧太后親信榮祿的推薦，於一八九五年十二月被派到天津小站接管「定武軍」十營。袁以此為基礎，並增募人員，編練「新建陸軍」七千餘人。一八九七年，清廷以袁練兵有功，提升為直隸按察使，仍專管練兵事宜。

袁世凱像

一八九八年九月，維新變法運動在光緒帝支持下達到高潮。慈禧太后、榮祿為首的頑固派密謀發動政變進行鎮壓。維新派鑑於袁參加過強學會，懂外交，掌握軍隊，光緒帝於九月十六日召見他，特賞兵部侍郎，專辦練兵事務。當局勢危急之際，維新派要他「殺榮祿、除舊黨」以助新政，他滿口答應。但他回天津後，竟立即向榮祿告密，出賣維新派，從而把維新派投入血泊之中。為此，袁深得慈禧太后的信賴，從此官運亨通，飛黃騰達。

一八九九年六月，袁被提升為工部右侍郎，十二月署理山東巡撫，率軍在山東殘酷鎮壓義和團。八國聯軍攻佔北京時參加「東南互保」。一九〇一年十一月，李鴻章病死，袁世凱實際上成為他的接班人，署理直隸總督兼北洋大臣（次年六月實授）。一九〇二年初，袁兼任政務處參預政務大臣、練兵大臣，並在保定創立北洋軍政司（後改北洋督練公所），自兼督辦，開始編練北洋常備軍（簡稱北洋軍），且抓住了清朝京畿的警權。此後他又兼任督辦商務大臣、電政大臣、鐵路大臣等職。一九〇五年，袁練成北洋軍六鎮，實額共六萬多人，除第一鎮外，其餘五鎮全是他的嫡系。至此，以袁氏為首的北洋軍閥集團的基本武力大體建成，成為後來袁世凱攫取中國最高權力的有力武器。但是袁的權勢急劇膨脹引起了滿清貴族的猜忌，終於在一九〇七年被清廷以明升暗降的辦法調任為軍機大臣兼外務部大臣，剝奪了他對北洋軍的直接指揮權。一九〇九年被攝政王載灃罷免，回籍「養病」。

但是實際上袁世凱並沒有失去對北洋軍隊的影響力，在「養病」期間，他密切注視著中國政局的變化，為自己東山再起做準備。同時，袁世凱也逐漸被革命領袖孫中山所關注。一九〇八年慈禧太后死後，孫中山認為，「命運之神是在做有利於袁世凱的事情，不久，他將成為我們國家命運的主宰」。對袁世凱寄予厚望。袁世凱就是利用這種情況，篡奪了辛亥革命的勝利成果。

武昌起義以後，清政府發覺已經指揮不動袁世凱訓練的北洋軍隊，不得已再次請袁世凱出山，擔任剿滅革命黨人的責任。袁世凱利用這種機會，一面逼清廷授給軍政大權，出任內閣總理大臣，一面誘逼革命黨人承認其為整個局勢的主宰者。在這種情況下，一九一二年二月，袁採用軍事威脅和談判相結合的反革命兩面手法，竊取了中華民國臨時大總統職務。雖然清帝國也滅亡了，但是革命的果實卻落在了以袁世凱為首的北洋軍閥手中。

袁世凱復辟帝制及其失敗

袁世凱篡奪辛亥革命果實以後，一九一三年三月，派人在上海暗殺強硬的革命黨人宋教仁，接著向帝國主義乞求借款，發動反革命內戰，用不到兩個月的時間，鎮壓了國民黨人發動的「二次革命」。袁在鎮壓「二次革命」後，為復辟帝制積極作準備。袁世凱強迫國會改變先訂憲法、後選總統的立法程式，一九一三年十月六日進行正式大總統的選舉。當天，被袁世凱所收買的便衣軍警、地痞流氓數千人，打著「公民團」的旗幟包圍了國會，高喊「今天不選出我們中意的大總統，你們就休想出院」，在會場外面搗亂。議員們從早上八時到晚上十時，忍饑挨餓，連選三次，最後屈服於袁世凱的武力，將袁世凱捧上正式大總統的寶座。袁世凱過河拆橋，一九一四年一月十日，下令解散了國會。二月，袁世凱授意成立的「約法會議」，草草炮製出一個「字字皆袁氏手定」的所謂《中華民國約法》，於五月一日公布施行，以取代《臨時約法》。新《約法》規定，「大總統總攬統治權」，凡一切內政、外交、軍事、制定憲法和官制、任免大權，統由袁世凱獨攬。十二月，「約法會議」通過《總統選舉法》修正案，規定大總統無限期連任，大總統的繼承人由大總統推薦。這樣，袁世凱不僅可以終身獨攬統治權，而且還可以傳之子孫。袁世凱的頭上除了剩下一塊「中華民國」的空招牌以外，其他一切已和專制皇帝沒有區別。為了去掉「民國」這一牌號，袁世凱對外積極投靠帝國主義，大肆出賣國家主權。據不完全統計，在袁世凱當權的幾年裏，和帝國主義侵略者先後簽訂過一百多個不平等的合同、協定和條約。特別嚴重的是一九一五年五月九日接受了日本滅亡中國的《二十一條》。

經過長期準備，袁世凱認為條件已經成熟，遂即著手帝制復辟活動。一九一五年八月，首先由袁世凱的外國顧問古德諾（美）和有賀長雄（日）出面，先後發表《新約法論》、《共和與君主論》等，鼓吹「中國如用君主制，較共和制為宜」，公開叫嚷讓袁世凱當皇帝。袁世凱又指使楊度糾合立憲黨人和革命派的叛徒在北京成立「籌安會」，公開策劃復辟活動。十月到十一月，在袁世凱的統一指揮下，在各省長官監督下，各省選出國民代表一九九三人，進行國體投票，結果全部擁護君主制，並於二月十一日一致上「推戴書」：「謹以國民公意，恭戴今大總統袁世凱為中華帝國皇帝。」袁世凱裝腔作勢表示推讓，當天下午再上「推戴書」，袁世凱遂於十二月十二日發表接受帝位申令，高唱「民之所欲，天必從之」的濫調，正式接受推戴。在一九一六年元旦登極，登極之前，大批授爵封王，先是封黎元洪為武義親王，命陸徵祥率文武官員去黎宅道賀。黎元洪道一聲：「無功不敢受爵」，眾人鞠躬

袁世凱就任臨時大總統後與北洋將領合影

而退。當天下午，袁又命人將一套王服送去，黎亦拒不接受，並謂：「我非親王，何須制服？」袁封清室遜皇溥儀為懿德親王，位在諸侯王上，令溥倫為參政院院長以代黎元洪，並賞食親王全俸。

袁發表「舊侶、故人、耆碩免予稱臣的命令」，舊侶黎元洪、奕訢、載灃、世續、那桐、錫良、周馥七人；故人徐世昌、趙爾巽、李經羲、張謇四人；耆碩王闓運、馬相伯兩人均免稱臣。新朝用五色國旗，上端加繪紅日一輪，表示「五族共戴一君」。原大總統府改為新華宮。又準備御座御案、龍袍、平天冠等，玉璽金印也即治好，僅此數項，花費二千萬元。

十二月二十一日，袁世凱下令大封文武：龍濟光、張勳、馮國璋、姜桂題、段芝貴、倪嗣沖為一等公；湯薌銘、李純、朱瑞、陸榮廷、趙倜、陳宧、唐繼堯、閻錫山、王占元為一等侯；張錫鑾、朱家寶、張鳴岐、田文烈、靳雲鵬、楊增新、陸建章、孟思遠、屈映光、齊耀琳、曹錕、楊善德為一等伯，餘為子、男，共一二八人。其餘師旅長、鎮守使授輕車都尉七〇餘人。

正當袁世凱大批授爵封王之際，大批對復辟帝制不滿的官員辭職或請假離京。袁怕這些人出京將有不利，即令軍警便衣去東、西兩車站，禁止官員擅自出京。使袁世凱萬萬料想不到的是：十二月二十三日平地一聲巨雷，雲南護國軍起義了。

接著，貴州、廣西也回應，組成「護國軍」進行討袁戰爭。北洋軍閥內部也發生了分化，袁世凱手下的兩員大將段祺瑞和馮國璋，對帝制都抱消極態度，馮國璋甚至暗中

和護國軍聯絡。

在這種形勢下，袁世凱不得不在一九一六年三月二十二日又宣布取消帝制，廢除「洪憲」年號，仍以「大總統」的名義發布命令。袁世凱從稱帝到取消帝制，總共經歷了八十三天。可是，護國軍仍不肯罷休，堅持要袁世凱下臺；孫中山也繼續發動武裝反袁鬥爭；全國各地紛紛發表宣言、通電，要求懲辦袁世凱。馮國璋接連發電報，催促袁世凱退位。袁世凱在南方的爪牙，為了保住自己的地位，也相繼宣布獨立。袁世凱在內外夾攻的情況下，感到焦頭爛額，頭暈目眩，從此一病不起。一九一六年六月六日，袁世凱在萬人唾罵聲中狼狽地死去。六月二十九日，繼任大總統黎元洪宣布恢復「臨時約法」和國會。參加護國運動的各派政治力量以為大功告成。七月十四日，唐繼堯宣布撤銷軍務院。接著，中華革命黨也宣布停止一切軍事行動。袁世凱復辟徹底失敗。

影響

袁世凱復辟的失敗，又一次宣告了帝制在中國的徹底崩潰和消亡。歷史證明：在共和觀念深入人心之後，任何人，不論他有多大權勢，欲想復辟帝制，都注定是要失敗的，君主專制統治已經一去不復返了。但是袁世凱的復辟，使中華民族蒙受了巨大的損失。袁世凱為了稱帝，同日本簽訂了《二十一條》，為以後日本軍國主義進一步侵略中國埋下了伏筆。而且袁世凱的倒臺，使得北洋軍閥分裂，中國歷史進入軍閥混戰時期。

80 廢除纏足

纏足是中國社會歷史上特有的一種妝飾陋習。其做法是用一條狹長的布帶，將婦女的足踝緊緊裹住，使肌骨變形。這樣腳會變得纖細扭曲。在纏足時代，女子從四五歲起便開始裹腳，一直到成年之後骨骼定型方可解去布帶。纏足風氣的所以出現，並不是偶然的現象，它是傳統的封建禮教和世俗的社會偏見在婦女身上的綜合反映。在中國，千百年來，婦女一直處在從屬於男子的地位，女子未嫁從父，既嫁從夫，夫死從子，被視為不可逾越的「天條」。男尊女卑的世俗觀念，使女子成為男人的奴隸和玩偶。正是在這種背景下，出現了纏足之俗。

纏足的歷史變遷

纏足起於何時，無法確證。陶宗儀《南村輟耕錄》引張邦基《墨莊漫錄》說，《南史》齊東昏侯為潘貴妃用金子鑿成蓮花讓她在上面走，叫「步步生蓮花」，但沒有講她的腳小。但是《古樂府》、《玉台新詠》都是六朝詞人寫女人容色的姝麗、妝飾的奢華的豔詞，還寫到眉目唇口腰肢手指之類，但是從未寫到纏足。可見，當時並沒有纏足風俗。同時，從大量資料來看，唐代婦女也沒有纏足之風。李白《浣紗石上女》寫道：

「一雙金齒履，兩足白如霜」。可以證明當時的婦女不僅不用纏足，連襪子也可不穿，能讓人看到兩足的膚色。

據說到了南唐，後主李煜在前妻娥皇死後，鬱鬱寡歡，嬪妃們想盡一切辦法取悅於他。宮女窅娘，纖麗善舞，用帛裹足，舞蹈時由於重心不穩，搖擺彷如風中楊柳。李後主乃命工匠用黃金作成高六尺的金蓮台，令其在臺上舞蹈，「三寸金蓮」從此而得名。唐鎬的詩句「蓮中花更好，雲裏影長斷」，描寫的就是她。在這以後，閨秀們紛紛學習，遂成時髦，就像現在姑娘們時興染髮穿高跟鞋乃至隆胸那樣，一直傳了下來。纏足之風之所以風行，與中國婦女的傳統道德教育息息相關。到了宋代，理學興盛，提倡「克己復禮」，要求婦女三從四德，深處閨中，謹守閨範。而纏足後，婦女無法正常地以腳掌使力走路，同時也失去了跳躍、舞蹈的能力，只能「待字閨中」。纏足的確是推行女教的很好手段。

民國時期的婦女時裝（1）

宋人張邦基在《墨莊漫錄》說：「婦人纏足，起於近世，前世書傳皆無所載。」從畫像看，北宋婦女纏足者也不多見，王居正所繪《紡車圖》中的兩名婦女，穿的都是平底大鞋；敦煌壁畫中的北宋婦女，也很少有纏足的，可見當時纏足之風尚未普及。但是到了南宋，情況就發生了變化。這個時期的婦女，弓足者比比皆是。故宮博物院所藏的《搜山圖》和《雜劇人物圖》中的婦女，雙足都十分細小，有些還帶有明顯纏足後留下的彎曲痕跡。

民國時期的婦女時裝（2）

以後元明清各時期的幾乎都沿習了宋代的遺俗，以纏足為時尚。只有少數民族地區的部分婦女未染此習。明朝的小說筆記之類也寫到纏足了。張岱《陶庵夢錄．揚州瘦馬》記當時挑選妓女標準之一是檢查她們腳的大小：「以手拉其裙，趾出。然看趾有法，凡出門裙幅先響者必大，高繫其裙，人未出而趾先出者必小」。《金瓶梅》寫西門慶去相孟玉樓時也有看腳的描寫。女僕宋惠蓮被西門慶玩弄，西門慶誇她的腳比潘金蓮的小，她很自豪，說潘金蓮的鞋子大得正好能套著她的鞋，這一來，惹得偷聽的潘金蓮更加妒火中燒，終於設計陷害了宋惠蓮和她丈夫。宋惠蓮因誇耀自己腳小而被害，也有因嘲人腳大而遭殃的。朱元璋的馬皇后，沒有纏足。相傳「露馬腳」一詞的典故就是出於坐在轎子裏的馬皇后，因颳風掀起轎簾而被人發現了她的大腳。

清代政權掌握在滿族之手，滿族婦女沒有纏足風俗，所以反對漢人纏足，多次下令禁止。如順治二年（一六四五）下詔：凡是時所生女子，嚴禁纏足。康熙元年（一六六二）再次規定，如查得元年之後所生女子纏足者，懲罰她的父母，其父有官者交吏兵二部議處，平民則交刑部處置。情節嚴重者枷責四十大板，流徙十年。後有議士奏云此法太嚴，乃准奏免禁，民間婦女遂再度恢復纏足陋習。清代文人方絢甚至寫了一本名叫《香蓮品藻》的書，專門來描述和品評小腳。他認為小腳有五個式樣，一是蓮瓣，二是新月，三是和方，四是竹萌，五是菱角。可見到了清代，愛好小腳的人已經達到了登峰造極的地步。

一八五一年，太平天國運動爆發。起義軍每到一地，都發出告示，告誡天下婦女，解除約束，投身起義。曾經在太平軍中生活過的英籍軍人伶俐，把太平天國反對婦女纏足，看成為太平天國最顯著、最富有特色的「輝煌標誌」，可見影響之大。然而在非太平軍控制地區，纏足之風仍然盛行。

纏足是後來在西方思想的劇烈衝擊下才最終消除的。

纏足的危害

中國的婦女，長期以來處在被奴役的地位，纏足更給她們帶來身心兩個方面的摧損。宋恕《六齋卑議救慘》說，因纏足而「致死者十之一二，致傷者十之七八」。俗語說：小腳一雙，眼淚一缸，纏足的痛苦是現代女性難以想像的。女孩一般從四、五歲開始纏足。纏足時，將腳拇趾以外的四趾屈於足底，用白棉布裹緊，使腳無法長大，等腳型固定後，穿上「尖頭鞋」。到了六七歲，再把趾骨彎曲，用裹腳布捆牢密縫，以後日復一日地加緊束縛，使腳變形，要纏到「小瘦尖彎香軟正」才算大功告成。經過多年的殘酷的裹纏，一雙腳幾乎從皮膚到肌肉、韌關節、骨骼都變了形。從外形看，皮膚白細柔軟，腳心深陷；從底面看，則像一個三角形的粽子，除了一個大拇趾外，其他四個腳趾已退化成花生粒大小的顆粒。人身肢體的骨趾被人為地扭曲畸變，那生理上的痛苦可想而知。而且小腳行走不方便，在危險時刻無法逃生。

但纏足既經一代代沿襲下來，也就漸漸地「習以為常」，成為風習，成為一種社會心理共識。如果女兒家拒絕纏足，不僅父母臉面全無，自己也將有嫁不出去的危險。而纏得愈是「中規中矩」，便越能找到好婆家。有民謠說得明白：「裹小腳，嫁秀才，吃白饃，就肉菜；裹大腳，嫁瞎子，吃糠菜，就辣子。」纏足一旦如此緊要，如此關乎終生命運，女子們一面眼淚汪汪，一面拼命地和自己的腳過不去；一面痛苦，一面嚮往。這就是那個時代的生活現實吧。

纏足也使中華民族丟盡了顏面，清朝末年，大臣崔英出使英國。一天，他的夫人將裹腳帶洗淨後，高懸於使館樓前涼曬。外國人看到長長的白布迎風飄舞，誤以為中國國喪，爭相前來問訊弔唁，而使館官員又解釋不清，尷尬透頂。傳說清朝的北洋大臣李鴻章，有一次出訪國外，參觀盲童學校，盲童久聞中國有三寸金蓮這種事，於是趁李鴻章走近之際，蹲下身去摸他的腳。李鴻章當然不是小腳，但國外一個盲童都知道中國人是纏足的，並且在他的腦子裏，中國人不分男女，都是三寸金蓮。由此可見，中國人的小腳習俗的廣泛影響，嚴重損害了中國的形象。

纏足的禁止

清末，西方進步文化逐漸傳入中國。國人覺悟增強，以康有為、梁啟超等進步力量為主體的天足運動蓬勃掀起，有力地衝擊了陳舊腐朽的世俗觀念，終於將纏足之風抑止。

中國第一個反纏足的組織是由廈門倫頓傳教會約翰．邁克高望牧師建立的。一八七四年，他在廈門召開一個反纏足會議，參加者有六十多名婦女，大部分為下層的勞動婦女。他們決定設立一個反纏足的團體，命名為「天足會」，入會的婦女不得纏足。

就在同時，中國的早期維新派，也已經關注婦女問題。他們主張男女並重，反對把婦女當作玩好之物。維新派認識到，形體上的解放，是婦女解放的先決條件之一。早在一八八三年，維新派的代表康有為，就在老家廣州南海，聯合一些開明鄉紳，創立不纏足會。他也以身作則，他的妻子和女兒都不纏足。一八九六年，康有為、康廣仁又在廣州成立粵中不纏足會，提倡婦女不纏足。成立之初，會員便達上萬人。與康有為齊名的另一位著名維新派領袖梁啟超，也積極從事反對纏足的活動。一八九七年六月三十日，他在上海成立了不纏足總會。總會成立後，海內轟動。不纏足總會的章程寫了這樣幾點：凡入會人所生女子不得纏足；凡入會人所生男子不得娶纏足之女；凡入會人所牛女子，已經裹足者，如在八歲以下，須一律放解。

以慈禧太后為首的清朝統治者，鎮壓了康、梁的維新變法運動，但之後不久，他們樹起了康、梁等人提倡的反對纏足的大旗。一九〇二年，慈禧太后下達了勸禁纏足的御旨，緊接著各地官吏紛紛回應。

一九一二年，中華民國成立，以孫中山為首的南京臨時政府，申明禁止婦女纏足。同年三月十三日發布了令內務部通知各省勸禁纏足文。文中稱，當此除舊布新之際，此等惡俗必須首先革除掉，以培養國人的體質。這個命令通電全國，各省依此勸禁，如果有故意不服從的人，對其家屬以重金處罰。

辛亥革命以後，婦女們除了在衣服鞋帽和髮型上追求新穎外，也將纏過的小腳放大，以配合新的鞋。西方婦女的裝扮，在無形中也產生了影響力。風際開通之初，裹腳已經落伍，代之而起的是天足。

一九三九年八月，陝甘寧邊區政府發布禁止婦女纏足條例，規定十八歲以下婦女一律禁止纏足；四十歲以下婦女，纏足者立即放足；四十歲以上婦女纏足的，勸令解放，不加強制。並且派出了大批婦女幹部去做說服工作。

在這之後，大多數年輕女子纏足現象開始絕跡，中老年婦女也紛紛放足，扔掉了裹腳布，纏足終於消失。一個時代結束了。

影響

纏足風俗的廢除，是中國女權運動的一次偉大勝利，也是中國歷史上的一件大事。占人口一半的婦女，解除了肉體上的束縛，單單從經濟上考慮，就意味著中國增加了一半的勞動人口，這對於中國的進步也是具有重要意義的。而且婦女地位得到了提高，是中國進入一個新時期的重要標誌。廢除纏足，是中國近現代歷史上最重要的歷史事件之一。

81 「五四」運動

一九一七年俄國的無產階級和勞動人民，在列寧和布爾什維克黨的領導下，用暴力推翻了資產階級的反動統治，在世界上第一個建立起無產階級專政的社會主義國家。十月革命的勝利，震動了全世界，也使中國人民看到了爭取中華民族解放的新希望，激發了中國人民為爭取民族解放而鬥爭的熱情，一場反帝反封建的偉大運動即將到來。

五四運動的思想背景

辛亥革命後，袁世凱在進行帝制復辟活動的同時，還大力提倡尊孔讀經。登上總統寶座，又大搞尊孔祭天。一九一三年六月親自發表「尊孔令」，鼓吹「孔學博大」。一九一四年又發布《祭聖告令》，通告全國舉行「祀孔典禮」。為支持袁世凱帝制復辟活動，中外反動派掀起了一股尊孔復古逆流。在這種情形下，以陳獨秀、李大釗、魯迅為代表的激進民主主義者發動了一次反封建的新文化運動，大張旗鼓地宣傳資產階級民主思想，同封建尊孔復古思想展開了激烈的鬥爭。這個運動是從一九一五年九月十五日《青年雜誌》在上海創刊開始的。陳獨秀任主編，李大釗是主要撰稿人並參與編輯工作。該雜誌於一九一六年九月出版第二卷第一期時，遷往北京並改名為《新青年》。進步知識份子團結在《新青年》周圍，高舉民主和科學兩面大旗，從政治觀點、學術思想、倫理道德、文學藝術等方面向封建復古勢力進行猛烈的衝擊。他們集中打擊作為維護封建專制統治思想基礎的孔子學說，掀起「打倒孔家店」的潮流。他們還主張男女平等，個性解放。

一九一七年起他們又舉起「文學革命」的大旗，提倡白話文，反對文言文，提倡新文學，反對舊文學。隨著新文化運動的發展，《新青年》

1918年的李大釗

實際上成了新文化運動的思想領導中心。特別是偉大的文學家、思想家和革命家魯迅，一九一八年五月在《新青年》上發表了中國現代文學史上第一篇白話小說《狂人日記》，對舊禮教舊道德進行了無情的鞭撻，指出隱藏在封建仁義道德後面的全是「吃人」二字，那些吃人的人「話中全是毒，笑中全是刀」，中國二千多年封建統治的歷史就是這吃人的歷史，宣告「將來容不得吃人的人，活在世上」。這篇小說奠定了新文化運動的基石。在《新青年》的影響下，一些進步刊物改用白話文。這又影響到全國用文言文的報紙，開始出現用白話文的副刊，隨後短評、通訊、社論也都採用白話文和新式標點。所有這些文學改革，使全國報紙面貌為之一新。

在陳獨秀、李大釗等人的領導下，提倡科學，反對迷信，提倡民主，反對獨裁，提倡白話文，反對文言文的新文化運動，宣傳了西方的進步文化。以後，又傳播了社會主義思想，反映了新型的革命階級的要求，在社會上產生了巨大的迴響。

這一運動的深入發展，吸引了許多年輕人，特別是青年學生集合在反帝反封建的旗幟下，為迎接一場徹底的反帝反封建的政治鬥爭作好了思想準備。這個運動在政治上和思想上給了封建主義一次前所未有的沉重打擊，在思想界形成了一次新的思想解放潮流，為五四運動奠定了思想基礎。

運動的爆發

一九一八年十一月七日，第一次世界大戰結束。為了處理戰後世界問題，一九一九年一月，戰勝國在巴黎召開所謂和平會議，中國出席了這次會議，並向會議提出三項要求：一、取消帝國主義在中國的特權；二、取消日本同袁世凱政府簽訂的《二十一條》不平等條約；三、歸還大戰期間被日本搶去的德國在山東侵佔的各種權利。中國人民對和會曾抱有希望和幻想，以為「公理」可以戰勝「強權」，中國的要求可能會得到滿足。但是，巴黎和會在英、法、美等國操縱下，對前兩項要求根本不予討論，說什麼不在和會的討論範圍之內，關於第三項要求，日本態度蠻

胡適像

橫，以北京政府在一九一七年九月曾以換文的形式表示「欣然同意」為理由拒絕歸還。和會竟然同意日本的要求，把轉讓山東權利給日本寫入對德和約中。而且北洋軍閥政府竟然準備在「和約」上簽字。幻想破滅了，「什麼公理，什麼永久和平，都成了一文不值的空話」。於是，長久以來蘊藏在人民心裏的怒火就像火山一樣爆發出來了。

五月四日下午，北京的十三所大中學校的學生三千多人，在天安門前集會，抗議帝國主義的侵略和軍閥政府的賣國。他們發表宣言，散發傳單，高呼「外爭國權，內懲國賊」、「誓死收回青島」、「拒絕和約簽字」等口號，反對巴黎和約，要求懲辦賣國賊曹汝霖、陸宗輿、章宗祥，並舉行了遊行。遊行隊伍先到東交民巷外國使館抗議，但剛走到西口就被軍警阻止不許通過。憤怒的學生於是決定找賣國賊曹汝霖算帳。他們經富貴街、東戶部街、東三座門大街跨過御河橋，順東長安街穿過東單牌樓，經米市大街、石大人胡同（今外交部街）

北洋軍閥政府出動軍警，逮捕在街頭演講的北京大學學生

來到趙家樓曹汝霖住宅。曹宅大門緊閉，幾名學生從臨街的窗洞跳進去打開大門，學生一擁而入。曹汝霖躲藏起來，憤怒的學生放火燒了趙家樓，痛打了從曹家跑出來的章宗祥。學生們的愛國行動，遭到了軍閥政府的鎮壓，當場逮捕學生三十多人。第二天，北京全市專科以上學校的學生總罷課，表示強烈抗議，並通電全國。第三天，北京中等以上學校成立學生聯合會，呼籲全國人民起來鬥爭。北京大學校長蔡元培在反動政府的壓力下宣布辭職。李大釗等代表教職員，積極設法營救被捕學生，要求挽留蔡校長，向反動政府當局進行了鬥爭。七日，天津學生舉行遊行示威。同日，濟南中等以上學校學生也舉行了遊行示威。二十六日，上海學生舉行罷課。與此同時，武漢、長沙、廣州等城市的學生也都紛紛起來。具有初步共產主義思想的知識份子李大釗、陳獨秀、毛澤東、周恩來等，分別在北京、長沙、天津指導了這場偉大的反帝愛國運動。北京學生點燃起的愛國火焰，迅速地燃遍了全國各大、中城市。

《青年雜誌》從第2期起改名為《新青年》

　六月三日以後，愛國運動進入一個新的階段，中國的無產階級參加了鬥爭。上海工人首先起來罷工，接著商人罷市。唐山、長辛店、九江等地工人也舉行罷工和示威遊行。從此，愛國運動突破知識份子的範圍，發展成為無產階級、小資產階級和民族資產階級共同參加的統一戰線的革命運動。愛國運動的中心也由北京轉移上海，無產階級成為運動的主力，顯示了偉大的力量。

聲勢浩大的群眾愛國運動，很快擴展到全國二十多個省，一百五十多個城市。在廣大群眾，特別是無產階級的強大壓力下，六月十日，北洋軍閥政府終於被迫釋放了被捕學生，罷免了曹汝霖、陸宗輿、章宗祥三個賣國賊的職務。六月二十八日，出席巴黎和會的中國代表，在國內輿論的壓力和旅法華工、學生的包圍下，沒有出席會議，拒絕在對德和約上簽字。至此，五四運動所提出的直接政治鬥爭目標基本上實現了。

影響

五四運動是一個廣大群眾參加的愛國政治運動。在這個運動中，無產階級、城市小資產階級和民族資產階級逐步聯合起來，組成了一個革命陣營。十月革命後湧現出的大批具有初步共產主義思想的知識份子，是五四運動的發起者，鼓動者和組織者。數十萬具有高度愛國熱情的青年學生，充當了愛國運動的先鋒。覺悟了的中國無產階級，第一次作為獨立的政治力量，登上了政治舞臺，顯示了無比強大的威力，成為爭取這次鬥爭勝利的決定性力量。這一切表明，五四運動較之辛亥革命具有更加廣泛的群眾基礎，是徹底地不妥協地反對帝國主義和反對封建主義的革命。它標誌著中國人民反帝反封建的

81 「五四」運動

資產階級民主革命發展到了一個新的階段，即由舊民主主義革命階段發展到新民主主義革命階段。因此，五四運動是中國新民主主義革命的開端。

五四運動不僅是一個徹底的反帝反封建的愛國運動，同時也是一個徹底地反帝反封建的思想運動。五四運動促進了馬列主義在中國的傳播，在思想上和組織上為中國共產黨的建立作了準備。

82 東北易幟

一九一二年一月一日中華民國成立時，臨時大總統孫中山主持制定的國旗，以紅黃藍白黑五色橫條為圖案，象徵漢滿蒙回藏五族共和（也就是代表中國各民族共和）。一九一七年後孫中山在廣州建立革命政府時，又將國旗圖案改為青天白日滿地紅，象徵皓日照耀著大地。但北洋政府統治的地區，仍以五色旗為國旗。國旗更換成為政權歸屬的標誌。在中國近現代歷史上，東北易幟是一個重要的歷史事件，對於中華民族而言具有重要的意義。

張作霖之死

以國共合作為基礎的第一次國內革命戰爭，在一九二七年四月蔣介石發動的反革命政變中失敗了，但是作為北伐戰爭的延續，國民革命軍在蔣介石等人的領導下，各路大軍直指北京。在這種情況下，作為名義上的北洋軍閥政府首腦的張作霖發出通電，號稱內戰牽動外交，造成歷年來全國人民飽嘗內戰之苦，考慮到百姓的疾苦，決定和平解決南北爭端，宣布即日率部退出北京，政務交國務院攝行，軍事由各軍團長負責，此後政治問題，仍請國民公決。隨後就準備撤回其根據地東北。

張作霖是日本帝國主義在華扶植的重要軍閥，對日本具有重要意義，張作霖宣布退至關外，就違背了日本的利益，為了保住並不斷擴大自己的利益，日本關東軍決定除掉張作霖，扶植新的代理人。此時，張作霖對日本也產生了懷疑，擔心受到日本的報復。為了保障安全，他打算乘汽車取道古北口出關，但是因公路坎坷不平，張作霖難以承受顛簸之苦，因此，張作霖決定仍乘火車回奉。在回去的路上，張作霖的重要親信將領張作相保護由北京至榆關一段，沿途軍隊嚴密設防，以防萬一。由榆關到瀋陽一段的安全則由奉系大將吳俊升擔保。

張作霖像

即使在這種情況下，張作霖還不放心，又布下疑陣，宣布六月一日出京，京奉路備有專車升火待發，但又改期於二日啟程，而二日仍留在北京未走。三日上午，他才人不知鬼不覺地上了火車，留楊宇霆、張學良在北京與閻錫山的代表接洽，等待晉軍和平入城接收。

但是即使如此，張作霖還是沒有能夠逃脫日本關東軍的暗殺。四日五時半，當張作霖所乘專車行到距瀋陽西北六里的皇姑屯站的時候，炸彈突然爆炸，南滿鐵路路橋被炸坍塌下來，張作霖的專車從四號到七號炸成粉碎，同車的吳俊升被炸得腹破腸出，腦漿迸流，登時氣絕斃命。儘管張作霖受重傷未死，但是當他被人從破輪碎鐵中抬出來，又被抱上汽車開回瀋陽時，已經昏迷不醒了，當日下午四時身死。

皇姑屯事件發生後，日方採取一切措施掩蓋炸車案真相。日本人炸死張作霖後，於當日夜晚將溥儀嚴密保護，攜他由天津潛往大連，準備用他代替奉系軍閥，使東三省脫離中國版圖，而另建傀儡王國。

少帥張學良

日本帝國主義原以為皇姑屯的爆炸聲，會使張作霖一命歸天，而東北政局也會立即陷於混亂，他們只需多少動用點軍隊，東北便唾手可得。誰知，出乎意料的是，雖然發生了炸車案，但東北安定如常，政治、經濟和人們的生活沒有什麼大的波動。這其中一個重要的原因就是年輕的張學良，他很快便成為東三省的無可置疑的統帥。

張學良是張作霖長子，生於一九〇一年。自幼在家鄉學習「四書五經」，受過封建倫理教育。其後，進入洋學堂學習歷史、地理和英語等知識，開始接受一些資本主義思想。一九一五年，其父升任二十七師師長駐瀋陽，他亦隨之赴瀋。一九一六年同于鳳至女士結婚。一九一九年三月，入東北講武堂炮兵科學習，同年七月畢業，晉升炮兵上校。從此後，他一直活動於東北軍中，經歷和參與了連綿不斷的軍閥戰爭，張學良出身於紈袴，青年時也沾染上鴉片嗜好，但在長期戎馬生涯中，特別是在與摯友郭松齡相處的日子裏，深受其影響，改掉了吸鴉片的惡習，並振作起來。

張學良返瀋，並沒有立即為其父舉辦喪事。為了掩人耳目，以張作霖名義發出「奉天省長公署令特派交涉員」電，電報發出後，使內外不知詳情的人，都認為張作霖還沒有死，就連日本特務機關、駐奉天總領事館的人員也都摸不清底細，滿腹狐疑，如墜五里霧中。

對於張作霖的繼承人問題，奉系軍閥的「老班底」和舊派軍人都認為張學良過於年青，缺少統治經驗，難以駕馭，因此，一致推舉張作相為「東北王」；但是另外一派，新派軍人，特別是留學日本的一些軍官，都擁護野心早已鋒芒畢露的楊宇霆接班。雙方幾爭不下，最後還是素稱穩健的張作相，看在過去同張作霖相處的面子上，認為繼承張作霖的最合適人選是張學良。他說張學良少年英俊、幹練有為，這樣做可以以理服人，可以團結東北的各方面人士，以應付當前比較困難的內外局面。他堅決推辭了讓他接任張作霖職務的請求，力推張學良承擔重任，並表示願意竭誠輔政。同時，他還主動說服了舊派軍人同意自己的主張，使認為接替張作霖非自己莫屬的楊宇霆，也只好對此表示贊同。於是，張學良在六月二十日發出「張學良任奉天軍務督辦就職通電」後，於次日，由奉天省長劉尚清公布張作霖因傷重醫治無效逝世的消息，並為張作霖發喪。

七月三日，三省議會聯合會推舉張學良為東三

張學良將軍像

省保安總司令兼奉省保安司令。當天，張學良在瀋陽就任東三省保安總司令職。

東北易幟

在張作霖被炸死之後，北伐軍中的馮玉祥、李宗仁等主張即刻揮師出關，乘勝追擊，徹底解決奉軍。但是蔣介石堅決不同意，他認為日本人久欲侵入東北，一旦戰事爆發，必不可收拾。又認為張學良非張作霖，他早有厭惡戰爭、統一國家之思想，可以用和平手段解決東北問題。於是蔣介石派方本仁、白崇禧派何千里去瀋陽，一是代表國民革命軍弔唁張作霖之喪，藉以表示同情張學良的處境，並表示無進軍東北之意；二是謀求和平統一途徑，即或一時因日本掣肘，暫難換旗，亦應使雙方軍隊不致發生誤會，引起衝突，並設法先行恢復平奉鐵路交通；三是希望奉方讓出熱河地盤，由方振武去任該省主席。張學良接受了南京政府的條件。

就在方本仁、何千里去瀋陽的同時，日本也派前駐英大使林權助去奉天，會同奉天總領事林久治郎，名為弔唁，實則設法對張學良施加壓力，阻撓東北和南方謀和。張學良同他們談話時說：「我是中國人，所以我的想法當然是以中國為本位；我之所以願與國民政府妥協，是要完成中國統一，實行分治合作，以實現東三省一般人民所渴望的事。我的決心，以東三省人民的意志為依歸，我不能違背三省民心而有所為。」回頭張學良把同日本談話的情況及時告訴方本仁、何千里，並表示忿懣難堪之狀。他激動地說：「這不是人受的，我他媽的成了吊總司令了。」隨之以手支額，淚涔涔而下。方、何亦為之動容，對張深表同情，並認為日本對東北的野心難測，易幟之事當然不能操之過急。張憤以拳擊桌說：「我沒可說的。你們相信我張學良不會甘當亡國奴的。」日本政府擬撥款六千萬元，借給張學良以整理奉票，試圖以此為誘餌，拉攏張學良，反對東北易幟。張學良很氣憤，他在大元帥府中憤恨地說：「日方欺我甚，誓必易幟，即死於青白旗下，吾亦甘心」。

日本人的狂妄陰謀沒能實現，但卻賊心不死，緊接著又打起了東北獨立的旗號，逼迫張學良實現其父生前對日所作的所謂保證與許諾，在東北享受更多的特權；同時也準備把他變為一個聽憑他們擺布、對他們唯命是從的傀儡，如不順從，將重新物色人選，取而代之。當時的美國也未等閒視之。不過，他們採取的是兩面派的外交手腕，這突出表現在他們一方面贊成國民黨統一中國，敦促張學良換旗，可是暗地裏卻又支持日本搶走東北這塊地盤。其目的在於這樣做，既可使蔣介石投入它的懷抱，又可以「禍水北引」，使日本人便於向北擴張，進攻蘇聯，而他老美則不動聲色，便將坐收漁人之利。

就在這時候，軍閥張宗昌、褚玉璞與日本人勾結，他們率領的直魯軍於津浦線潰退後，張宗昌向張學良提出班師回奉、整頓軍隊的要求，並要求為他劃出永久駐防區，企圖強佔東北。同時，他還偽稱，要將部隊開出關外，為張作霖報仇。張學良對張宗昌、褚玉璞等人早有防備。當張宗昌、褚玉璞於八月三日率部向東北軍發起進攻時，東北軍立即奮起反攻。經過幾天的激烈戰鬥，消滅了張、褚所部的直魯聯軍。張宗昌狼狽地乘飛機逃往大連。

十月二十八日，張學良在瀋陽召開會議，研究易幟和裁軍問題。決定以先不在東北設國民黨部為條件而易幟。張學良已把北伐戰爭中截獲的客貨列車二百輛，車頭十個交給國民政府。十一月十二日，平奉鐵路開始通車。東北人民對於易幟一事表現出極大的熱情，紛紛舉行活動，強烈要求張學良早日實現易幟。

十二月中旬，國民黨政府派張群、吳鐵城、李石曾，方本仁到瀋陽，送來旗幟和任命狀。十二月二十九日，張學良舉行易幟典禮，宣布易幟。一九二八年十二月二十九日晨，東北三省同時廢止五色旗，升起青天白日滿地紅旗，表示服從南京國民政府，將東北主權歸於中央。

張學良向全國發出「易幟通電」，說：「自應仰承先大元帥遺志，力謀統一，貫徹和平，已於即日起宣布，遵守三民主義，服從國民政府，改易旗幟，伏祈諸公不遺在遠，時賜明教，無任禱盼。」

十二月三十日，南京國民政府正式任命張學良為東北邊防軍司令長官，張作相、萬福麟為副司令，任命翟文選為奉天省政府主席，張作相為吉林省政府主席，常蔭槐為黑龍江省政府主席，湯玉麟為熱河省政府主席。

影響

東北易幟是反日的愛國行動，同時也是順應全國人民維護國家統一、以及領土主權完整的願望。至此，北洋軍閥在中國的統治歷史宣告結束。全國表面的統一得以完成。

83 西安事變

二〇〇一年十月十五日，著名愛國將領張學良先生因病搶救無效在美國夏威夷逝世，享年一百零一歲。這位中國現代歷史上的具有舉足輕重地位的偉人，雖然人生的一大半是在漫長的囚禁生活中度過的，但是卻在二十世紀的歷史上留下了深深的兩個腳印，這其中一個是「東北易幟」，宣布東北服從南京中央政府；另外一個就是「西安事變」，促成了中華民族抗日統一戰線的形成。

「不抵抗將軍」的內幕

「東北易幟」以後，作為奉系軍閥勢力範圍的東北三省就統一到南京國民政府之下。東北易幟後，張學良也積極支持蔣介石用武力統一中國，並在中原大戰中給蔣以關鍵性的支援。

一九三一年九月十八日，日軍挑起事端，向瀋陽城和東北軍駐地北大營發起了進攻，並開始對中國東北全面入侵。隨著日本侵略者軍事佔領的逐步擴大，東北各地政權和軍隊發生了激烈分化。一些早與日本侵略者勾結的漢奸親日派，如熙洽、張景惠、威式毅、張海鵬、于芷山等，相繼投敵叛國，屬下軍隊也有相當部分隨主官附逆；一些具有愛國心的官員和將領，則聯絡同志共興抗日救亡之舉，後來相繼投入義勇軍抗戰的洪流之中；還有很多人處於觀望之中。與此同時，日本侵略當局也大肆網羅漢奸，拼湊傀儡政權，力圖儘快在東北實行其全面的殖民主義統治。到九月下旬，遼、吉兩省政府已經瓦解，黑龍江省政府也處於癱瘓狀態。

此時，東北邊防司令長官、國民黨政府海陸空軍副司令張學良正因病在北平協和醫院療養。他趕緊向國民黨政府請示。但是蔣介石命令張學良，不准東北軍加以抵抗，將由他們的所謂中央，作為地方衝突事件處理。這樣，便使日本軍隊長驅邁進，如入無人之境，不到一兩個月的時間，不費吹灰之力，囊括東三省的全部，掠為己有，使當時東北三千萬父老同胞，陷於水深火熱之中。東北淪陷以後，張學良將軍無論如何，是失土有責的。國民黨反動派為了掩蓋蔣介石的亂命起見，把不抵抗的失策，又完全歸之於張學良。

在瀋陽事件後，張學良與蔣介石兩人中的一個

日本攻佔瀋陽在城牆上射擊

必須承擔不抵抗的罪名。兩個人在河北保定的一列火車上會談。蔣介石說：「現在的局勢就像一條在驚濤駭浪中上下顛的小船，我們兩人中只有一個能乘它渡過河去。如果兩人都想過河，那麼，要麼是我們倆都沉下去，要麼是其中一個人跳下去。問題是：『你跳還是我跳？』。張學良說：「我跳下去！」蔣介石最終用苦肉計的手段，使張學良將軍下野，出遊義大利。

但是稱張學良為「不抵抗將軍」的說法卻風行一時，敵對派系的軍閥們推波助瀾。張只好忍辱負重，背著不抵抗將軍的罵名，一任蔣介石的擺布。

一九三五年，蔣介石調東北軍在豫、鄂、皖「剿共」之後，又派張學良率東北軍入陝甘「剿共」，在西安設「西北「剿匪」總司令部，蔣自任為總司令，任張學良為副司令。蔣之陰謀在於使東北軍與共產黨紅軍互相衝擊，結果兩敗俱傷，或傷某一方面，他都坐收漁人之利。張學良同日本帝國主義有殺父之仇及失土之恨。兩次「剿共」使張學良損失了幾個師，蔣不僅不體恤，反而順勢取消了東北軍兩個師的編制。蔣用打內戰來消滅異己使張學良憤恨不已。

從勸諫到兵諫

「九一八」東北淪亡後，中國共產黨發表宣言，建議國民黨團結禦侮，號召全國一致抗日，這種政治影響，更感召了東北軍的中下級官兵和流亡在關內的東北進步人士，他們都希望停止「剿共」，解除內戰，槍口對外，打回老家去。

在「剿共」中，張學良對共產黨與紅軍有了新的認識。在鄂豫皖，他慨歎紅軍作戰勇敢非凡，人民群眾又不顧性命支持紅軍；「圍剿」陝甘，東北軍被紅軍一下子消滅了兩個半師，被俘虜的就有幾千人。然而使他感動的是，他的被俘官兵吃住比紅軍還好。紅軍給他們講「中國人不打中國人，我們的共同敵人是日本帝國主義」的道理後，全部釋放回來。被俘的六一九團團長高福源還自願作中共和東北軍溝通關係的信使。雄辯的事實說明，中共和紅軍是真心抗日的；要抗日，必須聯合紅軍。張學良隨即派高福源再去陝北向中共表示願意聯合紅軍抗日。

楊虎城也有著同張學良類似的經歷。楊虎城早年曾參加過辛亥革命，是同盟會會員。在第一次國共合作中，就對高風亮節的中共黨人有所了解。大革命失敗後，他拒絕執行蔣介石的「清黨」命令，安排共產黨人在他的部隊中擔任要職。蔣介石發現後，逼他下野去日本「考察」。

楊虎城將軍

一九三六年四月九日，張學良與中共代表周恩來在東北軍駐地膚施（延安）舉行了秘密會談，雙方決定互不侵犯，互派代表，結成抗日聯盟。此後不久，張學良即贈紅軍五十萬元作抗日經費。五月，楊虎城也與中共代表王世英達成互不侵犯，共同抗日的四項協定。為促進張學良的東北軍同楊虎城的十七路軍的合作，消除他們之間的某些隔閡，中共還派出幹部到張、楊處做工作，達成了張、楊兩軍之間的團結、交往。

一九三六年上半年，紅軍與東北軍、十七路軍形成了「三位一體」的西北抗日同盟，西安成為全國抗日救亡的重要陣地。

張、楊同中共越來越密切的關係，尤其是西北抗日同盟的建立，使蔣介石大為吃驚與震怒。十月二十二日，蔣介石在西安分別召見張學良和楊虎城，脅迫他們攻打紅軍。張、楊表示應聯共抗日，即遭蔣喝斥。蔣還將嫡系部隊約三十個師調到以鄭州為中心的平漢、隴海鐵路沿線，隨時準備進攻陝甘，挑起內戰。

十二月四日，蔣介石又飛到西安，再次嚴令張、楊開赴陝北「剿共」，並由中央軍在後督戰。如他們不願去，便將東北軍調到福建，將十七路軍調往安徽，由中央軍接替赴陝甘「剿共」。十二月七日，張學良再次去說服蔣介石放棄「剿共」，團結抗戰。回顧東北三省丟失，華北又在日寇虎視之下，張學良聲淚俱下。然而蔣介石竟拍了桌子，說：「現在你就是拿槍把我打死，我的剿共計劃也不能改變！」

在這種情況下，張學良楊虎城別無選擇，只有採取果斷措施，實施兵諫，迫使蔣介石接受結束內戰，共同抗戰的主張。

十二月十二日

在一九三六年的「一二·九」那天，西安學校學生一萬餘人，列隊遊行，要求抗日。蔣介石聞訊，立即用電話命令張學良嚴加制止。電話中有如不服從，即嚴行鎮壓的亂命。張學良為愛護學生，趕緊追至灞橋，加以勸阻。張將軍被學生的愛國赤誠所感動，在寒風凜冽中，聲淚俱下，不自覺地向學生們告以「我在一星期內，當用事實答覆你們」。學生們聽到張的講話，看到張的態度，也受了張的感動，乃整隊高呼而返。

當時蔣住在臨潼，而跟蔣來西安的文武大員邵元沖、陳誠等約二十餘人，都住在西安城內的西京招待所，城裏還有蔣的中央憲兵團和警察特務等機關。為了實現兵諫的任務，東北軍與第十七路軍分工執行。因此前往臨潼捉蔣的任務，即由東北軍劉多荃負責指揮，實際是由白鳳翔、劉桂五、孫銘九等人執行的。

根據蔣介石自己後來的敘述，他那時已經起床，運動之後正在穿衣服。當他意識到發生了什麼事時，在兩個人的陪伴下，爬上十英尺高的牆，從牆的另一面滾了三十英尺，跌進一條溝裏。他感到一陣鑽心的疼痛，後來才發現背上受了很重的傷，他還把自己的假牙弄丟了。靠人撐住他的腳，蔣介石爬到靠近旅館的山上，在那裏他遇到了幾名衛士，在山頂上，他們遭到下面的射擊，幾名警衛被打死。

蔣介石意識到他已經被包圍了，就又向山下走，他又跳了一次——這一次是跳進一個被灌木叢遮掩的山洞裏。在明亮的日光下，孫銘九和他手下的人在那兒找到了他，那時他只在睡衣外面胡亂地披了一件長袍。雪一直在下，他渾身發抖，赤裸的雙腳和手在爬時都劃破了。

這時，與其說是因為寒冷，不如說是憤怒，他全身顫抖，大聲喊叫：「把我打死，一了百了吧。」孫銘九回答說：「我們不會傷害你，我們只是想請你領導全國抗日。」

蔣介石要一匹馬馱他下山，但孫銘九讓他伏在自己厚實的脊背上，背他下山。下坡以後又走了很遠，一名侍從才帶著蔣介石的鞋子趕來。到了平地，一輛轎車停在那裏，把他接進西安城。

西安城內的任務，則由第十七路軍趙壽山負責指揮，實際是由宋文梅、孔從周、王勁哉等人，分別包圍西京招待所和省政府憲兵團以及警察等機關。除警憲稍有抵抗，旋被繳械外，其餘均順利解決。在西京招待所的所謂文武大員，一一扣押起來。其中邵元沖在逃竄時，被流彈射傷，流血過多而死。最狼狽的是陳誠，躲在穢物箱裏也被搜出。

和平解決

蔣被軟禁後，南京政府內部以親日派何應欽為首，陳立夫、陳果夫、戴季陶等極力主張武力解決。十六日，國民黨中央政治會議作出「討逆」決議，任命劉峙、顧祝同為東西兩路集團軍總司令，兵發潼關。何之用心意在殺蔣後取而代之，他還給在義大利養傷的親日派頭目汪精衛打電報讓其「速歸」。蔣一旦被殺，親日派掌權，全國必然陷入戰亂，日寇乘機大舉侵華，民族滅頂之災頃刻而至。

在中國共產黨和各方的共同努力下，最後蔣介石最終接受了共同抗日的主張，西安事變獲得了和平解決。

令人感歎的是，張學良見蔣介石全部接受談判條件後，怕夜長夢多發生危及蔣性命的變故，便悄然於二十五日下午與楊虎城一道送蔣介石及宋氏兄妹到機場上了飛機，自己也駕機護送蔣回南京。張學良這一去便沒能再回來。應該說張學良對此去南京凶多吉少早已料定，他把東北軍的善後託付給楊虎城和幕僚于學忠，獨自前往南京承受蔣的報復，為的是維護蔣介石的「形象」，敦促蔣介石履行抗日的承諾，正如張學良將軍被軟禁在溪口時寫給楊虎城的信所述：「凡有利於國者，弟任何犧牲，在所不惜。盼勿專為我個人謀計。」而在若干年後遭到蔣介石殺害的楊虎城將軍，在西安事變和平解決後，面對隨時會遭不幸時也坦然地說：只要蔣改變安內攘外的政策，「那麼我們個人就是犧牲了也值得！」

蔣介石對張學良進行了報復，對楊虎城等「撤職留任」，最終破壞了西安「三位一體」的抗日同盟局面，但他迫於形勢畢竟沒有背棄「停止內戰，停止剿共，一致抗日」的諾言，使國共再次合作成為現實，而中國也由此實現了國內革命戰爭向抗日民族革命戰爭的歷史性轉折。

影響

西安事變的和平解決是各種社會政治因素合力作用的結果。西安事變和平解決之後，內戰在事實上大體停止下來了，國共關係得到迅速發展，從而開始了國內和平的新時期；西安事變的和平解決對國共兩黨的再次合作，團結抗日起了重大的推動作用，為抗日民族統一戰線的建立準備了必要的前提，成為由國內戰爭走向抗日民族戰爭的轉捩點，成為時局轉換的樞紐。

84 抗日戰爭勝利

人類不會忘記，中國人民為世界反法西斯戰爭所作出的巨大貢獻：一九三七年至一九四五年，中國戰場抗擊和牽制日本陸軍總兵力三分之二以上。從一九三一年到一九四五年，在中國戰場上與日軍進行的大小戰鬥一六萬五千萬餘次，殲敵一百五十萬，占日軍在第二次世界大戰中死亡人數的百分之七十。這就是偉大的抗日戰爭。

中日世仇

在十九世紀中期以前，中國和日本並沒有什麼區別和仇恨。沒有什麼區別是指兩個國家都是封建保守的國家，面對西方世界的飛速發展視而不見。沒有仇恨是指沒有像後來十九—二十世紀以來長達一百年的血海深仇，實際上，在很早以前，日本這個狹隘和兇殘的鄰居就往往來大陸騷擾。

但是這一切在十九世紀中葉兩個國家受到西方的衝擊以後發生了重大的變化，而這種變化，根源於兩個民族對外來文明衝擊的反映，結果是中國的「洋務運動」失敗，而日本人的「明治維新」卻取得了成功。從此，中國日益墮落到半封建半殖民地的深淵中，而日本卻通過「和魂洋才」走出了一條「脫亞入歐」的成功道路。「出人頭地」以

戰壕中的中國戰士

後的日本沒有來幫助中國，而是比西方列強更加兇殘地壓榨侵略中國，踩在中國人民的肩膀上往上爬。

一八九四年春，朝鮮爆發了東學黨領導的農民起義，朝鮮國王請求清政府派兵協助鎮壓。日本為了實現侵佔朝鮮、侵入中國的目的，也乘機派兵侵入朝鮮。七月二十五日，日本軍艦在朝鮮牙山口外豐島海面襲擊中國運輸船，清政府被迫於八月一日對日宣戰。這一年是中國農曆甲午年，所以稱為「甲午戰爭」。

九月中旬，日軍圍攻平壤，清軍總兵左寶貴率領將士據城力戰，不幸中炮犧牲。清軍統帥葉志超貪生怕死，率軍連夜逃回中國境內，平壤陷落。九月十七日，日本艦隊和北洋艦隊在黃海海面展開了一場激戰，雙方互有損傷。李鴻章為了保存實力，竟命令北洋艦隊退守威海衛軍港，把制海權拱手讓給日本。十月，日軍兵分兩路大舉進犯中國。一路渡過鴨綠江，進佔九連城；另一路從遼東半島的花園口登陸，侵佔旅順、大連。一八九五年一月，日本陸軍在山東半島榮成灣登陸，和日本海軍夾擊威海衛軍港，北洋艦隊全軍覆沒。

戰爭失敗後，中國被迫同日本簽訂了苛刻的《馬關條約》。其主要內容有：（一）中國承認朝鮮「完全獨立」。（實質是承認日本對朝鮮的控制）；（二）中國割讓遼東半島、臺灣全島及附屬島嶼、澎湖列島給日本；（三）賠償日本軍費兩萬萬兩，分八次在七年內交清。在交清第一次賠款後，餘款按年加每百抽五的利息；（四）開放沙市、重慶、蘇州、杭州為通商口岸，日船可以沿內河駛入上述各口岸搭客裝貨，日本可以在通商口岸任意設立工廠，其產品得免徵各項雜稅，日本貨物均可設棧寄存。

《馬關條約》使日本終於實現了二十多年夢寐以求的擴張目標，並把朝鮮變成入侵中國的橋頭堡。條約規定了鉅額戰爭賠款，加上後來「贖還」遼東半島的款項，總共二億三千萬兩，相當於清政府全年財政收入的三倍。清政府除了進一步搜括人民外，只得大借外債，而列強通過附有苛刻政治條件的貸款，進一步加強了對中國的控制和掠奪。條約允許日本在華直接設廠，西方列強援引「利益均沾」的特權，同樣享有這項權利。甲午戰爭後，列強便爭

侵佔楊樹浦的日軍向上海市中心炮擊，雙方展開巷戰

出征將士在重慶接受檢閱

先恐後地到中國開設工礦企業或修築鐵路，直接掠奪中國的原料和勞動力，沉重打擊了尚未成長的中國民族工商業，阻礙中國生產力的發展。四個新通商口岸的開放和內河航行特權的攫取，使各國得以深入長江流域廣闊地區，直接掠奪那裏豐富的資源和傾銷商品，加深了中國經濟的半殖民地化。條約的割地規定，不但使中國失去大片戰略要地，而且使數百萬臺灣同胞，長期處於日本殖民統治的深重災難之中。

而日本卻通過這次戰爭獲得了發展所急需的資金，迅速成為世界上最強大的帝國主義國家之一。

抗日戰爭——中日大決戰

時間到了二十世紀三十年代，日本軍國主義加大了侵略中國的力度，力圖吞併中國。從九·一八事件吞併東北到七七事變侵佔華北，中華民族到了最危急的時候，所有的人們被迫發出最後的吼聲。長達八年的中日決戰最終將決定中華民族的命運和中日之間的關係。

一九三七年七月七日夜，日本帝國主義在華北的駐屯軍一部，以演習為名，藉口一名士兵失蹤，突然進攻駐守北平西南宛平縣城中國軍隊。在全國人民抗日熱潮的影響下，中國駐軍第二十九軍第三十七師第一一〇旅所屬一部奮起抵抗。這就是歷史上有名的「七七」蘆溝橋事變。從此，開始了中國人民偉大的抗日民族解放戰爭。在七七事變以後，中國共產黨在第二天即向全國發表抗戰宣言，七月九日紅軍通電請應開赴華北抗日，七月十五日中共中央發表《中國共產黨為公布國共合作宣言》並組建了八路軍和新四軍，同時取得了平型關大捷。此後日軍佔領了太原地區，並且出兵上海。國民黨由於懼怕後路被切斷，於十一月九日放棄上海，主力向南撤，並且遷都重慶，日軍佔領上海、太原後，與國民黨的正規戰爭移向津浦路方向和長江流域。在此時，中國共產黨先後建立了晉察冀，晉西北，晉冀豫，晉西南，蘇南，蘇北，皖南，皖中，豫皖蘇等根據地，並發展壯大。日軍在佔領上海後，於十二月十三日佔領南京，屠殺我同胞三十餘萬人，至此，淞滬保衛戰結束，國民黨損傷軍隊四十餘萬，丟失了六萬三千五百四十平方公里面積的國土。日軍沿津浦路，於一九三八年春，分別佔領了蚌埠地區和兗州地區，後又佔領徐州。在日軍與國民黨正面作戰的同時，新四軍、八路軍開展敵後活動，積極配合國民黨的正面抗戰。徐州失守後，日軍繼續南下，前後佔領了武漢、廣州。使中原和華南的大片國土淪入敵手。至此，抗日進入相持階段。

中國抗日戰爭不是孤立進行的，是世界反法西斯戰爭不可分割的一部分。中國作為全世界反法西斯戰爭的五個最大的國家之一和亞洲大陸上反對日本侵略的主要國家，為取得世界反法西斯戰爭的勝利做出了重大的犧牲和不可磨滅的貢獻。中國人民堅持了八年的抗戰，為打敗日本帝國主義付出了巨大代價，共傷亡三千五百多萬人，損失達六千億美元。中國人民長期艱苦卓絕的抗戰，最終打敗了日本侵略者，中國也因此贏得了應有的國際地位和世界人民的尊重。

抗戰勝利

隨著二戰的進行，戰爭的天平開始逐漸向盟國這邊傾斜，等到柏林被盟國佔領以後，歐洲戰場結束，英美蘇等國於是就可以騰出手來，共同對付日本。這時，由於中國人民的頑強抗戰，日本軍隊已經陷入到中國戰場的泥潭中不能自拔，中國戰場已經到了反攻的時候。

一九四五年七月二十六日，中國、美國、和英國發表《波茨坦宣言》，敦促日本投降。宣言說：如果日軍仍不放下武器，日本武裝力量將不可避免地被徹底消滅，日本國土也不可避免地化為焦土。日本人當時並沒有意識到這一宣言意味著什麼，更沒有想到原子

第一次長沙會戰時，中國炮兵在洞庭湖沿岸阻擊日軍

彈的陰影正在向他們襲來。

實際上，此時的日本敗局已定。在中國戰場，一九四四年初，中國軍民已轉入攻勢作戰，各解放區不斷擴大，日軍只有招架之功而無還手之力；在太平洋戰場，盟軍已攻佔了菲律賓以及硫黃島、沖繩島等重要島嶼，戰爭日益向日本本土逼近。與此同時，蘇聯也在積極準備對日作戰。然而，日本軍國主義者對《波茨坦公告》置若罔聞，企圖依仗其尚存的四百多萬軍隊做最後掙扎。日本軍方的死硬派在國內大肆進行戰爭動員，廣泛搜羅炮灰，準備利用中國領土和日本本土作最後決戰。

美國為了減少直接作戰的巨大損失，啟動了原子彈轟炸計劃。八月八日廣島時間八時十五分十七秒，美國將第一顆原子彈「小男孩」投向了廣島。隨後，又有一顆原子彈投向長崎。原子彈給日本帶來了巨大的生命和經濟損失，也給日本人心理上造成了巨大的壓力。

原子彈對日本造成的毀滅性打擊，使史達林意識到，一旦蔣介石認清了形勢，必然會作出對蘇聯不利的決定——拒絕讓蘇聯出兵。同時，美國方面由於原子彈的威力，對以前答應蘇聯出兵的做法有些後悔。於是，史達林於八月八日正式對日宣戰，同時參加《波茨坦公告》。

在莫斯科，一直避而不見日本人的莫洛托夫突然召見佐藤大使。佐藤還來不及用俄語向這位外交人民委員致意，莫洛托夫把手一揮，然後就向他宣讀了蘇聯對日本的宣戰書。宣戰書的結尾處說：「自明日，即八月九日起，蘇聯將與日本處於戰爭狀態。」

兩個小時後，蘇聯遠東紅軍元帥華西列夫斯基一聲令下，一百六十萬大軍兵分三路向「滿洲國」發動全面進攻。這些軍隊大部分是蘇聯用幾個月的時間從西部戰場調集過來的，蘇聯事實上早已做好了對日作戰的準備。不到一周，在中國抗日軍民和蘇聯紅軍的打擊下，日本關東軍主力全線崩潰。同時，中國軍民開始全面反攻，日本法西斯的末日終於來臨。

在走投無路的情況下，日本於一九四五年八月十五日宣布無條件投降。

影響

抗日戰爭是近代中國最偉大的民族解放戰爭，是中華民族由衰而興的重要轉捩點。自一八四〇年鴉片戰爭以來，中國人民飽受帝國主義的侵略和奴役，抗日戰爭的勝利洗雪了民族的恥辱，第一次取得了反對帝國主義侵略戰爭的完全勝利。

抗日戰爭的勝利，是全民族發揚愛國主義精神，團結抗戰的勝利。八年抗戰，艱苦卓絕：北起松花江畔，南到珠江兩岸，四萬萬同胞，同仇敵愾，用自己的血肉築起了堅不可摧的長城，使日本侵略者陷入人民戰爭的汪洋大海之中。八年抗戰的艱苦歷程昭示我們，愛國主義是克敵制勝的強大精神力量，用愛國主義精神凝聚起來、團結起來的中華民族是任何力量都征服不了的。

後記

兩年了，《影響中國歷史重大事件》與《影響世界歷史重大事件》終於出版了。期間的酸甜苦辣仍歷歷在目：為核實一個年限而奔走圖書館十餘次；為一個事件的入選而與導師們、同學們反覆討論，甚至爭執不已；為了一個重要的地名而乘車前往查究……這一切的付出，在本書將要面對熱情的讀者時，都滙了一種感受：喜悅與幸福。

這是一套奉獻給大眾的書，通俗與大眾化是我們在書中所體現的風格。當然，我們也將坦誠面對並期盼著教授們、專家們、學者們、評論家們的批評與指正。出這套書很重要的原因是希望在大眾中間普及歷史知識。這些事件是大家應該知道的。人類進程實際可分為兩部分，那就是歷史與未來。而歷史是人類過去真實的記載。歷史是重要的。希望每個國民都能了解這些重大事件。

我們會不斷地核校、查正與更新書中的內容，努力將此套書的出版修訂工作延續下去，爭取能將這兩本書做成圖書出版中的「百年圖書」，甚至「千年圖書」。但願以後將要入選此書的重大事件都是和平的、安詳的、令人欣慰的事件，而不是充滿血腥、暴力與苦難的事件。

最後要衷心感謝北京大學、中國人民大學、北京師範大學、湖南師範大學等校歷史

系的部分師生們，是他們的辛勞與付出，成就了這套書。也誠摯感謝陶鎧老師、文慷編輯的辛勤工作與熱情幫助。感謝所有支持和幫助過我們的朋友們。

謝謝！

影響中國歷史的重大事件／ 孫鐵主編； --
第一版. -- 臺北市：大地，2004〔民93〕
面； 公分. --（History；1）

ISBN 986-7480-01-5 （平裝）
1. 中國－歷史

610 93002274

影響中國歷史的重大事件

History 01

主編　孫鐵
發行人　吳錫清
出版者　大地出版社
社址　114台北市內湖區瑞光路358巷38弄36號4樓之2
劃撥帳號　50031946-9（戶名　大地出版社有限公司）
電話　02-26277749
傳眞　02-26270895
E-mail　vastplai@ms45.hinet.net
網址　www.vasplain.com.tw
美術設計　普林特斯資訊股份有限公司
印刷者　普林特斯資訊股份有限公司
一版六刷　2007年11月

大地
定價：300元